CYNGOR CAERDYDD
CARDIFF COUNCIL
LIBRARY SERVICE

CARDIFF
CAERDYDD

FAIRWATER LIBRARY

02920 564019

This book must be returned or ren
latest date above, otherwise a fine
Rhaid dychwelyd neu adnewyddu
diweddaraf uchod, neu bydd dirwy

19Sg/54

D1352444

Y Blynyddoedd Rhyfeddol

*Arweinlyfr datrys problemau
i rieni plant 2-8 oed*

Carolyn Webster-Stratton, Ph.D.

Gomer

Cyhoeddwyd yn 2008 gan
Wasg Gomer, Llandysul, Ceredigion SA44 4JL
Cyhoeddwyd mewn cydweithrediad ag awdur y llyfr Saesneg gwreiddiol.

ISBN 978 1 84323 960 4

Darluniau gan David Mostyn
Dyluniad y llyfr gan Janice St Marie

Cyhoeddwr gwreiddiol yn yr Unol Daleithiau:
Incredible Years
www.incredibleyears.com
Cyhoeddwyd y llyfr yn gyntaf yn 1992 dan y teitl
*The Incredible Years: A Trouble-Shooting Guide for
Parents of Children Aged 2-8 Years*

Cyhoeddwyd gyda chymorth ariannol
Llywodraeth Cynulliad Cymru

Argraffwyd a rhwymwyd yng Nghymru gan
Wasg Gomer, Llandysul, Ceredigion

I Mary a Len, fy rhieni
Seth ac Anna, fy mhlant
John, fy ngŵr

Diolchiadau

Rwy'n ddyledus iawn i'r nifer fawr o deuluoedd y bûm yn gweithio gyda nhw dros y 25 mlynedd diwethaf. Dysgais gymaint ganddynt am riantu a phlant – hebddynt, ni fyddai'r llyfr hwn wedi cael ei ysgrifennu. Mae fy nyled yn fawr i staff The Parenting Clinic ym Mhrifysgol Washington, nid yn unig am ddarparu data o ansawdd uchel i werthuso'r cysyniadau ac egwyddorion hyn, ond hefyd am eu hawgrymiadau craff ynglŷn â'r modd y mae teuluoedd yn ymwneud â'i gilydd a phroblemau cyffredin.

Rwy'n ddyledus i lawer o ymchwilwyr am eu hymchwil ardderchog i gydberthynas teuluoedd a phlant. Yn arbennig, esblygodd y bennod ar Chwarae o erthyglau clinigol Dr Connie Hanf yn Ysgol Feddygaeth Oregon; datblygodd y penodau ar Anwybyddu, Amser Allan a Gorchmynion o ymchwil arloesol i natur ymosodol plant gan Dr Jerry Patterson a Dr John Reid a'u cydweithwyr yng Nghanolfan Addysg Gymdeithasol Oregon; deilliodd y bennod ar Gyfathrebu a Datrys Problemau o ymchwil arloesol i theori ac arferion ymyriad gan Dr John Gottmant a Dr Neil Jacobsen ym Mhrifysgol Washington; man cychwyn y bennod ar Hunanreolaeth oedd ymchwil i iselder gan Dr Aron Beck ym Mhrifysgol Pennsylvania; ac esblygodd y bennod ar Ddatrys Problemau gyda Phlant o waith ymchwil cynnar Myrna Shure a G. Spivak. Darparodd yr ymchwilwyr hyn seiliau theoretig a rhesymegol y cyd-destun a drafodir yn y llyfr yma.

Diolch yn arbennig i Dr Jamila Reid am ei hadolygiad gofalus a'i mewnbwn i benodau newydd y llyfr, ac i Lisa St George am olygu'r cynnwys a rheoli'r cynhyrchiad.

Yn olaf, ond nid lleiaf, diolch i'm merch Anna a'm mab Seth am ddysgu cymaint imi amdanaf i fy hun fel rhiant.

Y Blynyddoedd Rhyfeddol yng Nghymru

Nodyn cefndir a diolchiadau gan Yr Athro Judy Hutchings,
Cyfarwyddwr Blynyddoedd Rhyfeddol Cymru

Sefydlwyd Canolfan Blynyddoedd Rhyfeddol Cymru ym Mhrifysgol
Cymru, Bangor yn 2003 i hyrwyddo rhaglenni'r Blynyddoedd
Rhyfeddol (The Incredible Years) ar gyfer rhieni, plant ac athrawon,
gan adeiladu ar saith mlynedd o brofiad o ddefnyddio rhaglenni'r
Blynyddoedd Rhyfeddol yng Nghymru.

Lansiwyd y Ganolfan gan Jane Hutt, a oedd bryd hynny yn Weinidog
Iechyd a Gofal Cymdeithasol yn Llywodraeth Cynulliad Cymru ac sydd
ar hyn o bryd yn Weinidog gyda chyfrifoldeb am Blant, Addysg, Dysgu
Gydol Oes a Sgiliau. Mae'r Ganolfan yn cynnig:

- hyfforddiant i arweinyddion grwpiau sy'n dilyn rhaglenni
  Blynyddoedd Rhyfeddol ar gyfer rhieni, plant ac athrawon
- cymorth i ddefnyddwyr rhaglenni werthuso eu canlyniadau
- amgylchedd sy'n annog gwaith ymchwil
- cefnogaeth i bobl ddefnyddio'r rhaglenni yn y modd y cawsant eu
  datblygu a'u hymchwilio.

Rydym yn cynnal llawer iawn o ymchwil, yn cynnwys rhedeg
rhaglen riantu sylfaenol mewn 11 Canolfan Cychwyn Cadarn (Sure
Start), lle cafwyd canlyniadau da dros ben. Wrth wneud yr ymchwil
hwn (a ariannwyd gan yr Health Foundation) buom yn gweithio
mewn partneriaeth â rhieni yng Ngogledd a Chanolbarth Cymru gan
ddefnyddio ein rhaglen riantu sylfaenol fel dull ymyrraeth gynnar gyda
phlant cyn-ysgol risg uchel. Roedd y canlyniadau'n drawiadol ac fe'u
cyhoeddwyd yn y British Medical Journal yn 2007.

Mae diddordeb rhyngwladol yn ein gwaith. Daw ymwelwyr o bob
rhan o'r byd i gwrdd â rhieni a gweld y pethau a wnawn yng Nghymru.
Ar hyn o bryd, rydym yn ymchwilio gyda Gwasanaeth Addysg Gwynedd
i'r modd y mae athrawon yn rheoli dosbarthiadau. Rydym hefyd yn
rhedeg rhaglen riantu i ofalwyr maeth yn siroedd Wrecsam, Powys a
Fflint (a ariannir gan Swyddfa Cymru ar gyfer Ymchwil i Ofal Iechyd a
Chymdeithasol).

Buom yn gweithio â saith Awdurdod yng Ngogledd a Chanolbarth
Cymru i'w cynorthwyo i ddarparu gwasanaethau o ansawdd uchel a
gafodd eu gwerthuso'gwerthuso'n drylwyr. Mae Llywodraeth Cynulliad
Cymru hefyd yn cefnogi ein gwaith o werthuso'r rhaglen newydd ar

gyfer babanod / plant bach ac rydym yn gweithio gyda gwasanaethau Dechrau'n Deg (Flying Start) ym mhob rhan o Gymru i wneud hynny.

Ar hyn o bryd mae Llywodraeth Cynulliad Cymru yn ariannu hyfforddiant arweinyddion a goruchwylwyr rhaglen riantu'r Blynyddoedd Rhyfeddol ym mhob rhan o Gymru. Mae'r ffocws ar ansawdd yr oruchwyliaeth ac ar ymgynghori er mwyn datblygu arweinwyr a mentoriaid cymwys lleol.

Rydym hefyd yn gweithio yn Lloegr ar gynllun prosiect Pathfinder gan gefnogi defnydd o'r rhaglen riantu ar gyfer rhieni plant 8 - 12 oed mewn chwe Awdurdod Lleol. Caiff y gwaith hwn ei ariannu gan y Department for Children, Schools and Families.

Cynhaliwn gynhadledd flynyddol, cyhoeddwn newyddlen flynyddol a chynigiwn raglen barhaus o hyfforddiant ar gyfer pob un o raglenni'r Blynyddoedd Rhyfeddol. Cewch ragor o fanylion am ein gwaith yn ein gwefan www.incredibleyearswales.co.uk

Mae staff y Ganolfan yn cynnwys Gweinyddwraig, Dilys Williams; Swyddog Ymchwil, Dr Tracey Bywater, tîm o fyfyrwyr PhD, ymchwilwyr rhan amser a staff gweinyddol. Yn ddiweddar derbyniodd y Ganolfan statws elusennol fel adnodd ar gyfer cefnogi amcanion rhaglenni'r Blynyddoedd Rhyfeddol.

"*Y nod cyntaf yw datblygu rhaglenni cynhwysfawr i drin plant ifanc sy'n amlygu problemau ymddygiad yn gynnar yn eu hoes. Yr ail nod yw datblygu rhaglenni cost effeithiol, seiliedig ar y gymuned, byd-eang eu hapêl, y gellir eu defnyddio gan bob teulu a phob athro neu athrawes plant ifanc i hyrwyddo sgiliau cymdeithasol ac atal plant rhag datblygu arferion ymddygiad problemus yn y lle cyntaf*". (Webster-Stratton, 2003).

Dymunwn ddiolch i'r Athro Webster-Stratton am ei chymorth a'i chefnogaeth i'n gwaith yng Nghymru. Hoffem ddiolch hefyd i Lywodraeth Cynulliad Cymru am dalu am gyfieithu a chyhoeddi'r llyfr hwn yn sgil ymateb brwdfrydig rhieni o bob rhan o Gymru i raglen Y Blynyddoedd Rhyfeddol. Gwerthfawrogwn ymrwymiad y Llywodraeth i gynnig cefnogaeth seiliedig ar dystiolaeth i rieni ein gwlad.

Yr Athro Judy Hutchings (Ionawr 2008)

Cyfarwyddwr Blynyddoedd Rhyfeddol Cymru
Prifysgol Bangor,
Gwynedd
LL57 2DG

Cynnwys

Pennod 7: Canlyniadau naturiol a rhesymegol 123

Pennod 8: Dysgu plant i ddatrys problemau 130

RHAN TRI: Datrys problemau ymddygiad cyffredin

Sylwadau'r awdur ynglŷn â'i ddiweddariad o "The Incredible Years"
Mae bod yn rhieni ymatebol a chynhaliol yn paratoi'r ffordd ar gyfer datblygiad cymdeithasol, emosiynol ac academaidd plant

Ysgrifennais The Incredible Years bron i 15 mlynedd yn ôl er mwyn helpu rhieni i deimlo'n fwy hyderus wrth ddelio â'r problemau ymddygiad sy'n digwydd mor aml yn achos plant ifanc. Ers hynny, rydym wedi defnyddio'r llyfr hwn yng nghlinig rhiantu The Parenting Clinic, Prifysgol Washington, fel y testun ar gyfer y rhai a gofrestrodd yn ein grwpiau rhiantu. Mae ein hymchwil ni, yn ogystal â phrofiad pobl broffesiynol eraill sy'n gweithio gyda phlant i gefnogi rhiantu cadarnhaol ym mhob rhan o'r byd, yn awgrymu bod yr egwyddorion ar gyfer rheoli ymddygiad plant a sefydlu perthynas gadarnhaol gyda phlant yn debyg iawn lle bynnag yr ewch. Efallai bod dyheadau rhieni ar gyfer eu plant yn amrywio o le i le, gyda rhai rhieni am annog ufudd-dod ac ymrwymiad i gymuned tra bod eraill yn ffafrio creadigedd ac annibyniaeth. Serch hynny, mae tebygrwydd rhyfeddol yn pontio gwahaniaethau diwylliannol. Mae'r rhan fwyaf o rieni am i'w plant wneud yn dda yn yr ysgol, parchu eu rhieni, bod yn hapus a iach a bod â ffrindiau agos a chefnogol. Cyfieithwyd y llyfr hwn i wyth iaith – Sbaeneg, Fietnameg, Cambodeg, Norwyeg, Swedeg, Iseldireg, Daneg a'r Gymraeg a derbyniodd adolygiadau ffafriol ymhlith poblogaethau amrywiol ac aml-ethnig.

Penderfynais gyhoeddi fersiwn ddiwygiedig y tro hwn, nid am fod deunydd yr argraffiadau blaenorol wedi dyddio neu yn anghywir, ond er mwyn ehangu ffocws y llyfr i gynnwys pwyslais ar hyrwyddo sgiliau cymdeithasol, emosiynol ac academaidd plant yn ogystal â strategaethau ar gyfer lleihau problemau ymddygiad. O ganlyniad, yn Rhan Un, mae Pennod 9 newydd yn trafod strategaethau rhiantu a fydd yn helpu eich plant i reoli eu hemosiynau. Mae Pennod 10 newydd yn nodi strategaethau ar gyfer helpu eich plant i ddysgu sgiliau cymdeithasol a gwneud ffrindiau da. Yn Rhan Dau, Pennod 15, mae gwybodaeth newydd ynghylch sut i weithio ochr yn ochr ag athro neu athrawes eich plentyn i helpu eich plentyn i lwyddo yn yr ysgol. Gwnaed mân newidiadau eraill ym mhob rhan o'r llyfr, ond efallai y dymunwch nodi'n arbennig adran newydd yn Rhan Tri yn trafod ffyrdd o ymateb i ofnau a phryderon plant yn ogystal â strategaethau i'w helpu i ddysgu darllen. Gobeithio y byddwch yn parhau i fwynhau darllen am ddulliau rhiantu a chwarae'n ddyddiol gyda'ch plant oherwydd cyfleoedd o'r fath sy'n cynnig y gynhaliaeth angenrheidiol i'r genhedlaeth nesaf, a'u harfogi ar gyfer y dyfodol.

Cyflwyniad

Mae magu plant tair i wyth oed yn medru bod yn anodd i'r rhieni ac i'r plant. I'r plant mae'n gyfnod o drawsnewid sylweddol wrth iddynt symud o fyd lle mae ffantasi a realiti yn aml yn gymysg tuag at fyd mwy concrid lle mae rheolau a syniadau'n ymsefydlu. Un funud maent angen sicrwydd ac anwyldeb, a'r funud nesaf maent angen bod yn annibynnol a phrofi y gallant gyflawni pethau drostynt eu hunain. Mae'n gyfnod pryd y byddant yn profi ffiniau eu hamgylchedd ac yn darganfod fod rhai pethau yn cael eu goddef, ac eraill ddim. Pan fydd y plant yn symud allan o'r cartref i'r cylch chwarae a'r ysgol feithrin, maent yn canfod rheolau ac ymatebion newydd gan oedolion a phlant eraill. Fel y bydd y plant yn profi anghenion a phwysau sy'n tynnu'n groes i'w gilydd, gallant strancio, sgrechian, neu droi'n ddinistriol pan nad ydynt yn cael eu ffordd eu hunain. Gallant ddweud celwydd neu ddwyn i gael yr hyn a geisiant, neu er mwyn cael sylw. Gallant encilio ac osgoi sefyllfaoedd y maent yn eu hofni. Wyddech chi fod un o bob pedair enghraifft o ryngweithio cymdeithasol gyda phlant eraill yn y cyfnod cyn-ysgol yn ymosodol ei natur? Neu, fod tua 70% o blant bach yn cael stranc colli tymer o leiaf unwaith y dydd?

I rieni, mae'r ymatebion a'r ymddygiadau hyn yn aml yn syndod ac weithiau'n anodd delio â nhw. Fel y bydd y plant yn tyfu tuag at oedran cyn-ysgol fe allwch gael y teimlad o golli rheolaeth dros eu profiadau, a dicter pan wrthodant gydymffurfio. Fe fyddwch, mae'n debyg, yn teimlo'n bryderus oherwydd eu bod yn agored i niwed ac fe deimlwch bryder hefyd ynghylch eu gallu i ddysgu'n dda a gwneud ffrindiau yn yr ysgol. Yn aml, byddwch yn pwyso a mesur faint o ddisgyblaeth neu reolaeth y maent ei angen ar y naill law, a faint o ryddid ar y llaw arall. Byddwch yn aml yn teimlo'n euog am fethu delio gyda phroblem yn fwy effeithiol neu am ddisgwyl gormod efallai oddi wrth y plant. Ac efallai na sylweddolwch faint o straen sy'n cael ei greu wrth i blant gamymddwyn. Yn wir, mae'n debyg fod rhiantu yn un o'r gorchwylion anoddaf y bydd oedolyn yn ei gyflawni, a'r un y darperir lleiaf o hyfforddiant a pharatoad ar ei chyfer.

Ysgrifennais yr arweinlyfr hwn i helpu rhieni ddatrys neu ddelio â'r problemau a wynebant gyda phlant ifanc, a gosod y llwyfan ar gyfer magu plant mewn ffordd sensitif, ofalus a chymwys er mwyn meithrin ymddygiadau cymdeithasol positif gan eu plant yn ogystal â chynyddu eu hunanddelwedd. Credaf y gall rhieni leihau problemau ymddygiad plant cyn iddynt fynd allan o reolaeth a chryfhau eu galluoedd cymdeithasol, emosiynol ac academaidd drwy ddysgu'r dulliau rhiantu mwyaf effeithiol. Er bod y llyfr yma'n darparu strategaethau penodol a manwl, mae nifer o themâu'n llifo o'r naill bennod i'r llall.

Bod yn rhieni ymatebol a sensitif

Mae'r arweinlyfr yma wedi ei selio ar egwyddorion seicolegol ynglŷn â'r modd y mae ymddygiad yn cael ei ddysgu a'i newid. Yn hytrach na gweld problemau ymddygiadol fel bai'r plentyn am fod yn ddrwg neu fai'r rhiant am fod yn analluog, credaf mai'r rhieni mwyaf cymwys yw'r rhai sy'n rhyngweithio mewn ffordd sensitif â'u plant. Hynny yw, maent yn dysgu sut i fod yn ymatebol i natur neu anian eu plant, a'r arwyddion a roddant eu bod yn eu bod yn barod i ddysgu. Yna fe ddefnyddiant yr awgrymiadau hynny i arwain eu hymatebion fel rhieni. Er enghraifft, y rhiant sy'n sylwi ar y plentyn yn mynd yn rhwystredig ac yna'n cynnig cymorth ac arweiniad yn gynnil (heb gymryd drosodd) i roi teimlad o gyflawniad i'r plentyn. Neu, riant plentyn gorfywiog a byrbwyll sy'n addasu ei ddisgwyliadau i ystyried fod y plentyn yn ieuengach yn gymdeithasol ac emosiynol na phlant eraill o'r un oedran, a'i fod angen mwy o fonitro a chynhaliaeth i ddysgu sgiliau cymdeithasol a "dilyn drwodd" gyda chyfarwyddiadau.

Ar un ystyr, mae'r rhiant yn fath o anogwr *(coach)* i'r plant, yn deall beth mae'r plant yn gallu ei ddysgu (yn unol â'u datblygiad a'u natur), yn eu hannog yn eu blaenau wedi iddynt gyflawni camau bach ar y ffordd i feistroli camp newydd, ac yn eu tywys tuag at nodau priodol gyda chefnogaeth a gofal.

Y rheol "mynnu sylw"

Mae'r rheol "mynnu sylw" yn egwyddor sylfaenol y tu ôl i lawer o'r hyn sy'n cael ei drafod ar y tudalennau nesaf. Yn syml, fe fydd plant yn ymdrechu i gael sylw gan eraill, yn enwedig rhieni, boed y sylw hwnnw'n gadarnhaol ei natur (canmoliaeth) neu negyddol ei natur (beirniadaeth). Os na fydd plant yn derbyn sylw cadarnhaol byddant yn ymdrechu i gael sylw negyddol drwy gamymddwyn, gan fod hynny'n well na chael dim sylw o gwbl. Felly, os ydych am weithio tuag at hyrwyddo ymddygiadau mwy cymdeithasol bydd angen i chi roi sylw i'r plentyn pan fydd yn arddangos rhai o'r ymddygiadau yma.

Bydd plant yn cyflawni'n unol â disgwyliadau eu rhieni – boed negyddol neu gadarnhaol

Mae plant yn deall disgwyliadau eu rhieni ohonynt yn gynt nag mae'r rhan fwyaf o bobl yn sylweddoli. Os bydd rhieni'n "labelu'r" plant yn negyddol drwy ddweud mor ddrwg neu analluog ydynt, efallai y daw'r plant i gredu'r ddelwedd yma ohonynt eu hunain. Dylai rhieni feddwl yn gadarnhaol am eu plant a mynegi delweddau positif o'u dyfodol a'u gallu i ddelio gyda sefyllfaoedd. Bydd gosodiadau megis, "Beth am geisio eto" neu "Fe wnei di'n well y tro nesaf" ac "Fe wnes di aros yn dawel ac amyneddgar er mor rhwystredig oedd hynny" yn rhoi hyder i'r plant ddysgu oddi wrth eu camgymeriadau.

Disgyblaeth annhreisgar

Mae angen i rieni ddatblygu agwedd foesegol tuag at ddisgyblaeth a fydd yn dysgu'r plant fod canlyniadau i gamymddwyn, ond ar yr un pryd eu dysgu fod yna gariad a disgwyliad iddynt wneud yn well y tro nesaf. Y safbwynt a gymerir yma yw bod anfanteision dwys i daro plant a'u cosbi'n gorfforol fel strategaeth ddisgyblu. Mae llawer o ddulliau eraill di-drais sy'n rhoi canlyniadau gwell yn y tymor hir o ran datblygiad emosiynol a chymdeithasol y plentyn yn ogystal â pherthynas barhaus y rhieni â'r plentyn.

Derbyn natur unigryw pob plentyn

Yr allwedd i ddefnyddio'r llyfr yma'n llwyddiannus yw bod rhieni'n deall, gwerthfawrogi, derbyn ac addasu i natur a datblygiad unigryw pob plentyn fel unigolyn, ac yn rhoi sylw i gryfderau'r plant yn ogystal â'u cyfyngiadau. Wrth gyfeirio at "natur" neu "anian" plentyn, yr hyn a olygaf yw dull cynhenid pob plentyn o ymddwyn, a nodweddion megis lefel actifedd, ysbryd, angerdd, cymhwysedd, byrbwylledd a dyfalbarhad. Meddyliwch am eich plant - ydyn nhw'n araf a breuddwydiol, yn oriog a gor-sensitif, yntau hwyrach yn loÿnnod cymdeithasol, yn benchwiban a siaradus, neu ar y llaw arall yn dawedog, braidd yn encilgar a distaw. Hwyrach fod un o'ch plant wastad yn gytbwys a chydweithredol a'r llall i'r gwrthwyneb, yn ystyfnig, yn wrthwynebus i newidiadau ac yn gwrthod gwrando.

Mae ystod eang o nodweddion natur ac anian sy'n cael eu cyfrif yn normal. Dangosodd astudiaethau fod gan 10-20% o blant normal ymddygiadau y gellir eu hystyried yn "anodd." Plant bywiog neu fyrbwyll iawn yw'r rhain gyda gallu canolbwyntio byr ac mae'n anodd iawn i rieni eu rheoli. Nid oes cysylltiad rhwng nodweddion personoliaeth a deallusrwydd. Yn hytrach maent yn gysylltiedig â datblygiad niwrolegol anwastad. Mae'n bwysig cofio os ydych yn rhiant i un o'r plant yma nad yw'r ymddygiadau hyn yn fwriadol nac yn geisiadau unswydd i danseilio eich ymdrechion. Er y gellwch helpu plant sydd â natur anodd i reoli eu hymddygiadau a sianelu eu hegni i gyfeiriad cadarnhaol, ni ellwch newid y nodweddion yma'n sylfaenol ac, yn wir, ni fyddwch am wneud hynny. Ni all neb newid plant gorfywiog sy'n llawn egni a miri i fod yn blant tawel a swil. Bydd ymdrech o'r fath nid yn unig yn rhwystredig i rieni ond yn niweidiol i'r plant. Bydd gan bob un o'r plant yma eu math arbennig eu hunain o addasiad i'w wneud yn y byd real a gall rhieni eu helpu drwy fod yn oddefgar, amyneddgar a derbyn a deall natur y plant - er mwyn iddynt gyrraedd eu llawn botensial.

Defnyddio pŵer rhieni yn gyfrifol

Un o'r materion sy'n peri'r dryswch mwyaf sylfaenol i rieni yw penderfynu a yw teulu'n gorff democrataidd neu beidio. Os yw rhieni'n penderfynu ei fod yn gorff democrataidd, gyda phawb yn gyfartal, yna fe fyddant yn osgoi rhoi arweiniad ac yn cilio rhag disgyblu. Ond nid yw teulu yn gorff democrataidd - nid yw grym a chyfrifoldeb wedi eu rhannu'n gyfartal rhwng rhieni a phlant. I deimlo'n ddiogel mae plant angen i'w rhieni reoli ymddygiad a gwneud penderfyniadau yn ystod y blynyddoedd cynnar gan na all plant ddatrys problemau ar eu pennau eu hunain. Mae angen iddynt gael eu dysgu i rannu, aros, parchu eraill a derbyn cyfrifoldeb am eu hymddygiad. Er y gall gosod terfynau wneud i blant deimlo'n rhwystredig a chwerw, mae hynny'n eu helpu i ddysgu hunanreolaeth a chyd-bwyso eu dymuniadau hwy yn erbyn rhai pobl eraill.

Rhaid i rieni, fodd bynnag, ddysgu defnyddio eu grym yn gyfrifol. Maent angen penderfynu pa broblemau sydd angen disgyblaeth gadarn a chadw golwg agos arnynt (megis ymddygiadau dinistriol a pheidio cydymffurfio) a pha rai a all gael eu gadael i'r plant benderfynu (megis beth i'w fwyta neu ei wisgo). Yr allwedd yw anelu at gydbwysedd grym y gellir ei weithredu'n ymarferol. Cyn belled â bod plant yn ymddwyn yn briodol gellir rhoi peth rheolaeth iddynt; pan fyddant yn ymddwyn yn amhriodol rhaid i'r rhieni ysgwyddo baich rheolaeth. Os na fydd plant byth yn cael unrhyw reolaeth o fewn teuluoedd, bydd brwydrau am oruchafiaeth yn digwydd ac fe fydd y plant yn ymdrechu am oruchafiaeth mewn ffyrdd amhriodol (megis gwrthod gwisgo). Er mwyn meithrin perthnasau cydweithredol o fewn y teulu a hyrwyddo hunanhyder ac annibyniaeth ymhen hir a hwyr, rhaid i rieni osgoi bod yn rhy oddefol ac yn rhy awdurdodol. Dylid cyplysu gorchmynion angenrheidiol a disgyblaeth gyda chynhesrwydd, canmoliaeth a sensitifrwydd i anghenion arbennig y plant.

Cadwch eich antenau radar ymlaen bob amser

Ymarfer i wella

Fel y bydd rhieni yn rhoi cynnig ar y strategaethau a amlinellir yma gyda'u plant, fe allant deimlo'n artiffisial neu hyd yn oed yn dwyllodrus yn enwedig os mai dyna'r tro cyntaf iddynt ddefnyddio techneg arbennig. Mae cael teimladau lletchwith o'r fath yn ymateb normal pan fydd pobl yn dysgu unrhyw beth newydd. Peidiwch â chael eich digalonni gan y cymhlethdod ymddangosiadol a pheidiwch â disgwyl teimlo'n gyfforddus yn syth. Gydag ymarfer, bydd y sgiliau rhiantu yma'n dod yn fwy naturiol nes y byddwch yn eu defnyddio heb feddwl ddwywaith.

Mae gan bob plentyn broblemau ymddygiad

Mae'n bwysig cofio ei bod yn normal i blant gael problemau ymddygiad a'i bod yn debygol na fydd anawsterau os cânt eu rheoli'n briodol. Er na all problemau o'r fath gael eu dileu, mae bod yn greadigol a threialu strategaethau gwahanol yn gwneud gwahaniaeth mawr. Ni ddylai rhieni gael eu brawychu os bydd ymddygiad plant yn newid er gwaeth wedi cyfnod cychwynnol o gynnydd wrth geisio rheoli problem ymddygiad benodol. Mae cynnydd yn digwydd mewn hyrddiau, llithro'n ôl, atgyfnerthu a gwneud cynnydd pellach.

Mae pob rhiant yn gwneud camgymeriadau

Fel y mae pob plentyn yn cael problemau ymddygiad mae pob rhiant yn teimlo'n flin, euog, rhwystredig, diymadferth ac analluog ar adegau.

Mae rhieni, fel plant, yn dysgu, arbrofi a gwneud camgymeriadau
drwy'r amser. Nid yw plant yn cael cam parhaol pan fydd eu rhieni'n
gwneud camgymeriadau gan eu bod yn rhyfeddol o hyblyg a gwydn. Yr
hyn sy'n bwysig yw bod plant yn gweld eu rhieni yn parhau i ddysgu
ac ymdopi mewn ffyrdd mwy effeithiol. Pwrpas yr arweinlyfr yma yw
ysgogi syniadau newydd, rhybuddio am beryglon, adnabod cyfleon
dysgu a helpu rhieni i ganfod yr hyn fydd yn gweithio orau iddynt hwy
a'u plant.

Mwynhau bod yn rhiant

Gan fod yr arweinlyfr yma'n cyflwyno llawer o bethau i'w gwneud a
phethau i beidio â'u gwneud, pethau i'w cofio a phethau i'w hosgoi,
gall rhieni yn gamsyniol gredu fod yna ateb perffaith y gellir ei ddilyn
yn gyson. Neu fe allant gredu nad oes lle i naturioldeb a hwyl. Nid
yw hyn yn wir. Os yw rhieni'n hyderus ac yn barod am broblemau a
baglau anochel, fe fydd lle i hyblygrwydd, mympwy a chreadigedd. Er
enghraifft, os yw plentyn tawedog o'r diwedd yn cychwyn sgwrsio bum
munud cyn amser gwely, fe fydd rhiant sensitif a hyderus yn sylweddoli
ei bod yn briodol i roi rheol o'r neilltu a gadael i'r plentyn aros ar ei
draed yn hwyrach. Mae cysondeb yn rhinwedd ond nid felly os yw'n
datblygu'n bolisi anhyblyg. Unwaith y bydd rhieni'n deall natur a
chyfnod datblygiadol eu plant yn ogystal â'r egwyddorion ymddygiad
sylfaenol a drafodir yn yr arweinlyfr hwn, gallant roi cynnig ar wahanol
strategaethau, addasu cyngor i weddu i'w blaenoriaethau a mwynhau'r

Cyflwyno strategaethau datrys problemau ac ymdopi effeithiol i rieni

broses greadigol o fagu plant. Mae pob sefyllfa'n wahanol ac mae'n rhaid i rieni ddyfeisio eu steil eu hunain o riantu, y steil a fydd yn gweithio orau iddynt hwy. Mae angen iddynt gael ffydd yn eu plant ac yn eu synnwyr cyffredin a'u dychymyg fel y byddant hwy a'u plant yn dysgu gyda'i gilydd.

Cefndir yr arweinlyfr hwn
Mae cynnwys "*Y Blynyddoedd Rhyfeddol*" wedi ei selio ar ymchwil yn y Clinig Rhiantu ym Mhrifysgol Washington. Dros y 25 mlynedd diwethaf buom yn cydweithio, astudio a chynnal rhaglenni rhiantu gyda dros 3000 o rieni plant rhwng tair ac wyth oed sydd â phroblemau ymddygiad. Pwrpas sylfaenol yr ymchwil yma fu cynllunio rhaglenni effeithiol i helpu teuluoedd gyda phlant ifanc anhydrin iawn. Rydym wedi astudio plant ifanc efo mân broblemau yn unig, megis swnian a strancio, a phlant gyda phroblemau dwysach megis dweud celwydd a dwyn. Rydym wedi gweithio gyda phob math o deuluoedd - teuluoedd dau riant, teuluoedd un rhiant, llys-rieni, a rhieni sydd wedi mabwysiadu a maethu plant. Rydym wedi gweithio gyda theuluoedd o bob math o ddiwylliannau megis teuluoedd Asiaidd, Hispanaidd, Affricanaidd, Americanaidd a Dwyrain-Affricanaidd. Nid yn unig rydym wedi arsylwi arnynt o leiaf wyth gwaith yn eu cartrefi, ond buom hefyd yn edrych ar y teuluoedd yn chwarae gyda'u plant. Mae'r teuluoedd yma wedi rhannu eu dulliau rhiantu, eu profiadau a'u problemau gyda ni. Cawsom wybodaeth yn ogystal gan athrawon y plant. O ganlyniad i'r astudiaethau hyn, a gwaith ychwanegol gyda theuluoedd â phlant heb fawr o broblemau ymddygiad, rydym wedi dod i farn ynghylch y technegau rhiantu mwyaf effeithiol. Y wybodaeth a gasglwyd yw sail y llyfr hwn.

Mae data o'n hastudiaethau yn dangos fod rhieni a ddilynodd ein cyrsiau wedi gallu lleihau ymddygiadau amhriodol eu plant a chynyddu eu cymhwysedd cymdeithasol ac emosiynol. Maent wedi dysgu bod yn rhieni cariadus a sensitif. Yn ychwanegol, mae rhieni'n adrodd eu bod yn teimlo'n fwy cyffforddus a hyderus gyda'u strategaethau disgyblu. Ein gobaith wrth greu'r arweinlyfr hwn yw gallu cyrraedd mwy o rieni a'u cynorthwyo i reoli eu plant oedran cyn-ysgol ac oedran ysgol gyda hyder, hwyl, parch ac ysbryd o gydweithrediad. Os nad yw problemau'r teulu'n rhy ddwys, gall y llyfr hwn hefyd fod o gymorth i oresgyn mân anawsterau. Ni all rhieni a fu yng nghanol brwydrau tymor hir newid yr hyn sy'n digwydd drwy ddarllen yr arweinlyfr yma'n unig. Mewn achosion o'r fath fe ddylent geisio cefnogaeth therapydd i'w helpu i wneud rhai o'r newidiadau angenrheidiol.

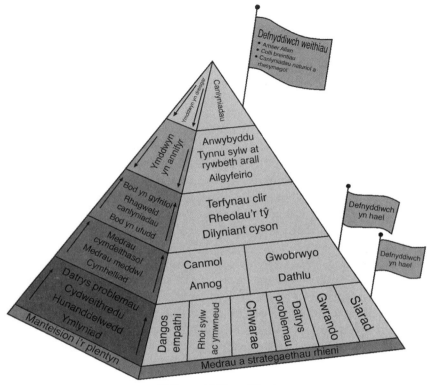

Y Pyramid Magu Plant

Sut mae'r arweinlyfr wedi cael ei drefnu

Mae'n bwysig darllen drwy'r penodau yn y drefn y'u cyflwynir gan fod pob pennod yn adeiladu ar y wybodaeth a gyflwynwyd yn y bennod flaenorol. Wrth gwrs, mae'n debygol y bydd rhieni'n cael eu temtio i droi at y bennod fydd o fwyaf o ddiddordeb iddynt yn gyntaf, neu'r sefyllfa y maent yn cael trafferth efo hi ar y pryd. Fodd bynnag, mae rhieni'n dal i gael eu hannog i ddechrau yn y dechrau a darllen yr arweinlyfr cyfan. Fel y gwelwch yn y pyramid mae'r tair pennod gyntaf yn canolbwyntio ar adeiladu sylfeini drwy ddysgu dulliau rhiantu a fydd yn creu cwlwm agos a chryf rhyngoch chi a'ch plentyn. Bydd y berthynas bositif yma yn rhoi cyfleon i chi i annog ymddygiadau cadarnhaol ac adeiladu ar hunan ddelwedd a chymhwysedd cymdeithasol eich plentyn. Mae llawer o rieni'n canfod, ar ôl canolbwyntio ar y deunydd a drafodir yn y penodau yma, fod angen llai o ddisgyblaeth ar y plant neu fod y disgyblu'n digwydd yn llawer esmwythach. Wrth symud i fyny'r pyramid, mae Penodau 4 a 5 yn canolbwyntio ar sut i osod terfynau gyda phlant a sut i ymateb pan fydd plant yn anufuddhau. Mae'r ddwy bennod nesaf yn trafod dulliau di-drais eraill a fydd yn helpu rhieni i osgoi gwrthdrawiadau a lleihau ymddygiadau negyddol. Mae'r wythfed bennod yn canolbwyntio ar ddysgu plant sut i ddatrys problemau, fel eu bod yn gallu ymdopi gyda gwrthdrawiadau a chynnig eu syniadau eu hunain. Mae Pennod 9 yn canolbwyntio ar reoli emosiynau a Phennod 10 ar sgiliau cyfeillgarwch. Erbyn diwedd Rhan 1, byddwch wedi dysgu hanfodion yr hyn a deimlwn yw'r strategaethau rheoli mwyaf effeithiol i rieni. Sylwch mai'r sgiliau a ddysgir ar lefelau isaf y pyramid yw'r strategaethau rhiantu a ddefnyddir amlaf gyda phlant.

Mae Rhan 2 yr arweinlyfr yn canolbwyntio ar faterion sy'n fwy perthnasol i sgiliau rhyngbersonol rhieni na sgiliau rhiantu fel y cyfryw. Mae'r ddwy bennod gyntaf yn trafod strategaethau hunanreolaeth ac yn helpu rhieni i ddeall sut i ymdopi gyda meddyliau digalon, blin, rhwystredig ac anobeithiol ynghylch eu sgiliau gyda phlant. Mae Pennod 11 yn pwysleisio hunanreolaeth yn nhermau prosesau meddwl heriol a chyfnewidiol tra bod Pennod 12 yn trafod rheolaeth gorfforol drwy ymarferion ymlacio a ffyrdd o reoli straen bywyd. Mae'r bennod nesaf yn rhoi sylw i strategaethau cyfathrebu effeithiol i'w defnyddio gyda phlant ac oedolion. Mae'r bennod sy'n dilyn yn canolbwyntio ar y berthynas rhwng oedolion fel bod rhieni'n gallu dysgu sut i drafod problemau teuluol gyda'i gilydd mewn ffordd anfeirniadol a chydweithredol, a sut i gynnig atebion. Mae'r bennod olaf yn Rhan 2 yn trafod sut y gellwch ddefnyddio'r strategaethau cyfathrebu a datrys problemau i ddatblygu partneriaethau cydweithredol gydag athrawon y plant. Bydd datblygu partneriaethau fel hyn yn helpu i sicrhau ffordd gyson o ymdrin â nodau'r cartref a'r ysgol yn ogystal â darparu cefnogaeth i chi ac athro eich plentyn.

Mae Rhan 3 yn cymhwyso'r egwyddorion a ddysgwyd yn Rhan 1 a 2 i broblemau cyffredin, yn cynnwys tindroi, gwrthod mynd i'r gwely, gorfywiogrwydd, problemau amser bwyd, ymladd brodyr a chwiorydd, ofnau gwahanu oddi wrth rieni, ymdrin â sefyllfaoedd penodol a dysgu darllen. Yn y penodau yma, mae rhesymau posib am y problemau yn cael eu cyflwyno ac fe ddilynir hynny gan awgrymiadau ynghylch beth y dylid ei wneud.

I grynhoi...

Mae datblygiad emosiynol ac academaidd plentyn yn broses ryfeddol - fel yn wir y mae twf a datblygiad rhieni! Rhowch ganiatâd i chi eich hun fwynhau'r broses drwy ymddiried yn eich greddf, dysgu drwy eich camgymeriadau a'ch ffaeleddau, sicrhau cynhaliaeth gan eraill, cael amser i chi eich hun - a chael hwyl gyda'ch plant. Y rhain yw'r Blynyddoedd Rhyfeddol gyda'u holl ddagrau, euogrwydd, dicter, chwerthin, hwyl a chariad.

RHAN UN

Y sylfeini ar gyfer llwyddo fel rhiant

Sut i chwarae efo'ch plentyn

Cred llawer yn ein cymdeithas fod yr amser y mae rhieni a phlant yn ei dreulio'n chwarae efo'i gilydd yn ofer a di-fudd. Mae'r gred angerddol fod chwarae'n ddi-werth yn cael ei hadlewyrchu mewn sylwadau megis, "Dim ond chwarae mae hi", "Paid a chwarae o gwmpas" a "Pam trafferthu i'w danfon i gylch cyn-ysgol? Dim ond chwarae maen nhw yno". Caiff hyn ei adlewyrchu hefyd yn y duedd gan rieni i geisio dysgu amrywiaeth o sgiliau i'w plant yn hytrach na *dim ond* chwarae efo nhw. Mewn cymdeithas lle rhoddir pwyslais aruthrol ar gyrhaeddiad yn yr ysgol, llwyddiant economaidd a phwysigrwydd gwaith, mae'n anodd torri'n rhydd oddi wrth y syniad fod chwarae yn wastraff amser.

Ond fe ddylem dorri'n rhydd oddi wrth y syniad yma gan fod chwarae'n llesol mewn llawer ffordd. Mae chwarae'n rhoi cyfle i blant ddeall pwy ydynt, beth allant ei wneud, a sut i berthnasu gyda'r byd o'u cwmpas. Weithiau mae rhieni'n sylweddoli gwerth chwarae ond heb weld yr angen i gymryd rhan eu hunain. Maent yn tybio fod chwarae yn reddfol - yr un peth y gall plant ei gyflawni heb gymorth oedolyn - ond nid yw hyn yn wir. Mae'n wir fod plant ifanc iawn yn gallu ymroi i beth chwarae digymell, ond mae hefyd yn wir fod y reddf tuag at chwarae creadigol yn raddol ddiflannu heb ymyrraeth rhieni i ysgogi ei ddatblygiad.

Am y rhesymau yma, a llawer mwy, mae'n bwysig i chi chwarae efo'ch plant. Mae chwarae o gymorth i adeiladu perthynas gynnes a chwlwm cryf rhwng aelodau'r teulu ac mae'n creu stôr o deimladau a phrofiadau cadarnhaol y gellir elwa ohonynt mewn sefyllfaoedd anodd. Drwy chwarae gellwch helpu eich plant i ddatrys problemau, profi eu syniadau ac ymchwilio i'w dychymyg. Yn ogystal, mae chwarae gydag oedolion yn hybu datblygiad geirfa fel bod plant yn dysgu mynegi eu meddyliau, teimladau ac anghenion. Mae chwarae hefyd yn eu helpu i gydweithio'n gymdeithasol drwy eu dysgu i gymryd tro, rhannu a bod yn sensitif i deimladau eraill. Mae chwarae'n amser pryd y gallwch ymateb i'ch plant mewn ffyrdd sy'n hyrwyddo teimladau o hunanwerth a meistrolaeth. Dangosodd astudiaethau fod plant yn tueddu i fod yn fwy creadigol a chael llai o broblemau ymddygiadol os yw eu rhieni wedi ymuno mewn chwarae rhith a ffantasi gyda nhw pan oeddent yn ifanc.

Yn anffodus, mae'n ffaith nad yw'r mwyafrif o rieni yn chwarae efo'u plant, ac yn amlach na heb am y rheswm nad ydynt yn gwybod sut i wneud hynny. Mae'r tudalennau canlynol felly yn cynnig rhai syniadau ynghylch sut i chwarae efo'ch plant a sut i osgoi'r camgymeriadau mwyaf cyffredin a wna rhieni wrth chwarae efo'u plant.

Dilyn arweiniad eich plentyn

Mae rhai rhieni yn ceisio strwythuro chwarae eu plentyn drwy eu dysgu beth i'w wneud - sut i adeiladu castell yn gywir, gwneud cerdyn Nadolig perffaith, neu gwblhau pos yn gywir. Efallai y credant y bydd hynny yn gwneud chwarae yn weithgaredd gwerth chweil. Yn anffodus, canlyniad rhoi gormod o bwyslais ar gynnyrch y chwarae yw bod llif o orchmynion a chywiro'n digwydd sydd fel arfer yn gwneud y profiad yn ddi-fudd i'r plant a'r oedolion.

Cymerwch, er enghraifft, beth sy'n digwydd pan fydd Lisa a'i mam yn setlo lawr i chwarae efo tŷ dol newydd. Mae mam yn dweud, "Yn gyntaf beth am roi'r ffrij a'r stof yn y gegin". Mae Lisa'n awgrymu lle i'r gegin a'i mam yn ymateb "Iawn, a rŵan rhaid i holl bethau'r gegin fynd fan yna hefyd". Aiff mam ymlaen i ddweud "Rhaid i ddodrefn yr ystafell fyw fynd fan yma." Wrth i Lisa ddechrau rhoi rhai o'r dodrefn yn yr ystafell fyw mae ei mam yn dangos iddi ble i roi eitemau'r ystafell molchi. Yn fuan mae Lisa'n gorffen chwarae, mae'n eistedd yn ôl ac yn edrych ar ei mam yn trefnu pob dim yn yr ystafelloedd *cywir.* Erbyn hyn, mam Lisa sy'n gwneud y cyfan o'r chwarae a does ganddi ddim syniad beth fyddai Lisa wedi hoffi ei wneud efo'r tŷ doli. Pe bai mam wedi aros efallai y byddai wedi canfod fod chwarae Lisa yn llawn dychymyg, gyda gwlâu yn gallu hedfan a dodrefn ystafell fyw ym mhob ystafell.

Wrth chwarae gyda phlant y cam cyntaf yw dilyn arweiniad, syniadau a dychymyg y plant, yn hytrach na gosod eich amodau chi eich hun. Peidiwch â strwythuro neu drefnu'r gweithgareddau iddynt drwy roi gorchmynion neu gyfarwyddiadau. Peidiwch ceisio dysgu dim iddynt. Yn hytrach, copïwch yr hyn a wnânt ac ymatebwch i'r hyn maent yn ofyn i chi ei wneud. Fe ganfyddwch yn fuan wrth i chi eistedd yn ôl a rhoi cyfle i'r plant ymarfer eu dychymyg, y byddant yn dangos mwy o ddiddordeb ac ymrwymiad i'r chwarae, yn ogystal â bod yn fwy creadigol. Bydd ymdriniaeth o'r math yma hefyd yn meithrin datblygiad gallu eich plant i chwarae a meddwl yn annibynnol.

Chwarae ar gyflymder addas i'ch plentyn

Wrth i blant ifanc chwarae tueddant i ailadrodd yr un gweithgaredd drosodd a throsodd.

Pa mor aml y gwelsoch chi blentyn bach yn llenwi a gwagio bocs dro ar ôl tro? Pa mor aml y rhoesoch ochenaid dawel pan ofynnwyd i chi ddarllen yr un stori byth a beunydd? Yn sicr, mae chwarae ailadroddus yn diflasu'r rhan fwyaf o rieni, ac mae'n demtasiwn i gyflymu pethau drwy gyflwyno syniad newydd neu ddull mwy soffistigedig o ddefnyddio tegan. Y broblem yw bod plant angen ailadrodd ac ymarfer gweithgaredd i'w feistroli a theimlo'n hyderus yn eu gallu. Pan fydd plant yn cael eu gwthio i weithgaredd newydd gallant deimlo'n lletchwith. Neu fe allant fynd yn rhwystredig a rhoi'r gorau i'r chwarae gyda'u rhieni oherwydd bod y sialens yn ormod. Yn y diwedd teimlant na allant gyrraedd disgwyliadau eu rhieni.

Sicrhewch fod cyflymder y chwarae yn unol â chyflymder y plentyn. Caniatewch ddigon o amser iddo ddefnyddio ei ddychymyg. Peidiwch â'i wthio am y rheswm eich bod chi wedi diflasu - arhoswch nes bod y plentyn yn penderfynu ohono'i hun i wneud rhywbeth gwahanol. Cofiwch fod plant yn symud yn arafach nag oedolion o un syniad i'r llall. Bydd symud yn araf yn ymestyn gallu canolbwyntio eich plentyn ac yn ei annog i ganolbwyntio ar un gweithgaredd am gyfnod o amser.

Bod yn sensitif i negeseuon eich plentyn

Weithiau mae rhieni'n cyflwyno syniadau chwarae neu deganau sy'n rhy gymhleth i lefel datblygiad y plentyn. Er enghraifft, gall tad gredu fod ei ferch dair oed yn barod i ddysgu chwarae OXO neu wneud jig-so. Wrth iddo geisio'i dysgu gall ganfod ei bod yn ymwrthod. Mae'n debygol iawn ei bod yn ymwrthod oherwydd nad yw'n barod o ran ei datblygiad ar gyfer y gweithgaredd ac mae'n teimlo'n rhwystredig wrth i rywun ofyn iddi wneud rhywbeth nad yw'n ei ddeall.

Wrth chwarae gyda'ch plentyn edrychwch am y negeseuon y mae'n eu rhoi i chi. Os nad oes ganddi ddiddordeb mewn chwarae gyda phos neu ddysgu gêm, symudwch ymlaen i rywbeth y dymuna ei wneud. Gellwch gynnig gweithgareddau newydd yn rheolaidd, a phan ddengys ddiddordeb gallwch ymateb yn gefnogol. Nid yw cynnwys y chwarae o bwys, yr hyn sy'n bwysig yw eich bod chi'n rhoi amser i'r plentyn feddwl, ymchwilio a phrofi. Peidiwch â phoeni os yw gêm OXO neu gêm gardiau yn cael eu trawsnewid i rywbeth sy'n hollol wahanol megis dychmygu mynd am dro neu lun creadigol.

Osgoi ymdrechu am oruchafiaeth

Fuoch chi erioed yn brwydro am oruchafiaeth gyda'ch plentyn cyn-ysgol dros bwy enillodd y gêm, neu beth yw'r rheolau, neu pa lun yw'r gorau? Os buoch, nid ydych ar eich pen eich hun. Mae llawer o rieni, yn ddiarwybod yn sefydlu perthynas gystadleuol gyda'u plant. Wrth chwarae gemau bwrdd er enghraifft, efallai y teimlant ei bod yn angenrheidiol i'w dysgu i chwarae yn unol â'r rheolau ac i fod yn gollwyr da. Neu fe allant, yn syml, wneud eu rhan nhw o'r

Ceisiwch osgoi gwrthdaro diangen

gweithgaredd mor dda nes bod y plentyn yn sicr o deimlo'n fethiant. Ystyriwch fam a'i phlentyn sy'n chwarae gyda blociau adeiladu. Am rai munudau mae Billy wedi ymgolli'n llwyr wrth geisio cael wal gyntaf ei dŷ i sefyll. Wedi llwyddo mae'n edrych ar ei fam gan ddisgwyl canmoliaeth, ond mae'n gweld bod ei thŷ hi yn orffenedig. Mae Billy'n teimlo'n annigonol ac mae hefyd yn teimlo'i fod mewn cystadleuaeth efo'i fam - un, nad oes ganddo'r arfau i'w churo. Ar adeg fel hyn efallai y bydd Billy'n rhoi'r gorau i chwarae neu'n chwilio am ffyrdd eraill o reoli'r sefyllfa, megis cael stranc.

Pwysigrwydd sylfaenol chwarae yw meithrin ymdeimlad plant o'u gallu a'u hannibyniaeth. Ychydig iawn o gyfleoedd i brofi hyn a roddir i blant ifanc wrth iddynt ymwneud ag oedolion. Mae chwarae yn un gweithgaredd lle gallant gael yr hawl i reoli ac, i raddau, osod eu rheolau eu hunain.

Nid yw plant bach a phlant cyn-ysgol yn deall y rheolau a'r dilyniant sydd mewn gemau bwrdd a gemau cardiau. Nid ydynt yn gallu deall rheolau a'r angen i gydweithredu nes eu bod yn saith neu'n wyth oed. Hyd yn oed wedyn gall eu dealltwriaeth o reolau fod yn ansicr. Er hyn, gallant fwynhau chwarae gemau gydag oedolion cyn belled â bod cystadlu eithafol a rheolau'n cael eu hosgoi. Os bydd y plant yn dyfeisio rheolau sydd yn ei ffafrio hwy i ennill, dylid caniatáu hynny. Nid oes angen i chi boeni am nad yw eich plant yn dysgu colli mewn gêm - bydd llawer o agweddau eraill o'u bywydau'n dysgu hynny iddynt. Os byddwch yn cydweithio gyda rheolau'r plant a dangos eich bod yn eu derbyn, byddant hwy yn fwy tebygol o dderbyn eich rheolau chi mewn sefyllfaoedd eraill.

Canmol ac annog syniadau a chreadigedd eich plentyn

Mae'n hawdd syrthio i'r trap o gywiro eich plant wrth iddynt chwarae. Pa mor aml y clywsoch eich hun yn dweud, "Na, dydi hwnna ddim yn mynd yn fanna," neu "Nid hwnna ydi'r ffordd gywir i'w wneud o." Mae'r math yma o feirniadu a chywiro yn raddol yn gwneud plant yn gyndyn o ymchwilio i'w syniadau neu arbrofi gyda theganau. Maent hefyd yn dueddol o wneud i blant ifanc deimlo'n ddiymadferth oherwydd bod sylw'r rhieni wedi'i gyfyngu i'r hyn sy'n cael ei wneud yn anghywir yn hytrach nag ar ymddygiad derbyniol. Yn hytrach na chymell y broses greadigol, mae'r math yma o bwyslais gan rieni yn trosglwyddo'r neges mai perffeithrwydd yw nod y chwarae.

Peidiwch â beirniadu, cywiro na gwrth-ddweud eich plant wrth chwarae efo nhw. Creu ac arbrofi sy'n bwysig, nid y cynnyrch terfynol. Cofiwch nad oes raid i chwarae'r plant wneud synnwyr i chi. Gall ceir hedfan a cheffylau siarad. Wrth chwarae canolbwyntiwch ar y pethau cymdeithasol priodol y mae'r plant yn ei wneud. Er enghraifft gallwch ddweud, "Mae hynna'n ardderchog. Mae dy jiráff yn lliw coch hyfryd", neu "Dyna gyffrous. 'Rwyt wedi creu dy gêm dy hun!" Meddyliwch am ffyrdd o ganmol syniadau, meddyliau ac ymddygiad eich plant. Gellwch atgyfnerthu amrywiaeth o sgiliau, megis canolbwyntio, dyfalbarhad, ymdrechion i ddatrys problemau, dyfeisgarwch, mynegi teimladau, cydweithrediad, cymhelliant a hunan hyder. Fel ymarferiad wrth ddysgu sut i wneud hyn, ceisiwch ganmol eich plant am rywbeth bob dau neu dri munud.

Annog dealltwriaeth emosiynol drwy chwarae ffantasi neu smalio

Mae rhai rhieni'n gyndyn o gymryd rhan mewn chwarae dychmygol – cropian ar y llawr a gwneud synau trên neu actio storïau tylwyth teg. Maent yn teimlo'n wirion a chwithig. Mae tadau'n arbennig yn ymddangos yn anghyffrddus yn chwarae efo dolis neu'n chwarae gemau "gwisgo fyny" efo'u plant. Dywed rhieni eraill wrthym eu bod yn edrych ar chwarae rhith a ffantasi fel arwyddion o broblemau emosiynol.

Mae'n bwysig annog plant i chwarae smalio nid yn unig am ei fod yn adeiladu bydoedd dychmygol plant, meddwl creadigol, a'r gallu i ddweud stori, ond am ei fod yn helpu plant i ddysgu am reoli emosiynau a rhannu teimladau. Wrth i blant chwarae rhith a ffantasi, maent yn dysgu trin pethau cynrychioliadol yn hytrach na'r pethau go iawn eu hunain. Mae'r mwyafrif o blant iach yn gwneud hyn erbyn eu bod yn dair oed, a rhai mor ifanc â 18 mis. Mae ffrindiau dychmygol yn gyffredin ymysg plant pedair oed. Mae chwarae sy'n cynnwys ffantasi

Anogwch chwarae rhith a ffantasi

yn cynyddu'n gyson mewn i flynyddoedd canol plentyndod ac yna'n dechrau diflannu. Mae'n bwysig eich bod yn annog y math yma o chwarae am ei fod yn helpu eich plant i ddatblygu amrywiaeth o sgiliau deall, sgiliau emosiynol a sgiliau cymdeithasol. Gadewch i focsys a chadeiriau fod yn dai a phalasau, a doliau droi'n berthnasau, ffrindiau neu hoff gymeriadau cartŵn. Mae ffantasi yn helpu plant i feddwl yn symbolaidd ac mae'n rhoi gwell syniad iddynt o beth sy'n real a beth sydd ddim. Mae chwarae rôl yn caniatáu iddynt brofi teimladau rhywun arall ac mae hyn yn eu helpu i ddeall a bod yn sensitif i deimladau pobol eraill. Anogwch ddefnyddio pypedau, dillad gwisgo fyny, teliffon smalio, pres smalio, neu drafodaeth am greaduriaid dychmygol. Efallai y bydd plant yn fwy tebygol o rannu teimladau o ofn a dychryn gyda'u rhieni yng nghyd-destun pypedau neu chwarae ffantasi.

Bod yn gynulleidfa werthfawrogol
Mae'n bwysig bod yn gynulleidfa dda wrth chwarae efo'ch plant. Mae rhai rhieni yn ymgolli gymaint yn y chwarae nes eu bod yn anwybyddu eu plant neu'n cymryd drosodd y pethau a wnânt. Canlyniad hyn yw bod y plant yn gwylio'r rhieni'n chwarae. Ydych chi'n cofio mam Lisa? A Billy? Erbyn y diwedd 'roedd Billy'n teimlo'n rhwystredig ac annigonol am na allai greu adeilad cystal â'i fam.

Wrth chwarae gyda'ch plant ceisiwch ganolbwyntio arnynt hwy yn hytrach nag ymgolli yn yr hyn a wnewch eich hun. Mae amser chwarae yn un o'r sefyllfaoedd prin lle mae plant yn gallu rheoli cyn belled â'u bod yn ymddwyn yn briodol. Mae hefyd yn un o'r amseroedd prin y gallant gael eich cymeradwyaeth chi i'r hyn a wnânt heb i lawer o reolau a gwaharddiadau rwystro hynny. Ceisiwch feddwl amdanoch eich hun fel cynulleidfa werthfawrogol. Eisteddwch ac edrychwch ar beth bynnag y mae'r plant yn ei greu a chanmolwch eu hymdrechion gyda brwdfrydedd. (Ac os ydych chi'n wirioneddol eisiau creu castell Lego gwych neu greu campwaith artistig gyda'r set 48 o bensiliau lliw, nid oes dim i'ch rhwystro rhag gwneud hynny pan fydd y plant yn y gwely!).

Defnyddio sylwebaeth ddisgrifiadol – Sylwi a Disgrifio

Weithiau mae rhieni'n dueddol o ofyn stribed o gwestiynau wrth chwarae "Pa anifail ydi hwn?" "Faint o sbotiau sydd ganddo?" "Pa siâp ydi hwnna?" "Ble mae o'n mynd?" "Beth wyt ti'n ei wneud?" Drwy ofyn llawer o gwestiynau, bwriad y rhieni fel arfer yw helpu'r plant i ddysgu. Ond yn amlach na heb mae'r gwrthwyneb yn digwydd gan wneud y plant yn amddiffynnol, yn dawel a chyndyn o siarad yn rhydd. Mewn gwirionedd mae holi cwestiynau, yn arbennig pan fo'r rhieni'n gwybod yr ateb, yn fath o orchymyn gan ei fod yn gofyn i blant berfformio. Yn aml mae ymholiad sy'n gofyn i blant ddiffinio'r hyn maen nhw'n ei greu yn digwydd cyn iddynt feddwl am y cynnyrch terfynol, neu cyn iddynt gael cyfle i archwilio eu syniadau. Mae'r pwyslais yn symud i fod ar y cynnyrch yn hytrach nag ar y broses o chwarae. A phan mae'r cwestiynau'n cael eu hateb, yn aml nid yw rhieni'n ymateb gydag adborth na chanmoliaeth. Gall peidio â gwneud hynny gael ei ddehongli fel diffyg diddordeb a brwdfrydedd.

Gallwch ddangos diddordeb yn chwarae eich plant yn syml drwy ddisgrifio a chynnig sylwadau cefnogol am yr hyn y maent yn ei wneud. Mae'n ffordd weithredol o annog datblygiad ieithyddol. Er enghraifft, efallai y dywedwch "Rwyt yn rhoi'r car yn y garej. Rŵan mae'n cael petrol" ac yn y blaen. Yn fuan fe ganfyddwch fod eich plant yn dynwared eich sylwadau yn hollol naturiol. Gallwch wedyn ganmol eu hymdrechion dysgu ac fe deimlant yn gynhyrfus am eu llwyddiant. Mae sylwi a disgrifio yn debyg i'r sylwebaeth a geir gan gyflwynydd chwaraeon wrth ddisgrifio gêm bêl droed ar y teledu. Gan ei bod yn ffordd wahanol o gyfathrebu, gallwch deimlo'n anghyffyrddus wrth siarad fel hyn am y tro cyntaf. Bydd yr annifyrrwch yma'n lleihau wrth i chi ymarfer mewn amrywiol sefyllfaoedd. Gyda'ch dyfalbarhad

Meddyliwch amdanoch eich hun fel sylwebydd chwaraeon yn disgrifio gêm wrth iddi fynd yn ei blaen.

fe ganfyddwch fod eich plant yn dod i hoffi'r math yma o sylw, a bod y math yma o gyfathrebu'n ymestyn eu geirfa hefyd. (Gyda llaw, mae synau megis crawcian llyffant, cyfarth ci a rhochian mochyn hefyd yn fath o sylwebaeth ddisgrifiadol!).

Os ydych yn gofyn cwestiynau, sicrhewch eich bod yn cyfyngu'r nifer a'ch bod yn cwblhau'r cylch dysgu. Hynny yw, pan fyddwch yn gofyn cwestiwn, dilynwch yr ymateb gydag adborth cadarnhaol anfeirniadol ac anogaeth. Dylai plant gael eu canmol am weithredu'n annibynnol, a chael cyfle i ymateb heb ymyrraeth. Er enghraifft, os gofynnwch "Pa anifail ydi hwnna?" a'r plentyn yn ateb "Jiráff ydi o" efallai y byddech yn ychwanegu "O jiráff. 'Rwyt yn adnabod dy anifeiliaid yn dda. Ac mae o'n jiráff piws hyfryd iawn." Mae eich adborth cadarnhaol yn annog ymdrechion i ateb y cwestiwn ac yn ymestyn yr ateb drwy ychwanegu gwybodaeth.

Defnyddio hyfforddiant academaidd i hyrwyddo sgiliau parodrwydd am ysgol

Yn ychwanegol at ddisgrifio'r hyn y mae plant yn ei wneud wrth chwarae, gallwch hefyd ddisgrifio gwahanol nodweddion y teganau y maent yn chwarae efo nhw megis eu lliwiau, siapiau, rhifau, maint (hir, byr, tal, llai na,) a'u lleoliad (fyny, lawr, wrth ymyl, nesaf at, tu ôl)

Er enghraifft, gallech ddweud, "'Rwyt yn rhoi'r bloc glas nesaf at y sgwâr melyn ac mae'r triongl piws ar ben y petryal hir coch". Bydd defnyddio'r math yma o iaith yn helpu'r plant i ddeall mwy am bethau o'u cwmpas ac adeiladu geirfa ar gyfer gwaith a chwarae yn yr ysgol. Yn ychwanegol gellwch annog perfformiad y plant wrth iddynt gyflawni tasg drwy ganmol eu gallu i feddwl yn galed, gwrando'n ofalus, gweithio'n annibynnol, dyfalbarhau gyda thasg anodd a dilyn cyfarwyddiadau. Gall hyn fod yn gymorth arbennig i ymestyn gallu plant i gynnal eu sylw neu ganolbwyntio ar weithgaredd am gyfnodau hirach.

Defnyddio hyfforddiant emosiwn i ddatblygu sgiliau emosiynol

Mae'r strategaethau hyfforddi a ddefnyddir i ddysgu emosiynau i blant yn rhedeg yn gyfochrog â'r strategaethau a ddefnyddir i ddysgu cysyniadau academaidd iddynt. Yn gyntaf, adnabyddwch, enwch a disgrifiwch deimladau'r plant wrth chwarae efo nhw. Nodwch a thynnwch sylw at amseroedd pan fyddant yn dawel, hapus, chwilfrydig, wedi ymlacio, yn gynhyrfus, yn hyderus, balch, rhwystredig, neu ar bigau'r drain. Mae'n ffordd ddefnyddiol iawn o helpu'r plant i gysylltu eu teimladau efo'r gair, ac yn gymorth i ymestyn eu geirfa ddisgrifio teimladau. Yn raddol gallant fynegi eu teimladau wrth eraill yn annibynnol. I blant sydd ag un teimlad cryf iawn (megis dicter, ofn neu dristwch) gall fod yn ddefnyddiol i ymestyn eu stoc o deimladau drwy eu helpu i ddod yn fwy ymwybodol o'r adegau y byddant yn dawel eu meddyliau ac yn cael teimladau mwy pleserus a chadarnhaol. Mae o fudd hefyd i baru sylwadau am deimladau negyddol gyda sylwadau ymdopi cadarnhaol. Er enghraifft, "'Rwyt yn teimlo'n rhwystredig am fod dy dŵr blociau wedi disgyn drosodd, ond dwi'n gweld nad wyt wedi colli dy dymer ac am drio eto."

Gall rhieni hefyd rannu eu teimladau pleserus hwy efo'u plant. Bydd hyn yn cryfhau'r cwlwm rhyngoch â'ch plant. Yn fwy fyth, mae'r rhannu emosiynol yma ar eich rhan yn rhoi model i blant ddysgu mynegi eu teimladau mewn ffordd bwrpasol.

Hyfforddi chwarae cadarnhaol gyda chyfoedion

Mae eich chwarae un-i-un chi fel oedolyn efo'ch plentyn yn werthfawr iawn i gryfhau'r bondio rhyngoch. Yn yr un modd mae budd hefyd wrth i chi chwarae gyda dau neu dri o blant. Os oes gan eich plentyn frawd neu chwaer neu ffrindiau sydd wedi dod i "chwarae", gallwch ddefnyddio'r cyfle yma i hyfforddi sgiliau cymdeithasol eich plant. Y tro yma byddwch yn disgrifio'u hymddygiad cymdeithasol megis rhannu, aros, cymryd tro, helpu'i gilydd, dweud diolch, gofyn cyn cymryd tegan rhywun arall a rhoi awgrym cyfeillgar. Bydd yr ymdriniaeth yma'n cryfhau cyfeillgarwch eich plant. Er enghraifft, gallwch ddweud, "Mae hynna mor gyfeillgar. Rwyt yn rhannu dy flociau ac yn aros dy dro." Neu, "Mi wnes di wrando ar awgrymiadau dy ffrindiau. Mae hynna mor gyfeillgar." Gellwch hefyd annog rhai arferion da megis dweud diolch, rhoi canmoliaeth neu ymddiheuro. Er enghraifft, "Edrych ar beth mae dy ffrind wedi'i wneud. Wyt ti'n meddwl y medri di ei ganmol?" ac wedyn os yw'r plentyn yn rhoi canmoliaeth, gallwch roi clod iddo ef/hi.

Annog eich plentyn i ddatrys problemau yn annibynnol

Weithiau wrth i rieni geisio helpu maent yn ei gwneud yn anodd i blant ddysgu datrys problemau a chwarae'n annibynnol. Cymerwch fachgen bach yn poeni am ei fod yn cael trafferth rhoi caead ar focs. Mae ei fam yn ymateb, " Tyrd yma, mi wna i o i ti." Mae'r plentyn yn gofidio am nad oedd o wir eisiau i'w fam gymryd drosodd a gwneud y dasg yn ei le. Mae'r un peth yn debygol o ddigwydd i dad sy'n gwneud pos i'w blentyn am ei fod yn ei chael yn anodd ei gwylio'n gwylltio wrth iddi geisio cwblhau'r pos ei hun. Mae rhoi gormod o gymorth neu gymryd drosodd gweithgaredd yn lleihau teimlad y plentyn o lwyddiant a hunan hyder, ac yn meithrin dibyniaeth ar oedolion. Gan fod plant yn brwydro rhwng bod yn annibynnol a bod yn ddibynnol, rhoddant negeseuon cymysg i'w rhieni am nad ydynt yn siŵr o'r hyn a ddymunant. Ar un llaw gall plant fod yn gofyn am help ac ar y llaw arall yn digio pan fyddant yn ei gael. Mae hyn yn ei gwneud yn anodd i rieni wybod sut i ymateb.

Wrth chwarae gallwch annog eich plant i feddwl, datrys problemau a chwarae'n annibynnol. Yn hytrach na dweud y byddwch yn cyflawni pos iddynt, awgrymwch ei gwblhau efo'ch gilydd. Cynigiwch beth cymorth, canmoliaeth ac anogaeth i'w cadw'n gweithio ar y pos, ond peidiwch cynnig gormod o gymorth fel nad ydynt yn teimlo llwyddiant personol. Gallwch hefyd helpu neu gynnig arweiniad fydd yn eu cynorthwyo i gwblhau'r dasg yn llwyddiannus. Os yw eich plentyn yn cael anhawster sgriwio bolltau efallai y dywedwch, "Beth am i mi ddal y rhan yma tra 'rwyt ti'n ei sgriwio ymlaen." Y ffordd yma bydd y plentyn yn dal i allu teimlo llwyddiant. Yr allwedd yw helpu heb gymryd drosodd ac annog y gallu i ddatrys problemau yn annibynnol. Cofiwch, weithiau mae eich plant yn gofyn am help pan nad dyna maen nhw ei wir eisiau. Am gael eich sylw yn unig y maent mewn gwirionedd. Yn aml, yr oll sydd angen i chi ei wneud yw eistedd yn ôl a rhoi'r neges iddynt eich bod yn hyderus y gallant ddatrys y dasg eu hunain.

Mae rhoi sylw cadarnhaol i'ch plentyn yn adeiladu hunan hyder.

Rhoi sylw i chwarae

Pan fydd plant yn chwarae'n ddistaw, mae'r mwyafrif o rieni yn manteisio ar y cyfle i fwrw 'mlaen gyda'u gwaith eu hunain - gwneud cinio, darllen neu olchi llestri. Wrth wneud hyn, mae'n hawdd anghofio gadael i'r plant wybod gymaint y gwerthfawrogwch eu chwarae distaw. O ganlyniad, teimla'r plant eu bod yn cael eu hanwybyddu wrth chwarae'n ddistaw, yn briodol ac yn annibynnol, a dim ond yn cael sylw pan fyddant yn swnllyd neu'n fwriadol yn gwneud rhywbeth i ddenu sylw. Os ydi hyn yn digwydd, byddant yn dysgu camymddwyn i dynnu sylw. Bydd plentyn yn ymdrechu i gael sylw gan eraill, yn arbennig sylw rhieni, boed gadarnhaol (canmoliaeth) neu negyddol (cerydd neu feirniadaeth). Os nad yw eich plant yn cael sylw cadarnhaol am ymddygiad priodol, yna byddant yn ymdrechu i gael sylw negyddol drwy gamymddwyn. Dyma'r egwyddor sylfaenol sy'n sail i ddatblygiad llawer o broblemau ymddygiad.

Dylech werthfawrogi chwarae pwrpasol a chymryd rhan fywiog mewn gweithgareddau chwarae efo'ch plentyn. Os rhoddwch sylw i'w chwarae, bydd gan y plant lai o angen dyfeisio dulliau amhriodol i'ch gorfodi i ymateb iddynt. Dywedodd llawer o rieni wrthym fod treulio cyfnodau rheolaidd o hanner awr o chwarae bob dydd gyda'u plant, wedi eu galluogi yn nes ymlaen i gael peth amser personol iddynt eu hunain. Os caiff plant y sicrwydd o sylw rheolaidd rhieni, dydyn nhw ddim angen dyfeisio ffyrdd amhriodol o'i ddenu.

Gair o rybudd

Byddwch yn barod am yr adegau pan fydd eich plentyn yn chwarae'n amhriodol ac yn camymddwyn drwy gwyno, gweiddi, taflu teganau, neu falurio mewn ffyrdd eraill. Os gellir anwybyddu'r ymddygiad, trowch i ffwrdd a dechrau chwarae gyda thegan arall fel pe bai hwnnw'n ddiddorol iawn. Unwaith y bydd y plentyn yn ymddwyn yn briodol, gellwch droi'n ôl ato. Fodd bynnag, os yw'r chwarae'n ddinistriol, dylid stopio'r chwarae gydag eglurhad tebyg i "Pan wyt ti'n taflu'r blociau, rhaid i ni stopio chwarae."

Weithiau mae rhieni'n gyndyn o chwarae efo'u plant am eu bod yn ofni cael ffwdan mawr pan fyddant eisiau stopio. Y gyfrinach yw paratoi'r plant at ddiwedd y sesiwn chwarae. Gallwch ddweud, bum munud cyn diwedd y sesiwn, "Bydd yn amser i mi stopio chwarae efo ti mewn ychydig o funudau." Mae'n bwysig anwybyddu unrhyw brotestio neu ddadlau, a gwneud eich gorau i dynnu sylw'ch plentyn at rywbeth arall. Ymhen pum munud dywedwch yn syml, "Rŵan mae'n amser i mi stopio chwarae. Dwi wedi mwynhau fy amser efo ti." Cerddwch i ffwrdd ac anwybyddwch unrhyw swnian. Unwaith bydd y plant yn dysgu na allant fynnu eich bod yn chwarae am ychwaneg o amser, bydd y cwyno'n tawelu. A phan sylweddolant fod amser chwarae rheolaidd bob dydd, bydd ganddynt lai o angen protestio, gan wybod y bydd yna gyfle i chwarae gyda chi eto fory. Cofiwch, mae rhieni chwareus yn helpu i ddatblygu plant sydd hefyd yn chwareus.

I grynhoi…

Mae'n bwysig i chi roi gwerth i chwarae, a gosod amser o'r neilltu i chwarae gyda'ch plant. Yn ogystal, gallwch ddysgu chwarae mewn ffyrdd sy'n meithrin eu hunanhyder, yn ogystal â'u datblygiad cymdeithasol, emosiynol ac ymwybyddol. Drwy ddilyn yr awgrymiadau am chwarae effeithiol yn y bennod hon, byddwch yn darparu amgylchedd cynhaliol sy'n caniatáu i'ch plant archwilio eu dychymyg, ymchwilio i'r amhosib a'r abswrd, profi syniadau newydd, gwneud camgymeriadau, mynegi teimladau, gwneud ffrindiau, datrys problemau, ac yn raddol ennill hyder yn eu meddyliau a'u syniadau eu hunain. Mae awyrgylch sy'n cynnal ac yn cymeradwyo yn darparu cyfleon i blant gyfleu eu gobeithion yn ogystal â'u rhwystredigaethau. Maent yn byw mewn byd lle nad oes ganddynt lawer o rym a dim ond ychydig o ffyrdd derbyniol o fynegi eu teimladau. Bydd chwarae da gyda chi yn cynnig cyfleoedd i'ch plant leihau'r teimladau blin, ofnus ac annigonol sydd ganddynt a darparu profiadau sy'n gwella eu teimladau o reolaeth, llwyddiant a phleser. Bydd agwedd hyblyg tuag at chwarae yn lleihau'r pwysau arnoch pan ydych yn ymwneud â'ch plentyn, ac yn helpu datblygiad pob plentyn i fod yn berson unigryw, creadigol a hunan hyderus.

Cofiwch
- Dilynwch arweiniad eich plentyn.
- Ewch ar gyflymder eich plentyn
- Peidiwch â disgwyl gormod – rhowch amser i'ch plentyn.
- Peidiwch â chystadlu efo'ch plentyn.
- Canmolwch ac anogwch syniadau a chreadigedd eich plentyn; peidiwch beirniadu.
- Ymunwch gyda'ch plentyn mewn chwarae rôl a chwarae rhith a ffantasi (e.e. pypedau, chwarae tŷ bach twt)
- Byddwch yn gynulleidfa sylwgar a gwerthfawrogol.
- Defnyddiwch "sylwi a disgrifio" yn hytrach na gofyn cwestiynau.
- Defnyddiwch hyfforddiant academaidd i hyrwyddo sgiliau parodrwydd eich plentyn i fynd i'r ysgol (e.e. lliwiau, siapiau, rhifau, lleoliad, enwau gwrthrychau)
- Byddwch yn hyfforddwr sgiliau cymdeithasol drwy annog, disgrifio a chanmol ymddygiad cyfeillgar y plant (e.e. rhannu, helpu, aros tro, bod yn gwrtais)
- Defnyddiwch hyfforddiant emosiwn, a darparwch gefnogaeth gadarnhaol ar gyfer sgiliau rheoli emosiynau (bod yn dawel, aros, datrys problem)
- Rheolwch eich awydd i roi gormod o help; anogwch y plant i ddatrys problemau.
- Rhannwch eich teimladau hapus drwy chwerthin a chael hwyl.

Sylw Positif, Annog a Chanmol

Mae rhieni'n aml yn anghofio pwysigrwydd defnyddio canmoliaeth a gwobrau cymdeithasol eraill megis sylw positif, gwên a chwtsh neu fwythau i'w plant. Credant y dylai plant ymddwyn yn briodol heb ymyrraeth rhieni ac y dylid cadw canmoliaeth ar gyfer ymddygiad arbennig o dda neu berfformiad eithriadol. Yn aml nid yw rhieni'n canmol eu plant wrth iddynt chwarae'n ddistaw neu wneud tasgau heb gwyno. Mae ymchwil yn dangos, fodd bynnag, fod diffyg canmoliaeth a diffyg sylw i ymddygiadau priodol yn gallu arwain at gamymddwyn. Yn wir, gellir defnyddio anogaeth a chanmoliaeth i arwain plant drwy'r llu o gamau bach tuag at feistroli sgiliau newydd, i'w helpu i ddatblygu hunanddelwedd bositif, ac i ddarparu'r cymhelliant y maent ei angen i ddal ati gyda thasg anodd. Yn wahanol i wobrau materol, megis arian a breintiau, gall yna fod cyflenwad diddiwedd bron o ganmoliaeth a gwobrau cymdeithasol eraill. Ychydig iawn o amser a gymer i annog ymddygiad positif gan blant. Gall gosodiad megis, "Dwi'n hoffi'r ffordd 'rwyt ti'n chwarae'n ddistaw - dyna hogan fawr!", neu roi cwtsh amserol fod yn ddigon.

Tra bod rhai rhieni'n credu na ddylent ganmol eu plant, mae llawer o rai eraill nad ydynt yn gwybod *sut* na *phryd* y dylent roi canmoliaeth ac anogaeth i'w plant. Efallai mai ychydig o ganmoliaeth a gawsant hwy pan oeddent yn ifanc a bod y geiriau'n ymddangos yn lletchwith ac artiffisial, neu dydyn nhw ddim yn gwybod pa ymddygiad i'w ganmol. Ond gall rhieni ac oedolion eraill ddysgu sgiliau canmol ac argymell, ac wedyn maent yn canfod fod defnyddio gwobrau cymdeithasol a rhoi sylw positif yn aml yn cael dylanwad dramatig ar ymddygiad eu plant.

Yn y rhan gyntaf o'r bennod yma, byddwn yn trafod rhai o ddadleuon anghywir rhieni yn erbyn canmol plant. Yn yr ail ran trafodwn ffyrdd effeithiol ac aneffeithiol o ganmol.

Ydi canmoliaeth yn difetha plant?

"Oes yna berygl i mi ddifetha fy mhlentyn gyda chanmoliaeth? Oni fydd o'n dysgu cydymffurfio yn unig er mwyn cael gwobr allanol neu gymeradwyaeth oedolyn?"

Y gwir yw *nad* ydi plant yn cael eu difetha gan ganmoliaeth, nac yn dysgu gweithio yn unig i gael gwobrau allanol. Mewn gwirionedd, y gwrthwyneb sy'n wir: mae'n debygol mai'r plant a fydd yn gweithio'n unig i gael gwobrau allanol yw'r plant hynny nad ydynt yn derbyn dim ond ychydig o ganmoliaeth a chynhaliaeth gan oedolion. O ganlyniad, maent gymaint o angen canmoliaeth nes eu bod yn dysgu ei hawlio cyn cydymffurfio gyda dymuniadau eu rhieni.

Mae plant sy'n derbyn llawer o ganmoliaeth gan eu rhieni yn datblygu gwell hunanddelwedd. Maent hefyd yn fwy tebygol o ganmol eraill, a gall hyn gael effeithiau pellgyrhaeddol. Y gwir yw, "fe gewch beth a rowch". Mae ymchwil yn dangos fod plant sy'n rhoi llawer o ddatganiadau positif i eraill yn yr ysgol yn boblogaidd ac yn derbyn llawer o ddatganiadau positif gan eraill. Felly cofiwch: mae plant yn dynwared yr hyn y maent yn ei weld a'i glywed. Os ydynt yn derbyn negeseuon positif yn aml gan eu rhieni, maent yn fwy tebygol o fewnoli'r math yma o feddwl a'i ddefnyddio i atgyfnerthu'u hyder eu hunain a'u hyder wrth ymwneud â'r bobol o'u cwmpas. Wrth gwrs, mae'r gwrthwyneb hefyd yn wir. Os yw rhieni yn negyddol a beirniadol, bydd eu plant yn modelu'r ymddygiad a'r hunan-siarad negyddol yma hefyd.

A ddylai plant wybod sut i ymddwyn?

" Dylai fy mhlentyn wybod sut i ymddwyn. Siawns nad oes angen i mi ei chanmol am bethau o ddydd i ddydd megis gwneud tasgau neu rannu teganau?"

Mae disgwyl i blentyn weithredu heb ganmoliaeth neu wobrau yn afreal. Yr unig ffordd y mae plentyn yn dysgu ail-wneud ymddygiad penodol yw trwy gael adborth positif i'r ymddygiad hwnnw. Os yw rhiant yn ei nodi a rhoi sylw iddo mae'n fwy tebygol o ddigwydd eto. Os caiff ei anwybyddu, mae'n llai tebygol o ddigwydd eto. Felly ni ddylid cymryd ymddygiad da yn ganiataol neu fe fydd yn diflannu'n fuan.

Ydi canmoliaeth yn ystumgar a ffug?

"Onid ydi o braidd yn ystumgar i ddefnyddio canmoliaeth i geisio ymddygiad neilltuol gan fy mhlentyn? Os gwnaf ymdrech ymwybodol i'w ganmol, 'rwy'n teimlo'n ffug wedyn".

Mae'r gair *ystumgar* yn awgrymu fod rhiant yn cynllwynio'n gyfrinachol i geisio ymddygiad derbyniol yn erbyn dymuniad y plentyn. Y ffaith yw mai pwrpas canmoliaeth yw gwella a chynyddu ymddygiad positif gyda'r plentyn yn ymwybodol o hynny. Yr hyn sy'n cymell eu hymddygiad gorau yw canmoliaeth a gwobrau y cynlluniwyd ar eu cyfer. Nid yw hyn yn annhebyg i gyflogwyr yn cynnig bonws i weithwyr sy'n cyflawni gwaith arbennig o dda. Gall canmoliaeth swnio'n "ffug" pan y'i defnyddir am y tro cyntaf - mae unrhyw ymddygiad newydd yn teimlo'n annifyr ar y dechrau. Mae hyn yn ymateb naturiol sydd i'w ddisgwyl. Ond cofiwch, canmolwch yn aml ac fe ddaw yn fwy naturiol.

A ddylid cadw canmoliaeth ar gyfer ymddygiad arbennig o dda?

"Mae'n well gen i gadw fy nghanmoliaeth ar gyfer rhywbeth sy'n werth ei ganmol - gradd A mewn mathemateg, gwely wedi'i dacluso'n berffaith, neu lun ardderchog. Onid yw hyn yn helpu plentyn i anelu at y brig ac ymdrechu ei orau glas?"

Y broblem gyda'r agwedd yma yw nad oes neb yn cyrraedd perffeithrwydd heb gyflawni llawer o gamau ar y ffordd. Dylai ffocws rhiant fod ar y broses o geisio creu llun, tacluso'r gwely neu gyflawni problemau mathemategol. Fel arall, efallai na fydd y cyfle i ganmol byth yn digwydd. Mae plant rhieni sy'n cadw'r ganmoliaeth at berffeithrwydd yn aml yn rhoi'r gorau iddi cyn ei gyrraedd.

Daliwch eich plentyn yn bod yn dda

Felly, yn hytrach na chadw canmoliaeth tan y diwedd, beth am achub ar y cyfle i ganmol eich plentyn pan fydd yn ymddwyn yn dda. Sylwch arno'n rhannu, siarad yn glên mewn llais distaw, ufuddhau i gais, mynd i'r gwely pan ddywedir wrtho, gwneud tasgau. Peidiwch â chymryd ymddygiadau dydd i ddydd yn ganiataol, canmolwch nhw. Os byddwch yn canolbwyntio ar y ffaith fod eich plentyn yn ceisio tacluso'r gwely neu olchi'r llestri, byddwch yn arwain ei ymddygiad i'r cyfeiriad a ddymunir. Mewn geiriau eraill, cofiwch ganmol *y broses o geisio llwyddo*, nid y llwyddiant yn unig.

Oes raid i ymddygiad newid cyn rhoi canmoliaeth?

"Gall fy mhlentyn fod yn ddrwg iawn ac amharod i helpu. Fedra i ddim dechrau ei chanmol nes ei bod yn newid ei ffyrdd".

Y perygl yma yw y gallwch fod mewn sefyllfa lle nad oes neb yn barod i ildio. Mae'n annhebygol y bydd y plentyn yn gallu cychwyn newid ei ymddygiad ohono'i hun. Ond rhaid i rywun fod yn barod i newid a'r rhiant yw'r person gorau i wneud hynny.

Mae Sam Jeffreys yn enghraifft dda o drin sefyllfa yn y ffordd anghywir. Mae Sam yn gyson yn cael ei gythruddo gan y ffaith nad yw ei fab, Steve, byth yn tacluso'i ystafell, na chadw'i deganau, na'i ddillad awyr-agored, nes bod Sam yn mynd yn flin iawn. O ganlyniad, nid yw Sam byth mewn hwyliau i sylwi fod Steve yn gosod y bwrdd yn rheolaidd. Pe bai rhywun yn dwyn ei sylw at hyn fe ddywedai " Be' di'r ots?" am ei fod yn canolbwyntio'n llwyr ar y broblem tacluso.

Rhaid i rieni ddysgu canolbwyntio ar weithredoedd cadarnhaol eu plant, a'u canmol am eu hymdrechion. Yna bydd y plant yn debygol o ailadrodd ac ymestyn yr ymddygiad positif. Mewn geiriau eraill, dim ond os yw'r rhieni'n cymryd y cyfrifoldeb o newid gyntaf y gall newid positif yn y berthynas ddigwydd. Mae'r un egwyddor yn wir mewn unrhyw berthynas - gyda phriod, plant hŷn, neu gydweithwyr. Os yw un yn ystyfnigo ac yn gwrthod gwneud newid positif yn ei ymddygiad, mae'r *status quo* yn parhau a'r berthynas yn annhebygol o wella.

Beth am y plentyn sy'n gwrthod canmoliaeth?

"Waeth pryd dwi'n trio canmol fy mhlentyn, mae'n ei daflu'n ôl yn fy wyneb. Dydi o byth fel petai'n coelio'r hyn a ddywedaf. Mae bron fel petai o ddim eisiau i mi ei ganmol."

Mae plant blin ac ymosodol eu hanian yn gallu bod yn anodd eu canmol. Mae eu hymddygiad yn aml yn cynddeiriogi rhieni ac yn tanseilio'u hawydd i fod yn gadarnhaol. I wneud pethau'n anoddach fyth, gallant wrthod canmoliaeth pan gaiff ei roi iddynt. Maent wedi arfer edrych arnynt eu hunain mewn ffordd negyddol a phan fo eu rhieni'n eu cyflwyno i ddelwedd bositif a gwahanol ohonynt eu hunain mae'r plant yn cael hyn yn anodd ei dderbyn ac yn glynu wrth eu hunanddelwedd negyddol. Mae'n galed i ganmol a gwobrwyo plant "anodd", ond maent hwy angen y ganmoliaeth yn *fwy* na phlant eraill. Rhaid i'w rhieni chwilio'n gyson am ymddygiadau positif y medrant eu cryfhau drwy ganmoliaeth nes bod y plant yn dechrau gweld eu hunain mewn ffordd fwy positif. Erbyn hynny ni fyddant yn teimlo'r angen i wrthod er mwyn parhau â'u hunanddelwedd sâl.

Ydi rhai rhieni'n ei chael yn galetach nag eraill i ganmol eu plant?
"Dydw i ddim yn gwrthwynebu canmol fy mhlentyn, ond dydi o jest ddim yn dod yn naturiol i mi, ac felly dwi'n ymatal."
Yn aml iawn y rhieni nad ydynt yn canmol eu plant yw'r bobl nad ydynt yn canmol eu hunain ychwaith. Maent yn aml yn feirniadol iawn o'u hunain am eu camgymeriadau, gwrthdrawiadau ac anawsterau. Efallai y dywedant wrth eu plant am eu problemau eu hunain, ond yn anaml y byddant yn crybwyll eu llwyddiannau yn y gwaith neu yn y cartref.

Dydi rhieni felly ddim yn modelu hunanganmoliaeth. Pe baent yn gwrando ar eu hunan-siarad mewnol, byddent yn canfod nad ydynt yn siarad fel hyn, "Rwyt yn cael hwyl dda ar ddisgyblu Johnny," neu "Mi wnes di ddelio hefo'r gwrthdaro yna'n dawel a chall", neu "Rwyt

Rhaid gwneud ymdrech ychwanegol gyda phlant sy'n gwrthod canmoliaeth

wedi bod yn amyneddgar iawn yn y sefyllfa yna." Yn hytrach, maen nhw'n sydyn iawn i farnu'u hunain am bob brycheuyn a gwall. Rhaid iddynt ddysgu siarad â nhw eu hunain mewn gosodiadau positif a chreu profiadau positif iddynt ei hunain fel cymhellion neu wobrwyon. Byddant wedyn yn fwy tebygol o wneud yr un fath i'w plant. (Gweler y bennod Rheoli Meddyliau Gofidus).

Mae'n bwysig i blant weld eu rhieni'n modelu gosodiadau hunanganmoliaeth. Fe allai mam ddweud yn uchel wrthi'i hun, "Mi wnes i'n dda yn fy ngwaith heddiw" neu "Roedd honna'n sefyllfa anodd, ond dwi'n meddwl i ni ddelio efo hi'n dda", "Roedd y caserol a wnes i heno'n flasus dros ben". Drwy ganmol ein hunain o flaen ein plant, rydym yn eu dysgu sut i fewnoli hunan-siarad positif. Mae hyn yn bwysig gan fod y plant wedyn yn dysgu ei bod yn iawn i annog a chanmol eu hunain am ymddygiad da.

A oes gwahaniaeth rhwng anogaeth a chanmoliaeth?

"Rwy'n gwneud pwynt o annog fy mhlentyn. Onid yw hynny'n ddigon?"

Mae rhai rhieni'n credu y dylent *annog* eu plant ond na ddylent eu *canmol*. Yn aml, y rhain yw'r un rhieni â'r rhai sy'n poeni am ddifetha'u plant neu gael plant sydd ddim ond yn gweithio am wobrau allanol. Maent yn canolbwyntio ar yr hyn y dymunant i'w plentyn ei gyflawni gan roi'r argraff mai eu hunig ddiddordeb yw i'r plentyn gwblhau'r

Cofiwch fodelu hunanganmoliaeth o flaen eich plant.

dasg. Ni roddant sylw i'r broses o'i chwblhau. Mae'n bwysig ichi ganmol ymdrech y plentyn a'r hyn a wnaeth eisoes yn ogystal â'i annog i gyflawni mwy.

Os oes enghreifftiau o blant a ddatblygodd broblemau ymddygiadol o ganlyniad i dderbyn gormod o ganmoliaeth, maent yn brin iawn. Yn wir, y broblem yw'r gwrthwyneb - fod y plant yn cael llawer o orchmynion a beirniadaeth a dim ond ychydig ganmoliaeth. Peidiwch â phoeni am y modd yr ydych yn rhoi datganiad positif. Yn syml, rhowch anogaeth a chanmoliaeth mor aml ag y gwelwch ymddygiadau positif.

Gwneud canmoliaeth yn fwy effeithiol
Mae'n digwydd weithiau fod rhieni sy'n canmol eu plant yn gwneud hynny mewn ffyrdd aneffeithiol. Dyna rai ffyrdd o fod mor effeithiol â phosibl wrth ganmol plant.

Bod yn benodol
Mae rhai rhieni'n canmol eu plant heb ddweud *pam* y maent yn derbyn canmoliaeth. Mae'n ganmoliaeth amhenodol a heb ei labelu. Er enghraifft, fe allech ddweud, " Gwaith da... hogyn da... grêt... ffantastig... gwych... " Yn anffodus, dydi'r datganiadau yma ddim yn disgrifio'r ymddygiad rydych yn ceisio'i ganmol.

Mae'n fwy effeithiol rhoi canmoliaeth wedi'i labelu. Mae canmoliaeth wedi'i labelu'n disgrifio'r ymddygiad penodol rydych yn ei hoffi. Yn hytrach na dweud "Hogan dda," neu "Gwaith da," byddech yn dweud, "Rwyt yn eistedd mor ddistaw yn dy gadair," neu " Rwy'n hapus dy fod wedi dweud diolch," neu "Hogyn da yn codi'r blociau pan wnes i ofyn." Mae'r disgrifiad o'r ymddygiad cadarnhaol yn mynd i helpu eich plentyn i ddeall yn union pa fathau o ymddygiad sy'n dderbyniol a phwysig.

Canmol yn briodol
Dylai canmoliaeth ddilyn ymddygiad priodol eich plentyn. Dylai canmoliaeth am rannu ddigwydd ar yr adeg pan fydd y plentyn yn y broses o rannu gyda'i chwaer fach. Ond os yw'r plant yn ymddwyn yn annerbyniol mae'n well anwybyddu unrhyw agwedd bositif a allai fod yn eu hymddygiad yn hytrach na cheisio rhoi rhyw ffurf o led ganmoliaeth. Fyddai o ddim yn briodol i ganmol Sarah am rannu ei chreonau gyda Danny pan gawsant eu defnyddio i sgriblo dros bob man ar y wal. Mae rhoi canmoliaeth ffug pan fydd plentyn yn ymddwyn yn amhriodol yn gamarweiniol a dryslyd. Arhoswch i'r plentyn wneud rhywbeth mwy adeiladol ac wedyn canmol yr ymddygiad positif hwnnw.

Dangos brwdfrydedd

Mae canmoliaeth weithiau'n aneffeithiol am ei fod mewn ffurf anniddorol, yn cael ei gynnig mewn llais diflas, heb ddim gwên na chyswllt llygaid. Gall yr un geiriau gael eu hailadrodd drosodd a throsodd mewn llais gwastad ac anfrwdfrydig. Nid yw'r math yna o ganmoliaeth yn gynhaliol i'r plant.

Dangoswch frwdfrydedd

Gellir cynyddu effaith canmol drwy ddefnyddio dulliau di-eiriau o gyfleu brwdfrydedd. Gwenwch ar eich plentyn, ei gyfarch efo cynhesrwydd yn eich llygaid neu roi pat ar gefn. Os canmolwch eich plentyn mewn steil ffwrdd-a- hi, a heb fod yn edrych arno, bydd yn llai effeithiol.

Cofiwch mai plant sydd ddim yn talu sylw, plant byrbwyll a synfyfyriol, fydd y rhai mwyaf tebygol o fethu'r ganmoliaeth a roddwch iddynt mewn llais niwtral neu ffordd aneglur. Mae'r plant yma, yn arbennig, angen canmoliaeth sy'n cael ei hatgyfnerthu gan dôn llais brwdfrydig, disgrifiadau clir o'r ymddygiadau positif (labelu), mynegiant wyneb clir a phositif a chyffyrddiad positif.

Un rhybudd pwysig: os yw rhoi canmoliaeth yn anodd i chi, a'ch bod heb arfer gwneud hynny, bydd yn swnio'n bur artiffisial a llafurus ar y cychwyn. Mae hyn i'w ddisgwyl. Fe ddaw'r gwir deimlad positif fel y byddwch yn defnyddio canmoliaeth yn fwy a mwy aml.

Rhai ymadroddion i'ch helpu ar y ffordd...........

- Dwi'n hoffi pan wyt ti'n...
- Rwyt yn cadw'r blociau yn union fel mae mam wedi gofyn i ti wneud. Rwyt yn helpwr gwych.
- Syniad da i...
- Rwyt yn gwrando ac edrych ar ôl dad mor dda.
- Rwyt wedi gweithio'n dda ar.....
- Mae mam yn falch iawn ohonot ti am...
- Edrychwch mor dda mae o/hi wedi....
- Del iawn! Da iawn! Grêt! Hyfryd! Gwych!
- Mae hynna'n ffordd berffaith o ....

- Waw! Mae'r gwaith hwn yn rhyfeddol…
- Wel, dwi'n cael ym mhlesio pan wyt ti'n….
- Rwyt yn ffrind mor dda i….
- Hogyn da am…
- Diolch i ti am…
- Dyna ddel ydi dy waith yn…..
- Hei, fe ddysgaist ti hwnnw'n sydyn iawn…
- Rho bat ar dy gefn i ti dy hun am…
- Mae'n rhaid dy fod yn teimlo'n falch ohonot dy hun yn…

Osgoi cyfuno canmoliaeth efo bychaniad

Mae rhai pobl yn rhoi canmoliaeth ac, heb sylweddoli, yn ei wrth-ddweud drwy fod yn sarcastig neu'n ei gyfuno gyda beirniadaeth. Mae hyn yn un o'r pethau mwyaf dinistriol y gall rhiant ei wneud yn y broses o atgyfnerthu. Yn arbennig, mae gweld eu plant yn gwneud rhywbeth nad ydynt wedi'i wneud o'r blaen fel pe bai'n temtio rhai rhieni i wneud sylw sarcastig neu feirniadol am yr ymddygiad newydd. Er enghraifft, gall tad ddweud wrth ei blant, "Tony ac Angie - fe ddaeth y ddau ohonoch at y bwrdd y tro cyntaf y gofynnais i chi. Mae hynna'n grêt. Ond y tro nesaf beth am olchi eich wyneb a'ch dwylo gyntaf." Neu fe all mam ddweud, "Lee, dwi'n falch dy fod yn tacluso dy wely, ond pam na wnei di hynna bob bore?"

Peidiwch â chyfuno canmol a bychanu.

Mae'n bwysig bod yn bositif ynglŷn ag ymddygiad newydd. Os ydych yn ymddangos yn anfrwdfrydig neu'n siomedig, fel y rhieni uchod, bydd eich plentyn yn rhoi'r ffidil yn y to. Wrth ganmol plentyn, dylech wneud hynny'n glir a phendant heb ei atgoffa o fethiannau blaenorol neu berfformiadau diffygiol.

Canmol yn syth

Weithiau mae canmoliaeth yn digwydd oriau neu hyd yn oed ddyddiau ar ôl i'r ymddygiad positif ddigwydd. Er enghraifft, fe allai mam grybwyll ei bod wedi gwerthfawrogi ei merch yn glanhau'r gegin neu'n rhoi'r sbwriel allan, wythnos ar ôl iddo ddigwydd. Yn anffodus, mae canmoliaeth yn colli'i werth atgyfnerthu ac yn tueddu i swnio'n fwy artiffisial os caiff ei gyflwyno'n hwyr.

Er bod canmoliaeth hwyr yn well na dim canmoliaeth o gwbl, y ganmoliaeth fwyaf effeithiol yw'r un a roddwch o fewn pum eiliad i'r ymddygiad positif ddigwydd. Felly, pan ydych yn ceisio argymell ymddygiad newydd, rhaid eich bod yn gwylio am bob achlysur y mae'r plant yn rhannu, yn cyflawni gorchymyn, neu'n ceisio gwisgo'u dillad. Peidiwch ag aros i'r dillad fod wedi'u gwisgo'n berffaith, na'r teganau fod wedi'u cadw i gyd, cyn canmol. Canmolwch y plant yn syth pan gychwynnant gyflawni'r ymddygiad dymunol. Dylai'r ganmoliaeth ddigwydd yn aml ac yn gyson ar y cychwyn. Yna'n raddol gall newid i ganmoliaeth bob hyn a hyn.

Targedu'r ganmoliaeth yn ôl anghenion eich plentyn

Gall fod yn effeithiol iawn i dargedu ymddygiadau penodol yr ydych am eu hatgyfnerthu yn achos eich plentyn. Er enghraifft, os yw eich merch yn ddistaw, swil, neu'n ofnus gellwch gynllunio i'w chanmol hi bob tro mae'n cymryd risg, yn siarad allan, yn bod yn ddewr neu'n ymdrechu gyda rhywbeth newydd. Ar y llaw arall, os yw eich mab yn gwrthod talu sylw ac yn fyrbwyll, gellwch gynllunio i'w ganmol am wrando ar eich cyfarwyddiadau, neu aros tro, neu adael i rywun arall fynd yn gyntaf. I blentyn gwrthwynebus iawn, yr ymddygiad unigol pwysicaf i'w dargedu am ganmoliaeth yw ei ufuddhad i'ch gofynion. Felly hefyd wrth gryfhau sgiliau academaidd. Os yw eich plentyn yn cael anhawster ysgrifennu a sillafu, canmolwch ymdrech y plentyn er mwyn annog ei ddyfalbarhad a diddordeb parhaus.

Gall fod o gymorth i wneud rhestr o'r ymddygiadau y dymunwch weld mwy ohonynt ac wedyn dewis un neu ddau i'w gwylio'n systematig a'u canmol. Gall y cynllun gael ei rannu gydag eraill yn y teulu.

Does dim rhaid i'r ymddygiad fod yn berffaith i haeddu sylw

Does dim rhaid i'r ymddygiad fod yn berffaith i haeddu eich canmoliaeth neu sylw positif. Yn wir, pan fydd plant yn ymdrechu am y tro cyntaf gydag ymddygiad newydd mae angen cynnig atgyfnerthiad gyda phob cam bach tuag at y nod. Os ydynt yn gorfod aros nes eu bod wedi meistroli'r ymddygiad newydd cyn cael eu canmol, efallai y byddant yn rhoi'r gorau iddi'n llwyr. Mae canmol plant ar bob cam o'r ffordd yn eu cynnal drwy'r ymdrechu a'r dysgu. Mae'r broses yma, a elwir yn "siapio", yn arwain y plentyn at lwyddiant.

Annog plant i ganmol eu hunain ac eraill

Yn y pen draw rydym eisiau i'r plant ddysgu canmol eraill gan fod hyn yn sgil a fydd yn eu helpu i ddatblygu perthynas bositif gyda phlant eraill. Rydym hefyd eisiau iddynt ddysgu canmol eu hunain, gan y bydd hyn yn eu helpu i ymgeisio a dyfalbarhau gyda thasgau anodd. Gall rhieni helpu'u plant i adnabod eu teimladau o gyflawniad drwy'r ffordd y maent yn mynegi'r ganmoliaeth. Er enghraifft, gallwch wneud gosodiad megis, "Mae'n rhaid dy fod yn teimlo'n falch dy fod wedi darllen y bennod gyfan ar ben dy hun. Dywed *da iawn* wrthot dy hun". Mae hyn yn canolbwyntio ar adnabyddiaeth bositif y plentyn o'i waith. Gall rhieni gymell eu plant i roi canmoliaeth i eraill ac wedyn eu canmol am eu hymddygiad cyfeillgar. Er enghraifft, "Edrych Lisa ar y castell gwych y mae dy ffrind wedi'i adeiladu. Beth am ddweud *da iawn* wrthi?"

Dyblu'r effaith

Beth bynnag sy'n hybu'r ymddygiad, boed yn gwtsh, gwên, neu yn ganmoliaeth eiriol, mae'r dasg o ddysgu ymddygiad newydd i blentyn yn un hir ac anodd, ac yn aml yn broses araf iawn. Mae'n golygu ceisio cynnal yr ymddygiad positif bob tro y mae'n digwydd. Os oes dau oedolyn yn y teulu, dylent drafod pa ymddygiad y dymunant ei wella, a sut y bwriadant atgyfnerthu'r ymddygiad hwnnw. Gyda'r ddau yn cymryd rhan, dylai pethau symud yn gynt. Yn ogystal, gall rhieni ddyblu dylanwad canmoliaeth drwy ganmol y plant o flaen oedolion eraill a thrwy fodelu hunanganmoliaeth.

I grynhoi…

- Daliwch eich plentyn yn bod yn dda – peidiwch ag oedi'r ganmoliaeth nes bod yr ymddygiad yn berffaith.
- Peidiwch â phoeni y byddwch yn difetha'ch plentyn gyda chanmoliaeth.

- Rhowch fwy o ganmoliaeth i blant anodd.
- Modelwch hunanganmoliaeth.
- Rhowch ganmoliaeth benodol wedi'i labelu.
- Gwnewch ganmoliaeth yn ddibynnol ar ymddygiad.
- Canmolwch gyda gwên, cyswllt llygaid a brwdfrydedd.
- Rhowch ganmoliaeth bositif a sylw i'r ymddygiad y dymunwch ei hybu.
- Canmolwch yn syth.
- Rhowch anwes, cwtsh a chusan ynghyd â chanmoliaeth.
- Defnyddiwch ganmoliaeth yn gyson.
- Canmolwch o flaen pobol eraill.
- Mynegwch eich ffydd yn eich plentyn.

Rhoi Gwobrau Materol, Cymell a Dathlu

Buom yn trafod sylw, cefnogaeth ac anogaeth rhieni yn y bennod flaenorol. Mae gwobrau materol (*tangible rewards*) yn fath arall o atgyfnerthu y gellir ei ddefnyddio fel cymhelliad i ysgogi plant i ddysgu ymddygiad arbennig o anodd. Mae gwobr faterol yn rhywbeth concrid: pleser arbennig, breintiau, sticeri, dathliad, neu gael treulio amser efo rhywun arbennig. Dylid defnyddio'r gwobrau yma'n llai aml na gwobrau cymdeithasol. Yn gyffredinol, fe'u cedwir ar gyfer annog plant i gyflawni tasg anodd megis toiledu, cyd-chwarae gyda brodyr a chwiorydd, cyflawni gwaith cartref heb gwyno, neu wisgo'n annibynnol. Wrth ddefnyddio gwobrau materol i ysgogi plant i ddysgu rhywbeth newydd, mae'n bwysig parhau i roi gwobrau cymdeithasol hefyd. Mae'r effaith yn llawer mwy pan gyfunir y ddau fath o wobrwyo gan fod iddynt bwrpas gwahanol. Mae gwobrau cymdeithasol ar gyfer cryfhau'r camau bach a'r ymdrech y mae plant yn wneud i feistroli sgiliau ac ymddygiad newydd. Mae gwobrau materol fel arfer yn cael eu defnyddio i gryfhau llwyddiant o gyrraedd nod penodol.

Mae dwy ffordd gyffredinol o ddefnyddio gwobrau materol. Gellir yn gyntaf eu defnyddio fel sypreis neu wobrau naturiol pryd bynnag y byddwch yn sylwi ar eich plentyn yn ymddwyn mewn ffordd ddymunol, megis rhannu neu eistedd yn llonydd yn y car. Er enghraifft, fe allech ddweud, "Johnny, mi wnes di mor dda yn fy helpu yn y siop, mi awn i gael sypreis bach." Mae'r agwedd yma'n gweithio os yw eich plentyn yn barod yn dangos ymddygiad priodol yn weddol gyson a chithau am gynyddu'r adegau hynny. Mae'r strategaeth yma'n werthfawr iawn gyda phlant cyn-ysgol. Yr ail ddull yw *cynllunio ymlaen llaw* gyda'r plentyn pa ymddygiad fydd yn denu gwobr. Mae'r math yma o raglen, sy'n rhyw fath o gytundeb, yn cael ei hargymell pan ydych am gynyddu ymddygiad prin. Beth am edrych ar enghraifft goncrid.

Roedd Maria'n pryderu fod Anna, sy'n 7 oed a Karl, sy'n 5 oed, wastad yn dadlau a ffraeo dros deganau. Ei nod oedd lleihau'r ymladd a chynyddu sefyllfaoedd o rannu a'r chwarae'n ddistaw gyda'i gilydd. I gyflawni hyn, cynlluniodd raglen wobrwyo materol gyda'r ddau blentyn. Roedd yn cymell y plant drwy eu gwobrwyo am rannu ac am ymddygiad tawel. Dechreuodd Maria'r rhaglen drwy ddweud: "Rydym am gychwyn siart sticeri i'ch helpu i rannu gyda'ch gilydd. Rŵan, rydych yn cael peth anhawster i rannu, ac yn dadlau llawer wrth chwarae. Dwi'n mynd yn flin iawn efo chi ar adegau fel hyn a dydi hynna ddim yn hwyl i neb ohonom ni. O hyn ymlaen, o'r amser y dowch adref o'r ysgol tan amser swper, mi fydda i'n sylwi ar sut yr ydych yn chwarae efo'ch gilydd. Fe osodwn yr amserydd yn y gegin i ganu bob 15 munud. Bob tro y bydd yn canu fe roddaf sticer i chi os ydych wedi bod yn gyfeillgar, yn rhannu a helpu eich gilydd. Ar ôl swper cewch gyfnewid eich sticeri am wobr. Rŵan dwi eisiau i chi fy helpu i wneud rhestr o bethau yr hoffech weithio tuag atynt."

Trafodwyd rhestr o gymhelliannau a breintiau arbennig ac fe gytunwyd arnynt a'u hysgrifennu i lawr - rhyw fath o fwydlen gwobrau. Wedi ei gorffen dywedodd Maria, "Mae'r ddau ohonoch wedi creu rhestr wych:- Mathew yn dod i aros nos, cael stori ychwanegol cyn mynd i'r gwely, mynd i'r parc efo dad, dewis eich hoff rawnfwyd yn y siop fwyd, mynd i'r sinema a dewis rhywbeth o'r bag bachu gwobr. Gallwn ychwanegu at y rhestr yma os bydd un ohonoch yn meddwl am rywbeth arall yr hoffech weithio tuag ato. Rŵan beth am benderfynu faint o sticeri mae pob un o'r rhain werth." Unwaith roedd y nifer o sticeri am bob eitem wedi'i benderfynu, tynnodd y plant lun siart ac fe'i gosodwyd ar ddrws y ffrij.

I blant hŷn (6-8 oed) mae'n syniad da gwneud bwydlen neu restr hir o wobrau ac arni eitemau bach sydd heb fod yn costio llawer o sticeri a rhai yn costio dipyn mwy. Ar restr Karl ac Anna, efallai y byddai stori ychwanegol amser gwely yn werth 5 sticer, mynd i'r sinema, 30 sticer. Gellir newid y rhestr wrth i'r plant feddwl am syniadau newydd. Bydd y plant yn amrywio o ran faint o amser a fyddant yn gallu aros am eu gwobrau. Efallai y bydd plant 5-6 oed angen cyfnewid eu sticeri am rywbeth bob dydd tra bydd plant hŷn yn gallu aros rhai dyddiau cyn cyfnewid y sticeri neu bwyntiau am wobr. Fodd bynnag, mae plant yn amrywio mewn aeddfedrwydd datblygiad a gallu i aros. Bydd rhai plant 5 oed yn gallu disgwyl am wobr am rai dyddiau, tra bydd plentyn 8 oed byrbwyll iawn angen gwobr ddyddiol. Bydd plant cyn-ysgol rhwng 3 a 4 oed yn cael system gymhleth o gyfnewid sticeri am wobrau yn ddryslyd. Bydd sticeri arbennig, stamp ar y llaw, neu wobr fach (stori ychwanegol, bag bachu gwobr), yn cael ei gyflwyno'n syth ar ôl i'r ymddygiad dymunol ddigwydd, yn wobr ar ei ben ei hun.

Enghreifftiau o wobrau materol

Eitemau heb fod yn ddrud
- pinnau ffelt, paent, creonau a phapur, pensiliau a llyfrau lliwio
- pres (ceiniogau, deg, ugain, hanner can ceiniog neu bunt yn ôl oedran y plentyn)
- cardiau pêl droed
- bag bachu gwobr gyda nwyddau heb fod yn rhy ddrud (ceir bach, marblis, rhwbiwrs, ffa jeli, balŵns)
- tegan newydd (gydag uchafswm y gost wedi'i gyfyngu)
- dewis hoff rawnfwyd yn y siop
- dewis ffrwyth i'w fwyta
- rhentu DVD (gwnewch yn siŵr ei fod yn un di-drais)
- byrbryd arbennig ar ôl ysgol
- rhywbeth bach arbennig yn y bocs bwyd
- darnau newydd i degan neu gasgliad o deganau
- hoff ddiod
- ychwanegiad i'r set trên
- erfyn newydd i'r bocs tŵls
- dillad newydd i ddoli, ac yn y blaen

Breintiau arbennig yn y cartref
- dewis y pwdin i'r teulu
- dewis rhaglen deledu neu DVD
- defnyddio'r ffôn
- gwisgo fyny yn nillad y rhieni
- cael ffrind i aros dros nos
- gosod y bwrdd
- eistedd yng nghadair mam neu dad amser cinio
- chwarae gyda'r cyfrifiadur
- cael ffrind i chwarae
- paratoi toes chwarae

Breintiau arbennig tu allan
- mynd i gêm bêl droed
- mynd i'r sinema
- reidio beic
- trip i'r parc
- mynd i aros nos efo nain a taid

- mynd am bicnic
- mynd ar y grisiau symud mewn siop 3-4 gwaith
- mynd i nofio
- mynd am frecwast ar ei ben ei hun gydag un rhiant
- mynd i farchogaeth
- mynd i'r sw, llyfrgell neu atyniad awyr agored

Amser arbennig gyda'r rhieni
- 10 munud ychwanegol o chwarae gyda rhiant
- gwneud teisen gyda rhiant
- stori ychwanegol cyn mynd i'r gwely
- cynllunio diwrnod o weithgareddau
- mynd i rywle ar ei ben ei hun gyda mam neu dad
- chwarae gêm gyda rhiant
- gwrando ar hoff CD gyda rhiant
- gwneud pos gyda rhiant
- mynd gyda rhiant i'r siop trin gwallt

Cofiwch roi cyfle i'ch plant helpu i ddewis eu gwobrau eu hunain. Un tric yw chwilio am bethau maen nhw'n eu gwneud yn aml neu'n gofyn am gael eu gwneud, gan fod y rhain yn debygol o fod yn atgyfnerthol iawn.

Yn yr enghraifft mae'n werth sylwi fod Maria wedi nodi'n benodol yr ymddygiadau problemus, a'r rhai positif roedd hi'n awyddus iddynt ddigwydd yn eu lle. Dewisodd 15 munud fel amser gan iddi sylwi bod y plant fel arfer yn dechrau ymladd tuag unwaith bob 20-30 munud. Felly, roedd 15 munud yn cynnig cyfle realistig iddynt fod yn llwyddiannus ac ennill sticer. Fodd bynnag, pe bai'n sylwi ar ôl diwrnod eu bod yn methu dal 15 munud heb ymladd, yna byddai raid iddi leihau'r cyfnod i 10 munud. Os, ar y llaw arall, ei bod yn sylwi arnynt yn cael sticer ar ôl 15 munud, yna gallai ymestyn yr amser i 20 munud. Y syniad yw dechrau drwy wneud y camau'n fach a chyraeddadwy, heb fod yn rhy anodd nac yn rhy hawdd. Y nodwedd arall amlwg yn yr enghraifft yma yw bod Maria wedi ceisio gwneud y rhaglen yn hwyl i'w phlant drwy eu cynnwys yng nghynllunio'r fwydlen wobrau.

Mae'n bwysig cofio na fydd y rhaglen wobrau materol yn gweithio oni bai eich bod:
- yn dewis cymhelliant sy'n ysgogi
- yn gwneud y rhaglen yn syml ac yn hwyl
- yn gwylio'r siartiau'n ofalus

- yn dyfalbarhau a rhoi'r gwobrau heb oedi
- yn adolygu'r rhaglen wrth i'r ymddygiadau a'r gwobrau newid
- yn gosod cyfyngiadau cyson ynglŷn â pha ymddygiadau fydd yn cael eu gwobrwyo

Unwaith y mae plant yn dysgu ymddygiad newydd bydd modd graddol leihau'r gwobrau materol a defnyddio canmoliaeth rhieni i argymell yr ymddygiad. Tra bo rhaglenni gwobrwyo'n ymddangos yn syml, rhaid sylweddoli fod peryglon y dylid eu hosgoi os ydynt yn mynd i fod yn effeithiol. Mae'r tudalennau canlynol yn amlinellu rhai o'r problemau cyffredin a wynebir gan rieni wrth geisio sefydlu'r rhaglenni, ac yn awgrymu ffyrdd effeithiol o'u gweithredu.

Sefydlu Nodau
Bod yn benodol am ymddygiadau priodol
Mae rhieni'n aml yn trefnu cynlluniau gwobrwyo materol sy'n annelwig ynglŷn â pha ymddygiadau priodol fydd yn ennill gwobr. Dywed tad Billy er enghraifft "Pan wyt yn fachgen da efo dy frawd mi gei di ddewis gwobr" ac "Os gwnei di ymddwyn yn dda yn y siop fwyd, mi wna i roi rhywbeth arbennig i ti". Mae'n cyfeirio at nodwedd annelwig "daioni," ond nid yw'n dweud yn glir pa ymddygiad penodol fydd yn ennill gwobr i Billy. Os nad ydych yn eglur ynglŷn â'r ymddygiad a ddymunwch, mae eich plant yn annhebygol o fod yn llwyddiannus. Efallai y byddant, mewn diniweidrwydd llwyr, yn mynnu gwobr am eu bod yn tybio iddynt fod yn dda, ond eich bod chi'n meddwl fod eu hymddygiad yn ddrwg. Fe allai Billy ddadlau, "Ond roeddwn i *yn* dda. Rydw i eisiau gwobr!" Yn wir, roedd yn meddwl ei fod yn dda am iddo rannu unwaith gyda'i frawd ac roedd wedi ceisio ymddwyn yn dda. Yn anffodus, mae diffiniad ei dad o ymddygiad "da" yn fwy llym.

Y cam cyntaf wrth sefydlu rhaglen wobrwyo yw meddwl yn glir pa ymddygiadau sy'n peri trafferth, pa mor aml y maent yn digwydd a pha ymddygiadau eraill ellir eu disgwyl yn eu lle? Os ydych, fel tad Billy, am i'ch plentyn ymddwyn yn well yn y siop fwyd, gallech ddweud, "Os gwnei dy aros yn ddistaw wrth fy ochr i tra byddwn ni yn y siop fwyd, heb redeg i ffwrdd na gweiddi, yna fe wnei di ennill sticer." Yma mae'r ymddygiadau positif yn cael eu disgrifio'n glir i'r plentyn. Mae bod yn benodol yn ei gwneud yn haws hefyd i chi wybod a ddylech roi gwobr neu beidio.

Gwneud y camau'n fach a gweithio tuag at nodau mwy
Un rheswm fod rhaglenni gwobrwyo yn methu yw bod y rhieni'n gwneud y camau neu'r disgwyliadau ymddygiadol mor fawr nes bod

eu plant yn teimlo fod ennill gwobr yn amhosib. Maent wedyn yn rhoi'r gorau i'r ymdrech neu ddim yn ymdrechu yn y lle cyntaf. Yn yr enghraifft siop fwyd, pe byddai Billy wedi bod yn dair oed, yn fywiog iawn, ac yn arfer rhedeg i fyny ac i lawr y llwybrau rhwng y silffoedd, byddai'n afrealistig disgwyl iddo aros wrth ochr ei dad am gyfnod hir iawn. Felly byddai rhaglen a olygai ennill sticer am aros wrth ochr ei dad am 45 munud o siopa wedi methu cyn cychwyn!

Mae rhaglen wobrwyo dda yn cynnwys y camau bach sydd eu hangen ar y plant i gyrraedd y nod. Yn gyntaf, arsylwch am nifer o ddyddiau pa mor aml y mae'r camymddwyn yn digwydd. Y llinell sylfaen yma fydd yr allwedd i sefydlu camau priodol i'ch plentyn. Os sylwch ei bod weithiau'n gallu mynd i fyny un llwybr yn y siop fwyd heb redeg a gweiddi, y cam yma fyddai'r un i'w atgyfnerthu. Byddai'r rhaglen yn golygu rhoi un sticer iddi bob tro y cerddai i fyny un o'r llwybrau. (Hwyrach i ddechrau mai doeth fyddai gwneud rhai ymweliadau ymarfer pryd na fwriadwch wneud siopa mawr. Byddai hyn yn cadw'r amser yn y siop i'r lleiaf posib - 5 i 10 munud - ac yn osgoi'r straen o geisio cyflawni dwy dasg fawr ar unwaith: sef gwneud eich siopa wythnosol a dysgu'ch plentyn yr un pryd). Gyda'r agwedd yma, mae gan eich plentyn siawns dda o lwyddo ac ennill rhai sticeri. Unwaith y bydd yn gallu mynd i fyny ac i lawr nifer o lwybrau'r siop heb broblem, gallwch wneud y gwobrwyo'n amodol ar gerdded yn dawel i fyny dau lwybr, a graddol gynyddu'r amser a dreuliwch yn y siop. Cofiwch, y syniad yw eich bod yn cynllunio'r hyfforddiant ac yn gwneud cynnydd fesul camau bach tuag at y nod a ddymunwch.

Camu ar y cyflymder cywir

Mae problem i'r gwrthwyneb yn digwydd os yw rhieni'n gwneud y camau'n rhy hawdd. Yn y sefyllfa yma, nid yw plant yn cael eu symbylu i weithio am y wobr neu dydyn nhw ddim yn gweld gwerth ynddi am ei bod yn dod yn rhy aml. Prin fod hyn yn broblem ar y cychwyn gan fod y mwyafrif o rieni yn gwneud y camau'n rhy fawr. Fodd bynnag, gall ddod yn broblem wrth i'r rhaglen fynd yn ei blaen. Er enghraifft, ar ôl rhai wythnosau bydd y bychan tair oed yn y siop fwyd yn cael sticeri drwy'r amser - ar ddiwedd pob llwybr. Os na fydd y rhiant yn gwneud y rhaglen yn fwy heriol drwy ofyn i'r plentyn gwblhau tri llwybr cyn cael sticer, bydd y sticeri'n colli eu gwerth cynhaliol.

Syniad da yw ei gwneud yn weddol hawdd i'r plant ennill gwobr pan fyddant yn dechrau dysgu ymddygiad newydd. Ar y cychwyn maent angen llwyddo drosodd a throsodd i werthfawrogi'r gwobrau a chymeradwyaeth rhieni, ac i ddeall eu bod yn gallu cyflawni'r

Cadwch eich system wobrwyo'n syml.

ymddygiad priodol. Wedyn gallwch ei wneud ychydig yn anos. Yn raddol bydd y gwobrau'n cael eu rhoi'n bellach a phellach oddi wrth ei gilydd hyd nes nad oes eu hangen o gwbl. Yn y pen draw bydd canmoliaeth rhieni'n gallu cynnal yr ymddygiad. Byddwch yn ofalus, fodd bynnag. Weithiau, mae rhieni sy'n teimlo fod eu rhaglenni wedi bod yn llwyddiannus yn eu cyflymu'n rhy fuan ac wedyn mae'r plant yn llithro'n ôl mewn rhwystredigaeth oherwydd eu hanallu i lwyddo. Mae cadw golwg cyson ar gyflymder cywir y camau yn un o'r allweddi i raglen lwyddiannus o wobrwyo materol.

Dewis nifer yr ymddygiadau'n ofalus
Mae rhaglenni weithiau'n methu am fod gormod o ymddygiadau negyddol ac anodd yn cael eu targedu ar yr un pryd. Rydym wedi gweld rhieni brwdfrydig yn cychwyn rhaglen wobrwyo gyda sticeri yn wobrau am ufuddhau, peidio pryfocio brodyr a chwiorydd a chyfoedion, mynd i'r gwely heb ddadlau, a gwisgo'n brydlon yn y bore. Mae rhaglenni o'r fath yn rhy gymhleth. Mae'r pwysau i lwyddo mewn llawer adran o fywyd yn ymddangos mor llethol nes bod y plant yn rhoi'r gorau iddi cyn dechrau. Anfantais arall gyda'r ymdriniaeth yma yw bod angen i'r rhieni gadw golwg cyson ac arsylwi drwy'r dydd. Mae'r dasg o arsylwi ar allu plentyn i gydymffurfio â gofynion rhieni drwy'r dydd yn gofyn am ymdrech enfawr gan fod y sefyllfaoedd yn digwydd mor

aml. Cofiwch, os na allwch yn realistig gadw golwg ar ymddygiad eich plentyn a "dilyn drwodd" gyda chanlyniadau, mae hyd yn oed rhaglen sydd wedi'i chynllunio'n berffaith yn sicr o fethu.

Mae tri phrif beth i'w hystyried wrth benderfynu faint o ymddygiadau y gall plentyn eu dysgu ar yr un pryd: pa mor aml y mae pob ymddygiad yn digwydd, lefel datblygiad eich plentyn, a'r hyn sy'n realistig i chi ei weithredu. O ran amlder, cofiwch fod ymddygiadau megis peidio cydymffurfio, swnian, pryfocio neu ddadlau yn digwydd yn aml ac felly bydd angen llawer o oruchwyliaeth. Yn realistig, mae hyn yn golygu na fyddwch yn gallu canolbwyntio ar fwy nag un ymddygiad yr un pryd. Ar y llaw arall, mae ymddygiad megis gwisgo, glanhau dannedd neu ddefnyddio gwregys diogelwch yn y car yn digwydd yn gymharol anaml, a gellid cynnwys tri neu bedwar o'r rhain ar siart yr un pryd.

Yr ail bwynt pwysig i'w ystyried yw lefel datblygiad eich plentyn. Mae plant ifanc angen rhaglenni hawdd i'w deall sy'n canolbwyntio ar un neu ddau ymddygiad ar y tro. Mae dysgu bod yn ufudd i ofynion rhieni neu aros yn y gwely drwy gydol y nos yn dasgau datblygiadol enfawr i blentyn ifanc. Bydd pob un angen llawer o dreialu drosodd a throsodd, amser a llawer o amynedd ar ran y rhieni. Fodd bynnag fel y mae'r plant yn mynd yn hŷn (oed ysgol ac arddegau) gall rhaglenni gwobrwyo materol fynd yn fwy cymhleth gan y bydd y plant yn eu deall a'u cofio'n well. Yn ogystal, mae ymddygiadau problemus yn ystod y cyfnod yma'n digwydd yn llai aml ac maent yn haws i'w monitro. Felly, i blentyn oedran ysgol, ni fyddai'n afresymol sefydlu rhaglen sy'n cynnwys sticeri am lanhau'r dannedd, hongian dillad, gwneud gwaith cartref a helpu gyda'r llestri.

Y trydydd ffactor wrth benderfynu pa ymddygiadau i ganolbwyntio arnynt yw gwerthuso faint o fonitro y medrwch ddisgwyl ei wneud yn realistig. Ni all mam gyda nifer o blant cyn-ysgol fonitro cydymffurfiad plentyn drwy'r dydd. Felly, efallai bod angen iddi ddewis cyfnod o'r dydd pryd y bydd yn gallu canolbwyntio ar ymddygiadau problemus. Er enghraifft, gallai dwy awr ddiwedd y pnawn tra bo'r babi'n cysgu fod yn ddewis da, neu yn y bore pan fydd y plentyn hŷn yn y cylch chwarae. I riant sy'n rhuthro i baratoi i fynd i'r gwaith yn y bore ac wedi llwyr ymlâdd erbyn gyda'r nos, efallai mai dim ond am hanner awr bob bore y bydd ganddi'r egni i fonitro ymddygiad problemus.

Canolbwyntio ar ymddygiad positif

Problem arall yw canolbwyntio'n llwyr ar ymddygiadau negyddol. Mae'n hawdd i rieni adnabod ymddygiad negyddol, megis ymladd, y maent am ei ddileu. Mae'r rhaglen yn amlinellu'r gwobrau fydd ar gael am fynd am awr heb ymladd. Mae hynny'n iawn, ond dydi'r rhaglen ddim wedi mynd yn ddigon pell. Mae'n dweud wrth y plant yn ddigon clir beth i beidio'i wneud, ond nid yw yn disgrifio nac yn gwobrwyo yr ymddygiad priodol sydd i gymryd ei le. Yn yr achos hwn mae ymddygiad amhriodol yn cael mwy o sylw rhieni nag ymddygiad priodol.

Mae'n bwysig adnabod yr ymddygiadau positif sy'n mynd i ddisodli'r ymddygiadau negyddol, a'u cynnwys yn y rhaglen wobrwyo materol. Dylid gwobrwyo plant am rannu a chwarae'n ddistaw efo'i gilydd yn ogystal ag am fynd am 15 munud heb ddadlau efo brodyr a chwiorydd. Mae'n allweddol fod yr ymddygiadau positif yn cael eu diffinio yr un mor eglur â'r ymddygiadau sydd i'w disodli.

Dewis gwobrau
Unwaith rydych wedi dewis pa ymddygiadau rydych am eu cynyddu neu leihau, ac wedi penderfynu ar y camau priodol i wneud hynny, y cam nesaf yw dewis gwobrau materol gyda chymorth eich plentyn.

Dewis gwobrau nad ydynt yn ddrud
Coeliwch neu beidio, rydym wedi gweld rhaglenni lle mae'r cynllunwyr bron wedi mynd yn fethdalwyr. Bydd pob plentyn eisiau cynnwys eitemau drud megis beic, neu drip i Eurodisney ar eu rhestr wobrau. Bydd rhai rhieni yn ildio ac yn cynnwys eitemau o'r fath ar y rhestr am eu bod naill ai'n meddwl na fydd eu plant byth yn ennill digon o bwyntiau i'w cael neu oherwydd eu bod yn teimlo'n euog ac yr hoffent allu rhoi'r pethau yma iddynt. Mae eraill yn parhau i gynnwys eitemau drud oherwydd y drafferth a gânt i osod terfynau gyda'u plant. Hyd yn oed os yw cymhelliad rhieni'n dda, mae cynnwys gwobrau drud yn ddinistriol i'r rhaglen. Yn rhy aml mae'r plant yn ennill y nifer angenrheidiol o sticeri neu bwyntiau. Yna mae rhieni'n cael eu hunain yn y sefyllfa annifyr o naill ai fod yn methu fforddio'r wobr, neu'n rhoi'r wobr i'r plant ond

Gwyliwch wobrau all wneud rhieni'n fethdalwyr

Yn aml nid yw'r gwobrau gorau yn costio dim.

yn casáu gwneud hynny. Yn yr achos hwnnw, mae plant yn cael neges gymysg am lawenydd eu rhieni wrth iddynt gyrraedd y nod. Mae hyn yn trechu pwrpas rhaglen wobrwyo ac yn lleihau ffydd y plant o hyn ymlaen yn ymdrechion eu rhieni i hyrwyddo ymddygiad positif. Hyd yn oed os yw rhieni'n gallu fforddio gwobrau drud, mae defnyddio'r rhain yn unig yn dysgu plant i ddisgwyl gwobrau sylweddol am eu llwyddiannau. Mae'r pwyslais yn cael ei roi ar faint y wobr yn hytrach nag ar y pleser a'r balchder a deimlir gan y plant a'r rhieni oherwydd llwyddiant y plant.

Yn gyffredinol, mae'n syniad da cyfyngu'r gwariant ar unrhyw eitem ar y rhestr i bunt neu lai, yn ddibynnol ar yr hyn y gall rhieni ei fforddio. Gellwch ddweud hyn wrth eich plant ar y dechrau. Mae plant yn sicr o geisio gwthio ffiniau'r rheolau ond, yn gyffredinol, mae gwobrau llai drud yn gallu bod yn fwy effeithiol. Mae plant ifanc yn aml yn hoffi ennill amser gyda rhieni, megis mwy o amser stori, mynd i'r parc, a chwarae pêl. Mae cael eitemau bach o fwyd megis ffrwythau sych, melysion, dewis o hoff frecwast neu bwdin hefyd yn gallu apelio. Mae plant hŷn yn hoffi ennill pres a breintiau megis mwy o deledu, cael ffrind i aros dros nos, defnyddio'r ffôn, plannu blodau ac yn y blaen. Cofiwch, mae'n llawer haws cynyddu system wobrwyo na'i lleihau.

Cyfrifo gwobrau dyddiol ac wythnosol

Weithiau bydd rhieni ddim yn unig yn gwneud y gwobrau'n rhy fawr a rhy ddrud, ond hefyd yn gwneud y cyfnod amser cyn i'r plant eu hennill yn rhy hir. Cymerwch fod tad Tom yn dweud, "Pan gei di 400 o sticeri, fe gei di feic" neu "Gyda 100 pwynt fe gei di fynd i weld gêm bêl droed." Yn ddibynnol ar faint o sticeri neu bwyntiau y gellir eu hennill mewn diwrnod, gall gymryd mis neu fwy i Tom ennill y wobr. Bydd y mwyafrif o blant ifanc (3-4 oed) yn rhoi fyny os na dderbyniant wobr yn ddyddiol. Dylai plant hŷn (6-8 oed) ennill rhywbeth bob wythnos.

I osod gwerth realistig ar eich gwobrau, yn gyntaf penderfynwch faint o sticeri, pwyntiau, neu docynnau a all gael eu hennill mewn diwrnod os yw eich plentyn yn cyflawni'r rhaglen yn berffaith. Er enghraifft, os yw Tom, sy'n 7 oed, yn ennill sticeri am frwsio'i ddannedd (dau sticer am eu glanhau ddwy waith y dydd) gosod ei wregys diogelwch yn y car (dwy siwrne yn y car bob dydd) chwarae'n annibynnol rhwng 5.00 a 5.30 (un y diwrnod) a mynd i'w wely pan ofynnir iddo (un) yna'r cyfanswm y gall ei ennill bob dydd yw 6 sticer. Dylai rhestr wobrwyo ymddygiad Tom felly gynnwys eitemau bach gwerth 4 sticer fel ei fod, os yw ar darged gyda dwy ran o dair o ymddygiadau positif mewn un diwrnod, yn gallu dewis rhywbeth oddi ar y rhestr wobrau yn ddyddiol. Fe fyddai'n syniad da hefyd cael eitemau eraill yn amrywio'n eu gwerth o 4 hyd at 25 pwynt fel ei fod yn gallu dewis aros dau neu dri diwrnod cyn gwario'i sticeri i gael, er enghraifft, ei hoff bwdin gwerth 10 pwynt. I Tom gael 100 pwynt i ennill ymweliad â gêm bêl droed byddai'n cymryd 16 diwrnod o ymddwyn yn berffaith bob dydd. Pe byddai wedi bod yn llwyddiannus am ddwy ran o dair o'r amser, byddai cael 100 pwynt yn cymryd 25 diwrnod. Yr allwedd wrth sefydlu rhestr wobrwyo lwyddiannus yw, nid yn unig cael rhestr greadigol o bethau i'r plant eu hennill, ond cael pris realistig am bob eitem, yn seiliedig ar y nifer o bwyntiau y gall eich plentyn eu hennill bob dydd. Mae rhieni sy'n defnyddio pwyntiau neu sticeri am gydymffurfio gyda'u gofynion, yn canfod y gall eu plant ennill cymaint â 30 pwynt y dydd. Bydd pris yr eitemau i'r plant felly yn uwch nag i blentyn sydd ddim ond yn gallu ennill 6 sticer mewn diwrnod.

Cynnwys y plant yn y rhaglen

Yn achlysurol mae rhieni'n dewis gwobrau materol sy'n eu gwobrwyo hwy yn fwy na'r plant. Maent yn cynnwys gwobrau megis mynd allan i gael pizza neu fynd i gyngerdd, sy'n weithgareddau maen nhw am eu gwneud. Sefyllfa debyg yw pan fydd rhieni'n cymryd gormod o reolaeth dros y rhaglen. Rydym wedi gweld siartiau manwl gyda lluniau wedi'u gludio arnynt a sticeri ffansi a ddewiswyd gan y rhieni ac nid y plant. Os na fydd y plant yn cael rhywfaint o reolaeth, mae'r rhaglen yn debygol o fethu. Nod rhaglen o wobrau materol ddylai fod dysgu'r plant i gymryd mwy o gyfrifoldeb am eu hymddygiad eu hunain. Os ydynt yn synhwyro eich amharodrwydd i roi rhywfaint o reolaeth iddynt hwy, gallant ystyfnigo a pharatoi am frwydr. Bryd hynny byddai'r canolbwyntio'n symud oddi wrth y pleser o gydymffurfio ac ymddwyn yn dda at y boddhad o ennill rheolaeth drwy gynyddu eu hymdrechion am sylw negyddol.

Canfyddwch beth yw'r gwobrau gorau gan bob un o'ch plant. Gallwch wneud hyn drwy feddwl am nifer o syniadau amrywiol am wobrau, rhag ofn na fydd ganddynt hwy syniadau ar y dechrau. Fodd bynnag, anogwch eich plant i gynnig eu hawgrymiadau eu hunain. Efallai y dywedwch wrth blentyn tawedog, "Rwyt ti'n hoffi cael Julia draw. Beth am roi hynny ar dy restr?" A chofiwch nad oes raid cwblhau rhestr wobrwyo mewn un drafodaeth. Gallwch ychwanegu ati dros gyfnod o amser fel y mae'r plant yn meddwl am bethau eraill i weithio tuag atynt. Os ydych yn defnyddio sticeri, gadewch i'r plant eu dewis nhw yn y siop, a chynhwyswch nhw yn y broses o greu'r siartiau a phenderfynu faint o sticeri sydd eu hangen ar gyfer yr eitemau sydd ar y rhestr. Tynnwch y plant i mewn i hwyl y gêm ac i gynnwrf ennill yr eitemau.

Ymddygiad priodol, ac yna'r wobr

Beth yw'r gwahaniaeth rhwng gwobr a llwgrwobr? Ystyriwch dad yn y banc yn dweud wrth ei blentyn sy'n sgrechian, "Eliza, mi gei di'r siocled yma os gwnei di stopio sgrechian." Neu dad â'i blentyn wedi bod yn codi o'r gwely yn y nos yn dweud, "Siôn, mi rodda i'r crisps yma i ti os ei di nôl i'r gwely wedyn." Yn yr enghreifftiau yma mae'r siocled a'r crisps yn llwgrwobrwyon am eu bod yn cael eu cyflwyno cyn i'r ymddygiad a ddymunir ddigwydd ac maent yn cael eu hysgogi gan ymddygiad annerbyniol. Mae'r rhieni'n dysgu'r plant y cânt wobr os byddant yn camymddwyn.

Dylai'r gwobrwyo ddigwydd ar ôl yr ymddygiad positif. Mae'n ddefnyddiol i gofio'r egwyddor "yn gyntaf ------- wedyn." Hynny yw, yn gyntaf cael yr ymddygiad a ddymunwch ac wedyn y plentyn yn cael gwobr. Yn enghraifft y banc, gallai tad Eliza fod wedi dweud cyn mynd i'r banc, "Eliza, os gwnei di aros wrth fy ochr yn ddistaw yn y banc, mi wna i fynd â ti i'r parc ar ôl i ni orffen." Mae'r rhiant yn cael yr ymddygiadau a ddymuna ac wedyn yn rhoi'r wobr. Yn yr esiampl amser gwely, gallai tad Siôn fod wedi dweud, "Os gwnei di aros yn dy wely drwy'r nos, mi gei di ddewis gêm i chwarae efo fi yn y bore."

Cyflwyno gwobrau materol am lwyddiannau bob dydd

Mae rhai rhieni'n cronni gwobrau materol ar gyfer cyraeddiadau arbennig eu plant, megis cael graddau A mewn adroddiad ysgol, glanhau'r tŷ cyfan, neu fod yn ddistaw drwy gydol trip dau ddiwrnod. Mae hwn yn enghraifft o wneud y camau tuag at y nod yn rhy fawr. Nid yn unig y mae'r rhieni'n aros yn rhy hir i roi'r gwobrau, ond maent yn cadw'r gwobrau nes ceir perffeithrwydd. Mae hyn yn rhoi'r neges i'r plant nad yw ymddygiadau bob dydd megis cydymffurfio, rhannu neu gwblhau tasgau o bwys.

Cael yr ymddygiad priodol yn gyntaf ac wedyn ei wobrwyo

Ceisiwch roi gwobrau bach yn aml. Er enghraifft, gallai rhieni sydd eisiau taith dawelach yn y car baratoi bag rhyfeddodau (creonau, llyfrau, posau, gemau) i gael eu hagor bob rhyw 40-50 milltir os yw eu plant wedi bod yn dawel a heb ymladd. Gall gwobrau o'r fath helpu i foddhau angen y plant am symbyliad yn ystod taith hir yn y car. Wrth gwrs gellwch drefnu gwobrau ar gyfer ymddygiad neu lwyddiant arbennig, ond dylech eu defnyddio hefyd ar gyfer camau bach ar hyd y ffordd, megis gwneud gwaith cartref mathemateg, cadw teganau, rhannu, cysgu drwy'r nos, a mynd i'r ystafell molchi. Dim ond wrth wobrwyo'r camau ar y ffordd y gall y nodau mwy megis graddau da, cydymffurfiad cyson, neu berthynas dda gyda ffrindiau gael eu cyflawni.

Newid o wobrau materol i gymeradwyaeth gymdeithasol

Mae rhieni'n aml yn poeni am ddefnyddio gormod o wobrau materol. Maent yn bryderus y bydd eu plant yn dysgu ymddwyn yn briodol er mwyn cael eu gwobrwyo yn hytrach na datblygu rheolaeth fewnol. Mae hyn yn bryder teg, ac fe allai ddigwydd mewn dwy fath o sefyllfa. Mae'r cyntaf yn ymwneud â rhieni sy'n "dibynnu ar sticeri," yn rhoi sticeri neu bwyntiau am bob peth y mae'r plant yn ei wneud ond yn anghofio rhoi cadarnhad cymdeithasol a chanmoliaeth. Yn ei hanfod, mae'r rhieni yma'n dysgu'r plentyn i berfformio am wobr yn hytrach nag am y pleser y mae'r rhiant a'r plentyn yn ei deimlo am y llwyddiant. Mae'r ail sefyllfa'n codi pan nad yw'r rhieni'n cynllunio i leihau'n araf y gwobrau materol a chynnal yr ymddygiadau gyda chadarnhad cymdeithasol. Mewn geiriau eraill, nid yw'r plant yn cael y neges fod y rhiant yn disgwyl iddynt yn raddol allu ymddwyn yn briodol ar eu pen eu hunain heb wobrau.

Dibyniaeth ar sticeri!

Dylid edrych ar y defnydd o wobrau materol fel mesur dros dro i helpu plant i ddysgu ymddygiadau newydd ac anodd. Rhaid cynnwys gwobrau cymdeithasol hefyd. Unwaith y byddwch wedi dysgu'r ymddygiadau newydd iddynt, yn raddol gellwch ddefnyddio gwobrau materol lai a llai, a chynnal y plant gydag atgyfnerthwyr cymdeithasol. Er enghraifft gallai mam Sioned ddweud, "Rŵan dy fod yn pî pî yn y toilet ac yn ennill llawer o sticeri, beth am wneud y gêm yn fwy o hwyl. O hyn ymlaen bydd raid i ti gadw dy hun yn sych am ddau ddiwrnod i ennill sticer." Unwaith y bydd Sioned yn llwyddiannus yn rheolaidd am ddau ddiwrnod, gall y cyfnod gael ei ymestyn i bedwar diwrnod, ac yn y blaen, nes nad oes angen y sticeri mwyach. Yna, efallai y bydd ei mam eisiau defnyddio'r sticeri i'w helpu gydag ymddygiad gwahanol. Gallai ddweud, "Wyt ti'n cofio mor dda wnes di ddysgu pî pî efo gêm y sticeri? Wel, beth am dy helpu i ddysgu gwisgo amdanat yn y bore efo'r sticeri." Felly, gall rhaglenni gwobrwyo gael eu defnyddio lai a llai, a'u cychwyn eto gydag ymddygiadau gwahanol.

Agwedd bwysig o raglen wobrwyo yw'r neges sy'n dod gyda'r wobr. Rhaid i'r rhieni gyfathrebu'n glir eu bod nid yn unig yn cymeradwyo llwyddiant eu plentyn, ond eu bod hefyd yn adnabod mai ymdrech y plentyn – nid y gwobrwyo, ynddo'i hun - sy'n gyfrifol am y llwyddiant.

Yn y ffordd yma, mae rhieni'n helpu'r plant i fewnoli'r llwyddiannau a chymryd y clod amdanynt. Er enghraifft, fe allai tad Mark ddweud, "Dwi'n falch ohonot ti'n aros yn dy lofft yn y nos. Rwyt wedi gweithio'n galed ac mae'n rhaid dy fod yn teimlo'n dda am wneud hynny. Rwyt yn sicr yn tyfu'n hogyn mawr." Yma mae tad Mark yn rhoi clod iddo am ei gyflawniad.

Cael bwydlen gyda gwobrau clir a phenodol

Anhawster cyffredin arall gyda rhaglenni gwobrwyo yw bod y gwobrau'n rhy amhendant. Mae Victor yn dweud wrth ei ferch, " Os gwnei di'r hyn dwi'n ofyn i ti ac ennill llawer o bwyntiau gelli brynu rhywbeth. Beth fyddet ti'n ei hoffi?" Mae Tina'n ateb "Garfield y gath." Ac mae Victor yn dweud, "Wel efallai y gallwn ni brynu hwnna neu rywbeth arall. Os cei di lawer o bwyntiau fe gawn ni weld." Yn yr enghraifft yma, mae'r tad yn amhendant am y wobr ac am y nifer o bwyntiau sydd angen eu hennill. Y canlyniad yw nad oes llawer o gymhelliad i Tina ennill pwyntiau.

Mae rhaglenni gwobrwyo effeithiol yn glir ac yn fanwl. Dylech chi a'ch plant ysgrifennu'r siart sy'n cynnwys y gwobrau y cytunoch arnynt, a gwerth pob eitem. Dylai'r fwydlen yma gael ei harddangos mewn man lle gall pawb ei gweld. Gallai edrych fel hyn:

Dim pryfocio – Rhannu teganau ac aros tro							
	Llun	Maw	Mer	Iau	Gwe	Sad	Sul
4:30-4:45							
4:45-5:00							
5:00-5:15							
5:15-5:30							
Cyfanswm							

Cewch sticer am beidio pryfocio a chwarae'n ddel am 15 munud.

 3 sticer – stori ychwanegol gan mam neu dad.
 6 sticer – mynd i'r parc efo dad.
 3 sticer – dewis hoff bwdin.
 6 sticer – mynd â beic i'r ysgol.
 3 sticer – dewis o'r bag bachu gwobr.
12 sticer – cael ffrind i aros nos.
12 sticer – mynd efo ffrind i'r sinema.

——————————— Enw'r rhiant

——————————— Enw'r plentyn

Mae'r siart yn debyg i gytundeb. Os oes gennych blant hŷn, efallai y byddwch am ei arwyddo efo nhw i ddangos fod pawb yn ei ddeall. Mae'n syniad da hefyd i'r plant wybod y byddwch yn edrych ar y siart ar ôl wythnos i weld a oes angen ei adolygu, ei newid neu ychwanegu eitemau newydd.

Cael bwydlen amrywiol
Mae rhai rhaglenni'n dibynnu ar fwydlenni sefydlog. Hynny yw, mae'r rhieni a'r plant yn paratoi'r fwydlen mewn un drafodaeth ac nid ydynt yn ei hadolygu am y tri mis nesaf. Y broblem gyda hyn yw nad yw'r plant ar y dechrau yn sicr am beth y maent eisiau gweithio. Efallai y meddyliant am bethau mwy diddorol yn nes ymlaen.

Gwnewch eich bwydlenni gwobrau yn hyblyg ac amrywiol. Anogwch eich plant i gynnwys amrywiaeth o eitemau, megis amser efo chi, breintiau arbennig, teganau heb fod yn ddrud, gweithgareddau a phleserau yn yr awyr agored. Wrth gwrs, yr allwedd yw darganfod beth fydd y cymhelliant gorau iddynt. Yn aml, bydd bwydlenni amrywiol a deniadol yn rhoi opsiynau i'r plant fel y bydd eu hwyliau a'u diddordebau'n newid o ddydd i ddydd. Ymhellach, mae'n bwysig gwerthuso'r bwydlenni bob ychydig wythnosau a chaniatáu i blant ychwanegu at y rhestr. Bydd hyn yn helpu i gadw eu diddordeb yn y rhaglen ar ôl i'r newydd-deb cychwynnol bylu.

Bod yn siŵr fod eich cymhellion yn briodol i oedran y plant
I blant 3-5 oed dylai eich rhaglen gymell fod yn glir, syml a hwyliog. Mae plant yr oedran yma'n hoffi casglu gwahanol stampiau a sticeri neu hyd yn oed ennill gwobr fach o fag bachu gwobr. Nid oes angen cymhlethu'r system i blant ifanc gyda bwydlenni gwobrau, na system gyfnewid pethau am wobrau mwy. Mae derbyn sticeri gyda chanmoliaeth a gweld eu llyfr sticeri'n llenwi'n wobr ddigonol.

Unwaith y mae plant wedi dysgu'r cysyniad o rifau a deall dyddiau'r wythnos a rhediad amser (6 oed a hŷn) maent yn hoffi bod yn rhan o raglenni casglu ac wedyn cyfnewid. Dyma'r oedran y mae "casgliadau" yn dechrau - ydych chi'n cofio eich holl gasgliadau o gardiau pêl droed, cerrig, prês a stampiau, a'u cyfnewid am wobrau mwy?

Bod yn gadarnhaol
Beth sy'n digwydd pan ydych wedi rhoi llawer o ymdrech i sefydlu rhaglen wobrwyo ond eich plant yn methu ennill pwyntiau? Efallai y cewch eich temtio i ymateb drwy feirniadu neu roi darlith iddynt pam y dylent ymgeisio'n galetach. Yn anffodus, byddai hyn nid yn

unig yn tanseilio'u hyder yn eu gallu ond fe allai hefyd ddatblygu'n broffwydoliaeth hunan-wireddol. Yn anfwriadol, byddai'r sylw negyddol a'r frwydr wedyn am oruchafiaeth yn atgyfnerthu camymddygiad neu anghydffurfiaeth gyda'r rhaglen. Mewn geiriau eraill byddent yn cael mwy o sylw am beidio gwneud y rhaglen nag am ei gwneud.

Os yw eich plentyn yn methu ennill pwyntiau neu sticeri, y peth gorau i'w wneud yw dweud yn dawel wrtho, "Wnes di ddim cael un y tro yma ond dwi'n siŵr gwnei di ennill un y tro nesa." Os ydych am ragfynegi'r dyfodol, mae'n well ichi gyfleu disgwyliad positif. Fodd bynnag, os yw eich plentyn yn parhau i'w chael yn anodd ennill pwyntiau, gwnewch yn siŵr nad ydych wedi gwneud y camau'n rhy fawr.

Cadw rhaglenni gwobrwyo a disgyblu ar wahân

Mae rhai rhieni'n creu rhaglenni gwobrau materol ac wedyn yn eu cymysgu efo cosb. Er enghraifft, gall plentyn ennill sticeri am rannu ond yna cânt eu cymryd oddi arno am ymladd. Mae'r sticeri wedyn â chysylltiadau negyddol yn hytrach na rhai positif. Gall yr agwedd yma fod yn fwy problemus fyth os yw'r plentyn yn cael ei adael mewn balans negyddol neu ddyled o sticeri. Os mai'r unig reswm dros ennill sticeri yw dod allan o ddyled, mae'r holl gymhelliant positif am ymddygiad da wedi diflannu. Y canlyniad naturiol yw i'r plentyn ddigalonni a rhoi'r gorau i bob ymdrech i newid.

Cadwch eich rhaglen wobrwyo ar wahân i'r rhaglen ddisgyblu. Peidiwch â thynnu gwobrau na phwyntiau i ffwrdd fel disgyblaeth gan y bydd hynny'n trechu pwrpas y rhaglen, sef rhoi sylw i ymddygiadau priodol. Os ydych am ddefnyddio tynnu breintiau oddi ar y plentyn fel un o'ch dulliau disgyblu, cadwch y breintiau y rhagwelwch eu tynnu (amser teledu, reidio beic, er enghraifft) oddi ar y fwydlen wobrwyo.

Cadw rheolaeth ar eich rhaglen

Mae nifer o ffyrdd y gellwch golli rheolaeth o'ch rhaglen wobrwyo. Yn gyntaf, drwy dalu pan fydd plentyn "bron â llwyddo", hynny yw rhoi gwobrau i'ch plant pan nad ydynt wedi ennill y nifer angenrheidiol o bwyntiau. Mae hyn yn digwydd fel arfer am eu bod yn dadlau drostynt, gan honni iddynt wneud pob dim angenrheidiol. Yn anffodus, mae hyn yn tanseilio rheolau'r cytundeb yn ogystal â'ch awdurdod chi. Mae hefyd yn debygol y bydd eich plant yn cynyddu eu swnian a'u dadlau gyda chi dros ennill pwyntiau. Yn hytrach na bod problem ymddygiad yn cael ei datrys, mae un newydd yn cael ei chreu. Mae ail anhawster yn gallu codi os gadewch y sticeri a'r gwobrau o gwmpas y tŷ fel bod y plant yn gallu cael gafael arnynt. Mae diffyg "dilyn drwodd" yn gallu bod yn drydedd broblem. Mae hyn yn digwydd pan fydd y plant wedi ymddwyn yn unol â gofynion y rhaglen ond eich bod chi heb sylwi ar yr ymddygiadau neu eich bod yn anghofio rhoi'r sticeri iddynt. Os yw'r gwobrau'n cael eu rhoi'n hwyr neu mewn dull anghyson, mae eu gwerth i gymell ymddygiad da yn isel iawn.

Mae rhaglenni gwobrau materol yn golygu llawer o waith i'r rhieni os ydynt yn mynd i fod yn effeithiol. Rhaid i chi fonitro ymddygiad eich plant yn gyson er mwyn penderfynu a ydynt wedi ennill sticeri neu bwyntiau. Rhowch sticeri i'r plant sy'n honni eu bod wedi rhannu neu fynd i'r ystafell molchi, dim ond os ydych wedi'u gweld yn gwneud y pethau hynny. Os ydych chi a'ch plant yn gweithio ar broblemau sy'n digwydd yn aml megis gwrthod ufuddhau i gais gan riant, neu ymatal rhag pryfocio a chwyno am 15 munud, yna mae llawer o wylio i'w wneud. Mae gwobrau yn fwyaf effeithiol os rhoddir hwy'n *syth* ar ôl i'r ymddygiad a ddymunir ddigwydd. Yn ogystal, er mwyn i'r rhaglenni yma weithio, rhaid i chi fod yn gyson wrth osod ffiniau. Bydd pob plentyn yn profi'r ffiniau ac yn ceisio gweld a oes modd cael gwobr am lai o waith. Mae hynny'n naturiol, ond mae'n golygu fod yn rhaid i chi fod yn barod am y profi yma, glynu wrth y rhestr wobrau a gytunwyd ac anwybyddu dadleuon, trafodaethau ac ymbil pan nad yw eich plant wedi ennill digon o bwyntiau. Ac i ddiweddu, dylech gadw rheolaeth ar y gwobrau. Dylai sticeri a gwobrau gael eu cuddio nes i'r plant eu hennill a dylai cyflwyno pwyntiau a sticeri fod yn eich dwylo chi ac nid eich plant.

Gweithio gydag athrawon

Os ydych yn gweithio ar raglen ymddygiad sydd hefyd yn digwydd yn yr ystafell ddosbarth, mae'n ddoeth i gyd-drefnu eich cynlluniau gydag athro neu athrawes eich plentyn. Er enghraifft, os yw ymddygiad heriol ac ymosodol eich plentyn yn broblemus yn yr ysgol hefyd, gellwch chi a'r athrawon gynllunio system gymhelliant sy'n digwydd yn y ddau leoliad. Bydd yr athro efallai'n rhoi stampiau llaw neu sticeri pan fydd yn sylwi ar eich plentyn yn rhannu neu'n dilyn cyfarwyddiadau. Ar ddiwedd y dydd bydd cerdyn adroddiad yn mynd adref yn dweud faint o sticeri a enillodd eich plentyn y diwrnod hwnnw. Gellwch wedyn ddyblu'r effaith drwy roi sticeri bonws ar y siart adref am ennill y nifer o sticeri y cytunwyd arnynt yn yr ysgol. Wedyn gellwch barhau gyda'r siart ymddygiad adref pryd y bydd y plentyn eto'n ennill sticeri am ddilyn eich cyfarwyddiadau a rhannu gydag eraill. Os yw plant yn dilyn yr un rhaglenni rheoli ymddygiad yn y gwahanol leoliadau, bydd y camymddwyn yn gwella'n llawer iawn cynt.

I grynhoi
- Diffiniwch ymddygiad priodol eich plentyn yn glir.
- Gwnewch y camau'n fach.
- Ymestynnwch y sialens yn raddol.
- Peidiwch â gwneud y rhaglenni'n rhy gymhleth - dewiswch un neu ddau ymddygiad i ddechrau.
- Canolbwyntiwch ar ymddygiadau positif.
- Dewiswch wobrau heb fod yn ddrud.
- Rhoddwch wobrau dyddiol.
- Cynhwyswch eich plant wrth ddewis gwobrau.
- Sicrhewch yr ymddygiad priodol yn gyntaf – wedyn gwobrwyo.
- Gwobrwywch lwyddiannau bob dydd.
- Yn raddol, newidiwch wobrau am ganmoliaeth a sylw positif.
- Byddwch yn glir a phenodol gyda'r gwobrau.
- Darparwch fwydlen amrywiol.
- Dangoswch i'ch plant eich bod yn disgwyl llwyddiant.
- Peidiwch â chymysgu gwobrwyo gyda disgyblu.
- Cadwch olwg cyson ar y rhaglen wobrwyo.
- Cyd-drefnwch y rhaglen gydag athro/athrawes eich plentyn.

Gosod Terfynau

Er mor bwysig yw canmol a gwobrwyo plant pan fyddant yn dda (ac *mae* hynny'n bwysig), weithiau rhaid i rieni reoli a gosod terfynau i ddelio ag ymddygiadau amhriodol. Yn wir, mae'n debyg fod teuluoedd nad oes ganddynt ond ychydig o reolau a safonau yn fwy tebygol o fod â phlant sy'n camymddwyn. Mae gosod terfynau cyson yn helpu plant i deimlo'n ddedwydd a saff.

Fodd bynnag, mae'n bwysig cofio y bydd pob plentyn yn rhoi prawf ar reolau a gorchmynion rhieni. Mae hynny'n arbennig o wir os yw rhieni wedi bod yn anghyson yn y gorffennol a heb orfodi'r rheolau. Byddwch yn barod i gael eich profi fel hyn gan mai dim ond trwy dorri rheol y daw plant i ddysgu eich bod o ddifrif ynglŷn â'r rheol. Dim ond canlyniadau cyson am gamymddwyn fydd yn eu dysgu fod ymddygiad derbyniol yn ddisgwyliedig. *Mae ymchwil yn dangos fod plant normal yn methu cydymffurfio gyda dymuniadau rhieni am tua traean o'r amser.* Bydd plant ifanc yn dadlau, yn sgrechian neu'n strancio pan gymerwch ddegan oddi arnynt neu pan waharddwch weithgaredd y maent yn ei ddymuno. Bydd plant oedran ysgol hefyd yn dadlau a phrotestio pan fydd tegan neu weithgaredd yn cael ei wahardd. Mae hyn yn ymddygiad normal ac yn fynegiant iach o angen plentyn am annibyniaeth ac ymreolaeth. Pan fydd protestiadau o'r fath yn digwydd peidiwch â'u cymryd fel ymosodiad arnoch chi'n bersonol. Cofiwch mai dim ond profi'ch rheolau y mae'r plant i weld a ydych chi'n mynd i fod yn gyson. Os nad ydych, mae'n debygol y byddant yn ceisio profi'n galetach y tro nesa. Ceisiwch feddwl am brotestiadau'r plant fel profiadau dysgu, ffyrdd o ymchwilio terfynau eu hamgylchedd a dysgu pa ymddygiadau sy'n briodol a pha rai sy'n amhriodol.

Ar y tudalennau nesaf, mae enghreifftiau o rai problemau y mae rhieni'n aml yn eu hwynebu wrth osod terfynau gyda'u plant, yn ogystal â rhai ffyrdd effeithiol o roi gorchmynion.

Lleihau gorchmynion

Ychydig o rieni sy'n ymwybodol o wir nifer y gorchmynion a roddant i'w plant. A fyddai'n eich synnu i glywed fod rhieni ar gyfartaledd yn rhoi

EISTEDD YN LLONYDD!

BYDD YN DDA!!

BYDD YN OFALUS!!

BYDD YN NEIS!

PAID Â BOD YN DDRWG!

PAID Â MEIDDIO!

Plentyn mewn storm o orchmynion.

17 gorchymyn bob hanner awr? Ac mewn teuluoedd lle mae'r plant â mwy o broblemau ymddygiadol, mae'r nifer yn codi i gyfartaledd o 40 gorchymyn bob hanner awr. Hefyd, mae ymchwil yn dangos fod plant rhieni sy'n rhoi gormod o orchmynion yn datblygu mwy o broblemau ymddygiad. Nid yw gorchmynion aml, felly'n gwella ymddygiad plentyn. O ganlyniad, mae'n hanfodol eich bod yn gwerthuso'r nifer a'r math o orchmynion a ddefnyddiwch gyda'ch plant, a'ch bod yn eu cyfyngu i'r rhai sy'n wir angenrheidiol.

Mae rhai rhieni'n dueddol o ailadrodd gorchmynion er bod eu plant wedi dechrau cyflawni'r cais yn barod. Er enghraifft, mae tad Joy'n dweud, "Cadwa'r teganau" am yr ail waith tra bod Joy wedi dechrau gwneud hynny'n barod. Pe bai ei thad wedi sylwi ar hyn, byddai'n gwybod nad oedd angen iddo fod wedi ail adrodd y gorchymyn, ond bod canmol Joy yn bwysig. Mae rhieni eraill yn rhoi gorchmynion am faterion dibwys. Efallai y dywedant, "Lliwia'r llyffant yn wyrdd," "Gwisga dy grys glas," neu "Gorffen dy bwdin." Mae'r gorchmynion yma'n ddiangen. Dylai plant gael gwneud penderfyniadau fel hyn drostynt eu hunain yn hytrach na bod yn rhan o frwydrau ewyllys efo'u rhieni. Os yw'r rhieni'n rhoi 20-40 o orchmynion bob hanner awr mae'n bwysig cofio'i bod yn amhosib iddynt ddilyn drwodd eu gorchmynion. Y canlyniad yw bod negeseuon cymysg yn cael eu rhoi i blant am bwysigrwydd gorchmynion.

Cyn rhoi gorchymyn, meddyliwch a yw'n fater pwysig neu beidio, ac a ydych yn fodlon dilyn drwodd gyda'r canlyniadau os yw'r plentyn yn gwrthod ufuddhau. Un ymarferiad a all fod yn ddefnyddiol yw ysgrifennu'r rheolau sy'n bwysig i'ch teulu chi. Mae'n debyg y canfyddwch fod gennych 5-10 rheol "na ellir eu torri." Dylid arddangos y rhain ar y ffrij neu'n rhywle amlwg lle gall y teulu cyfan eu gweld. Fel hyn bydd pawb, yn cynnwys y rhai sy'n gwarchod y plant, yn gwybod beth yw'r rheolau. Gall rhestr o'r fath efallai gynnwys:

- Rhaid gwisgo gwregysau diogelwch yn y car bob amser.
- Dim taro.
- Dim taflu pethau yn y tŷ.
- Dim teledu tan 7 o'r gloch.
- Rhaid i fwyd aros yn y gegin.

Unwaith y byddwch wedi egluro'r rheolau pwysig, bydd hyn yn sicrhau eich bod, nid yn unig yn fwy penodol wrth eu mynegi, ond hefyd eich bod yn gallu lleihau nifer y gorchmynion eraill diangen. O ganlyniad, bydd eich plant yn dysgu fod eich gorchmynion yn bwysig a bod cydymffurfio'n ddisgwyliedig.

Un gorchymyn ar y tro

Weithiau bydd rhieni'n rhoi un gorchymyn ar ôl y llall fel cadwyn, heb roi amser i'r plentyn ufuddhau i'r cyntaf cyn mynd ymlaen i'r nesaf. I blant ifanc, gall hyn fod yn ormod o wybodaeth i'w fewnoli. Er enghraifft, mae Efa'n dweud wrth ei phlentyn 4 oed, "Mae'n amser gwely, dwi eisiau i ti gadw dy binnau ffelt, casglu dy bapurau, mynd i fyny'r grisiau a gwisgo dy byjamas, ac wedyn brwsio dy ddannedd." Mae cyfres o orchmynion fel hyn yn anodd i blant eu cofio. Ni all y mwyafrif ond cofio un neu ddau beth yr un pryd. Problem arall gyda gorchmynion cyflym yw na all y rhiant ganmol y plentyn am gydymffurfio gydag unrhyw un o'r gorchmynion unigol. Yn y pen draw, gwrthod cydymffurfio yw canlyniad hyn oherwydd, yn syml iawn, na all y plentyn gydymffurfio gyda phob dim ac yn rhannol am nad oes canmoliaeth na gwobr iddo am ufuddhau.

Mae math arall o roi gorchmynion fel cadwyn yn digwydd pan fydd rhiant yn dweud yr un peth drosodd a throsodd fel pe bai'r plentyn heb ei glywed. Mae llawer o rieni'n ailadrodd yr un gorchymyn bedair neu bum gwaith ac mae plant yn dysgu'n fuan nad oes gwir angen ufuddhau tan y pumed tro. Ymhellach, mae gorchmynion cadwyn yn atgyfnerthu ymddygiad anufudd drwy'r sylw cyson wrth ailadrodd.

Yn hytrach nag ailadrodd gorchmynion fel pe baech yn disgwyl i'ch plant eu hanwybyddu, mynegwch eich gorchymyn un waith. Siaradwch yn araf ac wedyn arhoswch i weld a yw'r plentyn yn mynd i ufuddhau neu beidio. Os yw'n eich helpu i aros, beth am ichi gyfrif yn ddistaw wrth ichi aros i weld sut y mae eich plentyn yn ymateb. Bydd hyn yn eich helpu chi i osgoi swnian.

Rhoi gorchmynion realistig

Weithiau bydd rhieni'n rhoi gorchmynion sy'n rhy anodd neu yn anaddas i oedran y plant. Er enghraifft mae mam Tim yn gofyn i'w mab

Osgowch gadwyn o orchmynion.

tair oed dacluso'i wely neu rannu ei hoff degan gyda'i chwaer blwydd oed. Bydd y ceisiadau yma'n methu am nad ydynt yn realistig i blentyn o oedran Tim. Enghreifftiau eraill o orchmynion rhy anodd neu anaddas yw disgwyl i blentyn 4 oed gadw'r ystafell molchi'n lân, plentyn 3 oed i fod yn dawel tra mae ei rieni'n cael trafodaeth hir, neu ddisgwyl i blant o unrhyw oedran fwyta pob dim oddi ar eu plât bob amser.

Rhowch orchmynion y credwch eu bod o fewn gallu eich plant i'w cyflawni'n llwyddiannus. Peidiwch ag arwain y plant at fethiant a chi eich hun at rwystredigaeth. Ac os yw eich plentyn yn methu talu sylw, yn orfywiog a byrbwyll, mae'n bwysig iawn rhoi gorchmynion realistig. Ni ddylech ddisgwyl i blentyn o'r fath eistedd yn llonydd am gyfnodau maith yn cael ei ginio, neu aros yn llonydd am amser hir. Disgwyliad mwy realistig fyddai iddo aros wrth y bwrdd am 5-10 munud.

Rhoi gorchmynion clir

Tra bo gan rai rhieni ormod o reolau a gorchmynion, mae eraill yn casáu sefydlu unrhyw reolau o gwbl. Teimlant yn euog wrth ddweud wrth eu plant am gyflawni rhywbeth a allai fod yn annymunol. Yn aml mae'r rhieni yma'n aneglur ac anuniongyrchol ynglŷn â rheolau, yn cuddio'u gorchmynion i leddfu eu heuogrwydd. Rhai enghreifftiau o orchmynion aneglur ac amhendant yw, "Gwylia," "Bydd yn ofalus," "Bydd yn neis," "Bydd yn dda," "Hei!" ac "Aros funud!" Mae'r gosodiadau yma'n ddryslyd am nad ydynt yn nodi'n benodol yr ymddygiad sy'n cael ei ddisgwyl gan y plentyn.

Math arall o orchymyn aneglur yw un a fynegir fel sylw disgrifiadol. Er enghraifft, mae Delia'n dweud wrth ei merch, "O, Denise rwyt yn colli dy lefrith ar lawr. Gwylia dy hun!" Neu dad Derek sy'n edrych drwy'r ffenest a dweud, "Derek, mae dy feic yn dal yn yr iard!" Yn ogystal â bod yn aneglur, mae'r gosodiadau yma'n cynnwys awgrym o feirniadaeth. Nid yn unig y mae'n anodd cael plentyn i gydymffurfio pan wneir gosodiadau yn hytrach na gorchmynion uniongyrchol ("Dalia'r gwydr efo dwy law," "Cadwa dy feic,") ond mae'r agwedd feirniadol yn debygol o hybu dicter.

Eto, math arall o gais aneglur yw'r gorchymyn "Beth am i ni." "Beth am i ni olchi llestri'r tŷ bach twt" " Beth am i ni baratoi i fynd i'r gwely." Gall hyn fod yn gymhleth i blant ifanc, yn arbennig os nad yw'r rhieni'n bwriadu cymryd rhan. Er enghraifft mae mam, sydd wedi bod yn chwarae gyda'i dau fab yn y gegin, eisiau i'w phlant gadw'r teganau, ac meddai, "Beth am i ni gadw'r teganau." Os nad ydi hi'n fodlon helpu, mae'n debygol na fydd y plant yn ufuddhau ac y bydd hi'n flin efo nhw am beidio ufuddhau i'w gorchymyn aneglur.

Wrth roi gorchymyn, byddwch yn benodol am yr ymddygiad a geisiwch gan eich plentyn. Os yw Kim eisiau i chi chwarae efo hi, yn hytrach na dweud, "Aros funud!," efallai y dywedwch, "Aros am bum

Cofiwch ddefnyddio gorchmynion penodol a phositif.

munud, yna mi wna i chwarae efo ti." Peidiwch â dweud wrth Robbie, "Bydd yn ofalus," pan fydd yn colli sudd oren ar lawr; dywedwch,

"Defnyddia dy ddwy law pan fyddi'n tywallt sudd oren i'r gwydr." Yn hytrach na dweud "Beth am gadw'r teganau," dywedwch, "Mae'n amser cadw'r teganau."

Defnyddio gorchmynion "Gwna"

Gall gorchymyn ar ffurf cwestiwn fod yn arbennig o gymysglyd i blant. Yma, rhaid ystyried y gwahaniaeth cynnil rhwng cais a gorchymyn. Mae cais yn awgrymu fod gan y plentyn y dewis o gyflawni neu beidio cyflawni'r hyn a ofynnir iddo. Os ydych yn gosod gorchymyn fel cwestiwn, ac yn disgwyl i'ch plentyn gydymffurfio, mae eich neges yn ddryslyd. Problem arall gyda gorchmynion ar ffurf cwestiwn yw y gallwch gael eich hun wedi eich gwthio i gornel. Os dywedwch, "Fyddet ti'n hoffi cael bath rŵan?" a'ch plentyn yn ateb "na", rydych wedi cael eich cornelu. Rydych wedi gofyn cwestiwn a chael ateb nag oeddech yn ei ddymuno, a rŵan rhaid i chi benderfynu sut i ddarbwyllo'r plentyn i gael bath.

Datganwch eich gorchmynion ar ffurf gosodiadau pendant yn hytrach na chwestiynau. Rhowch orchmynion "gwna," gyda'r ferf ar ddechrau'r frawddeg: "Cadwa'r teganau." "Dos i'r gwely." "Cerdda'n araf." "Siarada'n ddistaw." Yma, y gair cyntaf yn y gorchymyn yw'r ferf weithredol ac felly bydd eich plentyn yn sicr o ddeall.

Rhoi gorchmynion cwrtais

Os yw rhieni'n flin wrth roi gorchymyn, ac yn cynnwys beirniadaeth neu sylw negyddol, mae hyn yn aml fel pe bai'n annog y plant i beidio cydymffurfio. Gall tad Billy ddweud, "Billy beth am eistedd yn llonydd am un waith yn dy fywyd!" neu fe all ddweud wrth Billy am eistedd yn llonydd mewn llais sarcastig. Weithiau bydd sarhad yn cael ei gynnwys gyda gorchymyn fel mynegiant o rwystredigaeth gan nad yw'r plentyn wedi cyflawni'r hyn a ofynnwyd iddo lawer gwaith o'r blaen. Fodd bynnag, mae'r teimlad sy'n cael ei fynegi y tu ôl i'r gorchymyn yr un mor bwysig â'r geiriau a ddefnyddir. Gall plentyn sy'n synhwyro eich bod yn flin neu'n feirniadol ddewis peidio cydymffurfio fel ffordd o ddial am eich beirniadaeth.

Osgowch feirniadu'r plant wrth roi gorchymyn. Mae gorchmynion negyddol yn gwneud iddynt deimlo'n fethiant, yn amddiffynnol ac yn llai parod i ufuddhau. Mae cael plant i deimlo eu bod yn bobol werth chweil yr un mor bwysig â'u cael i ufuddhau. Dylid mynegi gorchmynion yn gadarnhaol, yn barchus ac yn gwrtais.

Defnyddio gorchmynion positif a chadarnhaol

Mae gorchymyn i stopio yn fath o osodiad negyddol gan ei fod yn dweud wrth y plentyn beth i beidio ei wneud. Mae "Stopia weiddi," "Paid â gwneud hynna," "Cau dy geg," "Dyna ddigon" i gyd yn orchmynion i stopio gwneud rhywbeth. Nid yn unig y mae'r rhain yn feirniadol o'r plentyn, ond maent yn canolbwyntio ar y camymddwyn yn hytrach na dweud wrth y plentyn sut i ymddwyn yn briodol.

Mae seicolegwyr chwaraeon wedi canfod, os yw hyfforddwr yn dweud wrth fowliwr mewn gêm griced "Paid â bowlio'n gyflym," dyna'r mae'r bowliwr yn fwyaf tebygol o'i wneud. Nid oherwydd ystyfnigrwydd y digwydd hyn ond yn syml am mai dyna'r ddelwedd y mae'n ei gweld ar ôl clywed geiriau'r hyfforddwr. Felly, mae'n werth gwneud pob ymdrech i roi gorchmynion cadarnhaol sy'n manylu ar yr ymddygiad a ddymunwch gan eich plentyn. Yn hytrach na dweud, "Paid â gweiddi," neu "Paid â sblasio," dywedwch, "Wnei di siarad yn ddistaw os gweli'n dda," neu "Cadwa'r dŵr i mewn yn y twb." Pryd bynnag y bydd eich plentyn yn gwneud rhywbeth nad ydych yn ei hoffi, meddyliwch am yr ymddygiad gwell y byddech yn ei hoffi. Wedyn lluniwch eich gorchymyn i ganolbwyntio ar yr ymddygiad positif hwnnw.

Caniatáu amser i gydymffurfio

Dylid rhoi cyfle i blant gydymffurfio ar ôl rhoi gorchymyn. Er enghraifft, mae tad Nina'n dweud, " Cadwa dy ddillad," gan ddechrau eu cadw ei hun cyn iddi gydymffurfio. Neu mae mam Rino'n dweud, "Tyrd i lawr oddi ar y siglen," ac yn ei thynnu oddi ar y siglen cyn aros i weld a fydd hi'n cydymffurfio. Weithiau mae'n rhaid cydymffurfio'n syth, yn arbennig os yw'n fater o ddiogelwch, ond gan amlaf dylid rhoi cyfle i blant gydymffurfio'n llwyddiannus.

Ar ôl rhoi gorchymyn, oedwch. Os yw'n eich helpu i aros yn amyneddgar, beth am ichi gyfrif yn ddistaw i bump. Os yw'r plentyn yn dal heb gydymffurfio, dyna pryd y gellwch ystyried hyn yn ddiffyg cydymffurfio. Ac os rhowch amser i'r plant gydymffurfio byddwch yn aml yn gweld mwy o lwyddiant. Mae aros ar ôl rhoi gorchymyn hefyd yn eich gorfodi chi i ystyried a yw eich plentyn wedi dangos bwriad neu beidio. Yna, gellwch wobrwyo cydymffurfio neu ddilyn drwodd gyda'r canlyniadau am beidio cydymffurfio.

Rhybuddio ac atgoffa

Bydd rhai rhieni'n rhoi gorchmynion yn sydyn heb rybudd. Dychmygwch y sefyllfa yma: mae Jenny wedi ymgolli'n llwyr yn y castell y mae'n ei adeiladu gyda blociau. Yn sydyn mae ei thad yn cerdded i mewn i'r ystafell a dweud wrthi am fynd i'r gwely. Beth sy'n digwydd nesa? Mae'n debygol y bydd Jenny'n dangos llawer o anhapusrwydd, protestio a gwrthwynebu.

Pan fydd hynny'n ymarferol, mae'n helpu i atgoffa neu roi rhybudd cyn rhoi'r gorchymyn. Gall hyn fod yn ffordd effeithiol o baratoi plant am unrhyw newid. Pe bai tad Jenny wedi sylwi fod Jenny wedi ymgolli'n chwarae gyda'r blociau a dweud, " Mewn dau funud bydd yn amser cadw'r blociau," ni fyddai Jenny wedi protestio. Mae llawer ffordd o roi rhybudd. I blant ifanc nad ydynt yn deall y cysyniad o amser, gall amserydd fod yn ddefnyddiol. Wedyn gellwch ddweud " pan fydd cloch yr amserydd yn canu, bydd yn amser cadw'r blociau." Gyda phlant hŷn gellir cyfeirio at amser ar y cloc.

Dylid ystyried dewisiadau a hoffter arbennig plant hefyd. Er enghraifft, os yw eich plentyn 8 oed yn brysur yn darllen llyfr, efallai y gofynnwch "Faint yn fwy o dudalennau sydd gen ti i orffen y bennod?" Os bydd y plentyn yn ateb, "Un dudalen eto," gallech ddweud "Iawn, pan fyddi wedi gorffen y dudalen, dwi eisiau i ti osod y bwrdd." Os byddwch yn ymateb i geisiadau eich plant ac yn rhoi amser iddynt, maent yn fwy tebygol o gydymffurfio na phan ddisgwyliwch iddynt ufuddhau'n syth.

Gorchmynion "Pan - Wedyn"

Weithiau bydd rhieni'n rhoi gorchmynion sy'n swnio fel bygythiadau: "Os gwnei di ddal i edrych ar y teledu rwyt yn gofyn am drwbl!" neu, " Fe fyddi di'n difaru gwneud hynna." Y bwriad mae'n debyg yw rhybuddio neu roi arwyddion i'r plant eu bod mewn perygl o gael cosb, ond mae'r math yma o fygythiadau a'r canlyniadau a awgrymir ynddynt yn tueddu i achosi i blant fod yn heriol a negyddol yn hytrach nag yn ufudd.

Defnyddiwch orchmynion "pan - wedyn" sy'n dweud wrth eich plentyn ymlaen llaw beth fydd union ganlyniadau eu gweithrediadau: "Pan fyddi di wedi gosod y bwrdd, wedyn fe gei di edrych ar y rhaglen deledu," neu, "Pan fyddi wedi gorffen golchi'r llestri, wedyn fe gei di fynd i chwarae efo dy ffrindiau." Yn gyntaf cael yr ymddygiad priodol a ddymunwch ac wedyn rhoi canlyniadau positif. Mae'r math yma o orchymyn yn rhoi dewis i'r plentyn i gydymffurfio neu beidio cydymffurfio, a'r wybodaeth am ganlyniadau'r ddau ddewis. Fodd bynnag mae'n bwysig, wrth roi'r gorchymyn "pan - wedyn", eich bod yn anwybyddu dadlau a phrotestio gan y plentyn ac yn dilyn drwodd gyda'r canlyniadau. Yn amlwg, yr unig adeg y dylid defnyddio'r math yma o orchymyn yw os gallwch ganiatáu i'ch plentyn benderfynu a yw'n mynd i gydymffurfio neu beidio. Os oes raid cydymffurfio gyda'ch gorchymyn, yna rhowch orchymyn uniongyrchol positif.

Rhoi dewisiadau

Yn aml mae gorchmynion rhieni yn gwahardd plant rhag cyflawni rhywbeth y dymunant ei wneud, megis chwarae gyda ffrindiau neu wylio mwy o deledu. Mewn achosion o'r fath efallai y bydd rhieni'n dweud wrth eu plant yr hyn na allant ei wneud, ond yn anghofio crybwyll y dewis arall sydd ar gael. Pan fydd plant yn teimlo'u bod yn cael eu cyfyngu'n gaeth a'u gwahardd rhag cymryd rhan mewn gweithgareddau hwyliog, fe allant ymateb drwy brotestio a pheidio cydymffurfio.

Dylai gorchmynion sy'n gwahardd eich plentyn rhag gwneud rhywbeth gynnwys awgrymiadau am ddewis arall posibl. Efallai y dywedwch, "Chei di ddim edrych ar y teledu rŵan ond fe gei di chwarae efo'r pôs yma efo fi," neu " Chei di ddim chwarae gydag offer dad, ond fe gei di adeiladu castell yn y garej." Mae ymdriniaeth o'r fath yma'n osgoi brwydr am oruchafiaeth oherwydd, yn hytrach nag anghytuno am yr hyn na all eich plentyn ei wneud, rydych yn canolbwyntio ar weithgaredd arall positif.

Rhoi gorchmynion byr

Gall gorchmynion clir gael eu cymylu gan esboniadau, cwestiynau neu fôr o eiriau. Er enghraifft, mae Stan yn dweud wrth ei fab, "Cadwa dy greonau," ac mae'n dilyn hynny gyda llawer o gwestiynau ac yn holi pam fod yr holl greonau allan a beth mae'n ei ddarlunio. Y canlyniad yw bod y gorchymyn gwreiddiol wedi mynd yn angof. Problem gysylltiedig yw bod rhieni weithiau'n rhoi gormod o eglurhad gyda gorchymyn. Mae'n debyg eu bod yn credu bod rhoi eglurhad hir yn cynyddu'r tebygolrwydd y bydd y plant yn cydweithredu, ond mae'r dull hwn fel arfer yn cael effaith i'r gwrthwyneb. Bydd y mwyafrif o blant yn dadlau gyda'r rhesymu ac yn ceisio tynnu sylw'r rhieni oddi wrth y gorchymyn gwreiddiol.

Cadwch eich gorchmynion yn berthnasol, yn glir ac yn fyr. Mae hefyd yn helpu i gadw cyswllt llygad gyda'ch plentyn. Os ydych am roi rheswm dros y gorchymyn, dylai fod yn fyr a dylai ddod o flaen y gorchymyn, neu ddilyn wedi i'r plentyn gydymffurfio. Dychmygwch eich bod wedi gofyn i'ch merch dacluso'r ystafell fyw. Fel y mae'n gwneud hynny efallai yr ychwanegwch, "Diolch, rwyt wedi gwneud hynna'n ardderchog. Roeddwn i wir eisiau tacluso'r ystafell yma gan ein bod yn cael ymwelwyr i swper." *Cofiwch anwybyddu dadlau a phrotestio am eich gorchmynion oherwydd os rhowch sylw i'r brotest mae'r plant yn llai tebyg o gydymffurfio.*

Rhieni'n croesddweud ei gilydd

Gall problem arall godi pan fydd dau riant yn rhoi gorchmynion sy'n croesddweud ei gilydd. Weithiau bydd gorchmynion croes yn digwydd pan nad yw un rhiant yn gwybod fod y llall wedi rhoi gorchymyn. Fel y gallwch ddychmygu, mae hyn yn sicr o arwain at beidio cydymffurfio a dwysau gwrthdaro yn y teulu.

Mae'n bwysig i oedolion y teulu wrando ar orchmynion y naill a'r llall, a bod yn gefnogol i orchmynion ei gilydd. Gwnewch yn siŵr eich bod yn rhoi amser i'ch plant gwblhau cais gan un person cyn cyflwyno gorchymyn arall iddynt.

Dilyn drwodd gyda chanmoliaeth neu ganlyniadau

Weithiau nid yw rhieni'n sylwi a yw eu plant yn cydymffurfio gyda'u gorchmynion neu beidio. Os nad oes dilyn drwodd ac os nad yw'r plant yn cael sylw am gydymffurfio neu fod yn atebol am eu diffyg cydymffurfio, yna bydd raid i rieni ddisgwyl gweld eu gorchmynion yn cael eu hanwybyddu.

Mae canmol cydymffurfiaeth yn annog eich plant i gydweithredu'n well ac i werthfawrogi eich dymuniadau. Os nad yw eich plant yn ufudd, yna bydd raid i chi wneud gosodiad rhybuddio. Dylai hwn fod yn osodiad "os - yna:" " Os nad wyt yn cadw dy esgidiau Kevin, yna bydd raid i ti gael Amser Allan." Dylech aros 5 eiliad i weld a yw'r plentyn am ufuddhau neu beidio. Os yw'r plentyn yn cydymffurfio dylai gael ei ganmol, ac os yw'n parhau i beidio cydymffurfio yna dylai gael Amser Allan.

I grynhoi...

Nid yw rhoi gorchmynion effeithiol yn golygu fod rhaid i chi fod yn awdurdodol a haearnaidd na disgwyl cydymffurfiad 100% gan eich plant. Yn hytrach, mae'r pwyslais ar feddwl yn ofalus cyn rhoi gorchymyn er mwyn sicrhau ei fod yn angenrheidiol, a'ch bod yn fodlon dilyn drwodd gyda'r canlyniadau. Mae'n bwysig sicrhau cydbwysedd rhwng dewis y plentyn a rheolau oedolion. Weithiau gellwch gynnwys eich plant yn y dyfarniad ynglŷn â rheol. Bydd hyn yn fwyaf llwyddiannus gyda phlant 4 oed a hŷn. Ystyriwch ddau blentyn cyn-ysgol yn ymladd am fod y ddau eisiau chwarae efo swigod a dim ond un chwythwr swigod ar gael. Gallai'r tad ymateb drwy roi gorchymyn: "Yn gyntaf, Doug i'w ddefnyddio. Ac yna, Susie, bydd dy dro di." Ffordd arall o ymdrin â'r sefyllfa fyddai i'r tad gynnwys y ddau blentyn wrth benderfynu sut i ymdrin â'r broblem. Fe allai ddweud, "Does yna ddim ond un chwythwr swigod a dau ohonoch chi. Beth ddylen ni ei wneud? Oes gennych chi unrhyw syniadau?" Os yw Doug a Susie'n gallu meddwl am ateb, yna gall dad ganmol gallu'r plant i ddatrys problemau. Fel hyn, mae dad wedi osgoi bod yn awdurdodol ac wedi annog y plant i ddysgu sut mae canfod ateb i broblem.

Bydd plant yn dysgu'ch anwybyddu os na fyddwch yn dilyn drwodd eich gorchmynion.

Mae rhoi gorchmynion effeithiol yn fwy anodd nag a dybiwch efallai ar y dechrau. Mewn rhai sefyllfaoedd bydd rhaid i'r plant ufuddhau. Mewn sefyllfaoedd yn ymwneud â gwregysau diogelwch, taro, peidio mynd â beic allan i'r stryd, cyfyngu ar wylio'r teledu, er enghraifft, mae angen i chi gael rheolaeth dros eich plant, a rhaid i chi fynegi eich gorchmynion mewn dull positif, cwrtais a chadarn. Mewn sefyllfaoedd eraill pryd nad oes angen dangos cymaint o reolaeth gellwch osgoi gorchmynion diangen neu ddisgwyl gormod o'ch plant. Beth am ganiatáu i'r plant gael rheolaeth dros benderfyniadau megis pa ddillad i'w gwisgo, ydyn nhw'n mynd i fwyta'r bwyd ar y plât i gyd neu beidio, pa storiau i'w cael cyn mynd i'r gwely? Mewn amgylchiadau gwahanol eto, fe ellwch chi a'r plant ddatrys problem a dysgu rhannu rheolaeth efo'ch gilydd. Mae'n broses araf, nad yw'n wir effeithiol nes bydd y plant yn eu harddegau, ond mae cyflwyno trafodaeth gyda phlant mor ifanc â 4 neu 5 oed yn gallu bod yn hyfforddiant cynnar ardderchog.

Cofiwch
- Peidiwch â rhoi gorchmynion diangen.
- Rhowch un gorchymyn ar y tro.
- Byddwch yn realistig yn eich disgwyliadau, a defnyddiwch orchmynion addas i oedran y plant.
- Defnyddiwch orchmynion sy'n nodi'n glir yr ymddygiad a ddymunwch
- Defnyddiwch orchmynion "gwna."
- Gwnewch y gorchmynion yn bositif a chwrtais.

- Peidiwch â defnyddio gorchmynion "stopia."
- Rhowch ddigon o gyfle i'r plant gydymffurfio.
- Helpwch drwy rybuddio ac atgoffa plant ymlaen llaw
- Peidiwch â bygwth plant; defnyddiwch orchmynion " pan - wedyn."
- Rhowch ddewis i'r plant os yw hynny'n bosib.
- Gwnewch y gorchmynion yn fyr ac i'r pwynt.
- Cefnogwch orchmynion eich partner.
- Canmolwch gydymffurfiad neu byddwch yn barod i roi canlyniad addas os na chydymffurfiwyd.
- Sicrhewch gydbwysedd rhwng rheolaeth y plentyn a'r rhieni.
- Ceisiwch ddatrys problemau gyda'ch plant.

Anwybyddu

Dydi ymddygiadau amhriodol megis swnian, pryfocio, dadlau, rhegi a strancio ddim yn beryglus i blant na phobl eraill, a gellir yn aml cael gwared â'r ymddygiadau yma drwy eu hanwybyddu'n systematig. Mae rhai rhieni'n dueddol o gredu nad yw anwybyddu yn ddisgyblu. Ond y gwir yw ei fod yn un o'r dulliau mwyaf llwyddiannus y gellir ei ddefnyddio gyda phlant. Mae'r sail resymegol dros anwybyddu'n syml. Mae unrhyw sylw a roddir i ymddygiad plentyn yn debygol o achosi iddo barhau. Mae hyd yn oed sylw negyddol rhieni megis swnian, gweiddi, a checru yn rhoi boddhad i blant. Dydi rhieni sy'n anwybyddu plant pan fyddant yn camymddwyn ddim yn gwobrwyo'r ymddygiad hwnnw. Os bydd yr anwybyddu'n parhau mewn ffordd gyson, bydd y plant ymhen hir a hwyr yn stopio'r ymddygiad. Ac fel y byddant yn derbyn mwy o ganmoliaeth a sylw am ymddygiadau priodol, fe ddysgant ei bod yn fwy buddiol i ymddwyn yn briodol nag yn amhriodol.

Mae anwybyddu yn ddull effeithiol iawn ond yn ddull anodd i rieni ei gyflawni. Bydd y bennod hon yn eich helpu i baratoi ar gyfer y prif broblemau y mae rhieni yn eu hwynebu wrth geisio anwybyddu ymddygiad amhriodol eu plant.

Osgoi trafodaeth a chyswllt llygaid

Weithiau bydd rhieni'n meddwl eu bod yn anwybyddu camymddwyn eu plant pan fyddant mewn gwirionedd yn rhoi llawer o sylw iddo. Efallai y byddant wedi stopio siarad gyda'r plentyn ond wedi parhau i syllu a gwneud ystumiau, neu mewn ffyrdd eraill wedi gadael iddo wybod fod y camymddwyn yn effeithio arnynt. Bydd rhai rhieni'n anwybyddu drwy osgoi gwneud cyswllt llygaid gyda'u plant ond yn parhau i wneud sylwadau blin neu feirniadol. Yn y ddau achos, mae'r plentyn sy'n camymddwyn yn llwyddo i gael sylw, ac efallai ymateb emosiynol negyddol cryf hefyd.

Mae anwybyddu effeithiol yn digwydd pan ydych yn gallu niwtraleiddio eich ymateb i'r hyn a wna'r plentyn. Dylai eich wyneb fod yn ddifynegiant, dylech osgoi cyswllt llygaid a stopio pob trafodaeth. Mae anwybyddu hefyd yn cynnwys symud i ffwrdd oddi wrth y plentyn, yn enwedig os ydych wedi bod mewn cysylltiad agos. Yn yr un modd ag y mae'r ffurf fwyaf pwerus o sylw positif yn cynnwys gwenu, cyswllt llygaid, canmoliaeth lafar a chyffwrdd corfforol, yr anwybyddu mwyaf pwerus yw wyneb niwtral, peidio gwneud cyswllt llygaid, peidio cyfathrebu a throi i ffwrdd yn gorfforol.

Bod yn barod i'r camymddwyn waethygu ar y dechrau

Weithiau bydd rhieni sydd â'u bwriad yn dda yn dechrau anwybyddu camymddwyn megis strancio neu ddadlau, ond heb fod yn barod am ymateb eu plant. Bydd y mwyafrif o blant yn ymateb drwy gynyddu eu hymddygiad negyddol i weld a allant gael eu rhieni i ildio. Er enghraifft, mae Megan sy'n 5 oed eisiau mynd allan, ac mae'n dadlau gyda'i mam am hyn am rai munudau. O'r diwedd mae ei mam yn dweud na chaiff fynd allan ac mae'n parhau i anwybyddu unrhyw brotest. Mae Megan yn strancio mwy er mwyn canfod a gaiff ei dymuniad. Mae hyn yn parhau am 10 munud eto nes bod ei mam sydd wedi ei chythruddo a'i blino gan y dadlau'n dweud, "Iawn, dos allan!" Drwy ildio a chael heddwch dros dro ar ffurf bywyd mwy heddychlon mae'r fam wedi creu problem iddi'i hun yn y tymor hir gan fod Megan wedi dysgu y gall gael ei ffordd ei hun os bydd yn dadlau'n ddigon caled am amser hir. Felly caiff ei hysgogi i gamymddwyn y tro nesaf hefyd.

Cofiwch, pan fyddwch yn dechrau anwybyddu camymddwyn fe fydd fel arfer yn gwaethygu. Rhaid i chi fod yn barod i ddyfalbarhau drwy'r cyfnod yma os yw'r ymddygiad yn mynd i wella. Os byddwch yn

Byddwch yn barod i gael eich rhoi ar brawf pan fyddwch yn anwybyddu.

ildio, bydd eich plant yn dysgu fod ymddwyn yn amhriodol yn ffordd effeithiol o gael eu ffordd eu hunain.

Nid yw'r enghraifft yma o Megan a'i mam yn annhebyg i brofiad a gawsoch chi efallai gyda pheiriant gwerthu nwyddau. Rydych yn rhoi'r pres mân i mewn i gael diod feddal o'r peiriant, ond dydych chi ddim yn cael diod nac yn cael eich pres yn ôl. Ar ôl pwyso'r botwm dychwelyd eich pres nifer o weithiau, a hwnnw'n gwrthod gweithio, rydych yn ceisio pwyso'r botwm diod unwaith eto. Yn ddibynnol ar ba mor sychedig a blin ydych, hwyrach y byddwch yn parhau i bwyso'r botymau a hyd yn oed yn taro'r peiriant. Yn y diwedd, os nad oes diod feddal yn ymddangos rydych yn rhoi'r gorau iddi ac yn symud ymlaen at rywbeth arall gan nad oes gwobr am barhau i daro'r peiriant. Fodd bynnag, os oes diod feddal, drwy ryw lwc yn neidio allan o'r peiriant yn ystod y taro, yna fe wyddoch y tro nesaf y methwch â chael diod, mai'r tric yw taro'r peiriant yn ddigon caled a hir. Mae plant yn medru taro'n barhaus. Dyna'r rheswm pam fod anwybyddu mor anodd i rieni ei weithredu. Bydd pob plentyn am brofi pa mor dda yw gallu'r rhieni i anwybyddu, drwy ddwysau eu camymddwyn. Os ydych yn penderfynu defnyddio'r dechneg yma rhaid i chi fod yn barod i ddyfalbarhau drwy'r cyfnod heriol gan aros yn gadarn eich penderfyniad i anwybyddu.

Anwybyddu ac arallgyfeirio sylw
Nid yw dewis anwybyddu camymddygiad yn golygu nad oes dim positif y gellwch ei wneud i wella'r sefyllfa. Yn wir, gall methu ag arallgyfeirio sylw'r plant neu awgrymu dewis arall o ymddygiad mwy derbyniol iddynt, gloi'r rhieni a'r plant mewn brwydr am oruchafiaeth a pheri fod y plant yn parhau i gamymddwyn. Ystyriwch yr olygfa: Mae Tony'n gofyn i'w dad brynu tegan iddo tra maent allan yn siopa. Mae ei dad yn gwrthod, mae Tony'n dechrau sgrechian a gweiddi. Mae'r tad yn anwybyddu hyn yn effeithiol drwy gerdded i ffwrdd ac mewn ychydig o funudau mae'r sgrechian yn tawelu. Ar y pwynt yma, efallai y gallai tad Tony fod wedi ceisio arallgyfeirio sylw'r plentyn gyda gweithgaredd newydd neu rywbeth arall i feddwl amdano. Ond y cyfan a wna yw aros yn amyneddgar i Tony ddod ato. Mae Tony, sy'n teimlo'i fod yn cael ei anwybyddu, yn dechrau sgrechian eto mewn ymgais i ennill sylw'r tad.

Weithiau, er mwyn lleihau ymateb eich plentyn i gael ei anwybyddu, fe ellwch dynnu'i sylw at rywbeth arall. Mae arallgyfeirio sylw'n arbennig o ddefnyddiol gyda phlant 2 a 3 oed, ond yn gallu bod yn llwyddiannus efo plant hŷn hefyd. Unwaith roedd Tony wedi stopio sgrechian, gallai ei dad fod wedi dweud wrtho y gallai brynu'r tegan newydd iddo'i hun pan fyddai wedi cynilo digon o bres poced. Os yw eich merch yn dechrau cwyno pan ddywedwch na chaiff y grawnfwyd melys a ddymuna i frecwast, anwybyddwch hi nes iddi stopio swnian ac wedyn gofynnwch iddi eich helpu i ganfod eitem wahanol o fwyd. Y syniad yw anwybyddu ei chamymddwyn mewn ymateb i beidio cael y grawnfwyd ac wedyn tynnu ei sylw at rywbeth arall pan fydd yn dechrau ymddwyn yn fwy priodol. Wrth gwrs, os yw'n camymddwyn eto mewn ymateb i'r arallgyfeirio sylw, bydd raid i chi ddechrau anwybyddu unwaith eto.

Ffordd arall o gyfuno arallgyfeirio sylw ac anwybyddu yw arallgyfeirio *eich hun* oddi wrth ymddygiad amhriodol eich plentyn. Gellwch wneud hyn drwy siarad â chi eich hun neu rywun arall, neu fynd i wneud rhywbeth gwahanol. Os ydych am anwybyddu plentyn sy'n strancio, efallai y dewiswch fynd at y sinc i blicio'r tatws neu hwyrach y gwnewch sylw am rywbeth sy'n digwydd y tu allan i ffenest y gegin. Os yw'r plentyn yn meddwl fod eich sylw wedi ei dynnu at rywbeth arall, efallai y bydd yn stopio camymddwyn yn fuan iawn.

Symudwch i ffwrdd oddi wrth eich plentyn ond arhoswch yn yr ystafell

Fe all ymddangos yn rhesymol i anwybyddu camymddwyn eich plentyn drwy gerdded allan o'r ystafell. Gall hyn fod yn ddull effeithiol os yw'r plentyn yn hongian arnoch ac yn hawlio sylw. Ond cofiwch na fyddwch yn gallu arsylwi ac atgyfnerthu ymddygiad priodol os byddwch yn gadael yr ystafell.

Wrth anwybyddu, mae'n well symud i ffwrdd yn gorfforol drwy sefyll i fyny a cherdded i ran arall o'r ystafell. Fel hyn gallwch edrych ar ymddygiad eich plentyn a rhoi sylw iddo mor fuan ag y bydd yn stopio camymddwyn. Os bydd yn eich dilyn, gan ddal ei afael yn eich coesau neu freichiau efallai wedyn y bydd raid i chi adael yr ystafell. Ond cofiwch ddychwelyd mor fuan â phosib er mwyn ymateb i ymddygiadau priodol pan fyddant yn digwydd.

Anwybyddu'n dysgu hunanreolaeth

Nid yw rhai rhieni'n defnyddio anwybyddu fel dull o wella ymddygiad gan y teimlant ei fod yn amharchu ac yn anafu hunanddelwedd y plant. Teimlant y bydd yr ymdriniaeth yma'n niweidio'u perthynas gyda'u plant. Teimla rhieni eraill nad yw anwybyddu'n ddigon o gosb. Dywedant, "Sut y gallwch chi anwybyddu pethau fel rhegi a gweiddi? Mae'r ymddygiadau yma angen disgyblaeth."

Mae ymchwil yn dangos fod anwybyddu'n ymdriniaeth ddisgyblu effeithiol gan ei fod yn cadw perthynas gadarnhaol rhwng y rhiant a'r plentyn, wedi ei selio ar barch yn hytrach nag ar ofn. Os gallwch anwybyddu sgrechian a rhegi yn hytrach na'ch bod yn gweiddi a beirniadu, rydych yn dangos i'ch plant eich bod yn gallu cynnal hunanreolaeth yn wyneb gwrthdaro a dicter. Os bydd eich adwaith i ymddygiad y plentyn yn ddigynnwrf, fe ddysga'r plentyn nad oes gwerth mewn parhau ymddygiad na roddir sylw iddo.

Dysgu eraill i anwybyddu

Weithiau mae anwybyddu'n colli'i effaith oherwydd bydd eraill heblaw'r rhiant yn rhoi sylw iddo drwy bryfocio neu geisio cysuro'r plentyn. Os yw hyn yn digwydd, ni fydd eich anwybyddu'n gweithio gan y bydd y plentyn yn parhau i ennill sylw am gamymddwyn. Os bydd eraill yn rhoi sylw i gamymddygiad y plentyn, mae angen eu haddysgu am werth anwybyddu. Er enghraifft, gellwch ddweud, "Y ffordd orau inni helpu Rhys rŵan yw ei anwybyddu nes y bydd yn gallu rheoli'i hun."

Cyfyngu ar y nifer o ymddygiadau i'w hanwybyddu

Tra bydd gan rai rhieni'r broblem o beidio anwybyddu'n ddigon aml, mae eraill yn anwybyddu'n rhy aml. Bydd y rhieni yma'n anwybyddu camymddwyn cychwynnol eu plant yn effeithiol, ond wedyn yn parhau i beidio rhoi sylw, cefnogaeth a chymeradwyaeth am nifer o oriau, neu hyd yn oed am ddyddiau ar y tro. Mae problem gysylltiedig yn digwydd pan fydd rhieni'n ymwneud â gormod o gamymddygiadau ar yr un pryd, er enghraifft cwyno, swnian, sgrechian, dadlau a bwyta'n flêr. Bydd anwybyddu cymaint â hyn yn gwneud i'r plant deimlo eu bod yn cael eu hesgeuluso. Bydd y rhieni yn ei chael hi'n anodd cofio bod yn gyson wrth anwybyddu ac fe fyddant hefyd yn cael anhawster i gofio rhoi sylw i'r ymddygiadau sydd i'r gwrthwyneb, sef ymddygiadau positif.

Mae'n bwysig adnabod ymddygiadau penodol i ganolbwyntio ar eu hanwybyddu. Dewiswch un neu ddau i'w hanwybyddu'n systematig ar unrhyw adeg arbennig. Trwy gyfyngu eich hun yn y ffordd yma, gellwch yn realistig ddisgwyl bod yn fwy cyson wrth anwybyddu'r ymddygiad bob tro y digwydd. Byddwch hefyd yn gallu sylwi ar yr effaith a gaiff y dull yma o ddisgyblu ar ymddygiad penodol.

Ni ddylid anwybyddu rhai ymddygiadau

Mae rhai rhieni'n anwybyddu *pob un* camymddygiad gan eu plant, heb ystyried eu difrifoldeb na'r lle y digwyddant. Nid yw hyn yn agwedd addas ar gyfer ymddygiadau sy'n ddinistriol i'r plant eu hunain, pobl eraill neu eiddo. Mae hefyd yn anaddas mewn sefyllfaoedd – strancio ar y bws er enghraifft – lle bydd plant yn cael sylw gan rywun arall, neu ymddygiadau megis dweud celwydd, dwyn, peidio cydymffurfio neu anghofio tasgau.

Yn y rhan fwyaf o sefyllfaoedd, gallwch ymdrin yn llwyddiannus gydag ymddygiadau sy'n cythruddo megis swnian, pwdu, sgrechian a strancio, drwy eu hanwybyddu. Ar y llaw arall, ni ddylid anwybyddu ymddygiadau peryglus ac ymosodol megis taro, cam-drin geiriol, rhedeg i ffwrdd, cynnau tanau a gwneud difrod i eiddo. Ac ni ddylid anwybyddu ymddygiadau, megis bwlio brawd neu chwaer lai neu ddwyn, sy'n rhoi budd ar unwaith i'r plant sy'n camymddwyn drwy frifo neu achosi anhwylustod i eraill. Yn y sefyllfaoedd yma rhaid defnyddio canlyniad cryfach i newid yr ymddygiad, megis Amser Allan, tasg o waith neu golli braint. Felly, mae'n bwysig dewis gyda gofal yr ymddygiadau rydych am eu hanwybyddu. Cofiwch na fydd anwybyddu ymddygiad amhriodol ddim ond yn effeithiol gyda phlant os mai sylw eu rhieni yw'r prif reswm iddo barhau.

Enghreifftiau o ymddygiadau y gellir eu hanwybyddu'n effeithiol gyda phlant cyn-ysgol

- Swnian, pwdu.
- Strancio
- Rhegi
- Tynnu stumiau
- Siarad gwirion
- Mân ffraeo rhwng plant
- Cyfnod byr o grio yn y nos
- Bwyta gwael a blêr
- Protestio pan gânt eu gwahardd rhag gwneud neu gael rhywbeth
- Pigo trwyn a chnoi ewinedd
- Sugno bawd
- Siarad babïaidd

Rhoi sylw i ymddygiadau positif

Mae rhai rhieni'n ymgolli gymaint yn eu gweithgareddau eu hunain nes eu bod yn methu rhoi sylw pan fydd eu plant yn siarad yn glên, rhannu teganau, datrys problemau anodd neu'n chwarae'n ddistaw. Os anwybyddir yr ymddygiadau yma fe fyddant yn diflannu. Mae rhieni'n aml yn datblygu ymateb greddfol, sef dim ond yn ymateb i'w plant pan fyddant yn camymddwyn. Mae'r cylch negyddol yma o dalu sylw pan fydd y plant yn camymddwyn, a'u hanwybyddu pan fyddant yn ymddwyn yn briodol, yn wir yn cynyddu amlder camymddwyn.

Os ydych yn defnyddio'r dechneg anwybyddu, mae'n hanfodol eich bod yn rhoi sylw a chanmoliaeth i ymddygiadau positif, yn arbennig y rhai sydd i'r gwrthwyneb i'r ymddygiadau yr ydych yn eu hanwybyddu. Os ydych, er enghraifft wedi penderfynu anwybyddu swnian, dylech wneud ymdrech ymwybodol i ganmol eich plant pan fyddant yn siarad yn briodol. Efallai y dywedwch, " Dwi'n hoffi dy glywed yn defnyddio dy lais cwrtais." Mae'n bwysig eich bod yn canolbwyntio ar yr ymddygiad positif y dymunwch ei weld yn disodli'r un problemus. Os ydych yn pryderu fod eich merch yn cipio ac yn taro, dylech ei chanmol am rannu a chwarae'n ddel.

Techneg effeithiol arall yw cyfuno anwybyddu a chanmol mewn grŵp o ddau neu dri o blant. Pan fydd un plentyn yn camymddwyn rhowch eich sylw i'r un sy'n dangos ymddygiad priodol. Dychmygwch olygfa wrth y bwrdd cinio lle mae Peter yn taflu pys ar y llawr, tra bo David yn bwyta'n daclus ac yn glanhau ei blât yn lân. Eich ymateb naturiol cyntaf fyddai canolbwyntio ar y plentyn sy'n camymddwyn: "Peter, paid â gwneud hynna." Fodd bynnag, byddai hyn yn atgyfnerthu ymddygiad amhriodol Peter. Yn hytrach, pe baech yn anwybyddu Peter ac yn canmol David, mae'n debyg y byddai Peter yn dechrau ymddwyn yn dda wrth weld fod ymddygiad priodol yn ennill sylw, ond nid felly yr ymddygiad amhriodol.

Ail ddechrau rhoi sylw mor fuan â phosib
Ambell dro gall rhieni gael eu blino a'u cythruddo gymaint gan ymddygiadau amhriodol nes eu bod yn methu canolbwyntio ar ymddygiadau priodol. Pan fydd eich plentyn yn stopio camymddwyn mae'n bwysig cofio ail ddechrau rhoi sylw a chanmoliaeth (mewn 5 eiliad) i'r ymddygiad priodol. Dim ond wrth gyfuno'r dechneg o stopio rhoi sylw yn ystod ymddygiadau amhriodol a rhoi sylw cyson yn ystod ymddygiadau priodol y gellwch chi wrthdroi'r cylch dieflig o sylw negyddol am ymddygiad negyddol. Cyn gynted â bod y camymddwyn yn stopio, dechreuwch wenu, siaradwch gyda'r plentyn a chwiliwch am ymddygiad i'w ganmol.

Anwybyddu cynnil
Gall rhieni fod yn rhy ddramatig yn y ffordd y maent yn anwybyddu eu plant. Os bydd plentyn yn dechrau pwdu neu regi gall rhieni orwneud yr osgo o fynd i ffwrdd ac anwybyddu'r camymddygiad. Gall hyn fod bron mor gynhaliol â rhoi sylw i'r camymddwyn gan ei fod yn dangos i'r plentyn ei fod wedi gallu cynhyrchu ymateb emosiynol cryf gan y rhieni.

Er mai doeth yw ymwrthod â chyswllt corfforol, cyswllt llygaid a chyswllt geiriol wrth anwybyddu, mae hefyd yn bwysig eich bod yn cadw'r ymateb emosiynol yn niwtral a bod yn gynnil. Os yw eich plentyn yn swnian, dylech droi i ffwrdd mewn ffordd ddiffwdan, ac efallai gwneud sylw wrthych eich hun neu rywun arall am rywbeth arall sy'n digwydd o'ch cwmpas. Mae hyn yn effeithiol am nad yw'n rhoi unrhyw awgrym fod ymddygiad y plentyn wedi effeithio arnoch.

Parhau i fod â gofal

Mae Sandra'n hwyr i'w gwaith ac mae ei mab 4 oed yn tindroi ac yn gwrthod gwisgo'i esgidiau. Mae hi mor rhwystredig nes ei bod yn y diwedd yn dweud, "Jimmy, os na wnei di frysio a gwisgo, mi fydda i yn mynd hebddo ti!" Wrth iddo barhau i dindroi, mae Sandra'n cerdded allan o'r tŷ ac yn mynd i mewn i'w char. Wrth gwrs, mae'n aros yno, er y gallai guddio am ychydig neu yrru rownd y gornel.

Mae rhieni sy'n anwybyddu hyd eithafion ac yn bygwth gadael eu plant yn credu fod yr ofn sy'n cael ei greu drwy wneud hynny yn sbarduno'r plant i fod yn fwy cydweithredol. Er y gall bygythiadau o'r fath gael Jimmy allan drwy'r drws, mae nifer o anfanteision tymor hir. Er mwyn parhau i fod yn effeithiol, rhaid i bob bygythiad gael ei gefnogi gyda'r canlyniadau a fygythiwyd. Unwaith y bydd eich plentyn yn gwybod nad ydych o ddifrif yn mynd i adael, bydd yn ymateb gyda bygythiadau cyffelyb megis: "Iawn, ffwrdd a chi. Dwi ddim yn poeni!" Rydych wedi cael eich hun mewn sefyllfa ddi-rym gan fod y plentyn wedi sylweddoli mai gwag yw eich bygythion. Os nad ydych yn mynd, nid ydych wedi dilyn drwodd eich bygythiad. Ond nid yw mynd yn opsiwn go iawn, gan nad yw'n saff i adael plentyn ar ei ben ei hun yn y tŷ. Mae'r perygl emosiynol hefyd yn fawr gan fod bygythion i adael plant yn gwneud iddynt deimlo'n anniogel ac yn creu problemau pellach o ddiffyg hunanddelwedd. Ymhellach, rydych yn dysgu'r plentyn strategaeth bwerus i'w defnyddio pan gaiff ei wynebu gan wrthdaro. Fe all ddechrau bygwth rhedeg i ffwrdd neu fe allai adael cartref i brofi grym y dacteg yma o gael ei ffordd ei hun.

Peidiwch byth â bygwth gadael na chefnu ar eich plant, dim ots pa mor gryf yw'r demtasiwn. Meddyliwch am strategaethau eraill sy'n effeithiol i helpu'r plant i fod yn fwy ufudd. Efallai, os gellwch anwybyddu'r ymddygiad sy'n gwneud i chi deimlo mor flin nes ystyried gadael, y bydd y plant yn dechrau ymddwyn yn fwy priodol. Os na ellwch ddefnyddio'r dechneg anwybyddu hwyrach y bydd raid i chi roi cynnig ar dechneg ddisgyblu arall megis Amser Allan, rhoi tasgau gwaith a cholli breintiau. Bydd y strategaethau yma'n cymryd mwy o'ch amser yn y tymor byr ond byddant hefyd yn dysgu'r plant fod eich perthynas yn ddiogel er gwaethaf y gwrthdaro achlysurol. Mae'r strategaethau yma'n fwy dymunol o lawer gan iddynt gael eu selio ar barch yn hytrach nag ar yr ofn o gael eu gadael.

I grynhoi...

Os ydych yn penderfynu defnyddio'r dechneg anwybyddu, bydd raid i chi fod yn benderfynol o anwybyddu eich plentyn costied ar gostia nes bod y camymddwyn yn stopio. Cysondeb yw hanfod anwybyddu. Pan fydd eich merch yn strancio efallai y cewch eich temtio i ildio. Fodd bynnag, bob tro y gwnewch hynny fe fyddwch mewn gwirionedd yn gwaethygu'r camymddwyn gan eich bod yn dysgu'r plentyn y gall eich goresgyn. Y tro nesaf, bydd y strancio'n fwy swnllyd ac yn parhau'n hirach. Rhaid i chi ddal i anwybyddu nes bod yr ymddygiad yn newid.

Cofiwch nad yw anwybyddu'n debygol o effeithio ar ymddygiad eich plentyn oni bai fod perthynas bositif wedi'i sefydlu rhwng y ddau ohonoch. Y cam cyntaf mewn unrhyw gynllun i newid ymddygiad yw cynyddu eich sylw a'ch canmoliaeth i ymddygiad positif. Er y bydd anwybyddu'n lleihau camymddygiadau sy'n cythruddo, ni fydd yn cynyddu ymddygiadau positif. I wneud hyn, rhaid ei gyfuno gyda chymeradwyaeth gymdeithasol i ymddygiad da yn ogystal â dysgu am ymddygiadau priodol pan fydd eich plentyn yn ymddwyn yn dda.

Cofiwch hefyd:

- Osgowch gyswllt llygaid a thrafodaeth wrth anwybyddu.
- Symudwch i ffwrdd oddi wrth eich plentyn ond arhoswch yn yr ystafell.
- Byddwch yn gynnil yn eich ffordd o anwybyddu.
- Byddwch yn barod i gael eich profi.
- Byddwch yn gyson.
- Dychwelwch eich sylw pan fydd y camymddwyn yn stopio.
- Cyfunwch ddulliau arallgyfeirio a thynnu sylw at rywbeth arall gyda'r dechneg o anwybyddu.
- Dewiswch ymddygiadau penodol gan eich plentyn i'w hanwybyddu, gan wneud yn siŵr eu bod yn rhai y gellwch eu hanwybyddu.
- Cyfyngwch ar y nifer o ymddygiadau i'w hanwybyddu'n systematig.
- Rhowch sylw i ymddygiadau positif eich plentyn.

Amser Allan i Ymdawelu

Mae datblygiad cymdeithasol ac emosiynol plentyn wedi'i adeiladu ar fewnbwn rheolaidd a pharhaus o gariad rhieni, cefnogaeth, sylw cadarnhaol, dealltwriaeth a chyfathrebu. Serch hynny, mae hefyd yn angenrheidiol i rieni osod terfynau clir a chanlyniadau addas ar gyfer camymddwyn. Mae llawer o rieni wedi rhoi cynnig ar ryw ychydig o gosb gorfforol, rhoi pregeth ac anghymeradwyo. Fodd bynnag, dangosodd ymchwil fod y rhain yn ffyrdd aneffeithiol o ddisgyblu. Mewn gwirionedd, mae swnian, beirniadu, dadlau, gweiddi neu resymu gyda phlant tra maent yn camymddwyn yn ffurfiau o sylw gan rieni a all atgyfnerthu'r camymddwyn, ac efallai arwain at ddysgu'r plant i weiddi, beirniadu a dadlau mewn ymateb i'w rhieni.

Mae taro neu roi chwip din i blant, ar y llaw arall, yn weithred sydyn sy'n debygol iawn o stopio camymddwyn yn y tymor byr. Ond y broblem gyda tharo plant yw bod iddo anfanteision tymor hir. Yr anfantais gyntaf yw bod y rhieni'n modelu ymateb ymosodol i gamymddwyn ac felly mae'r plant yn dysgu defnyddio ymateb ymosodol pan fyddant hwy'n flin. Yn waeth fyth, fe all rhieni golli rheolaeth pan fyddant yn taro. Mae hyn yn dychryn y plant ac efallai'n dychryn y rhieni hefyd, gan y gall eu teimladau o golli rheolaeth greu teimladau o euogrwydd wedi iddynt ymdawelu. Byddant wedyn, efallai, yn ceisio adennill perthynas dda gyda'u plant drwy roi maldod neu wobrau (a hyn weithiau'n peri fod plant yn goddef chwip din er mwyn cael y gwobrau). Hefyd, gallant osgoi defnyddio disgyblaeth yn y dyfodol. Rydym eisoes wedi trafod yr angen am gysondeb fel bod plant yn medru rhagweld beth fydd ein hymddygiad. Os yw'r taro'n digwydd yn unig pan fydd rhiant wedi mynd yn wirioneddol flin, ac nid pan fydd yr ymddygiad problemus newydd ddechrau, mae hyn yn ei gwneud yn anodd i blant ddysgu sut i osgoi'r taro. Yr ail anhawster efo taro neu roi chwip din yw bod hynny'n tueddu i "lanhau'r llechen yn lân" i blant. Mae'n eu gadael heb unrhyw ymdeimlad o edifeirwch nac euogrwydd am gamymddwyn, a heb ddysgu iddynt y pethau eraill yr hoffem iddynt eu gwneud yn lle'r ymddygiad annerbyniol. Y canlyniad yw y bydd y plant efallai'n ufudd yng ngŵydd eu rhieni ond yn fwy tebygol o gamymddwyn mewn mannau eraill neu gydag oedolion eraill. Maent hefyd yn dysgu cuddio neu ddweud celwydd am broblemau er mwyn arbed cael eu taro. Yn wir, po fwyaf y mae'r ddisgyblaeth yn brifo, boed yn feirniadaeth ddiraddiol neu gosb gorfforol, y mwyaf twyllodrus a gwrthwynebus fydd y plant. Gallant hyd yn oed ddod i gasáu eu rhieni, gan ei gwneud yn anos fyth i'r rhieni gael eu plant i wneud yr hyn a hoffent.

Dylai rhieni geisio darparu dull teg o ddisgyblu plant - dull sy'n dysgu pa ymddygiadau sy'n annerbyniol, tra'n rhoi disgwyliad positif i'r plant y gallant lwyddo'n well y tro nesa. Dylai plant hefyd wybod eu bod yn cael eu caru'n fawr. Mae dulliau megis anwybyddu, defnyddio canlyniadau rhesymegol a naturiol, colli breintiau a datrys problemau'n ddulliau disgyblu effeithiol i lawer o broblemau. Trafodir y rhain mewn penodau eraill. Yn y bennod yma byddwn yn trafod dull arall o ddisgyblu a elwir yn "Amser Allan", dull sy'n cael ei gadw'n arbennig ar gyfer problemau anodd, megis ymddygiad ymosodol a dinistriol. Mae hefyd yn ddefnyddiol ar gyfer plentyn anufudd, gwrthwynebus a heriol iawn, (h.y. plentyn sy'n anufudd am fwy na 75% o'r amser). Meithrin ufudd-dod mewn plentyn yw un o brif dasgau rhieni i ddatblygu sgiliau cymdeithasol plentyn.

Mae'r term Amser Allan yn llaw fer am " Amser Allan oddi wrth sylw positif". Mewn gwirionedd mae'n ffurf estynedig o anwybyddu gan rieni. Bydd plant yn cael eu tynnu allan am gyfnod byr oddi wrth bob ffynhonnell o atgyfnerthu positif, yn arbennig sylw oedolyn ac yn cael cyfle i ymdawelu. O'i ddefnyddio'n gywir mae Amser Allan yn cynnig nifer o fanteision o'i gymharu â dulliau disgyblu traddodiadol, megis pregethu a tharo. Mae'n modelu ymateb di-drais i wrthdaro, mae'n stopio gwrthdaro a rhwystredigaeth ac mae'n darparu amser ymdawelu i blant a rhieni. Mae'n helpu i gynnal perthynas sy'n meithrin parch ac ymddiriedaeth pryd y mae plant yn teimlo'u bod yn gallu bod yn onest gyda'u rhieni am eu problemau a'u camgymeriadau. Mae Amser Allan yn rhoi cyfle i blant fyfyrio am yr hyn a wnaethant ac ystyried atebion eraill. Mae hefyd yn meithrin datblygiad eu synnwyr mewnol o gyfrifoldeb neu gydwybod. Yn ogystal, mae dysgu plant sut i gymryd amser byr o'r neilltu i ymdawelu neu hunanreoli yn ymdriniaeth reoli dicter y gall plant ei defnyddio drwy gydol eu hoes.

Camau i sefydlu Amser Allan

Mae llawer o rieni wedi rhoi cynnig ar ryw ffurf ar Amser Allan gyda'u plant ac efallai heb gael llwyddiant. Dangosodd llawer o ymchwil beth yw'r ffyrdd mwyaf effeithiol o drefnu Amser Allan llwyddiannus. Mae dau bwynt pwysig i'w nodi os yw Amser Allan i weithio. Yn gyntaf, rhaid iddo fod yn gyfnod byr (yn gyffredinol mae 5 munud yn ddigon) ac yn ail, rhaid i'r rhiant reoli dechrau a diwedd y broses Amser Allan. Dyma rai o'r camau eraill sydd raid eu hystyried wrth gynllunio Amser Allan...

Lleoliad Amser Allan.
Rhaid i chi ystyried yn ofalus ble i leoli Amser Allan i'ch plant. Y dewis gorau yw cadair wedi ei gosod mewn cornel wag o'r ystafell neu'r cyntedd sydd i ffwrdd oddi wrth weithgareddau'r teulu a'r teledu. Mae'n bwysig nad yw'r gadair yn cael ei galw'n "gadair ddrwg". Yn hytrach gellir ei galw'n "gadair Amser Allan" neu "lle ymdawelu" neu "gadair meddwl." Ar y dechrau, hwyrach y bydd angen cael ystafell arall a all gael ei defnyddio fel lle wrth gefn rhag ofn bydd y plentyn yn gwrthod aros ar y gadair. Gorau oll os bydd yr ystafell honno'n lle llwydaidd a diflas ond yn lle saff i'r plentyn aros ar ei ben ei hun. Nid yw ystafelloedd ymolchi yn ddewis da fel arfer gan fod dŵr a ffisig a deunyddiau glanhau yn beryglus yn y fan honno. Bydd raid i rai teuluoedd sydd heb lawer o le ddefnyddio ystafell y plentyn ar gyfer Amser Allan. Mae hyn yn gweithio gyda rhai plant ond efallai nad ydyw ddim gyda rhai eraill. Y broblem gydag ystafell y plentyn yw bod ei deganau a'i gemau diddorol yno. Gyda phlentyn ymosodol iawn bydd yn rhaid symud y rhain am gyfnod nes bod yr ymddygiad wedi dod o dan reolaeth. Yn gyffredinol, efallai mai dim ond ar y dechrau y bydd angen defnyddio'r ystafell yma pan fydd y plentyn efallai yn eich profi i weld a ydych yn mynd i ddilyn drwodd gydag Amser Allan. Mewn gwirionedd mae hyn yn wir am y broses Amser Allan ei hun pan gaiff ei chymhwyso i broblem arbennig. Os byddwch yn parhau i ddefnyddio Amser Allan ar gyfer yr un broblem ar ôl 6 wythnos, mae'n werth edrych eto ar y broblem i weld a oes modd i'r plentyn osgoi Amser Allan - hynny yw, a ydych chi wedi dysgu'r ymddygiad arall sy'n fwy priodol i'r plentyn? Neu, a yw Amser Allan yn galluogi'r plentyn i osgoi gwneud rhywbeth annymunol?

Disgrifio'r ymddygiadau heriol a fydd yn arwain at Amser Allan
Dylech benderfynu yn union pa ymddygiadau amhriodol penodol fydd yn arwain at Amser Allan. Mae'r rhai na allant gael eu hanwybyddu, megis anufudd-dod eithafol, ymddygiad gwrthwynebus, taro a malurio, yn rhai da i'w dewis. Ond cofiwch, mae pob plentyn ifanc, hyd yn oed cyn oedran siarad yn aml yn dangos ymddygiadau megis gwthio ysgafn, ymosod ac weithiau brathu. Gall mân ymddygiadau ymosodol

o'r fath gael eu cywiro drwy arallgyfeirio neu anogaeth gan y rhieni i'r plentyn ddefnyddio'i eiriau, neu gallant roi gorchymyn uniongyrchol iddo stopio. Yn yr un modd, mae bron bob plentyn yn anufuddhau i un o bob tri chais gan eu rhieni ac mae rhybudd gan y rhiant fel arfer yn ddigon i ddelio efo'r broblem. Dylid cadw Amser Allan ar gyfer ymddygiad ymosodol bwriadol a difrifol neu anufudd-dod parhaus. Cofiwch y pyramid lle rydych yn cychwyn adeiladu eich perthynas efo'r plentyn drwy chwarae, canmol a chefnogi. Defnyddiwch sgiliau rhiantu positif i atal problemau lle bo modd cyn cychwyn defnyddio Amser Allan.

Hyd cyfnod Amser Allan
Y patrwm arferol ydi 3 munud i blant 3 oed, 4 munud i blant 4 oed, a 5 munud i blant 5 oed a hŷn. Dydi Amser Allan sy'n hirach na 5 munud ddim yn fwy effeithiol. Fodd bynnag, ni ddylid dwyn y cyfnod Amser Allan i ben nes bod 2 funud o amser tawel wedi digwydd, sy'n arwydd fod y plant wedi ymdawelu. O ganlyniad, yn ystod y troeon cyntaf y byddwch yn defnyddio Amser Allan fe all barhau'n hirach (30-40 munud) os yw'r plant yn dal i sgrechian. Unwaith y sylweddola'r plant nad yw sgrechian yn llwyddo i gael effaith a bod ymddygiad distaw a llonydd yn fwy llwyddiannus, yna bydd Amser Allan fel arfer yn gyfnodau byr (tua 5 munud). Y prif nod yw gwneud Amser Allan mor fyr â phosib a rhoi cyfle i'r plant yn syth wedyn geisio bod yn llwyddiannus. Peidiwch â defnyddio Amser Allan gyda phlant iau na 3 oed. (Bydd strategaethau anwybyddu ac arallgyfeirio yn ddigonol i blant bach).

Allweddau i gychwyn Amser Allan
Senario ar gyfer plentyn ymosodol:
Mae Derrick yn blentyn 5 oed ymosodol iawn ac mae ei rieni wedi egluro wrtho y bydd yn rhaid iddo gael Amser Allan yng nghornel yr ystafell fyw os bydd yn taro, a thrwy hynny dorri rheol y tŷ o beidio taro. Ni fydd rhybudd o'r Amser Allan yn cael ei roi os bydd plentyn yn taro neu falurio rhywbeth. Yn yr achos yma, pe baech yn gweld Derrick yn taro'i chwaer ni fyddai'n briodol dweud, "Os byddi'n taro Sally eto fe fyddi'n cael Amser Allan," gan y byddai hynny'n rhoi ail gyfle i Derrick daro'i chwaer. Dylai taro arwain yn syth at gyfnod o Amser Allan gan fod "Dim taro" yn rheol bendant yn y tŷ. Er enghraifft:

RHIANT: Derrick, chei di ddim taro dy chwaer. Bydd angen i ti gael Amser Allan rŵan i ymdawelu.

Senario ar gyfer plentyn (4 oed a hŷn) sydd byth a beunydd yn anufudd:
Rydych wedi gofyn yn gwrtais ac yn glir i'ch plentyn wneud rhywbeth,
ond mae o'n gwrthod yn heriol gan anwybyddu eich cais. Rydych wedi
aros 5 eiliad i weld a fydd yn ymateb er gwaethaf ei agwedd, ond mae'n
amlwg nad yw'n mynd i gydymffurfio. Wedyn rydych yn rhoi rhybudd
clir a chwrtais, "Os na wnei di gadw'r teganau, bydd raid i ti gael Amser
Allan." Rydych unwaith eto'n aros 5 eiliad ac yn gweld ei fod yn dal
yn gwrthod. Wedyn fe ddywedwch wrtho mewn llais cadarn, parchus a
thawel i fynd am Amser Allan.

Isod mae enghraifft o gychwyn Amser Allan am ddiffyg cydymffurfio
gyda phlentyn 7 oed a oedd yn anufuddhau i geisiadau ei rieni am tua
95% o'r amser:

RHIANT: Derrick, wnei di hongian dy gôt plîs (aros 5 eiliad)
PLENTYN: Na, dwi'n edrych ar y teledu.
RHIANT: Os na wnei di hongian dy gôt fe fydd raid i ti gael Amser
                   Allan.
PLENTYN: Mi wna i hynna'n nes ymlaen.
RHIANT: (aros 5 eiliad) Derrick, Mi wnes i ofyn i ti hongian dy gôt
                   ac rwyt wedi bod yn anufudd. Dos am Amser Allan.

Gosod amserydd:
Unwaith bydd y plentyn yn cael Amser Allan dylech osod amserydd
am 3-5 munud ac anwybyddu'r plentyn tra mae yno. Mae defnyddio
amseryddion berwi wy neu dywod i amseru'r cyfnod yn Amser Allan
yn bwysig. Nid yw'r rhan fwyaf o blant ifanc yn deall y cysyniad o
amser ac felly fe allant ddangos panic pan ofynnir iddynt eistedd am
unrhyw gyfnod o amser. Gall canolbwyntio ar yr amserydd gael effaith
o dawelu'r plentyn ac mae'n rhoi symbol gweledol o'r amser sydd ar ôl i
eistedd ar y gadair. Byddwch, mae'n debyg eisiau gosod yr amserydd wy
neu dywod yn rhywle lle gall y plentyn ei weld, ond ddim ei gyffwrdd.
Gellwch roi cynnig ar ddefnyddio "potel ymdawelu" - hynny yw potel
blastig wedi ei llenwi efo dŵr lliwgar a nifer o sêr bach sgleiniog i mewn
yn y dŵr. Byddwch yn ysgwyd y botel a bydd y plant yn gwybod eu bod
i aros ar y gadair Amser Allan nes bod y sêr wedi setlo yng ngwaelod
y botel. Mae'n bwysig peidio siarad efo'r plentyn yn ystod ei Amser
Allan.

Diwedd Amser Allan: ymdawelu am ddau funud:
Pan fydd cyfnod Amser Allan yn dod i ben a'r plentyn wedi tawelu
gellwch ddweud, "Derrick, mae dy gyfnod Amser Allan drosodd, gelli

ddod oddi yna rŵan." Os yw'r plentyn yn dal i grio neu weiddi, dylech aros nes ei fod ef/hi wedi ymdawelu am o leiaf 2 funud. Cofiwch fod rhai plant yn cymryd yn hirach na'i gilydd i ymdawelu ac fe ddylid parchu'r gwahaniaethau unigol.

Dilyn drwodd: ailadrodd y gorchymyn i gydweithredu:
Os mai defnyddio Amser Allan a wnaethoch am fod y plentyn yn wrthwynebus yna, ar ddiwedd y cyfnod Amser Allan, mae angen i chi ailadrodd *y gorchymyn gwreiddiol.*

RHIANT: Derrick, wnei di hongian dy gôt plîs.
PLENTYN: Iawn.
RHIANT: Dwi'n falch dy fod ti wedi hongian dy gôt.

Pe bai Derrick wedi gwrthod hongian ei gôt, yna byddai'n rhaid bod wedi ailadrodd yr holl broses. Os yw Amser Allan yn cael ei ddefnyddio am daro neu unrhyw ymddygiad dinistriol yna, unwaith y bydd Amser Allan drosodd dylech edrych am yr ymddygiad cadarnhaol cyntaf y mae'r plentyn yn ei gyflawni a'i ganmol.

RHIANT: Derrick, dyna dda yn rhannu efo dy chwaer.

Ymateb i blant sy'n gwrthod mynd am Amser Allan:
Os yw eich plentyn yn 6 oed neu'n iau ac yn gwrthod mynd am Amser Allan, rhowch rybudd iddo. *"Mi gei di fynd am Amser Allan ar ben dy hun fel hogan fawr neu fe fydd raid i mi dy helpu i fynd yno."* Mae rhoi dewis fel arfer yn ddigon i ysgogi'r rhan fwyaf o blant i fynd ar eu pennau eu hunain. Fodd bynnag, os yw eich plentyn yn dal i wrthod mynd ar ei phen ei hun, yna'n dyner ac yn dawel gafaelwch yn ei braich ac ewch a hi at leoliad yr Amser Allan.

Os yw eich plentyn yn ddigon hen i amgyffred amser (tua 7 oed) ac yn gwrthod mynd am Amser Allan ar y dechrau, ychwanegwch 1 munud am ddadlau a pheidio mynd am Amser Allan. Gellwch barhau hynny hyd at 10 munud. Bryd hynny, rhowch rybudd i fynd am Amser Allan neu golli breintiau – er enghraifft, dim teledu am y noson, neu gloi beic am 24 awr.

RHIANT: Derrick, wnei di hongian dy gôt plîs.
PLENTYN: Na, dwi'n edrych ar y teledu.
RHIANT: Os na wnei di hongian dy gôt bydd raid i ti fynd am Amser Allan.

PLENTYN: Dim ots gen i. Fedrwch chi ddim fy ngorfodi.
RHIANT :   Dyna un munud ychwanegol o Amser Allan.
PLENTYN: Pwy sy'n poeni? Dwi'n hoffi bod yno beth bynnag.
RHIANT: Dyna saith munud rŵan.
PLENTYN: Felly rydych chi'n gallu cyfri, hyh, (ychwanegu hyd at 10
           munud o amser)
RHIANT: Dyna ddeg munud rŵan, os nad ei di i Amser Allan rŵan,
           chei di ddim mynd at y cyfrifiadur heno.
PLENTYN: Ond dydi hynna ddim yn deg!
RHIANT: Dim cyfrifiadur heno.

Unwaith y byddwch wedi dilyn drwodd a thynnu braint oddi ar y
plentyn, bydd yn fuan iawn yn dysgu ei bod yn well mynd am Amser
Allan ar y gorchymyn cyntaf. Mantais yr ymdriniaeth yma yw ei bod
yn eich cael allan o'r frwydr am oruchafiaeth a bod eich plentyn wedi
cael dewis: naill ai mynd am Amser Allan (am 10 munud) neu golli
defnyddio'i gyfrifiadur. Sylwch: os ydych yn cymryd braint oddi ar eich
plentyn mae'n bwysig mai am amser byr y byddwch yn ei gymryd ac
wedyn ei ddychwelyd yr un diwrnod neu'r diwrnod canlynol. Nid yw
cosbau hirach yn fwy effeithiol. Mae canlyniadau byrrach yn caniatáu
i blant gael cychwyn newydd a chyfleon dysgu newydd gyda siawns o
fod yn llwyddiannus. Yn olaf, gorau oll os yw eich plentyn wedi cael
profiad o ganlyniadau gwrthod mynd i Amser Allan cyn eich bod yn
cychwyn cyfnod arall o Amser Allan. Os mai taro'i chwaer yw problem
Derrick yna, er mwyn lleihau'r cyfleon iddo daro, fe fyddai raid i'r
rhiant gadw golwg arno i leihau'r cyfleon i daro nes ei fod wedi profi'r
canlyniad cyntaf. Fel hyn, y tro nesa y caiff y dewis o Amser Allan neu
ganlyniad pellach y mae'n gwybod y byddwch yn ei ddilyn drwodd,
bydd yn fwy tebygol o ddewis yr opsiwn Amser Allan.

Gwrthod Aros yn Amser Allan

Eto bydd y plentyn yn cael set o ddewisiadau. Os bydd yn dod oddi ar y
gadair Amser Allan, yna'n *dawel dychwelwch hi yno* gydag un rhybudd:
"Os wyt yn dod oddi ar y gadair eto, yna bydd raid i ti fynd i'r ystafell
Amser Allan." Os nad yw'r plentyn yn aros yn y gadair yr ail waith,
yna'n dyner ewch a hi i'r ystafell Amser Allan a gadael y drws ar agor.
Os yw'n dod allan o'r ystafell rhowch rybudd arall, "Os na elli aros yn
yr ystafell gyda'r drws ar agor, bydd raid i mi ei gau." Os daw allan
o'r ystafell yr ail waith, yna bydd raid i chi gau'r drws. Mae gwahanol
gyfleon yn y sefyllfa yma i'r plentyn wneud gwell dewis. Tra bydd y
plentyn efallai yn profi'r sefyllfa i'w heithafion y troeon cyntaf, bydd

yn annhebygol o geisio gwneud hynny wedyn wedi iddi ddysgu eich bod yn fodlon dilyn drwodd gyda'r canlyniadau.

Os yw eich plentyn dros 7 oed ac yn ymwrthod â threfn Amser Allan, gellwch roi cynnig ar ymdriniaeth arall, sef colli braint. Rhowch un rhybudd: "Os nad ei di'n ôl i Amser Allan rŵan, chei di ddim mynd ar dy feic heno," neu "Fydd yna ddim stori cyn mynd i'r gwely heno," neu "Dim gêm bêl droed ar ôl swper."

Byddwch yn barod i anwybyddu plentyn sy'n cael stranc eithafol.

Os yw'r plentyn yn parhau i wrthod, yna bydd rhaid gollwng y drefn Amser Allan ac i'r plentyn brofi colli braint.

Ar y cychwyn bydd y camymddwyn yn gwaethygu

Cofiwch, pan fyddwch yn cychwyn defnyddio Amser Allan bydd y camymddwyn yn gwaethygu cyn gwella. Byddwch yn barod i gael eich profi. Weithiau bydd plant yn troi at ymddygiadau eithafol mewn ymdrech i gael eich sylw. Cofiwch y gall llanast a difrod i eiddo gael ei lanhau neu ei drwsio.

Bod yn bositif

Pan fydd Amser Allan drosodd, peidiwch â dwrdio na phregethu. Chwiliwch am bethau i'ch plentyn eu gwneud lle gall fod yn llwyddiannus.

Dysgu'r plentyn sut i gymryd Amser Allan

Bydd plant yn llai tebygol o wrthwynebu Amser Allan os byddwch wedi egluro'r broses Amser Allan iddynt ac ymarfer mynd i Amser Allan cyn bod angen ei ddefnyddio go iawn. Er enghraifft, gellwch ddweud, *"Bydd raid i ti fynd am Amser Allan os byddi'n gwneud y camgymeriad o daro rhywun. Yn ystod dy Amser Allan fe gei di siawns i ymdawelu a meddwl am yr hyn a wnest. Pan fydd dy Amser Allan drosodd, fe gei di gyfle arall."* Ni fydd yr eglurhad yma'n gwneud llawer o synnwyr i'r mwyafrif o blant bach nes eu bod wedi cael gwir brofiad o Amser Allan, ond bydd yn gyfle i fodelu a dangos parch tuag at eraill. Mae hefyd yn syniad da i ymarfer gyda'ch plentyn sut bydd yn ymddwyn wrth fynd am Amser Allan, a beth fydd yn ei wneud ac yn ei feddwl wrth yn eistedd ar y gadair. Gellwch hyfforddi'r plant i ddweud wrthynt eu hunain. "Stopia. Ymdawela. Mi alla i ymdawelu. Mi alla i lwyddo. Mi alla i ddelio efo hyn. Mi wna i anadlu'n ddwfn. Mi wna i geisio eto." Bydd ymarfer hunan-siarad fel hyn yn helpu'r plentyn i ennill hunanreolaeth a dysgu ymdawelu'n gynt. Ond cofiwch, ni all hyfforddiant o'r fath ddim ond digwydd pan fyddwch yn cyflwyno Amser Allan i'r plentyn, ac nid yn ystod yr Amser Allan go iawn, oherwydd pan ydych wedi cychwyn Amser Allan rhaid i chi anwybyddu'r protestiadau.

Mae llawer o beryglon i'w hosgoi wrth ddefnyddio Amser Allan. Ar y tudalennau sy'n dilyn nodir rhai o'r problemau y byddwch yn eu hwynebu, a sut i'w goresgyn.

Peryglon wrth weithredu Amser Allan
Dewis a dethol eich geiriau

Gall fod yn anodd iawn rheoli eich tymer yn wyneb anufudd-dod heriol neu ymddygiad ymosodol. Weithiau bydd rhieni'n beirniadu eu plant neu'n gwneud sylwadau sarhaus a niweidiol wrth ddefnyddio Amser Allan. Dyma rai enghreifftiau, "Fedri di wneud dim byd yn iawn. Dos am Amser Allan." " Dwi wedi cael llond bol! Dwyt ti byth yn ufuddhau i mi! Dos am Amser Allan," " Rwyt wedi bod yn ofnadwy heddiw. Faint o weithiau sydd raid i mi ddweud wrthyt ti am stopio?" Mae hyn yn broses ddinistriol, ac yn fwy tebygol o achosi i blant wrthod mynd am Amser Allan neu ymateb gyda sarhad. Efallai y bydd ymateb y rhieni wedyn yn fwy blin fyth gan arwain at gynyddu'r cweryla.

Mae'n hawdd deall fod rhieni'n teimlo'n flin ac wedi cael eu brifo pan fydd eu plant yn camymddwyn, yn anufudd neu'n herio'u hawdurdod. Fodd bynnag, er mwyn osgoi mwy o ddadlau, bydd raid i rieni benderfynu stopio beirniadu a bod yn gwrtais gan aros yn dawel tra bydd y plant yn anghwrtais, yn atgas ac yn afresymol. Golyga hyn wneud gwaith meddyliol a elwir yn "ddewis a dethol" eich geiriau'n ofalus, gan osgoi sylwadau ac atebion negyddol a dweud yn glir yr hyn rydych am i'ch plentyn ei wneud a pham, mewn dull cadarnhaol a chwrtais. Er enghraifft, "Mae angen i ti fynd am Amser Allan am beidio bod yn ufudd," neu "Cofia, dydi taro ddim yn cael ei ganiatáu. Dos am Amser Allan."

Mae'n bwysig peidio pregethu wrth y plentyn pan fydd Amser Allan drosodd. Weithiau bydd rhieni'n teimlo fod rhaid iddynt atgoffa'r plant pam y bu raid iddynt fynd am Amser Allan - "Cefaist Amser Allan am daro. Cofia beidio taro. Mae hynny'n fy ngwneud yn flin iawn." Mae hyn yn rhwbio trwyn y plentyn yn ei gamgymeriad. Mae'n well dweud, "Beth am drio eto. Dwi'n gwybod y byddi'n llwyddiannus y tro hwn." Unwaith y bydd Amser Allan drosodd dylech edrych ar hyn fel llechen lân neu ymdrech i ddysgu o'r newydd - cyfle i geisio bod yn llwyddiannus unwaith eto.

Adnabod problemau'n gynnar

Weithiau bydd rhieni'n ceisio anwybyddu ymddygiadau sy'n eu cythruddo megis cwyno parhaus, cweryla gyda brawd neu chwaer fach, neu sgrechian yn uchel. Yna'n sydyn maent yn teimlo na allant ddioddef munud yn fwy o'r ymddygiad ac yn ffrwydro gyda dicter, "Dos am Amser Allan rŵan. Rwyt yn fy ngyrru'n benwan. Rŵan, ddywedais i, cyn i ti gael dy hun mewn trwbl mawr!" Mae nifer o broblemau yma. Yn gyntaf, mae'r rhieni yma'n aros nes eu bod wedi gwylltio'n lân a bron â cholli rheolaeth. Yn ail, dydyn nhw'n rhoi dim rhybudd o gwbl i'r plentyn ac yn drydydd dydyn nhw ddim yn egluro pam mae'r plentyn yn cael Amser Allan. Nid yw ymdriniaeth o'r math yma'n dysgu dim i blant, heblaw ymateb yn ffrwydrol i rwystredigaeth.

Hwyrach na fyddwch yn ymwybodol o'r dicter cynyddol y mae ymddygiad amhriodol arbennig yn ei sbarduno ynoch nes eich bod yn ffrwydro. Os mai dyna fel mae pethau ceisiwch arsylwi a meddwl am eich ymateb i ymddygiadau arbennig. Yna, os canfyddwch fod torri ar draws neu swnian yn sbarduno ymateb emosiynol cryf ynoch, hwyrach y penderfynwch nad yw'n bosib anwybyddu'r ymddygiad yma am hir iawn. Dyna pryd y dylech gyflwyno'r rheol "tri chynnig" i'ch plant. Dywedwch wrthynt mai canlyniad torri ar draws neu gwyno tair gwaith fydd Amser Allan. Y tro cyntaf bydd y plentyn yn torri ar draws efallai y dywedwch," Hwnna oedd y torri ar draws cyntaf," Yna, "Hwnna oedd yr ail dorri ar draws,"ac yn olaf, "Hwnna oedd y trydydd torri ar draws. Dos i gael Amser Allan." Mae hyn yn rhybuddio'r plentyn fod yr ymddygiad yn amhriodol ac mae'n eich rhybuddio chi am eich lefel dicter cynyddol. Drwy weithredu fel hyn mae'n amlwg i'ch plant pa fath o ymddygiad fydd yn arwain at Amser Allan. Rydych hefyd yn modelu agwedd dawel ac effeithiol tuag at ymddygiad afresymol. Yr allwedd i lwyddo yw aros yn dawel.

Disgwyl edifeirwch

Cred rhai rhieni fod raid i blentyn fynegi poen neu edifeirwch neu grio am ei gamymddwyn os yw Amser Allan wedi bod yn ffurf effeithiol o ddisgyblu.

Tri chynnig i Gymro!

Os nad yw hynny'n digwydd tybiant yn anghywir nad yw'n gweithio ac maent yn stopio'i ddefnyddio. Efallai y tybiant fod taro a rhoi chwip din yn ffyrdd mwy effeithiol o ddisgyblu gan y bydd y plant yn fwy tebygol o grio a dangos mynegiant o edifeirwch. Fodd bynnag, fel rydym wedi canfod, mae cosb gorfforol, er ei bod yn dileu ymddygiad annymunol yn y tymor byr, yn tueddu i achosi mwy o broblemau drwy ddysgu agwedd dreisgar tuag at wrthdaro. Dydi taro plant, ychwaith, ddim yn eu helpu i ddysgu datrys problemau nac ymdawelu er mwyn gallu ymdopi â phroblem. Gall dagrau fodloni angen rhieni am "gyfiawnder" ond nid ydynt o reidrwydd yn gyfystyr â disgyblaeth effeithiol. Yn ein profiad ni mae ymddiheuriad diffuant yn llawer mwy tebygol o gael ei gynnig pan na fydd wedi ei hawlio.

Nid oes raid i strancio, crio neu fynegiant o euogrwydd ddeillio o Amser Allan iddo fod yn effeithiol. Ar y dechrau gall plant ieuanc ymateb yn dreisgar pan ddefnyddir Amser Allan ond, os caiff ei ddefnyddio'n gyson ac yn aml, bydd y mwyafrif yn ei dderbyn heb lawer o ddicter. Rydym hyd yn oed wedi canfod rhai plant yn mynd ohonynt eu hunain i Amser Allan pan deimlant eu bod yn colli rheolaeth. Felly, mae Amser Allan yn helpu plant i ddysgu hunanreolaeth.

Peidiwch â synnu os bydd plant yn dweud wrthych nad ydynt yn meindio Amser Allan, a pheidiwch a chael eich twyllo. Dim ond herio y maen nhw. Cofiwch nad pwrpas Amser Allan yw dial na gwneud i blant brofi poen. Ei bwrpas yw stopio gwrthdaro a lleihau camymddwyn drwy beidio rhoi sylw negyddol iddo. Mae'n rhoi amser i blant ymdawelu, hunan reoli a myfyrio am yr hyn a wnaethant.

Pum munud o Amser Allan a dau funud o dawelwch

Mae'n hawdd i rieni gredu fod Amser Allan yn fwy effeithiol o'i ymestyn - yn enwedig os yw'r plant wedi gwneud rhywbeth drwg iawn megis dwyn neu ddweud celwydd. Bydd rhai rhieni'n ychwanegu amser pan fydd y plant yn gweiddi neu'n camymddwyn yn yr ystafell Amser Allan. Mae hyn yn broblemus iawn os yw rhieni hefyd yn gweiddi drwy'r drws, "Dyna 1 munud arall am sgrechian" gan fod y sylw yma mewn gwirionedd yn mynd i gynyddu'r camymddwyn. Mae plant yn tueddu i fagu casineb os bydd cyfnodau Amser Allan yn rhy hir, a bydd y cyfnod ar wahân a orfodwyd arnynt yn eu cadw oddi wrth gyfleon newydd i ddysgu trwy brofiad, i gael ail gyfle a bod yn llwyddiannus.

Mae rhai rhieni'n cael problem i'r gwrthwyneb. Maent yn defnyddio Amser Allan am un funud ac wedyn yn rhyddhau'r plant pan fyddant yn taro'r drws, yn crio neu'n addo cydymffurfio. Yn anffodus, mae rhyddhau'r plant pan fyddant yn dal i gamymddwyn yn eu cymell i ailadrodd y protestio. Y neges sy'n cael ei chyfleu yw, "Os byddi'n cicio (neu grio neu addo) yn ddigon caled, mi gei di dy ryddhau."

Nid yw'r Amser Allan mwyaf effeithiol yn gorfod bod yn ddim mwy na rhwng tri a phum munud (yn dibynnu ar oedran) gyda dau funud o ymdawelu ar y diwedd. Felly, os yw'r plentyn yn gweiddi am y tri munud cyntaf o'r Amser Allan ac yn ddistaw am y ddau funud olaf, gellwch ei ryddhau. (Nid oes angen i chi ychwanegu amser am y gweiddi, dim ond gwneud yn siŵr ei fod wedi ymdawelu am 2 funud cyn dod o'r Amser Allan) Nid yw ychwanegu amser am gamymddwyn yn gwneud yr Amser Allan yn fwy effeithiol nac yn dileu'r problemau. Mewn gwirionedd, fe all wneud y gwrthwyneb. Cofiwch, gyda phlant, nid oes raid i'r gosb ffitio'r drosedd. Ni fwriadwyd i Amser Allan fod fel dedfryd carchar i oedolion. Ei bwrpas yw rhoi cyfnod o ymdawelu a chyfle i hunan reoli. Mae'n ganlyniad clir a di-wobr am gamymddwyn. Y nod yw cael y plant allan ohono mor fuan â phosib er mwyn rhoi cyfle arall iddynt fod yn llwyddiannus.

Gorddefnydd o Amser Allan

Mae Amser Allan yn cael ei ddefnyddio ar gyfer amrywiaeth eang o gamymddwyn - o swnian, gweiddi a sgrechian i daflu, taro a dweud celwydd. Mae rhai rhieni'n adrodd iddynt ei ddefnyddio 20-30 gwaith mewn diwrnod! Mae gorddefnydd o'r fath yn amhriodol ac yn tynnu plant sy'n camymddwyn oddi wrth gyfleon i ddysgu neu arddangos ymddygiad da. Nid yw Amser Allan yn dysgu ymddygiadau mwy priodol a newydd i blant. Mae'n cadw'r plant allan o'ch ffordd yn y tymor byr, ond fe all achosi chwerwedd a gwneud i'r plant deimlo na allant wneud dim yn iawn yn y tymor hir.

Os ydych yn gwirioni ar Amser Allan, dewiswch yr ymddygiad sy'n eich pryderu fwyaf (e.e. ymddygiad ymosodol) ac am y tair i bedair wythnos gyntaf defnyddiwch Amser Allan am yr ymddygiad hwnnw'n unig. Wedi i Amser Allan fod yn llwyddiannus yn lleihau amlder yr ymddygiad hwnnw, yna fe allech ychwanegu Amser Allan am gamymddygiad arall (e.e. siarad anghwrtais). Gydag ymddygiadau llai difrifol megis swnian neu strancio ceisiwch anwybyddu neu ddefnyddio canlyniad rhesymegol yn hytrach nag Amser Allan. Yn bwysicach, dylech sicrhau eich bod yn treulio mwy o amser *yn cefnogi, dysgu, ac annog ymddygiadau priodol* na'r hyn a dreuliwch yn canolbwyntio ar rai negyddol. Dim ond pan fydd canlyniadau positif yn digwydd yn aml, a sylw a chanmoliaeth yn cael eu mynegi gan rieni am ymddygiadau priodol, y bydd Amser Allan yn effeithiol. Cofiwch, fe fydd Amser Allan yn effeithiol ond ichi beidio â'i ddefnyddio'n rhy aml. Os byddwch yn ei ymarfer ochr yn ochr â chynllun arall fel canmol a gwobrwyo ni fydd raid i chi ddefnyddio Amser Allan am gyfnod hir.

Peidio ag aros nes ffrwydro

Mae gan rai pobl duedd naturiol i osgoi gwrthdaro a chroesdynnu. Maent eisiau i bob dim fod yn llyfn a hapus drwy'r amser. Nid yw'r bobl yma'n newid pan ddeuant yn rhieni ac mae'n debyg eu bod yn osgoi defnyddio Amser Allan bob tro y gallant. Yn aml, byddant yn cronni eu blinderau a dim ond yn delio gyda phroblemau pan gyrhaeddant bwynt ffrwydro. Nid yw osgoi gwrthdaro gyda phlant yn eu helpu i ddysgu fod canlyniadau negyddol i gamymddwyn.

Mae angen i chi fod yn onest efo chi eich hun ynghylch pa ymddygiadau sy'n eich blino, yn amhriodol, yn debygol o achosi i'r plant wneud gelynion ymysg eu ffrindiau, neu fynd i drafferthion yn yr ysgol. Mae hyn yn golygu delio gyda phroblemau'n syth pan fyddant yn digwydd mewn dull clir a chadarn. Er enghraifft, fe allech ddweud wrth un o'r plant, "Dydw i ddim yn hapus pan wyt yn anufuddhau i mi. Os na wnei di lanhau'r ystafell fyw, byddi'n mynd am Amser Allan."

Rhyddid o fewn terfynau

Mae rhai rhieni'n osgoi defnyddio Amser Allan, oherwydd eu bod am i'w disgyblaeth a'u perthynas gyda'u plant fod yn ddemocrataidd a chyfartal. Credant na ddylai rhieni byth orfodi eu hawdurdod nac ymarfer y grym sydd ganddynt dros eu plant. Mae'n well ganddynt resymu gyda'r plant am eu problemau na defnyddio Amser Allan. Efallai bod y rhieni'n teimlo fod Amser Allan yn amharchus tuag at blant a hyd yn oed yn ffurf ar wrthodiad.

Yn gyntaf, mae'n bwysig peidio meddwl am Amser Allan fel dull cyffredinol o fagu plant. Mae rhai rhieni'n unbenaethol ac yn disgwyl ufudd-dod llwyr gan eu plant. Gall pobl o'r math hwn ddefnyddio Amser Allan i sathru'n llwyr ar annibyniaeth, creadigedd a gallu'r plant i ddatrys problemau a chwestiynu gwerthoedd. Mae rhieni eraill yn fwy democrataidd ac yn parchu syniadau eu plant gan egluro iddynt pam fod rhai ymddygiadau'n dderbyniol ac eraill yn annerbyniol. Mae'r rhieni yma'n defnyddio Amser Allan mewn ffordd barchus i ddysgu hunanreolaeth i'r plant, a dysgu bod yna ganlyniadau i gamymddwyn. Mae hyn hefyd yn dysgu plant fod angen ymdawelu cyn trin sefyllfa o wrthdaro. Nid yw democratiaeth yn golygu rhyddid diderfyn a dim rheolau, ond yn hytrach ryddid o fewn terfynau. Rhaid gosod terfynau a'u dilyn drwodd. Yn y mwyafrif o deuluoedd, maent fel arfer yn cynnwys peidio brifo pobl na dinistrio pethau, a chydweithio mewn ffordd barchus.

Yn ail, ni ddylid ystyried Amser Allan fel rhywbeth i gymryd lle rhesymu gyda phlant a'u dysgu. Dim ond un arf ydyw, i'w ddefnyddio am gyfnod byr pan fydd plentyn yn flin a rhwystredig iawn. Gall rhieni fodelu, addysgu a thrafod ffyrdd mwy addas o ddatrys problemau pan fydd pethau'n ymdawelu a'r plentyn yn ymddwyn yn briodol.

Rhybuddion "Os - wedyn" a dilyn drwodd

Yn achlysurol bydd rhieni'n bygwth Amser Allan heb fwriad o gwbwl i ddilyn y bygythiad drwodd. Efallai y dywedant, "Wyt ti eisiau Amser Allan?" neu "Rwyt yn gofyn am Amser Allan!" neu "Wyt ti'n barod am Amser Allan?" Mae bygythiadau fel hyn yn cael yr un effaith â swnian ac maent yn gwanio awdurdod y rhieni gan mai go brin y cânt eu cyflawni. Bydd plant yn dod i gredu na fydd Amser Allan yn cael ei gyflawni, yn enwedig os mai dim ond un o bob deg bygythiad sy'n cael ei wireddu. Y canlyniad tebygol fydd dwysau'r gwrthwynebiad i Amser Allan pan gaiff ei weithredu.

Mae'n fwy effeithiol defnyddio gosodiad "Os - yna" na bygythiad gwag o Amser Allan. "Os na wnei di gau drws y ffrij, yna bydd raid i ti gael Amser Allan." Wedyn, dilyn drwodd ar ôl rhoi cyfle i'r plentyn ufuddhau. Os nad oes gennych yr amser a'r egni i'w ddilyn drwodd, peidiwch â sôn am Amser Allan. Fel arall, mae'n well anwybyddu'r camymddwyn.

Mae dilyn drwodd yn golygu hefyd bod rhaid i chi fod yn barod i ailadrodd yr Amser Allan os nad yw'r plentyn yn ufuddhau pan fydd yr Amser Allan drosodd. Os yw mam Donna wedi'i danfon am Amser Allan am wrthod golchi'r llestri yna, unwaith y daw'r Amser Allan i ben, bydd raid ailadrodd y gorchymyn. Os bydd Donna'n gwrthod eto bydd raid ailadrodd y rhybudd a'r Amser Allan nes ei bod yn golchi'r llestri. Os ydych yn methu cyflawni'r rhan bwysig yma o'r dilyn drwodd, efallai y bydd y plant yn dysgu defnyddio Amser Allan i osgoi gwneud rhywbeth nad ydynt eisiau ei wneud. Mae gadael i'r plentyn ddewis pa bryd i orffen cyfnod o Amser Allan yn un peth y mae'n rhaid ei osgoi gan fod llawer o dystiolaeth yn dangos fod hyn yn gwneud Amser Allan yn aneffeithiol. Rhaid i chi reoli dechrau a diwedd y broses Amser Allan.

Osgoi cyfathrebu a rhoi sylw yn ystod Amser Allan

Mae rhai rhieni, yn anfwriadol, yn rhoi sylw i'w plant yn ystod eu Hamser Allan. Er enghraifft, mae Timmy'n gweiddi yn ystod ei gyfnod yn yr ystafell Amser Allan ac mae ei dad yn ymateb i bob gwaedd gyda, "Rhaid i ti fod yn ddistaw cyn y cei di ddod allan." Mae rhieni eraill yn ymateb i'w plant bob tro y maent yn gofyn, "Faint rhagor o funudau?" Mae rhai'n mynd mewn ac allan o'r ystafell Amser Allan, naill ai er mwyn cadw golwg ar eu plant neu i'w danfon yn ôl yno pan fyddant wedi dod allan. Mae'r holl weithredoedd yma'n trechu pwrpas Amser Allan ac yn rhoi sylw diangen i'r plant.

Ni ddylai fod unrhyw gyfathrebu gyda'r plant yn ystod eu Hamser Allan. Os ydych yn debygol o deimlo rheidrwydd i fynd mewn i ystafell Amser Allan oherwydd eich bod ofn i'ch merch dorri rhywbeth, dylid tynnu unrhyw nwyddau y gellid eu torri oddi yno neu ganfod lleoliad newydd. Os ydych yn defnyddio cadair Amser Allan a'ch plentyn yn llwyddo i dynnu sylw'r ci, brodyr a chwiorydd bach neu oedolion eraill efallai y bydd angen symud y gadair i le llai diddorol ymaith oddi wrth weddill y teulu.

Osgoi gafael yn y plentyn i'w orfodi i aros yn Amser Allan

Weithiau pan fydd plant yn gadael lleoliad Amser Allan nifer o weithiau, mae rhieni'n eu dal nhw yno'n gorfforol. Mae eraill yn eu llusgo nhw'n ôl neu'n rhoi chwip din iddynt i'w gorfodi i ddychwelyd. Maent yn cyfiawnhau ataliadau a chosbau corfforol o'r fath drwy ddweud eu bod wedi cyrraedd pen eu tennyn wedi i bob dim arall fethu. Efallai y dadleuant ei bod yn iawn defnyddio'r dulliau hyn am eu bod yn llwyddo. Y broblem wrth dybio fod llwyddiant yn cyfiawnhau'r dull ydi fod hyn yn tanseilio pwrpas Amser Allan ac yn canolbwyntio ar lwyddiant tymor byr o gael y plant i gydymffurfio ac ufuddhau. Yn anffodus, mae'r anfanteision tymor hir yn llawer gwaeth na'r manteision tymor byr, gan gynyddu teimladau ymosodol y plentyn a rhoi model o ddefnyddio trais mewn sefyllfaoedd o wrthdaro. Mae'n well ymdrin â sefyllfaoedd o'r fath drwy gyfuno Amser Allan gyda cholli breintiau. Er enghraifft, unrhyw bryd y teimlwch eich hun yn gorfodi Amser Allan yn gorfforol ar blentyn, naill ai i'w gael i'r lleoliad Amser Allan neu ei gadw yno, rhaid i chi newid gêr a rhoi'r dewis i'r plentyn naill ai i fynd i Amser Allan yn wirfoddol neu dderbyn canlyniadau eraill. Mae'r dull yma'n modelu ymdriniaeth ddi-drais sy'n cynnal perthynas dda gyda phlant.

Gwrthod dod allan o Amser Allan

Ffurf arall o wrthdaro a ddefnyddir gan y plant yn aml yw gwrthod dod o Amser Allan pan fydd y cyfnod drosodd. Os bydd eich plentyn wedi cael ei ddanfon i Amser Allan am beidio cydymffurfio, yna mae'n bwysig eich bod yn ailadrodd y gorchymyn gwreiddiol (e.e. "Derrick, mae dy gyfnod Amser Allan drosodd, rhaid i ti wagio'r bin sbwriel."

Os yw'r plentyn yn gwrthod dod o'i Amser Allan i wagio'r bin sbwriel, dylech ychwanegu dau funud at ei Amser Allan. Gellir parhau â hyn nes cyrraedd deg munud ac wedyn tynnu braint oddi ar y plentyn. Mae'n bwysig eich bod yn dilyn drwodd drwy ofyn i'r plentyn ufuddhau i'r cais gwreiddiol, neu fe fydd yn dysgu y gall osgoi cyflawni tasg drwy aros yn Amser Allan.

Fodd bynnag, os yw eich plentyn yn cael Amser Allan am daro fe allwch ddweud, "Mae dy amser ar ben. Gelli ddod oddi yna rŵan." Yn yr achos yma, mae'n iawn os yw'r plentyn yn gwrthod dod allan gan nad oedd cais iddo gyflawni dim byd. Gellwch ymateb yn syml drwy ddweud, "Tyrd allan pan fyddi'n barod". Drwy wneud hynny nid ydych yn rhoi unrhyw rym na sylw i anufudd-dod y plentyn.

Dim ystafell Amser Allan ar gael

Nid oes gan rai teuluoedd ystafell sbâr addas i weithredu fel ystafell wrth gefn ar gyfer Amser Allan i blentyn sy'n gwrthod eistedd ar gadair. Dydi hyn ddim yn golygu na ellwch orfodi Amser Allan, ond yn hytrach bod angen i chi gael cynllun arall. Mewn sefyllfa fel hon gellwch ddefnyddio'r strategaeth a argymhellir ar gyfer tynnu braint pan fydd plentyn hŷn yn gwrthod mynd am Amser Allan. Er enghraifft, gellwch ddweud, "Os wyt yn dod oddi ar y gadair Amser Allan eto fe fyddi'n colli 30 munud o amser teledu," neu "fyddi di ddim yn mynd i'r ymarfer pêl droed heno." Yna, os yw'r plentyn yn dod oddi ar y gadair yr ail waith stopiwch y drefn Amser Allan a dilynwch drwodd gyda'r canlyniadau. Meddyliwch am freintiau posib y gellwch eu tynnu oddi ar y plentyn yn syth wedi iddo wrthod aros ar y gadair Amser Allan. Rhai enghreifftiau posib yw colli cyfnod cyfrifiadur neu feic, colli gweld y teledu neu ddefnyddio'r ffôn, neu golli gweithgaredd a drefnwyd ar gyfer y noson honno. Unwaith y bydd plentyn wedi profi'r canlyniad yma bydd yn dysgu ei bod yn well iddo gwblhau'r cyfnod ar y gadair Amser Allan na cholli breintiau.

Brwydrau eraill am oruchafiaeth

Mae math arall o wrthdaro yn digwydd pan gaiff rhiant anhawster i faddau i blentyn ar ôl Amser Allan ac efallai parhau i'w anwybyddu ef/hi am awr, neu hyd yn oed drwy'r dydd. Fel y crybwyllwyd eisoes, nid yw hyn yn dysgu plant sut i ddelio gyda gwrthdaro mewn dull priodol. Yn hytrach mae'n eu dysgu i gilio oddi wrth unrhyw anghytuno neu wrthdaro. Mae gwrthod siarad gyda'ch plant am gyfnodau hir wedi iddynt gamymddwyn yn dwysau tyndra a dicter. Yn y sefyllfa yma dylech feddwl beth sy'n eich poeni a pha ymddygiad a ddisgwyliwch, ac wedyn mynegi hynny'n glir. Er enghraifft, "Dwi'n flin efo ti am dorri'r fâs flodau. Bydd raid i ti glirio'r llanast rŵan a thalu am un arall allan o dy bres poced. Mi wna i dy helpu i gasglu'r darnau oddi ar y llawr."

Egwyddorion eraill Amser Allan

Dal y plant yn gyfrifol

Pan fydd rhai plant yn cael eu rhoi mewn ystafell Amser Allan maent yn ymateb yn dreisgar drwy daflu pethau o gwmpas, torri pethau neu falu drysau. Bydd rhai rhieni'n ymateb drwy agor y drws a rhoi chwip din i'r plentyn. Bydd eraill yn osgoi defnyddio Amser Allan wedyn rhag ofn cael yr un ymateb.

Nid yw'n anghyffredin i blant ymateb yn gryf i Amser Allan, yn enwedig ar y dechrau. Os bydd eich plentyn yn gwneud difrod i bethau yn yr ystafell Amser Allan, gellwch ymateb mewn nifer o ffyrdd. Yn gyntaf, rhaid ailadrodd y gorchymyn gwreiddiol (os yw hwn yn Amser Allan am anufudd-dod). Er enghraifft, os oedd eich plentyn yn cael Amser Allan am beidio cadw'i feic, yna'n gyntaf bydd raid iddo gadw'i feic. Wedyn bydd raid gofyn iddo lanhau'r ystafell Amser Allan. Os yw wedi torri rhywbeth, yna bydd yn gyfrifol am dalu amdano allan o'i bres ei hun neu golli braint y diwrnod hwnnw.

Os ydych yn defnyddio llofft y plentyn ar gyfer Amser Allan, a bod gwneud llanast yn ystod Amser Allan yn aml yn broblem, yna bydd raid i chi ganfod ystafell arall neu ddefnyddio canlyniad i'r ymddygiad o greu llanast. Bydd ystafell ddi-liw, mor noeth â phosib, yn llai diddorol a chynhaliol gan y bydd yn cynnig y lleiaf posib o gyfleon i wneud llanast neu dorri pethau.

Bod yn barod i gael eich profi

Mae cael plentyn yn gweiddi, rhegi, a tharo'r drws yn ystod Amser Allan yn medru bod yn brofiad lluddedig i rieni. Mae'n anodd gwrando ar blant yn camymddwyn heb deimlo'n bryderus, digalon a blin. "Fydd hi byth yn stopio hyn?" neu "Beth ydw i wedi'i wneud yn anghywir?" neu "Wnaiff o ddim lles iddo fo fod wedi cynhyrfu fel hyn."

Mae teimladau o'r fath yn ei gwneud yn anodd parhau efo Amser Allan am yr amser llawn, neu ei ddefnyddio eto. Gall rhieni gael eu trechu gan ludded wrth geisio defnyddio Amser Allan, ac osgoi ei ddefnyddio yn y dyfodol. Efallai ei fod yn teimlo'n well yn y tymor byr ond mae wedi dysgu'r plentyn fod strancio'n strategaeth dda i gael rhieni i lacio'r rheolau.

Disgwyliwch i Amser Allan fod yn anodd ar adegau gan y bydd pob plentyn yn profi'r terfynau. Os defnyddiwch Amser Allan am daro,

Lludded Amser Allan.

bydd eich plant yn taro lawer gwaith er mwyn penderfynu a ydych yn ymateb yn gyson. Os nad yw'r ymateb yr un fath bob tro byddant yn parhau i ddefnyddio taro fel dull i ddelio gyda gwrthdaro. Er mwyn cadw cysondeb a dygymod â'r pwysau o weithredu Amser Allan (tra bo eich plentyn yn sgrechian yn uchel) ceisiwch arallgyfeirio eich meddwl drwy ffonio ffrind cefnogol, troi'r sŵn yn uwch ar y teledu, gwrando ar gerddoriaeth i'ch ymdawelu, neu wneud ymarferion anadlu'n ddwfn (gweler y bennod ar Hunanreolaeth).

Amser Allan mewn lleoedd cyhoeddus

Pan fydd plant yn camymddwyn mewn lleoedd cyhoeddus megis mewn bwytai, sinemâu neu siopau bwyd, mae rhieni'n gyndyn o ddefnyddio'u dulliau arferol o ddisgyblu. Poen rhai yw sut y bydd pobl eraill yn ymateb os defnyddiant Amser Allan gyda'r plant mewn lleoedd cyhoeddus. Mae eraill yn bryderus y bydd eu plant yn cynyddu'r camymddwyn nes cyrraedd stranc enfawr, felly maent yn osgoi disgyblu. Ni all eraill weld sut y gallant ddefnyddio Amser Allan yn unman heblaw adref ac maent yn troi at fygythiadau a chwip din. O ganlyniad, mae llawer o blant wedi dysgu fod siopau bwyd a bwytai yn fannau lle gallant gael eu ffordd eu hunain gan y bydd eu rhieni'n ildio i osgoi helynt.

Ceisiwch osgoi defnyddio Amser Allan mewn lleoedd cyhoeddus nes eich bod wedi sefydlu Amser Allan cyson adref am rai ymddygiadau annerbyniol. Mewn gwirionedd, mae'n syniad da i osgoi lleoedd cyhoeddus gyda'r plant nes eich bod wedi cael peth llwyddiant gydag Amser Allan adref. Unwaith y teimlwch yn hyderus fod yr ymdriniaeth yma'n gweithio yna'r cam pwysig nesa fydd dyfarnu Amser Allan mewn lleoedd cyhoeddus hefyd pan fydd ymddygiad ymosodol yn digwydd. Gall hyn olygu efallai eich bod yn gadael y siop fwyd i weithredu Amser Allan, wedi'i addasu, am bum munud yn y car neu wrth ymyl coeden yn y parc. Os nad oes lle i gael Amser Allan gellwch ddweud, "os na fyddi'n stopio gweiddi (neu gwyno, neu beth bynnag) yna fe fyddi'n cael Amser Allan pan gyrhaeddwn adref." *Rhaid* i chi ddilyn hyn drwodd pan gyrhaeddwch adref. Wedi i chi ddilyn drwodd unwaith neu ddwywaith ar ôl cyrraedd adref bydd ei effeithiolrwydd wedi'i gynyddu ar gyfer defnydd yn y dyfodol. Bydd eich plant yn dysgu fod y rheolau'n weithredol lle bynnag y boch, rhoddant y gorau i brofi'r system a dysgant ymddwyn yn fwy priodol.

Byddwch yn barod i weithredu Amser Allan mewn lleoedd cyhoeddus.

Darparu amser i ddelio efo'ch plant

Yn aml, mae rhieni'n teimlo nad oes ganddynt amser i gyflawni Amser Allan. Efallai eu bod yn hwyr i'r gwaith, ar eu ffordd i apwyntiad pwysig, neu'n siarad ar y ffôn pan fydd eu plentyn yn camymddwyn. O orfod dewis rhwng cyflawni Amser Allan neu fod yn hwyr i'r gwaith, eu penderfyniad yw anwybyddu Amser Allan ac ildio i'r camymddwyn. Fel hyn, mae'r defnydd o Amser Allan yn anghyson, a hynny fel arfer yn arwain at gynnydd yn y camymddwyn yn ystod y cyfnodau prysur yma.

Os bydd eich plant yn camymddwyn pan fyddwch yn brysur yn paratoi i fynd i'r gwaith, mae angen i chi gynllunio strategaeth newydd.

Ar y dechrau bydd hyn yn golygu codi'n gynt fel bod gennych ddigon o amser i roi sylw i ymddygiadau da a chyflawni Amser Allan ar gyfer rhai amhriodol.

Cefnogwch eich gilydd

Yn achlysurol, pan fydd rhiant yn cyflawni Amser Allan bydd y rhiant arall neu nain/taid neu ffrind yn torri ar draws y broses drwy siarad efo'r plentyn neu ddadlau am y defnydd o Amser Allan. Bydd hynny'n ei gwneud yn anodd gweithredu Amser Allan, gyda'r canlyniad y bydd y plentyn yn gweld ei gyfle i gael rhywun i ochri efo fo.

Dangosodd ymchwil fod gwrthdaro gyda phlant yn gallu lledaenu neu newid cyfeiriad i greu gwrthdaro rhwng gŵr a gwraig, rhwng rhieni a neiniau a theidiau, a rhwng rhieni ac athrawon. O ganlyniad, os yw rhiant yn gweithredu Amser Allan, dylai fod cytundeb bod aelodau eraill y teulu yn mynd i fod yn gefnogol hyd yn oed os ydynt yn anghytuno. Yn nes ymlaen, pan fydd yr oedolion wedi ymdawelu dylent drafod, datrys problemau a chytuno ar y canlynol:

- pa ymddygiadau fydd yn arwain at Amser Allan
- sut i benderfynu pwy fydd yn arwain wrth weithredu'r Amser Allan
- ffyrdd i bawb ddangos cefnogaeth wrth oruchwylio Amser Allan
- sut y gall un rhiant roi arwydd i'r llall ei fod ef neu hi yn colli rheolaeth ac efallai angen cymorth i gwblhau'r Amser Allan
- ffyrdd derbyniol o drafod a fu disgyblaeth yn effeithiol

Os bydd aelodau'r teulu'n cefnogi'i gilydd fel tîm bydd llai o gyfleon i'r plant ddod rhyngddynt a llai o siarad negyddol rhwng y rhieni a'r plant am y defnydd o Amser Allan. Mae hyn yn cynnig model ardderchog i blant o'r modd y gall pobl weithio gyda'i gilydd.

Nid oes ateb sydyn

Mae rhai rhieni'n honni nad yw Amser Allan yn gweithio iddynt hwy. Gall y rheswm am hyn fod yn unrhyw un o'r rhai a drafodwyd neu, yn syml, fe allant fod wedi ceisio'i weithredu ychydig o weithiau ac yna rhoi'r gorau iddi. Mae'n gamgymeriad, fodd bynnag, disgwyl i bedwar neu bump arbrawf Amser Allan ddileu ymddygiad problemus.

Nid yw Amser Allan yn ddewiniaeth. Mae plant angen cyfleon niferus er mwyn dysgu. Maent angen *llawer* o gyfleon i wneud camgymeriadau a chamymddwyn, ac wedyn dysgu oddi wrth ganlyniadau eu camymddwyn. Fel y mae plentyn bach yn ceisio dro

ar ôl tro i ddysgu cerdded, mae dysgu
ymddygiadau cymdeithasol priodol yn
golygu ymarfer drosodd a throsodd. Felly
cofiwch, hyd yn oed pan fydd Amser Allan
yn cael ei ddefnyddio'n effeithiol, yn araf
y mae ymddygiad yn newid. Byddwch yn
amyneddgar. Cofiwch y bydd yn cymryd o
leiaf 18 mlynedd i blentyn ddysgu ymddwyn
fel oedolyn aeddfed.

Cofiwch gynyddu eich cyfrif banc

Cynyddu eich cyfrif gyda chariad a chefnogaeth

Weithiau bydd rhieni'n egluro'n glir i'w plant ganlyniadau camymddwyn
ond nid ydynt yn darparu sylw a chefnogaeth i ymddygiad priodol.
Mewn geiriau eraill, rhoddir llawer o bwyslais ar beth na ddylai'r plant
ei wneud ond llawer llai o bwyslais ar beth y *dylai* plentyn ei wneud.

Un agwedd ar ddisgyblaeth yw Amser Allan. Ar ei ben ei hun
nid yw'n ddigon. Rhaid i chi fanteisio ar lawer o gyfleon i ddysgu
ymddygiad priodol i'ch plant. Craidd magu plant yw canmol, annog,
ac adeiladu hunanwerth pryd bynnag y bydd eich plant yn gwneud
rhywbeth cadarnhaol. Mae eich gallu i fodelu cyfathrebu effeithiol,
dadansoddi gwrthdaro, datrys problemau, hunan-siarad cadarnhaol,
hoffter o chwarae ac empathi â theimladau pobol eraill yn rhan annatod
o ddatblygiad cymdeithasol a moesol eich plant. Ar un ystyr, yr hyn a
wnewch yw cynyddu cyfrif banc eich teulu gyda chariad, cefnogaeth a
dealltwriaeth. Yna'n achlysurol dros dro rydych yn tynnu cynilion o'r
cyfrif ac yn defnyddio Amser Allan. Felly mae'n bwysig sicrhau fod eich
cyfrif yn parhau i dyfu'n gyson.

Amser Allan i rieni

Bydd rhieni weithiau'n gor-ymateb i
gamymddwyn eu plant am eu bod wedi
blino'n lân, yn ddig neu'n ddigalon
am ryw ddigwyddiadau eraill yn eu
bywyd. Efallai mai'r rheswm pam fod
tad yn mynd yn flin iawn efo'i ferch
yw am fod ei wraig yn anwybyddu'i
ymdrechion gyda'r plant. Gall mam,
sydd wedi cael diwrnod blinedig yn y
gwaith ac wedi cael ei beirniadu gan
ei phennaeth, fod yn flin efo'i phlant
am wneud sŵn a pheidio gadael iddi

Cofiwch ddefnyddio Amser Allan eich hun

ymlacio. Yn ddibynnol ar hwyliau rhieni a faint o egni sydd ganddynt, gall ymddygiad plentyn ymddangos yn ddoniol heddiw ac yn atgas yfory.

Bydd hyd yn oed y rhieni mwyaf caredig a llawn bwriadau da yn teimlo'n rhwystredig a blin efo'u plant. Does neb yn berffaith. Y dasg bwysig yw bod yn ymwybodol fod eich cyflwr meddwl chi yn dylanwadu ar y modd yr edrychwch ar eich plentyn. Rhaid dysgu dygymod â theimladau blin a rhwystredig. Os ydych yn ddigalon oherwydd problemau yn y gwaith, efallai y byddai'n syniad da cael Amser Allan i ffwrdd oddi wrth y plant er mwyn ymlacio a chael goleuni newydd ar bethau. Os ydych yn flin efo'ch partner efallai eich bod angen Amser Allan i ddatrys problemau. Mae'n hanfodol eich bod chithau yn defnyddio Amser Allan pan fyddwch yn teimlo dicter yn cronni er mwyn modelu dulliau o ddatrys gwrthdaro a ffyrdd o gefnogi a gofalu am eich gilydd. Gallwch chi helpu'r plant i fod yn llai ymosodol ac ymestyn eu gallu i ddatrys problemau a thrin gwrthdaro'n adeiladol. Cofiwch fod plant yn dysgu mwy oddi wrth fodelau positif nag o gael eu beirniadu. (Gweler y bennod ar Reoli Meddyliau Gofidus).

Edrych tu hwnt i ddisgyblaeth

Mae plant sy'n fyrbwyll, gwrthwynebus, diwrando, gorfywiog ac ymosodol angen i rieni gadw golwg arnynt yn gyson. Dylent gael y siawns i ddysgu sgiliau cymdeithasol drwy arallgyfeirio, rhybuddio, atgoffa a dilyn drwodd cyson gyda chanlyniadau. Fodd bynnag, un o'r pethau mwyaf anodd ei gyflawni pan fydd plentyn yn aflonyddgar yw edrych tu hwnt i'r Amser Allan er mwyn trwsio ac ail-adeiladu eich perthynas gyda'r plentyn. Mae hynny'n golygu peidio parhau gyda grwgnach a dicter pan fydd y canlyniadau wedi cael eu gweithredu, a pharhau i roi canmoliaeth a chefnogaeth am ymddygiad cadarnhaol, sgiliau rheoli emosiynol a hunanreolaeth. Byddwch yn amyneddgar gyda'ch plant yn ogystal â chi eich hun.

I grynhoi...

- Byddwch yn gwrtais.
- Byddwch yn barod i gael eich profi.
- Gwyliwch a rheolwch eich dicter personol er mwyn osgoi ffrwydro'n sydyn; rhowch rybuddion.
- Rhowch Amser Allan am 5 munud, gyda 2 funud i ymdawelu ar y diwedd.
- Dewiswch yn ofalus y mathau o ymddygiad a fydd yn arwain at Amser Allan.

- Defnyddiwch Amser Allan yn gyson ar gyfer yr ymddygiadau a ddewiswyd.
- Peidiwch â bygwth Amser Allan oni bai eich bod yn fodlon ei ddilyn drwodd.
- Anwybyddwch y plentyn yn ystod ei Amser Allan.
- Defnyddiwch ymdriniaeth ddi-drais megis colli breintiau fel dull o gefnogi Amser Allan.
- Dilynwch drwodd a chwblhau'r Amser Allan.
- Daliwch y plant yn gyfrifol am glirio llanast a all ddeillio o Amser Allan.
- Defnyddiwch Amser Allan lle bynnag yr ydych.
- Cefnogwch ddefnydd eich partner o Amser Allan.
- Peidiwch â dibynnu'n gyfan gwbl ar Amser Allan, cyfunwch gyda dulliau eraill o ddisgyblu megis anwybyddu, rhoi canlyniadau rhesymegol a datrys problemau.
- Disgwyliwch gael eich profi drosodd a throsodd.
- Meddyliwch ymlaen llaw pa freintiau y gellid eu colli yn achos plant hŷn sy'n gwrthod mynd neu'n gwrthod aros yn Amser Allan.
- Cynyddwch eich cyfrif banc gyda chanmoliaeth, cariad a chefnogaeth.
- Defnyddiwch Amser Allan eich hun i ymlacio ac adeiladu stôr o egni.

Canlyniadau Naturiol a Rhesmegol

Wrth fagu plant un o'r tasgau mwyaf pwysig ac anodd yw eu paratoi i fod yn fwy annibynnol. Mae'r hyfforddi yma'n digwydd pan fydd y plant yn ifanc iawn. Ffordd bwysig o feithrin gallu plant i wneud penderfyniadau, dysgu bod yn gyfrifol a'u gallu i ddysgu oddi wrth eu camgymeriadau yw trwy ddefnyddio canlyniadau naturiol a rhesymegol. Canlyniad *naturiol* yw'r hyn a fyddai'n deillio o weithred gan y plentyn pe na bai ymyrraeth gan oedolyn. Er enghraifft, pe bai Ryan wedi cysgu'n hwyr ac wedi colli'r bws ysgol, y canlyniad naturiol fyddai iddo orfod cerdded i'r ysgol. Pe na bai Caitlin am wisgo'i chôt yna fe fyddai'n teimlo'n oer. Mae canlyniad *rhesymegol* ar y llaw arall yn cael ei gynllunio gan rieni fel canlyniad negyddol priodol i'r camymddygiad. Canlyniad rhesymegol i blentyn wedi iddo dorri ffenest tŷ cymydog fyddai iddo gyflawni tasgau ac ennill pres i dalu am ffenest newydd. Canlyniad rhesymegol am wlychu'r gwely fyddai gofyn i'r plentyn dynnu'r dillad oddi ar y gwely a'u rhoi yn y peiriant golchi. Mewn geiriau eraill, pan fydd rhieni'n defnyddio'r dull yma, maent yn ymatal rhag gwarchod eu plant oddi wrth ganlyniadau negyddol eu hymddygiadau.

Enghreifftiau o ganlyniadau naturiol

- Os yw'r plentyn yn torri tegan pan mae'n flin, ni fydd ganddo'r tegan i chwarae wedyn.
- Os nad yw dillad yn cael eu rhoi yn y fasged i'w golchi byddant yn parhau'n fudur.
- Os yw plentyn yn neidio mewn pwll mwd yna bydd raid iddo ddioddef traed gwlyb.
- Os yw plentyn yn hwyr am ei ginio bydd y bwyd yn oer ac aelodau'r teulu wedi gadael y bwrdd.
- Os yw'r plentyn yn gwrthod bwyta pan mae'n amser bwyd, yna ni chaiff fwyd tan y pryd nesa ac fe fydd yn teimlo'n llwglyd.

Enghreifftiau o ganlyniadau rhesymegol

- Os nad yw'r plentyn yn gallu cadw creonau ar y papur, cânt eu cymryd oddi arno.
- Os yw plentyn yn gwrthod bwyta'i ginio, yna chaiff o ddim pwdin na byrbryd.
- Os nad yw plentyn yn cadw gwm cnoi yn ei geg, caiff ei dynnu oddi arno.
- Os yw dŵr yn cael ei sblasio allan o'r bath, bydd amser bath yn dod i ben.
- Os yw'r plentyn yn siarad yn uchel yn y llyfrgell, yna fe fydd raid iddo adael.
- Os nad yw'r plentyn yn gallu aros yn yr ardd gefn, yna bydd raid iddo chwarae yn y tŷ.
- Os yw gwydrau yfed yn cael eu gadael yn yr ystafell fyw, yna ni chaiff y plant yfed yno'r diwrnod wedyn.
- Os nad yw'r plentyn wedi bwyta'i fyrbryd pnawn erbyn 4.30, yna ni fydd byrbryd cyn swper.
- Os yw plentyn yn edrych ar y teledu am fwy o amser nag sy'n cael ei ganiatáu, yna bydd yr un faint o amser yn cael ei dynnu i ffwrdd y diwrnod canlynol.
- Os nad yw'r plentyn yn cadw'i feic yn y garej, yna ni chaiff ddefnyddio'r beic y noson honno.

Mae canlyniadau naturiol a rhesymegol yn fwyaf effeithiol am broblemau sy'n digwydd drosodd a throsodd pan fydd rhieni'n penderfynu ymlaen llaw sut maent yn mynd i ddilyn drwodd. Gall y dull yma helpu plant i ddysgu gwneud penderfyniadau drostynt eu hunain, bod yn gyfrifol am eu hymddygiadau a dysgu oddi wrth eu camgymeriadau. Ar y tudalennau sy'n dilyn byddwn yn trafod rhai o'r problemau a all godi wrth drefnu canlyniadau naturiol a rhesymegol, a ffyrdd effeithiol o'u goresgyn.

Gwneud yn siŵr fod eich disgwyliadau'n addas i'r oedran

Mae'r rhan fwyaf o ganlyniadau naturiol a rhesymegol yn fwyaf effeithiol gyda phlant 5 oed a hŷn. Gellir eu defnyddio gyda phlant iau ond rhaid i'r rhieni werthuso'n ofalus a yw'r plant yn deall y berthynas rhwng yr ymddygiad a'r canlyniadau. Er enghraifft, os nad yw Alexandra'n barod i'w thoiledu, ac mae'n cael ei gorfodi i olchi ei nicyrs neu newid dillad y gwely, gall deimlo'i bod yn cael ei bychanu a'i beirniadu'n ormodol. Hefyd, mae'r canlyniad rhesymegol yn gosb ormodol. Ar y llaw arall, mae gwrthod rhoi pwdin neu fyrbryd i blentyn sydd wedi gwrthod bwyta'i ginio yn ganlyniad priodol, gan y bydd yn dysgu fod peidio bwyta cinio yn gwneud iddo deimlo'n llwglyd. Wrth gwrs, ni ddylid defnyddio canlyniadau naturiol os oes modd i'r plentyn gael anaf corfforol wrth iddynt gael eu cyflawni. Er enghraifft, ni ddylai plentyn cyn-ysgol gael profi canlyniadau naturiol gwthio'i fys i mewn i bwynt trydan, cyffwrdd stôf neu redeg ar y ffordd.

Wrth feddwl drwodd y canlyniadau naturiol a allai ddilyn ymddygiadau amhriodol eich plant, mae'n bwysig eich bod yn siŵr fod eich disgwyliadau'n addas i'w hoedran. Bydd canlyniadau naturiol yn fwy llwyddiannus gyda phlant oedran ysgol na rhai cyn-ysgol oherwydd eu bod yn gwybod a deall mwy. Canlyniadau rhesymegol y mae plant ifanc yn ei ddeall yw gosodiad "os - yna." Er enghraifft, "Os na wnei di stopio sblasho'r dŵr yn y bath, yna bydd raid i ti ddod allan ohono." Neu i'r plentyn sy'n pwyntio siswrn at rywun, "Os na elli ddefnyddio'r siswrn yn ofalus, yna bydd raid i mi ei gymryd oddi arnat." Yn yr enghreifftiau yma, canlyniadau rhesymegol peidio defnyddio rhywbeth yn y ffordd gywir yw colli'r defnydd o'r hyn sy'n achosi'r broblem.

Byddwch yn siŵr y gellwch fyw gyda'r dewisiadau

Wrth geisio cyflawni canlyniadau naturiol a rhesymegol, mae rhai rhieni'n ei chael yn anodd gadael i'w plant brofi canlyniadau'r hyn a wnaethant. Mae ganddynt gymaint o gydymdeimlad â'u plant nes eu bod yn teimlo'n euog am beidio helpu, ac efallai byddant yn ymyrryd cyn i'r canlyniad ddigwydd. Er enghraifft, mae Carla'n dweud wrth ei merch Angie mai canlyniad naturiol loetran yn y bore a pheidio â bod yn barod i fynd i'r ysgol ar amser, fydd mynd yno yn ei phyjamas. Pan ddaw'r amser i orfodi hynny, fodd bynnag, 'all hi ddim cyflawni. Ni all ddanfon Angie yn ei phyjamas ac felly mae'n ei gwisgo. Mae gor-amddiffyn o'r fath yn gallu rhwystro plant drwy eu gwneud yn analluog i ddelio gyda phroblemau neu gamgymeriadau.

Wrth ddefnyddio canlyniadau mae'n bwysig meddwl am y ffactorau o blaid ac yn erbyn cymhwyso'r dechneg yma i ymddygiadau penodol. Byddwch yn siŵr y gellwch fyw gyda'r canlyniadau ac nad ydych yn rhoi bygythiadau ofer. Yn yr enghraifft uchod, dylai Carla fod wedi ystyried

Byddwch yn siŵr y gellwch fyw gyda'r canlyniadau

yn gyntaf a fyddai wedi bod yn fodlon dilyn drwodd a mynd ag Angie i'r ysgol yn ei phyjamas os oedd yn parhau i loetran. Mae methu dilyn drwodd gyda chanlyniadau a gytunwyd yn gwanhau eich awdurdod ac yn amddifadu'r plant o gyfleon i ddysgu oddi wrth eu camgymeriadau.

Dylai canlyniadau ddigwydd bron yn syth

Nid yw'r ymdriniaeth o ganlyniadau naturiol a rhesymegol yn llwyddiannus pan fydd y canlyniad yn digwydd yn rhy hir ar ôl y camymddwyn. Canlyniad naturiol peidio brwsio dannedd yw cael dannedd drwg. Fodd bynnag, gan na ddigwydd hynny efallai am bump i ddeg mlynedd nid yw'r enghraifft yn effeithiol. Yn yr un modd, fe all gorfwyta gael canlyniadau tymor hir sydd yn rhy bell i ffwrdd i effeithio ar ymddygiad y plentyn yn y tymor byr. Gallai rhiant ganiatáu i blant esgeuluso'u gwaith cartref ac edrych ar y teledu bob nos nes bod adroddiad diwedd y flwyddyn yn dangos fod y plant wedi methu'r arholiadau. Dyma eto ganlyniad sydd yn rhy hir cyn digwydd i fod wedi dylanwadu ar arferion dysgu dyddiol y plant. Mae cosbau tymor hir o'r fath yn gallu arwain plant i deimlo'n anobeithiol am eu galluoedd.

I blant cyn-ysgol ac oedran ysgol mae'n bwysig fod y canlyniad yn digwydd yn agos o ran amser at y camymddwyn. Os yw Daniel yn difrodi tegan plentyn arall, yna fe ddylai gael ei gyfnewid am un newydd mor fuan â phosib, ac fe ddylai Daniel helpu i dalu amdano drwy wneud tasgau neu trwy ddefnyddio'i bres poced. Os nad yw Lisa yn rhoi'i dillad budur yn y fasged yn barod i'w golchi, fe ddylai orfod gwisgo'r dillad budur. Yn y ffordd yma bydd Lisa a Daniel yn dysgu drwy eu hymddygiadau amhriodol ac mae'n debygol y byddant yn ymddwyn yn fwy priodol y tro nesa.

Dylid osgoi canlyniadau na fyddant yn digwydd am gyfnod hir

Rhowch ddewisiadau i'ch plentyn ymlaen llaw
Weithiau mae rhieni'n defnyddio'r ymdriniaeth yma fel ffordd o gosbi, heb adael i'w plant wybod y canlyniadau posib ymlaen llaw. Mae tad Linda'n dod i'w hystafell un bore ac yn dweud, "Dwyt ti ddim wedi gwisgo ac mae'n amser mynd, felly rhaid i ti ddod rŵan yn dy byjamas." Nid yw'n cael dim rhybudd ac nid oes ganddi'r dewis o benderfynu bod yn barod erbyn 8 o'r gloch neu newid yn y car ar ei ffordd i'r ysgol. Fwy na thebyg y bydd Linda'n teimlo'n ddig ac mae'n debygol na fydd yn gweld ei hun yn gyfrifol am ganlyniadau ei hymddygiad.

Trafodwch yr amrywiol ganlyniadau gyda'ch plant ymlaen llaw fel y gallant feddwl amdanynt a gwybod eu bod yn gyfrifol am y canlyniadau. Gallai tad Linda ddweud, "Gan dy fod yn ei chael yn anodd codi a chael dy hun yn barod yn y bore fe gei di gloc larwm neu fynd i'r gwely hanner awr yn gynt." Neu fe allai ddweud, "Naill ai dy fod yn gwneud dy hun yn barod erbyn 8 o'r gloch, neu fyddi di ddim yn cael brecwast a bydd raid i ti newid dy ddillad yn y car." Enghraifft arall o roi dewisiadau i'r plentyn fyddai dweud, "Os na fydd dy deganau di wedi'u cadw erbyn 7 o'r gloch, 'chei di ddim byrbryd na stori." Mater i'r plentyn yw penderfynu sut i ymateb. Mae'r dull yma'n gallu helpu plant i weld, drwy ganlyniadau positif, ei bod yn well ymateb yn gadarnhaol nag yn negyddol.

Dylai canlyniadau fod yn naturiol neu'n rhesymegol ac yn ddi-gosb
Yn achlysurol mae rhieni'n meddwl am ganlyniadau nad ydynt yn naturiol nac yn rhesymegol berthnasol i'r gweithgaredd. Ystyriwch fam sy'n golchi ceg ei phlentyn gyda sebon am iddo ddweud rhywbeth drwg. Tra gallai ddadlau ei bod yn rhesymegol i olchi ceg plentyn oedd wedi bod yn rhegi, mae hyn yn fwy tebygol o wneud iddo deimlo'n fudr, yn flin ac wedi'i ddiraddio. Mae rhieni eraill yn creu canlyniadau sy'n ormod o gosb, "Gan i ti wlychu dy wely neithiwr, chei di ddim i'w yfed ar ôl amser cinio heddiw," neu "Gan i ti beidio bwyta dy swper, rhaid i ti ei fwyta amser brecwast," neu "Gan i ti fy nharo i, rwyf am dy frathu." Bydd plant yn teimlo'n chwerw, ac efallai'n dial am ganlyniadau o'r fath. Byddant yn fwy tebygol o ganolbwyntio ar greulondeb y rhieni nag ar newid eu hymddygiad.

Mae agwedd dawel, mater o ffaith a chyfeillgar, yn hanfodol i wneud penderfyniadau a chyflawni canlyniadau. Canlyniad naturiol peidio gwisgo côt pan fydd yn oer allan yw teimlo'n oer iawn. Canlyniad rhesymegol peidio cyflawni gwaith cartref, efallai, fyddai colli gweld un o hoff raglenni teledu. Canlyniad naturiol peidio rhoi dillad budur yn y fasged yw nad yw'r dillad yn cael eu golchi. Nid yw'r cosbau yma'n diraddio nac yn achosi poen corfforol. Yn hytrach, maent yn helpu plant i ddysgu gwneud dewisiadau ac i fod yn fwy cyfrifol.

Cynnwys eich plentyn cyn gymaint â phosibl

Mae rhai rhieni'n trefnu rhaglen ganlyniadau naturiol a rhesymegol heb gynnwys eu plant yn y penderfyniadau. Gall hyn wneud i'r plant deimlo'n flin ac yn chwerw. Yn hytrach, dylech edrych ar hyn fel cyfle i chi a'ch plant gydweithio efo'ch gilydd i hyrwyddo ymddygiadau cadarnhaol, gan ganiatáu iddynt deimlo'u bod yn cael eu gwerthfawrogi a'u parchu. Er enghraifft, os yw eich plant yn cael problemau'n ymladd dros y teledu, gallech ddweud, "Mae'n ymddangos eich bod yn cael trafferth i gytuno ar ba raglen i'w gwylio ar y teledu. Dwi ddim yn teimlo'n hapus yn gweiddi arnoch ac rwyf eisiau gwneud y nosweithiau'n ddifyrrach i bawb ohonom. Gellwch gymryd eich tro i ddewis rhaglenni neu beidio gwylio o gwbl. Pa un ydi'r gorau gennych?" Mae cynnwys eich plant yn y broses o wneud penderfyniadau am y canlyniadau yn annog cydweithrediad.

Bod yn ddidwyll ac yn gyfeillgar

Mae rhieni weithiau'n tanseilio'u rhaglen ganlyniadau drwy fod yn flin efo'u plant a'u beirniadu am fod yn anghyfrifol. Mae hyn yn gorchfygu pwrpas y rhaglen o adael i'r plant ddarganfod canlyniadau negyddol eu hymddygiad drostynt eu hunain drwy brofiad. Hefyd, gall y dicter a'r beirniadu roi sylw diangen i'r camymddwyn.

Mae'n bwysig bod yn ddi-lol a chadarn am y canlyniadau, a bod yn barod i'w dilyn drwodd ac anwybyddu protestio a dadlau'r plant. Os ydynt yn gwrthod derbyn y canlyniadau, dylech ddefnyddio Amser Allan neu dynnu breintiau oddi arnynt, pa un bynnag sy'n gweddu orau i'r sefyllfa. Cofiwch, fe fydd y plant yn ceisio profi'r ffiniau, felly disgwyliwch gael eich profi. Ond, mae'n bwysig peidio pregethu na beirniadu, na chynnig cydymdeimlad wedi i'r canlyniadau ddigwydd. Yn hytrach, unwaith y bydd y canlyniadau wedi'u cwblhau, dylai'r plant gael cyfle newydd i fod yn llwyddiannus.

Dylai canlyniadau fod yn briodol

Weithiau mae rhieni'n trefnu canlyniad sy'n para'n rhy hir ac yn cosbi'r plant heb fod angen. Cymerwch fod Ben, sy'n 7 oed, yn reidio'i feic ar y ffordd fawr ac yntau wedi'i rybuddio i aros ar y dreif o flaen y tŷ. Y canlyniad rhesymegol fyddai i'w rieni gloi'r beic. Ond byddai cloi'r beic am fis fodd bynnag yn ormodol ac yn sicr o wneud i Ben deimlo'n flin ac yn chwerw. Byddai hyn hefyd yn ei gadw rhag cael unrhyw gyfleon newydd i fod yn fwy llwyddiannus drwy drin y beic yn gyfrifol. Mae rhai pobl yn tybio po gryfaf a hiraf yw'r gosb y mwyaf llwyddiannus y bydd hi. Ond y gwrthwyneb sy'n wir.

Canlyniad mwy priodol yn achos Ben fyddai cloi ei feic am 24 awr yn y garej ac wedyn rhoi cyfle iddo ddatblygu sgiliau reidio beic mwy llwyddiannus. Os yw Kathy, sy'n bedair oed ac yn lliwio, yn dechrau lliwio bwrdd y gegin, canlyniad rhesymegol i'w gyflwyno iddi efallai fyddai, "Os na elli di gadw'r creonau ar y papur, yna fe fydd raid i mi eu cymryd oddi arnat." Os bydd yn parhau i liwio ar y bwrdd, yna byddai raid tynnu'r creonau oddi arni. Fodd bynnag, dylent gael eu dychwelyd iddi mewn hanner awr i roi cyfle arall iddi gael eu defnyddio ar y papur. Yr egwyddor yw gwneud i'r canlyniad ddigwydd yn syth, yn fyr ac i bwrpas, ac wedyn rhoi cyfle buan i'r plentyn geisio eto a bod yn llwyddiannus.

Cofiwch, wrth ddefnyddio'r dull canlyniadau, fod angen cymryd amser, cynllunio, bod yn amyneddgar ac ailadrodd, fel ag yn achos unrhyw dechneg riantu arall. Yn bwysicach na dim, mae angen gweithredu'n dawel a pharchus.

I grynhoi…

- Gwnewch y canlyniadau'n addas i oedran y plant.
- Byddwch yn siŵr y gellwch fyw gyda'r canlyniadau.
- Gweithredwch y canlyniadau'n syth.
- Rhowch ddewis o ganlyniadau i'r plentyn ymlaen llaw.
- Gwnewch y canlyniadau'n naturiol ac yn ddi-gosb.
- Cynhwyswch y plant pan fydd hynny'n bosib.
- Byddwch yn gyfeillgar a phositif.
- Defnyddiwch ganlyniadau sy'n fyr ac i bwrpas.
- Cynigiwch gyfleon dysgu newydd yn fuan i'r plentyn gael cyfle i lwyddo.

Peidiwch â bod yn rhy lawdrwm

Dysgu Plant i Ddatrys Problemau

Mae plant ifanc fel arfer yn ymateb i'w problemau mewn ffyrdd aneffeithiol. Mae rhai'n crio, eraill yn taro a rhai yn achwyn yn barhaus wrth eu rhieni. Ychydig iawn o gymorth i'r plant ganfod canlyniadau boddhaol i'w problemau yw ymatebion o'r fath. Yn wir, maent yn creu rhai newydd. Mae ymchwil yn dangos eu bod yn defnyddio strategaethau amhriodol am ddau reswm. Yn gyntaf, ni chawsant ddysgu ffyrdd mwy priodol o ddatrys problemau. Yn ail, cafodd eu strategaethau amhriodol eu hatgyfnerthu'n ddamweiniol gan rieni neu ofalwyr plant eraill. Gall rhieni helpu drwy ddysgu plant sut i feddwl am atebion i'w problemau a sut i benderfynu pa atebion sy'n fwyaf effeithiol.

Dangoswyd hefyd fod natur neu anian plant yn dylanwadu ar eu gallu i ddysgu sgiliau datrys problemau'n fwy effeithiol. Yn arbennig, mae plant sy'n orfywiog, yn fyrbwyll, yn methu canolbwyntio ac yn ymosodol yn fwy tebygol o gael trafferthion gyda datrys problemau cymdeithasol. Mae'r plant risg uchel yma yn gweld sefyllfaoedd cymdeithasol mewn ffordd elyniaethus. Maent yn defnyddio llai o ddulliau cymdeithasol derbyniol i ddatrys gwrthdaro rhyngbersonol ac yn cael trafferth gweld canlyniadau bod yn ymosodol. Gweithredant yn ymosodol ac yn fyrbwyll heb stopio i feddwl am atebion llai ymosodol na meddwl am safbwynt y person arall. Ar y llaw arall, mae tystiolaeth fod plant sy'n gallu defnyddio sgiliau datrys problemau yn chwarae'n fwy adeiladol, yn fwy poblogaidd gyda'u cyfoedion ac yn fwy cydweithredol yn y cartref ac yn yr ysgol. O ganlyniad, mae gan rieni rôl ganolog wrth ddysgu plant ymosodol a byrbwyll i feddwl sut i ymateb mewn ffordd fwy cymdeithasol i'w problemau, ynghyd â dewis yr atebion gorau a'r rhai sy'n fwyaf tebygol o arwain at ganlyniadau cadarnhaol.

Bydd dysgu datrys problemau'n effeithiol o gymorth arbennig i blant risg uchel, ond dylid ymdrechu i wella sgiliau cymdeithasol a gallu datrys problemau *pob* plentyn. Yn wir, gwaith rhieni yw paratoi plant heddiw i fod yn ddinasyddion cyfrifol, sy'n gallu datrys problemau'n ddeallus ac ymdopi gyda gwrthdaro rhyngddynt ac eraill. Mae datblygiad llwyddiannus plant wrth dyfu i fod yn oedolion yn dibynnu ar eu gallu i bwyso a mesur yn feirniadol, meithrin sgiliau effeithiol i wneud penderfyniadau, a'r gallu i ddadansoddi sefyllfaoedd beth bynnag fo'u gallu cynhenid a'u cefndir teuluol a chymdeithasol.

Y rhiant fel model

Heb amheuaeth, rydych eisoes yn dysgu tactegau datrys problemau mwy priodol i'ch plant heb sylweddoli hynny, yn arbennig os oes cyfleon iddynt arsylwi arnoch chi'n defnyddio sgiliau datrys problemau (gweler y bennod Datrys Problemau rhwng Oedolion). Mae'n brofiad dysgu cyfoethog iawn iddynt eich gwylio chi'n trafod problemau gydag oedolion eraill, ymdrin â datrys gwrthdaro, a gwerthuso canlyniadau eich atebion. Er na fyddwch efallai eisiau i'ch plant arsylwi ar bob cyfarfod datrys problemau, mae llawer o'ch penderfyniadau dyddiol yn darparu cyfleon da iddynt ddysgu. Er enghraifft, mae plant yn dysgu wrth sylwi ar eu rhieni'n dweud "na" i gais ffrind. Maent yn gwylio gyda diddordeb pan fydd dad yn derbyn awgrym mam iddo wisgo rhywbeth gwahanol. Ydi mam yn goeglyd, yn flin neu'n gofyn yn blwmp ac yn blaen? Ydi dad yn pwdu, yn mynd yn flin, yn cyd-weithredu neu'n gofyn am fwy o fanylion? Mae gwylio rhieni'n penderfynu pa ffilm i'w gwylio ar nos Sadwrn yn gallu dysgu llawer am gyfaddawdu a thrafod. Mae plant yn dysgu llawer o'u hymddygiad wrth arsylwi ar eich ymateb i drafferthion dyddiol bywyd. Gallwch helpu ymhellach drwy feddwl yn uchel eich strategaethau positif ar gyfer datrys problemau. Er enghraifft, fe allech ddweud, "Sut y galla i ddatrys hyn? Rhaid i mi stopio ac yna meddwl yn gyntaf. Rhaid i mi aros yn dawel. Pa gynllun alla i weithredu i wneud hyn yn llwyddiannus?"

I blant, gall y broses o ddatrys problemau gael ei rhannu'n chwech cam a'i chyflwyno ar ffurf y cwestiynau canlynol:

- Beth yw fy mhroblem? Beth ddylwn i ei wneud? (Diffinio'r broblem a'r teimladau ynghlwm)
- Beth yw rhai o'r atebion? A oes mwy o atebion? (Trafod syniadau am atebion)
- Beth yw'r canlyniadau? Beth sy'n digwydd nesaf?
- Beth yw'r ateb neu'r dewis gorau? (Gwerthuso canlyniadau o ran diogelwch, tegwch a theimladau da)
- Ydw i'n defnyddio fy nghynllun? (Gweithredu)
- Sut y gwnes i? (Gwerthuso'r canlyniad a'r ymdrechion i atgyfnerthu)

I blant sydd rhwng tair ac wyth oed, mae'r ail gam - cynhyrchu atebion posib - yn sgìl allweddol i'w dysgu. Tra gall plant hŷn weithredu a gwerthuso'n haws, rhaid i blant ifanc yn gyntaf ystyried atebion posib a deall fod rhai atebion yn well na'i gilydd. Mae'r gallu i feddwl ymlaen at ganlyniadau posib i bob ateb yn gam datblygiadol sylweddol ac fe fydd yn arbennig o anodd i blant ifanc neu blant gorfywiog a byrbwyll.

CAM UN: Trafod problemau damcaniaethol

Ffordd hwyliog o ddechrau trafodaethau datrys problemau gyda'ch plant yw gofyn iddynt gymryd arnynt eu bod yn dditectifs yn ceisio datrys dirgelwch. Yna trwy ddefnyddio storïau neu bypedau gellwch greu sefyllfaoedd problemus a gofyn iddynt geisio awgrymu cymaint â phosib o atebion. Mae mwy o'r problemau yma i'w gweld mewn dau lyfr plant lliwgar, *Wally's Detective Books for solving problems at Home and at School* (Webster-Stratton,1998) Dyma rai sefyllfaoedd problemus damcaniaethol y gellwch geisio'u datrys efo'ch plentyn gan ddefnyddio'r chwech cam a amlinellir yn y bennod hon:

- Mae plentyn llawer iau na chi yn cychwyn eich taro. Beth fyddech yn ei wneud?
- Mae plentyn wedi bod yn chwarae am amser hir iawn gyda thegan ac rydych chi eisiau chwarae efo fo. Beth fyddech yn ei wneud?
- 'Does yna ddim ond un darn o bizza ar ôl ac rydych chi a'ch chwaer am ei fwyta. Beth fyddech yn ei wneud?
- Rydych wedi torri hoff lamp dad. Beth fyddech yn ei wneud?
- Rydych yn cael eich pryfocio'n gyson gan blentyn arall yn yr ysgol. Beth fyddech yn ei wneud?
- Rydych eisiau cwrdd â chymydog newydd. Beth fyddech yn ei wneud?
- Mae eich mam wedi'ch danfon i'ch ystafell am alw enw ar eich brawd, ond fo alwod enw arnoch chi yn gyntaf. Beth fyddech yn ei wneud?
- Rydych wedi colli pâr newydd sbon o esgidiau a brynodd eich tad i chi chwarae pêl droed. Beth fyddech yn ei wneud?
- Rydych eisiau gwylio rhaglen arbennig ar y teledu yn fawr iawn, ond dydi'ch mam ddim yn caniatáu. Beth fyddech yn ei wneud?
- Rydych wedi gofyn am gael chwarae efo plant eraill a dydyn nhw ddim yn gadael i chi. Beth fyddech yn ei wneud?
- Mae plentyn arall yn eich pryfocio am eich steil gwallt newydd. Beth fyddech yn ei wneud?

- Rydych wedi gofyn i blentyn arall chwarae pêl efo chi ac mae o/hi yn gwrthod. Beth fyddech yn ei wneud?
- Mae eich brawd yn malurio model rydych wedi bod yn gweithio arno ers pythefnos. Beth fyddech yn ei wneud?

Y cam cyntaf wrth helpu plant ddeall a oes ganddynt broblem neu beidio yw iddynt fod yn ymwybodol o'u teimladau. Os ydynt yn teimlo'n anghyffyrddus (yn drist, yn flin neu'n boenus) bydd hyn yn gliw pwysig fod yna broblem i'w datrys. Felly, wrth siarad am y problemau yma, rhowch gymorth i'ch plentyn adnabod teimladau'r cymeriadau sy'n rhan o'r sefyllfaoedd. Mae rhai plant â geirfa gyfyngedig i fynegi teimladau. I blant o'r fath ddod i allu datrys problemau'n llwyddiannus bydd raid helpu i ymestyn eu geirfa mynegi teimladau. Unwaith y byddant yn gallu adnabod a labelu eu teimladau, yna gellwch eu helpu i ddysgu sut mae diffinio'r broblem yn gywir. Er enghraifft, "Felly rwyt yn teimlo'n flin am fod dy ffrind ysgol yn gwrthod rhannu'r bêl droed efo ti."

Agwedd arall o'r cam diffinio problem yma yw ceisio helpu'r plentyn i feddwl am deimladau'r lleill sy'n rhan o'r sefyllfa. Er enghraifft, "Sut rwyt ti'n meddwl mae'r bachgen sydd efo'r bêl yn teimlo?"

Mae rhai plant yn cael anhawster darllen cliwiau ynghylch teimladau'r rhai eraill sydd yn y sefyllfa, neu efallai'n camddehongli'r teimladau hynny, gan arwain at benderfyniadau amhriodol.

CAM DAU Trafod syniadau am atebion

Ar ôl diffinio'r broblem, y cam nesaf i chi yw helpu'r plentyn i gynnig cymaint o atebion a dewisiadau â phosibl i ddatrys y broblem. Os nad yw'r plentyn yn gallu meddwl am unrhyw ateb i ddechrau, awgrymwch rai syniadau. Ceisiwch wneud y sesiynau datrys problemau yma'n hwyl trwy ddefnyddio storiau, cartwns a phypedau. Efallai y byddwch yn awgrymu sgwennu stori efo'ch gilydd am ddatrys y broblem. Osgowch feirniadu neu fychanu syniadau'r plant, pa mor wirion bynnag ydynt. Yn hytrach anogwch hwy i ddefnyddio'u dychymyg a cheisiwch fodelu atebion creadigol eich hun. Gwnewch yn siŵr eich bod yn eu canmol am eu hymdrechion i ddatrys y broblem. Yn arbennig, mae o gymorth i ganmol eu hatebion gwahanol (e.e. "Cynnig ardderchog, mae hwnna'n syniad newydd") gan y bydd hynny'n annog amrywiaeth eangach o atebion yn hytrach nag amrywiadau ar yr un syniad.

Dyma rai atebion a allai gael eu cynnig ar gyfer y tair sefyllfa ddamcaniaethol gyntaf:

- Gwaeddi arno fo/hi. Edrych yn drist neu grio. Cerdded i ffwrdd. Chwerthin arno fo/hi. Taro'n ôl. Dweud wrtho/wrthi am beidio taro. Mynd i nôl rhiant.

Ymunwch efo'r plentyn i ddatrys problemau.

- Cymryd y tegan. Taro'r bachgen. Aros am ychydig. Gofyn iddo. Dweud plîs. Gwneud rhywbeth arall sy'n hwyl.
- Cyfnewid am rywbeth. Siarad am eich teimladau. Erfyn. Cynnig rhannu. Dweud plîs. Cymryd y darn. Ei dorri yn ei hanner.

CAM TRI: Meddwl drwy'r canlyniadau

Ar ôl cynhyrchu atebion posib, y cam nesaf yw edrych ar yr hyn fyddai'n digwydd wedi i bob un o'r atebion gael ei weithredu. Unwaith y bydd y canlyniadau wedi cael eu trafod, helpwch eich plant i asesu pa ateb neu ddewis a allai fod yr un gorau. Pe dywedai eich merch wrthych, er enghraifft, y byddai chwarae tric neu daro ffrind i gael tegan yn ateb da, helpwch hi i ystyried y canlyniadau posib, megis colli ffrind, cael eich hun i drwbl neu gael y tegan. Yna ystyriwch ganlyniadau posib ateb arall megis gofyn i'r ffrind am y tegan: efallai byddai'n cael ei gwrthod gan ei ffrind, ei hanwybyddu, neu efallai'n cael y tegan. Yn aml, mae plant yn cael eu synnu neu'n teimlo'n siomedig pan na fydd pethau'n digwydd yn unol â'u cynllun. Gellir osgoi rhan o hyn os yw'r plant yn oedi a rhagweld nifer o ganlyniadau a allai ddeillio o'u hymddygiad. Gwnewch yn siŵr na fydd hyn yn dod yn weithgaredd diflas ac nad ydych yn ei orddefnyddio. Nid oes angen trafod canlyniadau pob un ateb.

CAM PEDWAR: Beth yw'r dewis neu'r syniad gorau?

Wedi adolygu canlyniadau posib rhai atebion, y cam nesaf yw helpu'r plentyn benderfynu pa un neu ddau fyddai'r gorau i roi cynnig arnynt.

Trwy ei gyflwyno fel dewis mae'n rhoi'r cyfrifoldeb am y broblem i'r plentyn.

Mae dewis yr ateb gorau yn golygu fod y plant yn gofyn tri chwestiwn iddynt eu hunain: Ydi'r dewis yn saff? Ydi o'n deg? Ydi o'n arwain at deimladau da? Os yw'r dewis yn cwrdd â'r meini prawf hyn, yna mae'r plant yn cael eu hargymell i roi cynnig arni. Efallai y gofynnwch iddynt ei actio efo chi.

CAM PUMP: Gweithredu sgiliau datrys problemau

Mae'r pumed cam yn y broses yn cael eich plentyn i feddwl am sefyllfa pryd y gallent ddefnyddio'r ateb y cytunwyd arno. Yna'n nes ymlaen yn y dydd pe baech yn sylwi ar broblem debyg yn digwydd mewn bywyd go iawn, gellwch wedyn helpu'r plentyn i ddefnyddio'r ateb i geisio datrys y broblem honno. Er enghraifft, wedi i chi gael y trafodaethau datrys problemau, mae eich mab yn rhedeg atoch yn cwyno fod ei chwaer wedi cymryd ei hoff lyfr, neu eich merch yn dod atoch yn crio oherwydd bod ei brawd sy'n fabi wedi'i brathu. Gellwch ymateb drwy ddefnyddio'r camau datrys problemau a amlinellwyd uchod. Gall fod yn demtasiwn i ddweud wrthynt beth i'w wneud, ond mae'n fwy effeithiol eu dysgu i feddwl am atebion. Mae datrys problemau yng nghanol gwrthdaro'n llawer anos na datrys problemau mewn sefyllfa smalio. Gall plant fod mor flin ac yn gofidio cymaint nes eu bod yn methu meddwl yn glir. Hwyrach y gallwch eu tawelu drwy drafod fel y gallant feddwl am rai atebion. Ar rai adegau mae plant yn gallu bod mor emosiynol nes eu bod angen cael Amser Allan i ymdawelu. Weithiau, os yw problem yn helbulus iawn, mae'n well ei thrafod yn ddiweddarach pan fyddwch chi a'r plentyn wedi cael cyfle i ymdawelu a meddwl y gliriach.

CAM CHWECH: Gwerthuso canlyniad

Pa mor aml y clywsoch eich hun yn dweud, "Mae Max yn gwneud yr un camgymeriadau drosodd a throsodd? Dydi o ddim fel petai'n dysgu oddi wrth brofiad nag yn cofio beth ddigwyddodd y troeon eraill." Y rheswm am hyn yw nad oes gan rai plant y gallu i ddefnyddio'r gorffennol i oleuo'r dyfodol. Dydyn nhw ddim yn gwybod sut i ddwyn i gof brofiadau'r gorffennol nac yn gwybod sut y gall y profiadau hynny fod yn berthnasol i'r hyn sy'n digwydd rŵan. Dyna pam fod y chweched cam yn bwysig. Bydd yn helpu'r plentyn i ddysgu sut i werthuso pa mor lwyddiannus y bu ef/hi wrth ddatrys problem (damcaniaethol neu fywyd go iawn) ac i ystyried a fyddai'n gwneud yr un peth eto'n y dyfodol. Felly, mae'n ei annog i feddwl eto am ddigwyddiad yn y gorffennol a rhagweld a fyddai'n ddewis da i'r dyfodol. Gallwch helpu'r plentyn i werthuso'r ateb a'i ganlyniadau trwy ofyn yr un tri chwestiwn a ofynnodd y plant i'w hunain wrth ddewis ateb da:

- Oedd o'n saff? A gafodd rhywun ei anafu?
- Oedd o'n deg?
- Sut oeddech chi'n teimlo amdano a sut oedd eraill yn teimlo?

Os yw'r ateb i unrhyw un o'r tri chwestiwn yma'n negyddol, yna anogwch eich plentyn i feddwl am atebion eraill. Gallwch ddweud, "Felly, nid hwnna oedd y dewis gorau ac ni fyddem eisiau gwneud hynna eto gan iddo arwain at deimladau gwael. Beth fyddai'r dewis arall os yw hynna'n digwydd eto?" Ac i gloi, yr agwedd bwysicaf o'r cam yma yw eich bod yn atgyfnerthu ymdrechion eich plentyn i ddatrys problemau. Canmolwch ef a'i gael i ganmol ei hun am ei syniadau da - beth bynnag fo ansawdd yr ateb a gynigiwyd.

Mae'r tudalennau canlynol yn canolbwyntio ar rai o'r problemau y mae rhieni'n dod ar eu traws wrth geisio dysgu sgiliau datrys problemau i'w plant. Fe gynhwysir hefyd rai dulliau effeithiol o fod yn llwyddiannus.

Canfod gyntaf sut mae eich plentyn yn gweld y broblem

Weithiau mae rhieni'n dod i benderfyniad yn rhy fuan ynglŷn â beth yn union yw problem eu plentyn. Er enghraifft, gall mam Tanya benderfynu fod ei merch yn cael trafferth rhannu heb sylweddoli safbwynt Tanya, sef mai'r broblem yw bod ei ffrind wedi bachu'r creonau oddi arni yn y lle cyntaf. Neu hwyrach fod Tanya wedi rhannu'r creonau gyda'i ffrind ond ei bod hi wedi gwrthod eu dychwelyd iddi. Os bydd ei mam yn gwneud penderfyniad sydyn ynglŷn â'r broblem hwyrach y bydd yn edrych i'r cyfeiriad anghywir. Trwy gamddehongli'r sefyllfa fe allai roi pregeth i Tanya am rannu. Gall hyn arwain at wrthwynebiad gan y plentyn am amryw o resymau. Nid oes neb yn hoffi cael eu beio am weithred nad ydynt wedi'i chyflawni. A bydd Tanya'n debygol o fod yn ofidus oherwydd triniaeth annheg. Ac os yw'n synfyfyrio ynghylch yr annhegwch a sut i gael y creonau'n ôl, ni fydd yn clywed gair o syniadau da ei mam.

Eich tasg gyntaf yw ceisio deall y broblem o safbwynt eich plentyn. Bydd angen i chi fel arfer gofyn cwestiynau megis, "Beth a ddigwyddodd?" "Beth sy'n bod?"neu "Fedri di ddweud wrtha i amdano fo?" Mae'r math yma o gwestiwn nid yn unig yn helpu'r plentyn i glirio'r broblem yn ei feddwl ond mae hefyd yn eich arbed rhag neidio i'r canlyniad anghywir am y digwyddiad. Unwaith eich bod yn siŵr eich bod yn deall, fe allech ddweud mewn sefyllfa fel un Tanya, "Rŵan dwi'n deall beth ydi'r broblem. Rwyt ti wedi rhannu dy greonau efo ffrind, ac mae hi wedi chwarae efo nhw'n rhy hir ac yn gwrthod eu rhoi'n ôl i ti. Ac mae hynny wedi dy wneud yn flin iawn." Er mwyn i blant ddysgu unrhyw beth oddi wrth broblem, mae'n bwysig fod yr ateb yn berthnasol i'w canfyddiad *hwy* o'r sefyllfa. Mae credu eich bod yn deall safbwynt eich plentyn yn debygol o gynyddu ei gymhelliad ef/hi i gyd-weithredu i ddelio efo'r broblem.

Annog eich plant i feddwl am amryw o ddatrysiadau

Mae llawer o rieni'n meddwl fod dweud wrth blant sut i ddatrys problem yn eu helpu i ddysgu datrys problemau. Er enghraifft gall dau blentyn fod yn cael trafferth i rannu beic, ac mae'r rhiant yn ymateb drwy ddweud, "Dylech naill ai chwarae efo'ch gilydd neu gymryd eich tro. Dydi cipio ddim yn neis." neu "Rhaid i chi rannu. Bydd Johny'n mynd yn flin iawn a fydd o ddim yn ffrind i ti os nad wyt yn rhannu. Fedri di ddim mynd o gwmpas yn cipio pethau. Fyddet ti'n hoffi iddo fo wneud hynna i ti?" Y broblem gyda'r ymdriniaeth yma yw bod y rhieni'n dweud wrth eu plant beth i'w wneud cyn canfod beth yw'r broblem o'u safbwynt hwy. Yn ogystal, nid yw hyn yn eu helpu i feddwl am eu problem a sut i'w datrys. Yn hytrach na chael eu hannog i ddysgu sut i feddwl, mae'r rhieni'n dweud *beth* i'w feddwl ac mae'r ateb yn cael ei wthio ar y plant.

Mae'n fwy effeithiol i arwain eich plentyn i feddwl am yr hyn a allai fod wedi achosi'r broblem yn y lle cyntaf nag i ddweud yr ateb wrthynt. Gwahoddwch nhw i gynnig atebion posib. Os ydych am iddynt ddatblygu arferiad o ddatrys eu problemau eu hunain dylid eu cymell i feddwl drostynt eu hunain. Dylid eu hannog i fynegi eu teimladau am y sefyllfa, siarad am eu syniadau am ddatrys y broblem a rhagweld beth a allai ddigwydd pe baent yn rhoi cynnig ar un o'r syniadau. Yr unig amser y mae angen i chi gynnig atebion yw pan fydd y plant angen ychydig o syniadau i'w cychwyn.

Datrys problemau gydag arweiniad

Mae problem i'r gwrthwyneb yn digwydd pan fydd rhieni'n meddwl eu bod yn rhoi cymorth i'w plant ddatrys gwrthdaro drwy ddweud wrthynt am ddatrys y broblem drostynt eu hunain. Gall yr ymdriniaeth yma weithio os oes gan y plant sgiliau datrys problemau da, ond i'r mwyafrif o blant ifanc 'fydd hyn ddim gweithio. Yn achos Max a Tyler yn ymladd dros lyfr, mae'n debyg mai'r canlyniad fydd dadlau parhaus rhwng y plant, a Tyler yr un mwyaf ymosodol yn cael y llyfr. Felly mae Tyler yn cael ei atgyfnerthu am ei ymddygiad amhriodol gan iddo gael yr hyn a geisiai, ac mae Max yn cael ei atgyfnerthu am ildio gan i'r ymladd stopio pan ildiodd.

Eich rôl chi yw arwain eich plant drwy'r camau datrys problemau a'u dysgu i bwyso a mesur sefyllfaoedd drostynt eu hunain. Gellwch argymell iddynt siarad yn uchel wrth feddwl a gellwch ganmol eu syniadau a'u hymdrechion tuag at gael atebion. Yn y ffordd yma rydych yn atgyfnerthu datblygiad dull o feddwl a fydd yn helpu'r plant i drin pob math o broblemau. Anogwch nhw i gynnig nifer o atebion posib. Yna, rhowch gymorth iddynt symud ymlaen a chanolbwyntio ar ganlyniadau pob ateb. Y cam olaf yw rhoi cymorth i'r plant werthuso pa atebion yw'r rhai gorau.

Bod yn bositif ac yn hwyliog

Weithiau bydd rhieni'n ceisio bod o gymorth i'w plant drwy ddweud wrthynt fod eu hatebion yn wirion, yn anaddas neu'n annhebygol o fod yn llwyddiannus. Gall hyn wneud iddynt deimlo'u bod yn cael eu gwawdio ac mae'n debyg y byddant yn peidio cynnig atebion. Mae math arall o broblem yn digwydd pan fydd rhieni'n mynd yn obsesiynol am y broses ac yn gorfodi eu plant i feddwl am gymaint o atebion a chanlyniadau nes bod y drafodaeth yn mynd yn ddryslyd.

Osgowch wawdio, beirniadu neu wneud arfarniad negyddol am syniadau'r plant. Yn hytrach, anogwch nhw i feddwl am gymaint o atebion â phosib gan roi rhwydd hynt i'w dychymyg. Os bydd y plant yn diflasu'n hawdd neu ddim ond yn gallu canolbwyntio am gyfnodau, nid oes raid edrych ar bob un ateb a chanlyniad posib mewn manylder. Yn hytrach, canolbwyntiwch ar ddau neu dri o'r rhai mwyaf addawol.

GALLEM GYFNEWID LLYFRAU GYDA'N GILYDD.

Anogwch blant i ddatrys problemau efo'i gilydd

Trafod teimladau

Pan fydd rhai rhieni'n datrys problemau byddant yn osgoi trafod teimladau. Maent yn canolbwyntio'n gyfan gwbl ar y dull o feddwl, yr ateb a'r canlyniadau. Maent yn anghofio gofyn i'w plant sut maen nhw'n teimlo am y broblem, neu sut efallai roedd y person arall yn y sefyllfa'n teimlo. Mae hefyd yn bwysig i rieni fod yn ymwybodol o'u teimladau eu hunain. Mae clywed eich merch yn adrodd iddi gael ei danfon adref o dŷ Julia am daro'n gallu creu teimladau o ddicter, rhwystredigaeth a diymadferthedd. Fe fyddai angen i chi ennill rheolaeth o'r emosiynau yma cyn ceisio helpu'r plentyn gyda'i theimladau am y sefyllfa.

Anogwch eich plant i feddwl am eu teimladau wrth ymateb i broblem neu i ganlyniad posib atebiad. Cymhellwch nhw i ystyried safbwynt y person arall yn y sefyllfa. Fe allech ofyn i'ch merch,"Sut wyt ti'n teimlo am gael dy ddanfon adre?" "Sut wyt ti'n meddwl oedd Julia'n teimlo pan wnaethost ti hynna?" Sut oeddet ti'n teimlo pan wnaeth hi hynna?" Holwch sut y gall hi ddarganfod beth mae rhywun arall yn ei deimlo neu feddwl. "Sut y gelli di ganfod os yw hi'n hoffi dy syniad? Sut y gelli di ddweud os yw hi'n hapus neu'n drist?" Bydd hyn yn helpu'r plant i ddangos mwy o empathi ac wrth geisio deall teimladau a safbwyntiau pobl eraill byddant yn fwy parod i ddatrys problemau, cyfaddawdu a chydweithio. Yn ogystal, mae trafod eich teimladau chi yn helpu'r plant i sylweddoli eich bod yn dangos empathi tuag atynt hwy.

Annog llawer o atebion
Fel y bydd y plant yn meddwl am atebion, byddwch yn ofalus i beidio'u beirniadu am nad ydynt yn ddigon da. Gadewch iddynt feddwl am gymaint â phosib heb i chi wneud sylw am eu hansawdd nau'u heffeithiolrwydd posib. Yna, gellwch gynnig eich syniadau creadigol chi - fel awgrymiadau, fodd bynnag, ac nid fel gorchmynion. Mae ymchwil wedi dangos mai un gwahaniaeth rhwng plentyn sydd wedi addasu'n dda a phlentyn nad yw wedi addasu'n dda yw bod y plentyn sydd wedi addasu'n dda yn debycach o feddwl am gymaint mwy o atebion i broblemau. Y nod felly yw cynyddu'r tebygolrwydd y bydd plant yn gallu cynhyrchu llu o syniadau.

Defnyddio cwestiynau agored ac aralleirio
Bydd defnyddio cwestiynau agored yn hyrwyddo gallu plentyn i feddwl am broblem. Mae'n siŵr y cewch eich temtio i ofyn cwestiynau "pam" ("Pam 'wnest ti hynna?") neu gwestiynau amlddewis ("Wnes di ei daro am dy fod yn flin neu am ei fod yn gwneud hwyl am dy ben…?") neu gwestiynau caeedig (Wnes di ei daro fo?). Osgowch y dulliau yma gan y bydd yr atebion yn naill ai "ie" neu "na", neu fe fydd y drafodaeth yn gorffen oherwydd teimlad o amddiffyn neu gael y bai. Yn hytrach gofynnwch gwestiynau "beth" neu "sut" megis, "Beth a ddigwyddodd?" neu "Sut wyt ti'n teimlo?" neu "Pa deimladau eraill sydd gen ti?"neu "Sut wyt ti'n meddwl fod y person arall yn teimlo?" Bydd cwestiynau

agored fel hyn yn fwy tebygol o gael y plentyn i gymryd rhan yn y broses o ddatrys problemau.

Mae aralleirio neu edrych yn ôl ar yr hyn y mae eich plant yn ei ddweud hefyd yn helpu iddynt deimlo fod rhywun yn gwrando arnynt a'u bod yn cael eu gwerthfawrogi am eu syniadau. Mantais aralleirio yw y gallwch ail-drefnu rhai o osodiadau plentyn mewn iaith fwy priodol. Er enghraifft, pan ofynnwyd i'ch plentyn sut roedd yn teimlo, atebodd, "Mae o'n rêl ffŵl." Gall hyn gael ei aralleirio fel "Rwyt yn swnio'n flin iawn efo fo." Bydd hyn yn raddol yn helpu'r plentyn i ddatblygu gwell geirfa i ddatrys problemau.

Meddwl am ganlyniadau cadarnhaol a negyddol

Pan fydd rhieni'n trafod canlyniadau posib i atebion, byddant weithiau'n canolbwyntio ar rai negyddol. Er enghraifft, gallai tad a mab fod yn siarad am un canlyniad posibl i sefyllfa lle mae'r mab yn taro'i ffrind i gael pêl oddi arno. Un canlyniad amlwg yw y bydd y plentyn arall yn crio, yn anhapus, a chael y sawl a wnaeth y taro i drwbl efo'i rieni. Byddai'r rhan fwyaf o rieni'n rhagweld y canlyniad yma. Fodd bynnag, byddai llawer yn methu gweld y ffaith y gallai taro fod yn ffordd lwyddiannus o gael y bêl yn ôl. Mae'n bwysig bod yn onest efo plant ac ymchwilio i'r canlyniadau cadarnhaol a negyddol. Os yw taro'n llwyddiannus yn y tymor byr, mae angen i'r plentyn feddwl wedyn pa effaith fydd ymddygiad o'r fath yn ei gael ar awydd y plentyn arall i chwarae efo fo yn y tymor hir. Drwy werthuso'r holl ganlyniadau posib, gall y plant farnu'n well pa mor effeithiol yw pob ateb.

Modelu eich "meddwl yn uchel"

Bydd rhai rhieni'n trefnu eu sesiynau datrys problemau hwy eu hunain pan fydd y plant yn y gwely gan nad ydynt yn teimlo'n gyffyrddus os yw'r plant yno'n gwylio. Mae rhieni felly'n teimlo rheidrwydd i ddangos ffrynt unedig i'w plant. Tra bod hyn yn ofynnol mewn perthynas â disgyblaeth, nid yw bob amser yn wir mewn meysydd eraill. Gall plant ddysgu trin gwahanol safbwyntiau os cânt gyfle i weld eu rhieni'n datrys problemau'n effeithiol. Er y dylid eu gwarchod rhag gwylio dadleuon tanbaid am faterion pwysig, mae cael gweld eu rhieni'n trafod anghytundeb mewn ffordd bwyllog a thawel yn darparu profiad dysgu cadarnhaol iddynt.

Ni fyddwch eisiau i'ch plant fod yn bresennol yn eich holl sesiynau datrys problemau, ond mae'n ddefnyddiol iddynt arsylwi'r datrys problemau dyddiol sy'n digwydd mewn teulu. Gallant ddysgu wrth edrych arnoch chi a'ch partner yn penderfynu pwy sy'n mynd i chwilio am rywun i warchod y plant dros y penwythnos, pwy sy'n mynd i wneud y siopa, neu sut i benderfynu lle i fynd am wyliau. I rieni sengl mae cyfleon dirifedi i blant arsylwi trafod problem neu wrthdaro, cynhyrchu atebion ac wedyn arfarnu pa un sy'n debygol o fod yr ateb gorau. Gellwch fodelu datrys problemau drwy eu mynegi'n uchel, tra byddwch yn trefnu parti neu'n trefnu rhannu ceir, neu'n penderfynu sut i roi trefn ar eich materion ariannol er mwyn talu'r biliau. Mae hefyd o gymorth i'r plant eich gweld yn gwerthuso ateb sydd efallai heb arwain at ganlyniad da a'ch clywed yn trefnu strategaeth wahanol i'r dyfodol. Mae ymchwil yn awgrymu fod y cyfle y mae plant yn ei gael i arsylwi oedolion yn trafod ac yn datrys gwrthdaro'n allweddol nid yn unig i ddatblygu eu sgiliau datrys problemau eu hunain ond hefyd i leihau straen a phryder am faterion sydd heb eu datrys ganddynt.

Canolbwyntio ar y broses o feddwl a hunan reoli

Yn aml bydd rhieni'n meddwl mai pwrpas datrys problemau yw dod o hyd i'r ateb gorau i sefyllfa benodol. Er mor hyfryd fyddai hyn pe bai'n digwydd, prif bwrpas mynd drwy'r broses gyda'ch plant yw dysgu iddynt sut i feddwl a hunan reoli yn hytrach na chynhyrchu'r ateb "cywir."

Pan fyddwch yn datrys problemau gyda'r plant, canolbwyntiwch ar sut maent yn meddwl yn hytrach nag ar ganlyniadau penodol. Eich nod yw helpu'r plant i deimlo'n gyffyrddus wrth feddwl am wrthdaro a datblygu sail gwybodaeth er mwyn cynhyrchu atebion a dewisiadau da. Nod arall yw datblygu sgiliau'r plentyn i ddychmygu a synio beth fyddai canlyniadau posib y gwahanol atebion. Bydd y sgiliau datrys problemau cymdeithasol gwybyddol yma ymhen hir a hwyr yn arwain at hunanreolaeth pan ddaw'r plant wyneb yn wyneb gyda gwrthdaro mewn bywyd go iawn. Ceisiwch ddefnyddio'r dulliau datrys problemau bob tro y gallwch yn ystod y dydd i helpu'ch plant ganfod atebion i'w problemau.

Ystyriwch yr enghreifftiau canlynol o ddatrys problemau gyda phlant, lle gwelir enghreifftiau effeithiol ochr yn ochr ag enghreifftiau aneffeithiol:

Datrys problem yn aneffeithiol:

Dau blentyn yn ffraeo dros ddoli a'r ddau ohonynt yn gafael ynddi.

RHIANT   Dwi wedi dweud wrthych filoedd o weithiau i beidio cipio teganau eich gilydd.
PLENTYN 1: Ond fy noli i ydi hi.
PLENTYN 2: Mae hi wedi'i dwyn hi. Gen i oedd hi gyntaf.

RHIANT: Fedrwch chi ddim dysgu chwarae efo'ch gilydd? Rhaid i chi ddysgu rhannu.

Mae'r ymladd yn ail-ddechrau.

Datrys problem yn effeithiol:
MAM: Pwy ddaru dy daro di?
TINA: Sarah.
MAM: Beth ddigwyddodd? (Mae mam yn ceisio canfod golwg Tina ar y broblem)
TINA: Mi wnaeth fy nharo i.
MAM: Wyt ti'n gwybod pam y gwnaeth hi dy daro di? (Mae mam yn annog Tina i feddwl am resymau)
TINA: Wel, fi ddaru ei tharo hi gyntaf.
MAM: Mae'n rhaid dy fod ti'n flin iawn. Pam?
TINA: Roedd hi'n gwrthod gadael i mi edrych ar ei llyfr.
MAM: Mae'n siŵr fod hynna'n anodd i ti. Sut wyt ti'n meddwl oedd hi'n teimlo pan wnes di ei tharo hi? (Mae mam yn helpu Tina i feddwl am deimladau pobl eraill.)
TINA: Lloerig.
MAM;   Dwi'n meddwl mai dyna pam wnaeth hi dy daro'n ôl. Wyt ti'n gwybod pam y gwnaeth hi wrthod gadael i ti edrych ar y llyfr? (Mae mam yn helpu Tina i weld safbwynt y plentyn arall.)
TINA: Na.
MAM: Sut gelli di ffeindio allan?
TINA: Mi fedrwn i ofyn iddi.
MAM: Mae hynna'n syniad da. (Mae mam yn annog Tina i geisio'r ffeithiau a darganfod y broblem.)

Yn ddiweddarach

TINA: Fe ddwedodd hi nad ydw i byth yn gadael iddi hi weld fy llyfrau i.
MAM: Wel, rwan rwyt yn gwybod pam y dwedodd hi "na". Fedri di feddwl am rywbeth i'w wneud fel ei bod yn gadael i ti edrych ar y llyfrau? (Mae Tina'n cael ei harwain i feddwl am ganlyniadau'r syniad.)
TINA: Fe alla i ddweud wrthi na fydda i'n ffrind iddi os na wnaiff ei roi i mi.
MAM: Ie, mae hynna'n un syniad. Beth fyddai'n digwydd pe baet yn gwneud hynna? (Mae Tina'n cael ei harwain i feddwl am ganlyniadau'r ateb.)

TINA: Efallai na fydd yn chwarae efo fi eto, na bod yn ffrind i
            mi.
MAM: Ydi, mae hynna'n ganlyniad posib, wyt ti eisiau iddi fod
            yn ffrind i ti?
TINA: Ydw.
MAM: Fedri di feddwl am rywbeth arall, fel y bydd yn dal yn
            ffrind i ti? (Mae mam yn annog atebion eraill).
TINA: Fe allwn gyfnewid un o fy llyfrau efo hi.
MAM: Mae hynna'n syniad da. Beth allai ddigwydd pe baet yn
            gwneud hynna?

Yn yr enghraifft yma mae mam Tina'n ei helpu i feddwl am y rheswm
iddi gael ei tharo, ac adnabod y broblem. Ar ôl canfod mai Tina ddaru
daro gyntaf, nid yw'n rhoi pregeth nac yn cynnig cyngor, ond mae'n
helpu'i merch feddwl am deimladau Sarah. Drwy'r broses mae'n annog
Tina i ystyried y broblem, a ffyrdd gwahanol o'i datrys.

Datrys problem yn aneffeithiol:
MARTY: Dad, dowch i chwarae efo fi.
DAD: Fedra i ddim, dwi'n brysur.
MARTY: Plîs dad, plîs dowch i chwarae efo fi.
DAD: Rhaid i mi gael cinio. Mi wna i chwarae eto ti yn nes
            ymlaen.
MARTY: Plîs? Dwi eisiau i chi chwarae efo fi rŵan.
DAD: Dos i chwarae ar dy ben dy hun tra dwi'n cael cinio.
            Rhaid i ti ddysgu sut i chwarae ar dy ben dy hun. Fedri
            di ddim cael pob dim ar unwaith.

Pum munud yn ddiweddarach

MARTY: Dad, wyt ti wedi gorffen efo cinio?
DAD: Mi wna i ddweud wrthyt ti pan fydda i wedi gorffen, paid
            a swnian neu fydda i ddim yn chwarae efo ti o gwbl.

Datrys problem yn effeithiol
MARTY: Dad, wnewch chi chwarae efo fi?
DAD: Dwi'n paratoi cinio'r funud yma. Pan fydda i wedi gorffen
            y salad 'ma', wedyn mi fedra i chwarae efo ti.
MARTY: Plîs dad, plîs wnewch chi chwarae efo fi rŵan.
DAD: Fedra i ddim chwarae rŵan, er y byddwn wrth fy modd
            yn gwneud hynny. Mae dy daid a nain yn dod draw am
            ginio ac rydw i eisiau paratoi hwn erbyn iddyn nhw
            gyrraedd.

MARTY:	O dad!
DAD:	Fedri di feddwl am rywbeth arall i'w wneud tra dwi'n gorffen y salad ma'? (Mae dad yn helpu Marty i feddwl am weithgaredd arall).
MARTY:	Na.
DAD:	Tynnu 'nghoes i wyt ti! Beth fyddet ti'n hoffi ei wneud?
MARTY:	Fe fyddwn i'n gallu helpu i baratoi'r salad.
DAD:	Ie, dyna un peth y gallet ei wneud.
MARTY:	Neu fe allwn edrych ar y teledu.
DAD:	Da iawn, rwyt wedi meddwl am ddau beth. Ac os byddi'n dal eisiau i mi chwarae efo ti pan fydda i wedi gorffen, gad i mi wybod.

Gellir osgoi gwrthdaro emosiynol pan fydd Marty a'i dad yn adnabod y broblem a safbwyntiau ei gilydd. Mae Marty'n derbyn na all gael yr hyn a geisia yn syth ac mae'n fodlon aros amdano gan ei fod yn cael ei arwain i feddwl sut mae ei dad yn teimlo ac mae'n gwybod fod ei dad yn deall ei deimladau ef.

Canmoliaeth a mwy o ganmoliaeth
Drwy'r dydd chwiliwch am adegau pan fydd eich plant yn gwneud dewisiadau da ac yn datrys problemau'n effeithiol a gwnewch amser i ganmol eich plant gan ddefnyddio'r strategaethau yma. Er enghraifft, dywedwch, "Waw roedd y ddau ohonoch yn datrys y broblem yna fel dau dditectif! Rydych yn dda iawn am ddatrys problem mewn ffordd dawel."

I grynhoi…
Nid yw dysgu'r camau datrys problemau cymdeithasol yn fwy anodd na dysgu unrhyw set o sgiliau eraill megis reidio beic neu ddysgu darllen. Yn gyntaf, dysgu'r drefn sydd i'w dilyn gam wrth gam, wedyn modelu'r sgiliau, ac yna ymarfer drosodd a throsodd mewn gwahanol sefyllfaoedd. Yn raddol gydag amser, ymarfer a dyfalbarhad bydd y "sgriptiau" hyn yn cael eu defnyddio'n otomatig mewn gwahanol fathau o sefyllfaoedd. Yn yr un modd ag wrth ddysgu darllen nid yw'n ddisgwyliedig i'r sgiliau gael eu meistroli mewn un flwyddyn neu ar un cwrs, ond yn hytrach bydd angen hyfforddiant a chynhaliaeth barhaus. Fel y mae rhai plant yn cael anhawster gyda dysgu darllen ac ysgrifennu, bydd rhai plant yn cael anawsterau gyda darllen cliwiau cymdeithasol a deall safbwynt unigolion eraill. Hefyd cânt anhawster deall sut i fynegi teimladau a dysgu strategaethau priodol i ddatrys eu problemau. Gydag

anogaeth barhaus gan y rhieni bydd y plant yn dod i ystyried eu hunain fel rhai sy'n gallu gwneud penderfyniadau cymwys ac fe fyddant wedi'u harfogi gyda'r sgiliau angenrheidiol i wynebu sialensau fel pobol ifanc ac fel oedolion.

Cofiwch

- Ddefnyddio gemau, llyfrau a phypedau gyda phlant i gyflwyno problemau y gallant ddod ar eu traws, er mwyn iddynt ymarfer y camau datrys problemau.
- Helpu'r plant i ddiffinio'r broblem yn glir ac adnabod y teimladau sydd ynghlwm.
- Gyda phlant cyn-ysgol, canolbwyntiwch ar gynhyrchu llawer o atebion.
- Gyda phlant oedran cynradd, canolbwyntiwch ar eu helpu i feddwl trwodd at yr amrywiol ganlyniadau sydd i wahanol atebion.
- Byddwch yn bositif, yn greadigol ac yn hwyliog.
- Modelwch ddatrys problemau effeithiol eich hun.
- Helpwch y plant i ragweld beth i'w wneud nesa pan na fydd ateb yn llwyddiannus.
- Cofiwch mai'r broses o ddysgu sut i feddwl am wrthdaro sy'n allweddol, yn hytrach na chael atebion cywir.

PENNOD 9

Helpu Plant i Reoli
eu Hemosiynau

Roedd tîm pêl droed Billy yn chwarae'n dda mewn gêm glos yn erbyn y tîm oedd ar ben y gynghrair, ac roedd aelodau'r tîm wrth eu bodd. Ond tua diwedd y gêm aeth y tîm arall gôl ar y blaen! Roedd pawb dan bwysau. Yn ei gynnwrf ciciodd un o flaenwyr tîm Billy'r bêl i lwybr chwaraewr o'r tîm arall, ac fe sgoriodd hwnnw gôl. Cynyddodd y panic nes i un arall o gyd-chwaraewyr Billy ildio cic gosb a helpu'r tîm arall i sgorio gôl arall eto fyth.

Ac ar ben pob dim dangoswyd cerdyn melyn i Billy. Roedd yn crynu gan emosiwn, ac yna gwylltiodd yn lân a chreu helynt ar y cae. Roedd ei dad yn flin ac yn cywilyddio, "Wel, sôn am ddrama! Fedr o ddim dysgu rheoli'i hun?"

Cafodd aelod arall o'r tîm, Eric, gerdyn coch a gadawodd y cae'n ddistaw. Roedd Jac ac Ian ar y llaw arall gymaint o dan deimlad nes eu bod yn beichio crio ar y cae. Gwaeddodd rhiant arall, "Mae bechgyn deg oed yn rhy hen i grio! Peidiwch â bod yn fabis." Ychwanegodd rhiant arall, " Peidiwch crio – tarwch yn ôl."

Wrth i dîm Billy adael y cae wedi cael eu digalonni, meddai un ohonynt, "Mi dorra'i goes un o'r chwaraewyr canol cae 'na."

Fel mae'r braslun uchod yn dangos mae gwahaniaethau dramatig rhwng y ffordd y mae gwahanol rieni a phlant yn ymateb i sefyllfaoedd lle mae pwysau emosiynol. Y cam cyntaf wrth helpu plant i ddelio efo siomedigaethau a rhwystredigaethau bywyd yw deall y grymoedd sydd y tu ôl i ymatebion emosiynol.

Yn gyntaf, mae'n bwysig diffinio'r termau: Emosiynau yw ymatebion i ysgogiadau neu sefyllfaoedd sy'n effeithio'n gryf ar berson. Edrychwch sut y bu i dri aelod o'r tîm arddangos tair lefel o ymateb emosiynol.

- Mae'r lefel gyntaf - a'r fwyaf sylfaenol - yn cynnwys ymatebion newroffisiolegol a biocemegol, hynny yw holl brosesau corfforol a reolir gan y system nerfau awtonomig: curiad y galon, rhediad y gwaed, anadlu, secretiad hormonaidd ac ymatebion nerfol. Er enghraifft, mae rhywun sy'n flin yn teimlo'i galon yn carlamu a'i wyneb yn cochi. Roedd cryndod corfforol Billy'n fynegiant newroffisiolegol.

- Yr ail lefel o ymateb emosiynol yw ymateb modurol ac ymddygiadol, pryd mae plentyn yn mynegi'i emosiwn drwy weithrediadau, megis gwneud ystumiau'r wyneb, crio, edrych yn syn neu encilio i'w gragen. Roedd Jac ac Ian yn mynegi eu hemosiwn yn ymddygiadol pan ddaru nhw feichio crio, yr un fath â Billy pan dderbyniodd gerdyn melyn a gwylltio. Encilio'n dawel a wnaeth Eric – sef mynegiant ymddygiadol o emosiwn unwaith eto.

- Mynegodd un o'r bechgyn ei deimladau mewn geiriau, gan amlygu sut y gwnaeth synnwyr o'r digwyddiad a'i ddeall. Dyma'r drydydd lefel, defnyddio iaith (llafar, ysgrifenedig neu feddyliol) i labelu teimladau megis "Dwi'n teimlo'n rhwystredig."

Beth yw rheolaeth emosiynol?

Mae *rheolaeth emosiynol* yn cyfeirio at allu person i fod â rheolaeth ddigonol dros ei ymatebion emosiynol (niwroffisiolegol, biocemegol, ymddygiadol a gwybyddol) mewn sefyllfaoedd o gynnwrf. Mae'r term *diffyg rheolaeth emosiynol (emotional dysregulation)* yn cyfeirio at rywun sydd â'i ymatebion emosiynol yn aml allan o reolaeth, fel y plentyn y mae ei ddicter a'i ffyrnigrwydd yn ei rwystro rhag gwneud a chadw ffrindiau, neu'r plentyn sy'n cadw draw o sialensau emosiynol drwy osgoi cymryd rhan mewn unrhyw weithgaredd newydd.

Fel y mae cerdded, siarad, a thoiledu i gyd yn gamau datblygiadol,  mae rheoli emosiynau hefyd yn gyflawniad datblygiadol nad yw'n bresennol ar enedigaeth plentyn - hynny yw, rhaid ei ddysgu. Ar y cychwyn rhaid i reolaeth gael ei ddarparu gan yr amgylchedd. Mae'r babi bach sydd â chlwt gwlyb yn mynegi ei fod yn anghyfforddus drwy wneud yr unig beth a all ei wneud - sef crio. Mae arno angen cymorth allanol i leihau tensiwn mewnol. Mae'r rhiant yn helpu drwy geisio deall ystyr crio'r babi a gweithredu'n bwrpasol i geisio'i ymdawelu. Ac fel mae pawb yn gwybod, mae rhai plant yn hawdd eu tawelu ac eraill yn fwy anodd. Awgryma hyn fod babis yn cael eu geni gyda gwahanol lefelau o hunanreolaeth.

Drwy'r cyfnod dysgu cerdded tuag at oedran cyn-ysgol mae system reoli emosiynau plentyn yn dechrau aeddfedu ac mae'r baich o reoli'r emosiynau'n symud oddi wrth y rhiant i'r plentyn. Fel y mae plant yn datblygu sgiliau ieithyddol mae eu gallu i labelu eu hemosiynau, meddyliau a bwriadau'n cynyddu, a hynny'n eu helpu i reoli eu hymatebion emosiynol. Yn rhannol, mae hyn yn golygu gadael i'w rhieni wybod beth yw eu hanghenion er mwyn ymdawelu. Fodd bynnag, mae plant yr oedran yma'n dal angen cymorth rhieni i'w helpu i reoli emosiynau dwys.

Erbyn cyrraedd oedran ysgol mae plant yn cymryd mwy o gyfrifoldeb dros eu hemosiynau, ond mae rhieni'n dal i fod â rôl sylweddol. Yn yr oedran yma mae rheolaeth emosiynol yn cael ei arwain yn gynyddol gan amgyffrediad y plentyn ohono'i hun a'i amgylchedd.

Mae'r ymatebion emosiynol eithafol megis dicter, poen a chyffro wedi tawelu i raddau erbyn cyrraedd yr oedran yma. Yn hytrach na tharo rhywun neu ffrwydro mewn stranc wrth deimlo'n flin, bydd y mwyafrif o blant oedran ysgol yn dadlau, neu efallai'n gallu dweud ar lafar eu bod yn flin iawn. Yn hytrach na mynegi diffyg amynedd drwy swnian mae plant yn dechrau datblygu'r gallu i aros. Yn hytrach na mynegi cyffro drwy redeg o gwmpas mewn cylchoedd, gall plant siarad a dweud pa mor gyffrous y teimlant.

Hefyd, fel y mae plant yn datblygu eu gallu cynhenid eu hunain i reoli emosiynau, maent yn dechrau gwahanu eu teimladau a'u hemosiwn mewnol oddi wrth eu mynegiant allanol o emosiwn. O ganlyniad, rydym yn gweld plant oedran ysgol sydd yn fewnol wedi teimlo loes oherwydd rhyw ddigwyddiad, ond yn allanol ddim yn dangos unrhyw arwydd o emosiwn.

Yn ystod y cyfnod glasoed, mae hormonau'n dod yn rhan o'r darlun ac yn cynhyrfu systemau emosiynol y plentyn gan herio'r rheolaeth emosiynol a ddysgwyd dros y blynyddoedd. Efallai y bydd rhieni'n teimlo fel bod eu plentyn glasoed wedi llithro'n ôl i gyfnod rheolaeth emosiynol plentyn cyn-ysgol!

Pa mor gyflym y mae plant yn dysgu rheolaeth emosiynol?

Yn yr un modd ag y mae amrywiaeth eang yn yr adegau y mae plant yn dechrau cerdded neu ddysgu defnyddio'r toiled, mae system hunan-reoli rhai plant yn datblygu'n arafach nag eraill. Ychydig a wyddom hyd yn hyn beth sy'n cyfrannu at y gwahanol amseru. Fodd bynnag, mae ymchwil yn awgrymu fod o leiaf dair proses wrth wraidd gallu plant i reoli eu hemosiynau:

- *Aeddfedu niwrolegol.* Mae twf a datblygiad system nerfol plentyn yn darparu'r "caledwedd" sydd ei angen i reoli ymatebion emosiynol.
- *Statws anianol a datblygiadol.* Mae rhai plant yn fwy agored i ddiffyg rheolaeth emosiynol oherwydd anawsterau dysgu, oediad ieithyddol, diffyg canolbwyntio neu anian anodd.
- *Cefnogaeth gymdeithasol ac amgylcheddol rhieni.* Mae'r gwahaniaethau yn y ffyrdd y mae rhieni'n siarad am deimladau (eu teimladau eu hunain ac eraill) yn arwain yn nes ymlaen at wahaniaethau yn y ffyrdd y mae plant yn mynegi eu teimladau ac yn rheoli eu hemosiynau. Mae plant sy'n profi straen dros gyfnod hir, neu amgylchedd heb sefydlogrwydd na chysondeb, yn cael mwy o broblemau rheoli eu hemosiynau. 'Allwn ni ddim newid system nerfol plentyn na'i anian a'i statws datblygiadol, ond fe allwn helpu plant i ddysgu rheoli eu hemosiynau drwy'r trydydd ffactor – cefnogaeth gymdeithasol ac amgylcheddol.

Rhai ffyrdd y gellwch helpu:
Darparu cysondeb a chadernid.
Mae cael ffiniau cyson, rheolau clir yn y cartref a threfn bendant yn helpu plant i ddysgu beth i'w ddisgwyl. Os yw'r cartref yn teimlo'n sefydlog a saff mae plant yn datblygu adnoddau emosiynol i ddelio efo'r byd mwy anghyson y tu allan.

Derbyn emosiynau eich plentyn a'i ymatebion emosiynol.
Nid yw ffrwydradau emosiynol eich plant yn fwriadol nac yn ymdrechion bwriadus ganddynt i wneud gofal rhieni'n anodd. Mae'n normal i blant ar adegau bwdu, ymateb drwy weiddi, rhegi, neu dorri rhywbeth, i encilio a bod eisiau cael llonydd. Mae bod ar yr un donfedd, a deall cyflyrau emosiynol eich plentyn, yn ei helpu i oddef a dygymod â thensiynau emosiynol cynyddol. Mae hyd yn oed gosodiad syml megis, "Dwi'n gweld dy fod yn flin am na chei di fisged rŵan," yn mynd i helpu'r plentyn adnabod y berw emosiynol sy'n digwydd yn ei gorff.

Siarad am eich teimladau
Defnyddiwch eirfa briodol i ddisgrifio teimladau gyda'ch plant ac fe fyddant hwy'n dechrau adnabod emosiynau'n gywir a'u disgrifio mewn geiriau. Er enghraifft, yn y stori ar ddechrau'r bennod, gallai'r tad fod wedi dweud rhywbeth fel hyn wrth ei fab:

"Roeddwn i'n teimlo'n rhwystredig iawn gweld dy dîm yn colli ar ôl gwneud mor dda drwy'r gêm. Dwi'n teimlo'n drist eich bod wedi colli. Ond yr hyn sy'n bwysig yw i chi chwarae gêm wirioneddol dda. Roedd pawb yn gwneud ei orau ac yn chwarae'n dda fel tîm – roeddech i gyd yn cydweithio. Roeddwn yn falch ohonoch. Hwyrach y byddwch yn ennill y tro nesaf!"

Mae rhieni sy'n aml yn defnyddio geirfa i ddisgrifio eu hemosiwn a'u teimladau eu hunain ac i ddehongli cyflwr emosiynol eraill, yn darparu mecanwaith pwerus i'w plant ar gyfer rheoli emosiynau. Mae sgwrsio'n aml am deimladau'n helpu plant i ddysgu adnabod emosiynau'n fanwl ac yn modelu ffyrdd o ddelio gydag emosiynau drwy siarad am y teimladau. Mae plant sy'n clywed eu rhieni'n siarad am deimladau yn mynd i fod yn llai tebygol o fynegi emosiynau negyddol mewn ffyrdd ymddygiadol amhriodol. Mae ymchwil yn awgrymu fod gan blant sy'n defnyddio iaith emosiynol fwy o reolaeth dros eu mynegiant emosiynol di-eiriau, a hynny yn ei dro'n gwella rheolaeth o'r emosiynau eu hunain.

Mae defnyddio iaith sy'n disgrifio teimladau yn helpu rhieni hefyd i ymdopi gydag emosiynau arbennig. I'r gwrthwyneb, mae rhieni sy'n gwrthod dangos emosiwn ac yn osgoi profiadau emosiynol efallai'n annog eu plant i gadw eu teimladau dan glo.

Annog plant i siarad yn rhydd am deimladau

Rydym yn ceisio dysgu rheolaeth dros ymddygiad, nid teimladau. Gwnewch yn siŵr fod plant yn deall, er nad yw'n iawn i weithredu'n unol â'u teimladau, ei bod yn iawn bob amser i siarad amdanynt, a bod pob teimlad yn normal a naturiol.

Osgowch ddweud, "Paid a bod yn drist," neu "Ddylet ti ddim bod yn flin am hynna." Yn hytrach labelwch deimladau eich plentyn yn fanwl ac anogwch ef neu hi i siarad am yr emosiwn. Fel y mae'r plentyn yn sôn am ei brofiadau, gwrandewch yn ddistaw heb feirniadu na chynnig cyngor. Weithiau gall helpu os ydych yn rhannu profiad tebyg o'ch gorffennol chi eich hun.

Mae angen i blant ddeall hefyd, yn

yr un modd ag y mae un person yn hoffi brocoli ac un arall ddim, fod gan bobl deimladau gwahanol am yr un digwyddiadau ac efallai bod ganddynt fwy nag un teimlad yr un pryd. Y wers hanfodol yw bod pob teimlad yn iawn – rhai teimladau'n gyffyrddus ac yn ddymunol oddi mewn, eraill yn brifo, ond y cyfan yn real a phwysig.

Modelu Rheolaeth Emosiynol

Sut rydych chi'n delio efo'ch emosiynau? Ydych chi'n gwylltio neu'n encilio mewn protest surbwch? Mae eich plant yn debygol o ddynwared (neu fodelu) eich esiampl. Siaradwch am eich emosiynau a'ch strategaethau ymdopi.

Er enghraifft, os ydych yn mynd yn rhwystredig wrth geisio trwsio'r torrwr lawnt, yn hytrach na ffrwydro gyda llifeiriant o regfeydd efallai y dywedwch, "Mae'n well i mi stopio, ac ymlacio dipyn cyn i mi barhau. Rydw' i mor rhwystredig nes fy mod yn gwneud pethau'n waeth. Hwyrach os gwna i rywbeth arall am ychydig y gallaf feddwl beth sydd angen i mi ei wneud." Bob amser, mae'n bwysig modelu'r math o ymddygiad y dymunwch i'ch plentyn ei arddangos. Os ydych eisiau i'ch plentyn reoli ei emosiynau, mae'n bwysig ei fod yn eich gweld chi'n gwneud hynny ac yn gweld y dulliau a ddefnyddiwch.

Cofiwch hefyd aros yn dawel yn ystod ffrwydradau emosiynol eich plentyn. Ceisiwch gynnig geiriau o gyngor sy'n tawelu ac yn esmwytháu, hwyrach hyd yn oed roi cwtsh neu fwythau ar y fraich neu'r cefn. Os yw'r plentyn wedi cynhyrfu'n lân fodd bynnag, gall eich sylw a'ch cysuro waethygu'r ffrwydrad. Ar adegau o'r fath, ar ôl cynnig cysur am gyfnod byr mae'n aml yn well cerdded i ffwrdd a gadael i ymddygiad eich plentyn redeg ei gwrs. Fel y mae'r plentyn yn dechrau ymdawelu gellwch ddweud, "Rwy'n gwybod dy fod yn siomedig, ond yn wir rwyt yn ceisio'n galed i ymdawelu rŵan. Cyn gynted ag y byddi eisiau help i ddatrys y broblem dwi'n barod i helpu." Gyda chynhaliaeth o'r fath, efallai y bydd y plentyn yn ymdawelu digon i allu mynegi ei deimladau.

Dysgu hunan-siarad positif

Yn aml mae meddyliau cudd yn dwysáu, neu hyd yn oed yn achosi emosiynau negyddol megis dicter, rhwystredigaeth, ofn neu ddigalondid. Mae'r ofnau yma'n cael eu hadnabod fel "hunan-siarad," er y gall plant eu mynegi'n uchel. Er enghraifft, efallai y bydd plentyn sy'n teimlo'n ddigalon yn dweud wrthych chi neu wrtho'i hun,"Dwi'n fethiant," "Fedra i ddim gwneud dim byd yn iawn," neu "Dwi'n dy gasáu di."

Yn yr enghraifft a amlinellwyd ar ddechrau'r bennod, mae Billy ac

Eric yn ymateb yn wahanol am eu bod yn dweud pethau gwahanol am
y digwyddiad wrthynt eu hunain. Pe baem wedi gofyn i Billy pam yr
aeth yn flin efallai y byddai wedi dweud, "Doeddwn i ddim yn haeddu
cael cerdyn melyn." Pe baem wedi gofyn i Eric pam na wnaeth o wylltio
hwyrach y byddai o wedi dweud, "Dwi ddim yn dda iawn am chwarae
pêl droed beth bynnag, dwi ddim yn dda am gicio." Mae Billy'n ymateb
drwy daflu'r bai ar rywun arall ac Eric yn ymateb gyda hunan-siarad
negyddol, ond mae'r ddau'n dangos adwaith negyddol ac emosiynau
negyddol. Pe baent wedi dweud rhywbeth arall gwahanol megis, "Mi
wnes i fy ngorau. Gwylltiais, ond mi wna i'n well y tro nesaf," neu "Mi
fedra i ei wneud o, mae'n rhaid i mi ymarfer ac mae pawb yn gwylltio
weithiau," fe fyddent wedi osgoi'r ymatebion negyddol.

Mae ymchwil yn dangos fod plant sy'n hunan-siarad yn negyddol
yn debycach o fynd yn flin na phlant sy'n hunan-siarad yn bositif.
Dysgwch eich plant i sibrwd meddyliau tawel wrthynt eu hunain,
meddyliau a fydd yn eu hymdawelu, a helpwch nhw i reoli neu roi'r
sefyllfa mewn persbectif. Er enghraifft, gall plentyn sy'n cael ei bryfocio
aros yn dawel drwy feddwl wrtho'i hun, "Mi fedra i ddelio efo hyn. Mi
wna i ei anwybyddu. Dydi o ddim gwerth gofidio am y peth. Mi fedra i
aros yn dawel. Rydw i'n gryf."

Mae enghreifftiau o hunan-siarad positif yn cynnwys:
- "Anadla dair gwaith."
- "Meddylia'n hapus."
- "Dydi hyn ddim yn mynd i 'ngofidio."
- Mae pawb yn cael ei bryfocio weithiau."
- Mae gan bawb rieni sy'n gwylltio efo nhw weithiau."
- "Mi alla i ddelio efo hyn."
- "Mi alla i ymdawelu."
- "Mae gen i ffrindiau eraill sy'n fy hoffi."
- "Wnaeth o ddim ei wneud yn fwriadol. Damwain oedd o."
- "Mae pawb yn gwneud camgymeriadau. Does 'na neb yn hollol
  berffaith. Mi wna i'n well y tro nesaf."

- "Gyda mwy o ymarfer, mi wna i lwyddo."
- "Mi wna i ymdawelu a siarad yn ddewr."
- Mae fy ffrindiau'n dal i fy hoffi er fy mod yn gwneud camgymeriadau ar y cae pêl droed."
- "Mi fydda i'n teimlo'n hapusach cyn bo hir."

Adnabod sefyllfaoedd heriol a'u defnyddio fel man cychwyn i ddysgu datrys problemau

Mae plant yn aml yn ffrwydro'n emosiynol am nad ydynt wedi dysgu strategaethau i gael yr hyn a ddymunant. Gallwch eu dysgu i ystyried gwahanol ffyrdd o ymateb i sefyllfa, a chanlyniadau'r ymatebion hynny. Dyma hanfodion datrys problemau.

Y syniad sylfaenol yw dysgu'r plentyn i gynhyrchu nifer o atebion posib i broblem. Pan gaiff y plentyn syniad, rhowch anogaeth iddo a gofynnwch am syniad arall. Wedi ichi gael eich argyhoeddi ei fod wedi cynhyrchu cymaint o atebion ag sydd o fewn ei allu, gellwch chi wedyn gynnig posibiliadau eraill. Yna, gofynnwch iddo feddwl am ganlyniadau pob ateb. Er enghraifft, gellwch ei helpu i ddeall os bydd yn taro'i chwaer er mwyn cael y beic, y gall gael ei hun i waeth trwbl. A chyn gorffen rhowch sylw positif i'w ymdrechion meddwl a datrys problemau drwy ei ganmol.

Mae ymarfer delio gyda sefyllfaoedd damcaniaethol sydd fel arfer yn gwneud y plant yn flin yn helpu plant i ddysgu rheoli eu dicter yn y dyfodol. Gallwch chwarae rôl o amgylch sefyllfaoedd sy'n debygol o arwain at ffrwydradau emosiynol (e.e. eich plentyn yn cael ei bryfocio neu ei adael allan, colli mewn gêm) ac ystyried y broblem mewn chwech cam:

- Diffinio: Beth yw'r broblem a sut ydw i'n teimlo yn y sefyllfa yma?
- Casglu syniadau am atebion posibl. Beth allwn ei wneud amdano? (waeth pa mor annhebygol).
- Gwerthuso atebion posib. Beth fyddai'n digwydd pe gwnawn hyn?
- Pa un yw'r ateb gorau? (gan gofio'r angen i fod yn deg a saff ac arwain at deimladau da)
- Rhoi ar waith: Ydw i'n gwneud yr hyn y penderfynais ei wneud?
- Gwerthuso'r canlyniadau: Pa mor lwyddiannus oedd yr ateb a ddewisais?

Strategaeth arall i ddysgu datrys problemau yw adolygu problem sydd newydd ddigwydd, labelu'r emosiynau oedd ynghlwm ac ystyried sut y gallai'r plentyn fod wedi delio efo'r sefyllfa mewn ffordd wahanol. Peidiwch â beio na beirniadu, yn hytrach canolbwyntiwch ar helpu'r plentyn i adnabod yr hyn a deimlodd yn y sefyllfa a meddwl am ffyrdd effeithiol o reoli'i deimladau a wynebu'r broblem yn y dyfodol.

Dysgu'r "dull crwban"

Mae hunan-siarad positif a strategaethau datrys problemau'n helpu plant ddysgu rheolaeth emosiynol ar y lefel wybyddol neu feddyliol. Ond weithiau maent angen cymorth gyda'r agwedd niwroffysiolegol/biocemegol o gyffro emosiynol. Er enghraifft, mae rhai plant, neu bob plentyn mewn rhai sefyllfaoedd, yn cynhyrfu cymaint nes eu bod yn colli rheolaeth dros eu hunan siarad ac yn methu cyflawni'r datrys problemau angenrheidiol; mae eu cyffro emosiynol yn cynhyrchu anhrefn meddyliol. Bydd dysgu hunan-siarad positif yn lliniaru'r gor-gyffro, ond fe all plentyn fod angen awgrymiadau ychwanegol i ymdawelu'n gyntaf. Mae'r "dull crwban" yn ffordd effeithiol o ymdawelu ac yn gam cyntaf da cyn datrys problemau.

Yn gyntaf gofynnwch i'ch merch ddychmygu fod ganddi gragen, fel crwban, y gall encilio iddi. Wedyn, dysgwch sut mae mynd i mewn i'r gragen, anadlu dair gwaith a dweud wrthi ei hun, "Stop, anadla'n ddwfn ac ymdawela." Fel y mae'n anadlu'n ddwfn ac yn araf, gofynnwch iddi ganolbwyntio ar ei hanadlu a gwthio'r aer i'w breichiau a'i choesau fel ei bod yn gallu ymlacio'i chyhyrau. Weithiau mae'n helpu i ddychmygu rhyw olygfa ymlaciol arbennig. Fel mae'r plentyn yn parhau gyda'r anadlu araf yma, dysgwch hi i ddweud wrthi'i hun, "Fe alla i ymdawelu. Fe alla i wneud hynny. Fe alla i reoli hynny. Fe alla i osgoi ymladd." Gall aros yn ei chragen nes ei bod yn teimlo'n ddigon tawel i ddod allan ohoni a cheisio eto.

Modelwch y "dull crwban" i'ch plant. Hwyrach eich bod i gyd yn y car, yn aros i rywun ddod allan o lecyn parcio. Yn sydyn, mae rhywun arall yn rhuthro mewn ac yn cymryd y llecyn parcio. Dywedwch, "'Dwi'n flin ofnadwy efo fo! Fi oedd yma gyntaf! Gwell i mi fynd i 'nghragen am

MAE HYN YN GWAETHYGU. MAE ANGEN I MI GERDDED I FFWRDD AC YMDAWELU. FYDD O DDIM YN YMDDANGOS MOR DDRWG YN NES YMLAEN. OND OS GWNAWN NI YMLADD BYDDWN MEWN TRWBL AC FE ALLAI RHYWUN FRIFO.

gyfnod ac ymdawelu. Dwi'n meddwl ei bod yn well i mi ddefnyddio'r dull crwban ac anadlu'n ddwfn. Dyna ni, dwi'n teimlo'n well. Beth am ddechrau edrych am le parcio arall?" I blant ifanc un dull effeithiol yw ymarfer ac atgyfnerthu'r dull crwban drwy ddefnyddio pyped llaw crwban. Mae hyn yn rhoi darlun gweladwy o'r crwban yn mynd i'w gragen. Os nad oes gennych byped llaw, hwyrach y gellwch chwilio yn eich llyfrgell am lyfrau gyda lluniau crwban ynddynt.

Helpu plant i adnabod y camau wrth i'r tensiwn gynyddu

Mae'r cyfnod cyntaf o ddicter neu emosiwn negyddol yn gyfarwydd i bob rhiant, sef y cyfnod "arwyddion cynnar." Mae'r plentyn yn grwgnach, yn edrych yn flin, ac yn bwdlyd o gwmpas y tŷ. Yn yr ail gyfnod mae'r tensiwn yn cynyddu, mae'r plentyn yn gynyddol anniddig ac yn oriog, waeth beth fyddwch yn ei awgrymu ni fydd dim byd yn plesio nac o ddiddordeb iddo. Gall ffrwydrad tanbaid ddilyn y pryfocio lleiaf. Mae'r plentyn fel arfer yn gwrthwynebu ymdrechion rhieni i reoli'r cyfnod ffrwydrol, a gall eu hymdrechion gynyddu ei wrthwynebiad i unrhyw beth a ddywed y rhieni. Erbyn y trydydd cyfnod, wedi i'r strancio dawelu, mae iselder yn cymryd lle'r teimlad ymosodol, dyma'r cyfnod "gadewch lonydd i mi." Mae'r plentyn yn drist neu'n llonydd ac nid yw'n dymuno cyfathrebu gyda'i rieni. Yn ystod y cyfnod terfynol, y pedwerydd cyfnod, mae'r plentyn yn barod i ail afael yn y gweithgareddau arferol ac efallai erbyn hynny y bydd yn ymddwyn fel pe na bai dim wedi digwydd.

Yn ystod y cyfnod cyntaf, mae'n bosib y gall ymyrraeth rhieni helpu plentyn i ddod yn ôl i drefn. Ymyrrwch trwy awgrymu'r "dull crwban" neu hunan-siarad tawel cyn i'r plentyn gynhyrfu gormod. Yn aml, nid yw plant yn sylweddoli eu bod yn mynd yn flin neu'n gynhyrfus ac felly nid ydynt yn lleisio'r teimladau yma nes eu bod yn ffrwydro mewn stranc enfawr. Yn ystod y cyfnod arwyddion cynnar yma anogwch y plant i siarad am eu teimladau a mynegi eu rhwystredigaethau mewn ffyrdd sy'n dderbyniol yn gymdeithasol. Os yw'r plentyn yn cael trafferth mynegi'i hun, efallai y ceisiwch roi mewn geiriau yr hyn a dybiwch y mae'r plentyn yn ei feddwl a'i deimlo. Gall dealltwriaeth a chonsyrn rhieni fynd yn bell tuag at leihau'r stôr gynyddol o deimladau negyddol yn ystod y cyfnod yma.

Mae hefyd yn bosib ymyrryd yn ystod y pedwerydd cyfnod, pan fydd y digwyddiad drosodd. Bryd hynny gall rhiant arwain y plentyn drwy'r drefn ddatrys problemau a thrafod yr hyn a ddigwyddodd a sut y gall y plentyn efallai ymdrin â'r sefyllfa'n wahanol y tro nesaf. Trafodwch sut roeddech chi a'r plentyn yn teimlo am y digwyddiad, yr achosion, yr arwyddion cynnar a'r dulliau gwahanol o ddatrys y broblem yn y dyfodol.

Yn ystod yr ail a'r trydydd cyfnod, mae'r plant gymaint tu hwnt i reolaeth fel na allant ymateb i ymyrraeth rhieni. Yn wir, yn ystod y cyfnod yma gall ymyrraeth waethygu'r strancio neu roi sylw sy'n atgyfnerthu'r strancio. Yn ystod y cyfnodau hyn mae'n well i rieni anwybyddu gan barhau i wylio er mwyn sicrhau fod y plentyn yn saff. Os yw ymddygiad y plentyn mor aflonyddgar ac ymosodol nes na ellir ei anwybyddu, yna gall fod yn effeithiol defnyddio Amser Allan.

Defnyddio Amser Allan i ddelio â ffrwydradau emosiynol blin ac amhriodol

Fel rydym wedi dysgu mewn pennod flaenorol, mae Amser Allan yn ffordd effeithiol o leihau ymddygiad amhriodol plant. Pan fydd plentyn sydd wedi taro plentyn arall neu wedi bod yn ddinistriol yn cael ei ddanfon am Amser Allan, caiff ei amddifadu o sylw oedolyn am ei ymddygiad ymosodol. Mae plant yn dyheu am sylw - mae hyd yn oed sylw negyddol yn well na dim sylw o gwbl ac fe fydd yn atgyfnerthu ac annog yr ymddygiad. Felly mae gweiddi ar blentyn am ei gamymddwyn neu roi mewn i'w ffrwydrad emosiynol yn wir yn cynyddu'r tebygolrwydd y bydd yr ymddygiadau yma'n parhau yn y dyfodol. Fodd bynnag, os nad oes "gwobr" am y camymddwyn, ac os bydd y rhiant yn tynnu ei sylw oddi ar y plentyn, bydd yr ymddygiad ymosodol yn tawelu - yn enwedig os ydych yn dysgu ymatebion eraill y byddwch yn eu gwobrwyo efo'ch cymeradwyaeth.

Yn gyntaf, pan fydd eich plentyn yn dawel, eglurwch mai canlyniad ymddygiadau ymosodol megis taro eraill, defnyddio iaith sarhaus a thorri gwrthrychau yw Amser Allan. Er enghraifft, gall rhieni gyflwyno rhaglen fel a ganlyn:

> *"Lee, dwi mor falch ohonot ti am gael dy hun yn barod mor sydyn yn y bore. Rwyt yn neidio allan o'r gwely ac yn gwisgo pan dwi'n galw arnat ti. Rŵan, dwi eisiau dy helpu di i fod yn fwy llwyddiannus yn rheoli dy dymer. Mae pawb yn teimlo'n flin weithiau, ond allwn ni ddim gadael i ti frifo pobl eraill. Felly, o hyn ymlaen ryda ni am dy ddysgu rheoli dy ddicter drwy roi Amser Allan i ti bob tro y byddi'n taro rhywun. Bydd raid i ti fynd am Amser Allan ar y gadair yng nghornel yr ystafell am bum munud. A bydd raid i ti fod yn ddistaw am ddau funud cyn y cei di ddod oddi ar y gadair. Gelli helpu dy hun i ymdawelu yn ystod Amser Allan drwy ddefnyddio'r "dull crwban." Rydym hefyd yn mynd i gadw golwg ar y siart yma fydd yn dangos yr adegau yr arhosaist yn dawel mewn sefyllfaoedd rhwystredig a siarad am dy deimladau mewn ffordd dderbyniol. Yna fe gei di gyfnewid dy bwyntiau am rywbeth yr hoffet ei gael."*

Wrth ddanfon plentyn am Amser Allan oherwydd iddo frifo rhywun byddwch yn ddiemosiwn wrth orfodi'r rheol (peidiwch dangos cydymdeimlad na dicter).

Dysgu sut i fynegi teimladau negyddol mewn ffyrdd derbyniol.

Fel y crybwyllwyd ynghynt, mae angen i blant wybod fod pob teimlad yn iawn - fod dicter, pryder, tristwch a theimladau negyddol eraill yn anochel ac yn normal - ond bod gwahanol ffyrdd o fynegi'r teimladau hynny, a bod ganddynt ddewis o sut i ymateb. Dylid dysgu plant i fynegi eu teimladau negyddol mewn geiriau, mewn dull hyderus ond heb fod yn elyniaethus. Gallwch eu helpu i ddysgu'r gwahaniaeth rhwng sefyll dros eu hawliau eu hunain a cheisio brifo rhywun arall. Gallwch eu canmol pan fynegant emosiynau anodd mewn ffyrdd priodol. "Mae'n iawn iti ddweud wrth Jonathan nad wyt yn hapus pan mae'n cymryd dy bêl. Ond dydi o ddim yn iawn iti weiddi arno a dweud ei fod yn dwp."

Osgoi ffrwydradau emosiynol

Wrth ymdrin â phlant blin roedd yn arfer bod yn ffasiynol eu hannog i sgrechian a tharo clustogau a bagiau taro. Y theori oedd bod bodau dynol, yr un fath â thegell caeedig, angen agoriad i'r ager ddod allan neu ryddhau'r teimladau blin a oedd wedi cronni'n eu system. Fodd bynnag, nid oes tystiolaeth fod annog ffrwydradau emosiynol mewn unrhyw ffordd yn lleihau problemau rheoli dicter. Yn wir, mae plant sy'n cael eu hannog i ffrwydro, hyd yn oed drwy daro clustog neu ddol, yn mynd yn fwy ymosodol! Felly nid yw byth yn syniad da gadael i blant ymddwyn yn ymosodol, ddim hyd yn oed efo teganau a gwrthrychau eraill. Yn hytrach, anogwch y plant i fynegi eu dicter mewn iaith briodol. Mae hyn yn llawer tebycach o'u helpu i ymdawelu.

Mae plant blin yn aml yn cael eu meddiannu gan eu dicter ac nid ydynt yn ymwybodol o adegau pan fydd ganddynt deimladau eraill. Yn wir gallant gymysgu tristwch, siomedigaeth a rhwystredigaeth gyda dicter os nad oes ganddynt yr eirfa briodol i ddisgrifio teimladau. Gallwch helpu eich plant i ddysgu geirfa am eu gwahanol deimladau drwy labelu eu teimladau o rwystredigaeth neu dristwch. Yn ychwanegol, gyda phlant sy'n aml yn flin, mae o gymorth eu gwneud yn ymwybodol o adegau y mae ganddynt deimladau positif, megis pan fyddant yn hapus, yn gynhyrfus, yn falch, yn chwilfrydig neu'n dawel. Yn ystod cyfnodau chwarae gyda phlant mae'n bwysig disgrifio'r teimladau positif drwy ddweud er enghraifft, "Rwyt mor falch o dy fodel awyren," neu "Mi arhosaist yn dawel ac amyneddgar hyd yn oed pan oedd yn anodd canfod sut i roi'r pôs cymhleth yna efo'i gilydd" neu, "Roeddet yn awyddus iawn i ganfod sut i roi hwnna at ei gilydd, ac mi weithiaist yn galed a llwyddo i'w ddatrys." Pryd bynnag y byddwch yn labelu teimlad negyddol, cyplyswch hynny gyda gosodiad am ymdopi positif. Er enghraifft, "Rwy'n gweld dy fod yn rhwystredig iawn am nad dy dro di ydi hi. Ond mi fetia i y gelli di aros ychydig o funudau eto." Neu, "Dwi'n gallu dweud wrth edrych ar dy wyneb dy fod yn flin iawn. Ond dwi'n falch ohonot am y ffordd rwyt yn ceisio cadw dy gorff yn dawel a'th ddwylo i ti dy hun." Mae datblygu iaith emosiynol yn cynyddu gallu cynhenid plentyn i reoli ei emosiynau a chyfathrebu gydag eraill.

Canmol ymdrechion plant i reoli emosiynau

Gwnewch yn siŵr eich bod yn canmol plant am ddelio gyda'u rhwystredigaeth heb golli rheolaeth ar eu dicter. "Dwi wedi fy mhlesio'n arw gan y ffordd yr oeddet yn gweithio mor galed er dy fod yn colli." Yn achos plant ymosodol, byrbwyll a gorfywiog dangosodd ymchwil eu bod yn derbyn mwy o adborth beirniadol a gorchmynion negyddol, a llai o ganmoliaeth, na phlant eraill hyd yn oed pan fyddant yn ymddwyn yn briodol. Yn wir, maent yn arwain eu rhieni i beidio eu canmol na'u cynnal am eu hymddygiadau positif oherwydd y strach o ddelio â'u hymatebion emosiynol. Hefyd, gan eu bod yn cael anhawster sylwi ar eu teimladau eu hunain, efallai nad ydynt yn ymwybodol o'r cyfnodau pan fyddant yn rheoli eu hemosiynau. Drwy labelu'r amseroedd yma a rhoi canmoliaeth i'r plant am eu hymdrechion i reoli'r emosiynau rydych yn darparu sylw positif sydd ei wir angen arnynt yn ogystal â gwneud y plant yn ymwybodol o'u prosesau rheoli mewnol.

Mae'n arbennig o bwysig ceisio canmol ymddygiadau sy'n cynnwys hunanreolaeth a dyfalbarhad, mynegiant priodol o deimladau (negyddol neu bositif) a rheolaeth dros ffrwydradau emosiynol. Dylid gwneud hyn yn arbennig gyda phlant sy'n colli rheolaeth yn hawdd, neu sy'n fyrbwyll ac yn methu canolbwyntio. Atgyfnerthwch unrhyw weithgareddau tawel a phwrpasol sy'n dilyn siomedigaeth neu ddigwyddiad rhwystredig. Er enghraifft, fe allech ddweud, "Roedd hynna'n wych. Mi wnest ymdawelu ar dy ben dy hun," neu "Rwyt ti wedi bod yn gryf iawn. Roeddet yn amyneddgar ac yn dal i drio er gwaethaf y s ms anodd."

Hefyd, gellwch ddysgu eich plant i atgyfnerthu eu hunain. Dysgwch nhw i ganmol eu hunain drwy hunan-siarad positif megis, "Mi wnes i hwnna'n dda," neu, "Mi wnes i aros yn dawel, roeddwn yn amyneddgar ac mi lwyddais yn y diwedd."

Newid hunanddelwedd y plentyn a pheintio dyfodol lliwgar

Drwy eich canmoliaeth byddwch yn helpu'r plentyn i newid ei hunanddelwedd. Helpwch y plentyn i ddechrau canfod ei hun fel rhywun sy'n datblygu'n llwyddiannus wrth ddelio gyda'i emosiynau. Gellwch ragweld llwyddiant eich plentyn drwy efallai ddweud, "Rwyt yn dod yn berson sy'n gallu rheoli dy ddicter yn dda. Rwyt yn gryf iawn y tu mewn."

I grynhoi...
- Darparwch gymaint ag y bo modd o gysondeb a sefydlogrwydd.
- Derbyniwch emosiynau ac adwaith emosiynol eich plentyn.
- Siaradwch am eich teimladau eich hun (positif a negyddol).
- Anogwch blant i siarad am eu teimladau – peidiwch â chyfarwyddo'u teimladau.
- Modelwch reoli'r emosiynau.
- Dysgwch strategaethau hunan-siarad i blant.
- Adnabyddwch sefyllfaoedd sy'n debygol o achosi ffrwydradau emosiynol a'u defnyddio fel man cychwyn i ddysgu datrys problemau.
- Dysgwch y "dull crwban" i reoli dicter.
- Helpwch blant i sylweddoli fod eu tensiwn yn cynyddu.
- Defnyddiwch Amser Allan ar gyfer ymddygiad dinistriol.
- Anogwch fynegiant priodol o deimladau.
- Canmolwch ymdrech eich plentyn i reoli ei emosiynau.

Dysgu Sgiliau Cyfeillgarwch a Dulliau o Ddygymod â Phroblemau Cyfoedion

Mae fy mab Robbie'n saith oed, a dydi o byth yn cael ei wahodd i gartrefi plant eraill yn ei ddosbarth ar ôl ysgol. Dydi o ddim yn cael gwahoddiad i bartïon pen-blwydd chwaith. Un diwrnod daeth Robbie adref o'r ysgol yn ei ddagrau, a dweud, "Does 'na neb yn fy hoffi. Pam nad ydi'r plant yn hoffi fy nghael i o gwmpas?" Penderfynais ei ddanfon i wersyll haf fel y gallai ddysgu sgiliau cymdeithasol a gwneud ffrindiau newydd mewn lleoliad gwahanol. O fewn dau ddiwrnod ar ôl iddo fynd i'r gwersyll daeth y Pennaeth i'n gweld ar adeg eu casglu a dweud bod Robbie wedi bod yn aflonyddgar a gwrthod cydweithredu gyda phlant eraill. Doedd o ddim wedi ffitio mewn o gwbwl - roedd y plant eraill yn ei gadw ar wahân. Roedd y Pennaeth yn amau a oedd yn barod am brofiad gwersyll. Beth alla i wneud i helpu iddo gael ymuno gyda phlant eraill a bod yn fwy cydweithredol? A ddylwn i ei stopio rhag mynd i'r gwersyll?

Mae o mor drist. Does gan fy mab ddim ffrindiau yn yr ysgol. Mae ar ei ben ei hun y rhan fwyaf o'r amser. Mae'r plant yn ei bryfocio byth a beunydd. Mae'n torri'ch calon i weld eich plentyn eich hun fel y plentyn hwnnw pan oeddech chi yn yr ysgol, y cofiwch bawb yn dweud amdano, "Ych, dydy ni ddim eisiau bod efo fo, mae o'n od." Fy nod yw iddo fod yn hapus, canfod ffrindiau a chael ychydig o heddwch.

Nid yw storïau fel hyn yn anghyffredin ymysg rhieni. Fel oedolyn, fe wyddoch am werth cyfeillgarwch gydol oes ac rydych yn awyddus i'ch plentyn ddatblygu aml i gyfeillgarwch agos a pharhaol. Fe wyddoch hefyd, na ellwch orfodi plant eraill (nac oedolion) i hoffi'ch plentyn.

Mae gwylio'r plentyn yn cael ei adael allan a'i wrthod drosodd a throsodd gan ei gyfoedion yn gallu bod yn brofiad emosiynol ofnadwy. Fe welwch effaith yr ynysu yma ar hunanddelwedd eich plentyn a'r unigrwydd y mae'n ei greu. Er y gwyddoch y gellwch weithio gyda'r plentyn yn y cartref i ddatrys problemau a dysgu sgiliau cymdeithasol a rheolaeth emosiynol, rydych yn teimlo'n ddiymadferth ynglŷn â'r hyn sy'n digwydd gyda chyfoedion yn yr ysgol neu mewn lleoliadau cymdeithasol eraill. Hwyrach y cewch eich hun yn peidio cofrestru'r plentyn ar gyfer y gwersyll haf, neu weithgareddau tu allan i'r ysgol rhag ofn i chi gael galwadau ffôn negyddol gan y goruchwylwyr am ymddygiad y plentyn. O ganlyniad mae'r plentyn yn treulio mwy a mwy o amser ar ei ben ei hun ac rydych yn sylweddoli fod hynny'n wrthgynhyrchiol.

Pam fod cyfeillgarwch plant yn bwysig?

Ychydig o rieni sydd wir angen eu darbwyllo fod cyfeillgarwch yn bwysig i blant. Drwy ffurfio cyfeillgarwch llwyddiannus mae plant yn dysgu sgiliau cymdeithasol megis cydweithredu, rhannu a rheoli gwrthdaro. Mae cyfeillgarwch hefyd yn meithrin synnwyr plentyn o berthyn i grŵp a chychwyn hwyluso'i sgiliau empathi - hynny yw, ei allu i ddeall safbwynt rhywun arall. Mae ffurfio cyfeillgarwch - neu ei absenoldeb - yn cael effaith barhaus ar addasiad cymdeithasol plentyn yn nes ymlaen yn ei fywyd. Dangosodd ymchwil fod problemau cyfoedion, megis cyfoedion yn ynysu neu'n ymwrthod, yn rhagflas o amrywiol broblemau ymddygiadol a diffyg ymaddasiad yn nes ymlaen, yn cynnwys iselder, ymgiliad o'r ysgol a phroblemau seicolegol eraill fel pobl ifanc ac fel oedolion.

Pam fod rhai plant yn cael mwy o anhawster i wneud ffrindiau?

I lawer o blant, nid yw gwneud ffrindiau'n hawdd. Mae wedi'i ganfod fod plant sydd â natur anodd - yn cynnwys plant sy'n fywiog iawn, yn fyrbwyll a chyda gallu canolbwyntio byr - yn cael anhawster neilltuol i ffurfio a chadw cyfeillgarwch. Mae ganddynt reolaeth annigonol o'u teimladau sy'n ysgogi ymatebion ymosodol, anhawster datrys problemau, diffyg empathi a methiant i ystyried canlyniadau posib eu gweithrediadau. Mae oediad sylweddol yn natblygiad sgiliau chwarae'r plant yma hefyd, yn cynnwys anhawster aros eu tro, derbyn awgrymiadau cyfoedion, awgrymu yn hytrach na hawlio, a chydweithio wrth chwarae gyda chyfoedion. Mae'n wybyddus fod plant sydd â sgiliau sgwrsio gwael yn fwy tebygol o gael eu gwrthod gan eu cyfoedion. Cânt anhawster gwybod beth i'w ddweud i gychwyn sgwrs a sut i ymateb yn gadarnhaol i sgwrs sydd wedi ei chychwyn gan eraill. O ganlyniad maent yn ei chael yn anodd ymuno mewn grwpiau. Mae plant sydd ag anawsterau cymdeithasol yn aml yn camfarnu beth sy'n ddisgwyliedig ganddynt mewn sefyllfaoedd cymdeithasol. Efallai y byddant yn fyrbwyll neu'n ddinistriol wrth ymuno mewn grŵp, yn cael trafferth rhannu ac aros eu tro, neu'n gwneud sylwadau amhriodol neu feirniadol. O ganlyniad mae natur eu rhyngweithio'n aml yn cythruddo plant eraill yn enwedig os yw'r rheiny'n ceisio chwarae gêm neu'n canolbwyntio ar waith unigol. Gall plant eraill deimlo dan fygythiad oherwydd bod y plant byrbwyll yma'n cyffroi'n emosiynol neu'n mynd yn ymosodol. Gall cyfoedion ymateb drwy eu hynysu, eu gwrthod neu wneud hwyl am eu pennau. Mae plant ifanc byrbwyll sy'n cael anawsterau o'r fath gyda'u cyfoedion yn sôn am boenau mewnol megis unigrwydd a hunanddelwedd isel. Mae'r hunan-ganfyddiadau yma'n cyfrannu ymhellach i'w hanawsterau gyda'u cyfoedion gan achosi iddynt fod yn or-sensitif i sylwadau cyfoedion, i fod â diffyg hyder wrth geisio dynesu at blant eraill ac ymhen amser i osgoi cymryd rhan mewn gweithgareddau grŵp. Canlyniad cadw ar wahân yw llai a llai o gyfleon i ryngweithio'n gymdeithasol a llai o gyfleon i ddysgu sgiliau cymdeithasol mwy priodol. Gall hyn arwain at gael enw drwg ymysg cyd-ddisgyblion a chyfoedion eraill, ac ynysu cymdeithasol.

Beth all rhieni ei wneud?

Gall ceisio dysgu sgiliau cymdeithasol fod yn sialens fawr i rieni. Nid ydynt ar gael fel arfer i gymell eu plentyn i atal ysfa fyrbwyll neu ei gael i aros ac yna meddwl sut i ymddwyn gyda chyfoedion. Y cam cyntaf yw dysgu ac ymarfer y sgiliau yma gyda'r plentyn yn y cartref. Unwaith y bydd wedi dysgu ymddygiad priodol, y dasg wedyn fydd cefnogi'r plentyn i ddefnyddio'r sgiliau hyn pan fydd ffrindiau'n dod i chwarae, a gweithio gydag athrawon i feithrin defnydd o'r sgiliau gyda chyfoedion yn yr ysgol ac mewn grwpiau mawr eraill.

Dysgu'r plant sut i gychwyn rhyngweithio ac ymuno â grŵp

Un o'r sgiliau cymdeithasol cyntaf i'w dysgu i blant ifanc yw sut i gychwyn sgwrs neu ddod yn rhan o sgwrs gyda phlentyn neu grŵp o blant. Bydd rhai plant yn swil neu'n rhy ofnus i ddechrau sgwrs, neu i ofyn am ymuno gyda grŵp o blant sy'n brysur yn cyflawni gweithgaredd. Caiff plant eraill anhawster, nid am eu bod yn swil ond am eu bod yn orawyddus. Maent yn rhuthro i mewn at grŵp o blant sydd eisoes yn chwarae heb ofyn nac aros am gyfle. O ganlyniad, maent yn aml yn cael eu gwrthod gan y grŵp. Mae angen i'r ddau fath o blentyn ddysgu sut i fynd at grŵp, sut i aros am gyfle yn y sgwrs a sut i ofyn am gael ymuno.

Mae angen iddynt ymarfer y sgiliau yma gyda'u rhieni. Gellwch eu dysgu drwy greu sefyllfaoedd chwarae rôl pryd, i ddechrau, y bydd y rhiant yn modelu ymddygiadau priodol ac yna'r plentyn yn eu hymarfer.

Enghraifft o chwarae rôl:
Mae rhiant yn nesáu at y plentyn: (gan aros a gwylio'r plentyn yn chwarae am gyfnod)

RHIANT: *Wel, dyna gêm ddiddorol. (mae'n aros am ymateb y plentyn)*
RHIANT: *Fyddet ti'n meindio i mi chwarae efo ti?*
PLENTYN: *Iawn*
RHIANT: *Diolch. Pa ddarnau ga' i weithio efo nhw?*

Amrywiad arall
Mae rhiant yn nesáu at y plentyn: (gan aros a gwylio'r plentyn yn chwarae am gyfnod)

RHIANT: *Wel, dyna gêm ddiddorol, (mae'n aros am ymateb y plentyn)*
RHIANT: *Fyddet ti'n meindio i mi chwarae efo ti?*
PLENTYN: *Na, dwi'n brysur yn gwneud hwn ar fy mhen fy hun.*
RHIANT: *Iawn, rhywdro eto efallai. Pan fyddi wedi gorffen, os byddi eisiau ymuno efo fi yn adeiladu'r model fe fyddai hynny'n hwyl.*

Newid rôl: Rhiant yn chwarae rôl plentyn a phlentyn yn ymarfer sgiliau

Chwarae'n ddyddiol gyda'r plentyn i fodelu ac annog sgiliau cymdeithasol

Tra bo angen i rieni annog a chanmol *pob* plentyn am eu sgiliau chwarae cyfeillgar, dylent roi sylw arbennig i hyfforddi plant sydd ag oediad datblygiadol (megis plant ag Awtistiaeth neu syndrom Asperger) neu blant sy'n unig, yn ansicr neu'n encilio'n gymdeithasol, yn ogystal â phlant sy'n fyrbwyll, yn methu talu sylw ac yn orfywiog. Mae gan y plant yma oediad yn eu sgiliau chwarae ac nid yw llawer ohonynt wedi dysgu egwyddorion cydweithredu a chydbwysedd mewn perthynas o roi a derbyn. Nid oes ganddynt y sgiliau angenrheidiol i ryngweithio'n dda mewn ffordd gydweithredol a thrwy roi a derbyn.

Gellwch addysgu hyn drwy sefydlu amseroedd chwarae penodol dyddiol (tua 10-15 munud) gan ddefnyddio teganau distrwythur a chydweithredol megis blociau, creonau ac ati. Yn ystod y cyfnodau chwarae yma modelwch aros tro, rhannu, aros a rhoi canmoliaeth. Pryd bynnag y byddwch yn gweld eich plant yn cyflawni unrhyw un o'r ymddygiadau yma, canmolwch nhw, a defnyddiwch y strategaethau hyfforddi cymdeithasol ac emosiynol a drafodwyd ym Mhennod 1. Mae'n bwysig fod y cyfnodau chwarae yma'n cael eu harwain gan y plentyn - hynny yw, peidiwch â rhoi gorchmynion, ymyrryd â chwarae'r plentyn, bod yn ddiamynedd, cymryd drosodd na beirniadu. Yn hytrach, dilynwch arweiniad y plentyn drwy wrando, gwneud sylwadau disgrifiadol, aros yn dawel a chanmol ei syniadau. Cofiwch, mae plant yn dysgu oddi wrthych pan fyddwch yn modelu chwarae cydweithredol.

Helpu'ch plentyn i ddysgu siarad gyda ffrindiau

Mae sgiliau sgwrsio gwael wedi cael eu cysylltu droeon gyda sgiliau cymdeithasol gwael a phlant yn cael eu gwrthod gan gyfoedion. Ar y llaw arall, mae'n gydnabyddedig fod hyfforddi sgiliau sgwrsio yn medru gwella medrau cymdeithasol plant amhoblogaidd. Trwy ymwneud ac wrth chwarae gyda'r plant, er enghraifft wrth chwarae rôl gyda phypedau ac wrth chwarae gemau, gellwch ymarfer a hyfforddi eich plentyn i ddysgu sgiliau. Gellwch ei ddysgu sut i gyflwyno'i hun, gwrando ac aros i siarad, holi am deimladau plentyn arall, cymryd tro

mewn sgwrs, cynnig syniad, dangos diddordeb, canmol rhywun, dweud diolch, ymddiheuro a gwahodd rhywun i chwarae. Dechreuwch drwy weithio ar un neu ddau o'r sgiliau sgwrsio yma drwy eu hymarfer i ddechrau ac yna atgoffa a chanmol y plant pryd bynnag y sylwch arnynt yn eu cyflawni yn y cartref. Er enghraifft, "Roedd hynna'n gyfeillgar iawn yn dweud diolch, dwi'n ei werthfawrogi'n fawr," neu, "Da iawn ti yn gwrando go iawn ar syniad dy ffrind a dilyn ei awgrym. Mae hynna'n gyfeillgar iawn."

Trefnu dyddiau chwarae yn y cartref - ac yna gwylio a gwrando'n ofalus

Anogwch eich plentyn i wahodd un o'i gyfoedion ysgol i chwarae ar ôl ysgol neu'n ystod y penwythnos. Dewiswch blant i'w gwahodd sy'n rôl-fodelau positif ar gyfer perthynas cyfoedion. Gellwch ofyn i athrawon eich plentyn pa rai o blant y dosbarth sydd â'r un diddordebau ac a allai weithio'n dda gyda'ch plentyn gan ystyried ei anian. Ar y cychwyn, wrth ddysgu sgiliau cymdeithasol i'ch plentyn, osgowch wahodd plentyn arall sy'n fyrbwyll a gorfywiog. Yn hytrach gwahoddwch blentyn gwrthgyferbyniol ei natur i'ch plentyn chi. Helpwch i hyfforddi eich plentyn wrth lunio'r gwahoddiadau, drwy ymarfer beth i'w ddweud ar y ffôn a thrwy siarad gyda rhieni'r ffrind fel eu bod nhw'n gwybod am y gwahoddiad.

Pan fydd ffrindiau'n cael eu gwahodd draw, *peidiwch â gadael yr amser chwarae yma yn ddi-strwythur.* Trefnwch chwarae sy'n gydweithredol megis adeiladu caer, gwneud arbrawf, adeiladu model, gweithgaredd crefft, coginio bisgedi, chwarae pêl droed, ac yn y blaen. Cynlluniwch efo'ch plentyn beth fyddai'r plentyn arall yn ei fwynhau a threfnwch yr ymweliad i fod â phwrpas a fframwaith clir. Arolygwch y gweithgareddau chwarae yma'n ofalus ac edrychwch am arwyddion fod y chwarae'n troi'n chwerw. Os oes mwy a mwy o chwarae gwirion, chwarae caled, rhwystredigaeth neu elyniaeth, dyma pryd mae angen i'r plant gael toriad, tamaid i'w fwyta neu newid i weithgaredd strwythuredig neu weithgaredd tawelach. Dangoswch ddiddordeb yn ffrind eich plentyn gan ofyn beth yw ei ddiddordebau ar ôl ysgol, pa chwaraeon y mae'n ymuno ynddynt, beth yw ei hoff fwyd, ac yn y blaen. Osgowch adael i'r plant dreulio'r amser efo'i gilydd yn edrych ar y teledu neu'n chwarae gemau cyfrifiadurol, oherwydd prin fydd eu cyfathrebu cymdeithasol yn y sefyllfaoedd hynny a bydd llai o gyfle iddynt ddod i adnabod ei gilydd. Gofalwch fod yr ymweliadau cyntaf yn gymharol fyr a phleserus.

Hyfforddi a chanmol sgiliau cymdeithasol yn ystod chwarae gyda chyfoedion yn y cartref

Cychwynnwch drwy ddewis un neu ddau o ymddygiadau cymdeithasol yr hoffech eu gweld yn digwydd yn amlach (e.e. rhannu, aros tro). Yn gyntaf gwnewch yn siŵr eich bod wedi dysgu'r plentyn pa sgiliau ydynt yn ystod eich cyfnodau chwarae un i un. Hwyrach y byddwch yn eu rhestru ar siart. Bydd y siart yma'n eich atgoffa chi a'r plentyn am yr ymddygiadau penodol rydych yn eu targedu. Yna, pan fydd ffrind y plentyn yn dod i chwarae, fe fyddwch yn barod i weld yr ymddygiadau yma'n digwydd. Pan ddigwyddant, canmolwch y plant am eu hymddygiad cyfeillgar. Hwyrach y byddwch am drefnu gêm lle'r ydych yn gwobrwyo gyda phwyntiau, sticeri neu docynnau bob tro y gwelwch y plant yn rhannu, yn aros tro neu yn helpu'i gilydd. Bydd plant 7 oed a hŷn yn teimlo llai o embaras os gwnewch eu galw nhw o'r neilltu i'w canmol a'u gwobrwyo allan o glyw'r plant eraill.

Wrth ganmol, gwnewch yn siŵr eich bod yn disgrifio'n glir yr ymddygiadau cymdeithasol yr ydych yn eu hannog. Peidiwch canmol eich plentyn eich hun yn unig am yr ymddygiad targed, canmolwch y ddau blentyn am eu hymddygiad cydweithredol a siaradwch am y ffordd y maent yn datblygu'n ffrindiau da. Er enghraifft, "Mae'r ddau ohonoch yn cydweithredu a gweithio'n dda efo'ch gilydd! Rydych yn bod yn gyfeillgar iawn ac yn helpu'ch gilydd i adeiladu'r castell hyfryd yma. Waw, dyna beth yw tîm da!" Adolygwch siart eich plentyn a'r targedau rydych yn gweithio arnynt nifer o weithiau yn ystod yr wythnos. Atgoffwch eich plentyn i ddefnyddio'r sgiliau wrth chwarae yn nhŷ rhywun arall. Unwaith y bydd wedi dysgu'r sgiliau cymdeithasol cyntaf, gellwch symud ymlaen i roi eich sylw i ymddygiadau eraill.

Dyma rai ymddygiadau cymdeithasol nodweddiadol y gall plant fod angen help i'w dysgu: rhannu, aros, cymryd tro, gofyn (yn hytrach na gorchymyn), canmol, cydweithio, cynnig awgrym, derbyn cyngor cyfoedion, mynegi teimlad positif, helpu ffrind, bod yn amyneddgar gyda rhywun arall a datrys problem.

Dysgu datrys problemau / datrys gwrthdaro

Mae cychwyn cyfeillgarwch yn un peth; mae cadw ffrind yn fater arall. Y sgil allweddol y mae'r plentyn ei angen i gadw ffrind yw gwybod sut i ddatrys gwrthdaro. Heb y sgil yma bydd y plentyn mwyaf ymosodol yn cael ei ffordd ei hun fel arfer. Pan fydd hyn yn digwydd bydd pawb yn colli - hwyrach y bydd y plentyn ymosodol yn dysgu sut i gamddefnyddio cyfeillgarwch ac yn profi gwrthodiad gan ei gyfoedion am fod yn ymosodol, tra bydd plant goddefgar yn dysgu bod yn ddioddefwyr. Mae'n bwysig i rieni ddysgu'r plant sut i setlo gwrthdaro heb wneud hynny'n eu lle. Gellwch gymryd rôl "annog" ar y cyrion a, phan fo anghytuno'n digwydd, helpu'r plant yn y broses o ddiffinio'r broblem, meddwl am syniadau ac yna dewis pa syniad i'w weithredu. Dilynwch y camau datrys problemau a amlinellwyd ynghynt ym Mhennod 8.

Er enghraifft, cymerwch fod Anna, sy'n 6 oed a Cari, sy'n 7 oed, eisiau chwarae gyda theganau gwahanol. Mae Anna'n gweiddi, "Dwi eisiau chwarae tŷ bach twt!" ac mae Cari'n gweiddi, "Na dwi eisiau gwneud mwclis. Mi ddaru ni chwarae tŷ bach twt y tro diwethaf". Mae Anna'n ateb "Naddo ddaru ni ddim, mi ddaru ni wneud beth oeddet ti eisiau." Yn yr achos yma fe allech ddweud, "Iawn, mae gennym ni broblem yn y fan yma. Mae'r ddwy ohonoch eisiau chwarae gyda rhywbeth gwahanol. Oes gennych chi syniadau sut y gallwn ni ddatrys y broblem?" Maent wedyn yn awgrymu atebion megis cymryd tro, cyfuno'r gweithgareddau neu wneud rhywbeth gwahanol. Unwaith y byddant yn penderfynu pa ateb i'w weithredu, hwyrach y byddai'r ddwy wedi gorfod cyfaddawdu ond maent wedi dechrau dysgu sut i ddelio gyda gwrthdaro. Gwnewch yn siŵr eich bod yn canmol eu gwaith tîm a'u llwyddiant i ddatrys problemau.

Un gêm y gellwch ei chwarae gyda'r plant yw "pasio'r het." Ysgrifennwch gwestiynau ar ddarnau bach o bapur, rowlio'r papurau'n daclus a'u rhoi mewn het. Bydd y plant yn eistedd mewn cylch efo chi ac yn pasio'r het o amgylch tra mae cerddoriaeth yn cael ei chwarae. Pan fydd y gerddoriaeth yn stopio bydd y sawl fydd efo'r het yn tynnu un darn o bapur allan o'r het ac yn ceisio darllen ac ateb y cwestiwn arno. Os yw'n methu ateb y cwestiwn gall ofyn am help gan rywun arall sy'n chwarae'r gêm. Dyma rai awgrymiadau i'w gosod yn yr het. Rhowch eitemau eraill megis jôcs yn yr het i wneud y gêm yn hwyl.

- Mae ffrind yn dod atoch ac yn gofyn i chi beth i'w wneud os yw'n cael ei bryfocio neu dynnu coes. Beth fyddech chi'n ddweud wrtho?
- Rydych yn gweld eich ffrind yn cael ei adael allan o gêm, a hyd yn oed yn cael ei fwlio a'i wthio o'r neilltu gan blant ar yr iard. Beth ddylech ei wneud?
- Beth ydi "datrys" problem?
- Sut rydych yn gwybod fod gennych broblem?
- Beth ydyw canlyniad?
- Pa gwestiynau ellwch eu gofyn i chi eich hun i benderfynu a fydd eich ateb yn cael canlyniad "da"?
- Mae eich ffrind wedi colli ei esgidiau newydd. Beth allech chi ei ddweud?
- Mae eich tad yn edrych yn flin ac yn dweud ei fod yn cael diwrnod gwael. Beth allwch chi ei ddweud?
- Rydych yn gweld rhywun yn crio ar yr iard. Beth allwch chi ei ddweud neu ei wneud?

Dysgu'r plentyn i ddefnyddio hunan-siarad positif

Os yw plant yn profi gwrthodiad gan gyfoedion, neu siomedigaeth, yn aml mae ganddynt feddyliau negyddol o'u mewn sy'n atgyfnerthu a dwysau'r emosiwn. Cyfeirir weithiau at y meddyliau yma fel "hunan-siarad" er y bydd plant yn aml yn eu mynegi'n uchel. Er enghraifft, plentyn sy'n dweud wrthych, "Fi ydi'r plentyn gwaethaf. Does yna neb yn fy hoffi. Fedra i wneud dim byd yn iawn." Mae'r plentyn yma'n rhannu ei hunan-siarad negyddol gyda chi. Gellir dysgu plant i adnabod hunan-siarad negyddol a'i gyfnewid am hunan-siarad cadarnhaol i'w helpu i ddygymod â'u rhwystredigaethau a rheoli ffrwydradau blin. Er enghraifft, os yw cais plentyn i gyd-chwarae'n cael ei wrthod gan blentyn arall gall ddweud wrtho'i hun, "Mi alla i ddelio efo hyn, mi ffeindia i blentyn arall i chwarae," neu "Mi wna i aros yn dawel a cheisio eto," neu "Cyfrif i 10. Siarad a pheidio taro," neu "Stopio ac yna meddwl yn gyntaf." Yn y ffordd yma mae plant yn dysgu rheoli eu hymatebion meddyliol, a hynny'n ei dro yn effeithio ar eu hymatebion ymddygiadol. Mae hunan-siarad cadarnhaol yn cynnig ffordd i'r plant reoli eu hemosiynau wrth ymwneud â'u cyfoedion.

Helpu'r plentyn i reoli dicter

Efallai mai'r rhwystrau mwyaf grymus i ddatrys problemau'n effeithiol a chael perthnasau llwyddiannus yn ystod plentyndod yw ymddygiad ymosodol a diffyg rheolaeth ddigonol ar fyrbwylledd. Mae hefyd dystiolaeth sy'n awgrymu fod plant ymosodol a rhai sy'n methu canolbwyntio yn fwy tebygol o gamddehongli sefyllfa person arall neu gyfoedion fel un sy'n fygythiol neu'n elyniaethus. Pan fydd plentyn yn cynhyrfu (gyda'i galon yn curo'n gyflym a'i anadlu'n wyllt) oherwydd dicter, ofn, pryder neu wrth fod yn ymosodol, ni all ddefnyddio sgiliau datrys problemau na sgiliau cymdeithasol eraill. Felly, mae angen i blant ddysgu strategaethau rheolaeth emosiynol i'w defnyddio mewn sefyllfaoedd sy'n achosi dicter o'r fath. Mae'r "dull crwban" yn gofyn i'r plant ddychmygu fod ganddynt gragen i encilio iddi fel crwban.

Pan fydd y plentyn yn mynd i mewn i'w gragen, mae'n anadlu'n ddwfn dair gwaith ac yn dweud, "Stopia. Anadla'n ddwfn ac ymdawela." Yn ystod yr anadlu dwfn mae'r plentyn yn dychmygu lle hapus ac ymlaciol, ac wedyn yn dweud wrtho'i hun, "Mi alla i ymdawelu. Mi alla i lwyddo. Mi geisia i eto." Unwaith y byddwch wedi dysgu'r dechneg yma i'r plentyn ni fydd raid ichi ond defnyddio'r gair "crwban" yn unig pan welwch y plentyn yn dechrau colli ei reolaeth emosiynol. Efallai y bydd athrawon hefyd yn defnyddio'r gair yma yn y dosbarth ac yn ymateb drwy roi stamp crwban ar law'r plentyn neu roi sticer " Mi alla i reoli fy nicter." (Mae Pennod 9 yn trafod rheolaeth emosiynol).

Annog cysylltiadau positif gyda chyfoedion yn y gymuned

Cofrestrwch eich plentyn mewn gweithgareddau cymunedol wedi'u trefnu, megis Sgowtiaid, gemau neu wersylloedd. Os yw'r plentyn yn fyrbwyll ac yn methu talu sylw, awgrymwn eich bod yn dewis gweithgareddau sydd wedi eu strwythuro ac sydd â digon o ofal oedolion. Grwpiau bach fydd yn fwyaf llwyddiannus. Ceisiwch osgoi gweithgareddau grwpiau o gyfoedion lle mae nifer o weithgareddau sydd angen llawer o gydweithio neu sydd â rheolau cymhleth. Hefyd, osgowch weithgareddau lle mae llawer o eistedd o gwmpas yn oddefol. Y lle gwaethaf i roi plentyn sy'n methu talu sylw yw mewn gweithgaredd lle buasai angen iddo sefyllian yn ei unfan am gyfnod hir, er enghraifft criced neu rownderi, gan y bydd yn fuan yn datgysylltu ei hun oddi wrth y gêm. Gwell yw ei gadw'n agos at y gweithredu gan y bydd hynny'n dal ei sylw. Osgowch ormod o gystadleuaeth a all sbarduno cynnwrf emosiynol, rhwystredigaeth ac ymddygiad anhrefnus cynyddol. Wrth gwrs, rhaid gwneud eithriad o blentyn gyda thalent arbennig mewn chwaraeon penodol. Mewn achosion o'r fath, fe fyddwch am annog y gweithgaredd gan y bydd hynny'n cynyddu hunanddelwedd y plentyn.

Cydweithio gydag athrawon

Cyfleon cymharol brin sydd gan rieni i weld eu plant mewn lleoliadau lle mae grwpiau mawr o blant - a'r sefyllfaoedd hynny yw'r union rai lle mae plant angen ymarfer y sgiliau yma! Gall ymddygiad yn y dosbarth fod yn wahanol iawn i'r ymddygiad yn y cartref. Er y gall eich plentyn fod yn dda pan fydd ffrind yn dod i'r cartref, gall barhau i gael problemau enfawr gyda'i gyfoedion mewn gweithgareddau grwpiau mwy. Mae'n bwysig eich bod yn cwrdd gydag athro/athrawes eich plentyn i drafod rheoli ymddygiad eich plentyn yn y cartref a'r ysgol. Cydweithiwch gydag athro/athrawes eich plentyn i adnabod rhai sgiliau cymdeithasol cadarnhaol y gallwch gydweithio arnynt i ddechrau eu hannog. Paratowch siart ar gyfer yr ymddygiadau yma a chynigiwch wneud copïau o'r siart i'r athro/athrawes gael copi dyddiol yn yr ysgol. Bob tro y bydd y plentyn yn codi ei law yn dawel, yn cydweithredu gyda chyfoedion neu'n cymryd rhan yn briodol, (yn hytrach na gweiddi allan) bydd yr athro/athrawes yn gallu rhoi sticer penodol ar y "siart cyfeillgarwch" yma. Ar ddiwedd y dydd bydd y siart yn cael ei ddanfon adref gyda'r plentyn a gall y rhieni ychwanegu'r sticeri a enillwyd yn yr ysgol at y rhai ar y siart yn y cartref. Er enghraifft, gall ennill 5 sticer yn yr ysgol ychwanegu at yr amser stori neu weithgaredd arbennig yn y cartref.

Mae'n ddelfrydol hefyd os gellwch weithio gyda'r athrawon i weithredu system wobrwyo yn yr ysgol. Er enghraifft, bob dydd y bydd y plentyn yn ennill nifer penodedig o sticeri yn yr ysgol caiff ddewis gweithgaredd ychwanegol megis mwy o amser gyda'r cyfrifiadur, neu fod y cyntaf yn y rhes ginio, neu gael cychwyn trafodaeth yn y dosbarth. Gall helpu'r plentyn hefyd os bydd yr athro/athrawes yn medru neilltuo cyfrifoldeb arbennig iddo fel bod y plant eraill yn ei weld mewn goleuni positif.

Gyda phlant sy'n ei chael yn anodd dros ben i ganolbwyntio, efallai y byddwch am weithio gyda'r ysgol i geisio help cynghorwr, cymhorthydd neu athro'n yr ysgol a fyddai'n cael ei ddynodi fel "anogwr dysgu" i'r plentyn. Byddai'r anogwr efallai'n cwrdd â'r plentyn am sesiynau byr o 5 munud dair gwaith y dydd i gadw golwg arno. Yn ystod y sesiynau yma bydd yr anogwr yn gallu adolygu siart ymddygiad y plentyn ac yn canmol unrhyw ryngweithio llwyddiannus gyda'i gyfoedion. Gall sicrhau fod llyfrau'r plentyn yn barod ganddo a'i fod wedi ysgrifennu'r aseiniadau yn ei lyfrau'n barod ar gyfer gweddill y bore. Yn ystod amser cinio fe fydd yr anogwr yn atgoffa'r plentyn o'r hyn a ddisgwylir ganddo dros amser cinio, a chyn amser mynd adre bydd yn adolygu ymddygiad y dydd a sicrhau fod gan y plentyn ei siart ymddygiad, ei lyfrau a'i waith cartref yn barod i fynd adref efo fo.

Mae gweithgareddau dysgu cydweithredol, pan fydd y plant yn gweithio mewn grwpiau bach, yn helpu hefyd i'w gwarchod rhag cael eu gwrthod gan eu cyfoedion. Mae'n bwysig fod y plant mwyaf bywiog a byrbwyll yn cael eu gosod mewn grwpiau gwahanol gyda phlant medrus eu sgiliau cymdeithasu. Dylid gosod plant sy'n unig neu sy'n tueddu i gael eu herlid gyda phlant cyfeillgar a chymdeithasol. Mae gweithgareddau grŵp a gynlluniwyd yn ofalus, lle mae'r ffocws ar berfformiad y grŵp cyfan, yn creu cyd-ddibyniaeth gadarnhaol ymhlith aelodau'r grŵp, a thrwy hynny yn creu teimlad o 'berthyn' o fewn y grŵp cyfan. Pan fydd pob aelod o grŵp yn cael cyfrifoldeb dros sicrhau fod pob aelod arall o'r grŵp yn dysgu'r dasg osodedig, bydd plant yn dechrau teimlo cyfrifoldeb dros ei gilydd.

Dysgu empathi

Agwedd allweddol o lwyddiant cymdeithasol eich plentyn yw ei allu i ddechrau ystyried pryderon, dyheadau a theimladau pobl eraill. Os nad yw eich plentyn yn gallu deall safbwynt person arall, yna gall gamddehongli cliwiau cymdeithasol a pheidio gwybod sut i ymateb. Mae datblygu empathi'n cymryd blynyddoedd ac mae pob plentyn yn hunanol ac yn "hunan ganolog" yn yr oedran yma. Serch hynny, mae'n dal yn bosib hyrwyddo ymwybyddiaeth plentyn o deimladau a safbwyntiau eraill.

Yn olaf, mae perthynas gynnes plentyn gyda rhiant y gall ymddiried ynddo/ynddi yn cynyddu'n fawr ei gyfleon i ddatblygu cyfeillgarwch iach. Atgyfnerthwch hunanddelwedd eich plentyn fel person gwerthfawr sydd â'r gallu i fod yn ffrind. Mae'r sylw positif y mae plant yn ei dderbyn yn cynyddu eu hyder yn eu galluoedd a rhoi delwedd gadarnhaol iddynt ohonynt eu hunain. Mae hyn yn lleihau eu hangen i dderbyn cymeradwyaeth eu cyfoedion. Ymdrechwch i fod yn fodel ac yn anogwr dysgu.

I grynhoi...

- Yn ystod cyfnodau chwarae mewn sefyllfa un i un gyda'ch plentyn modelwch ac ymarferwch ddulliau ymuno gyda grŵp, cydweithio wrth chwarae a siarad efo ffrindiau.
- Parhewch i labelu a chanmol ymddygiadau cyfeillgar yn ystod cyfnodau chwarae.
- Gwahoddwch ffrindiau eich plentyn i ddod i'r cartref a defnyddiwch yr achlysur i roi hyfforddiant emosiynol a chymdeithasol.
- Trefnwch gemau yn ystod ymweliadau o'r fath lle bydd cyfleoedd i'r plant ddatblygu sgiliau cyfeillgarwch.
- Anogwch eich plentyn i ddefnyddio sgiliau hunan-siarad positif

a strategaethau hunan-reoli er mwyn aros yn dawel yn ystod cyfnodau gwrthdaro.

- Canmolwch a sefydlwch gynlluniau gwobrwyo ar gyfer plant sydd ag anawsterau cymdeithasol i hybu'r sgiliau cymdeithasol sy'n cael eu targedu.
- Cydweithiwch gydag athrawon i sefydlu cynlluniau ymddygiad a systemau gwobrwyo ar y cyd a fydd yn hyrwyddo'r sgiliau cymdeithasol a dargedir yn yr ysgol ac yn y cartref.

Cyfathrebu a Datrys Problemau

Rheoli Meddyliau Gofidus

Mae pob rhiant yn teimlo'n flin, yn isel eu hysbryd, yn rhwystredig ac yn euog pan fyddant yn ymdrin â chamymddwyn eu plant. Mae teimladau gofidus yn anochel ond maent hefyd yn hanfodol a buddiol. Maent yn arwyddo'r angen i newid, datrys problemau a darparu cymhelliant i newid. Ond mae'n beryglus pan fydd y teimladau yma'n gorlethu rhieni gymaint nes eu bod yn cael eu parlysu gan iselder neu'n colli rheolaeth ar eu dicter. Y syniad felly yw, nid ceisio osgoi'r teimladau yma na dileu gwrthdaro, ond dysgu sut i ymdopi gydag ymatebion emosiynol i wrthdaro mewn modd sy'n darparu mwy o hunanreolaeth.

Mae ymchwilwyr wedi dangos perthynas glir rhwng yr hyn a *feddyliwn* am sefyllfa, yr hyn a *deimlwn* amdani, a'r modd yr ydym yn *ymddwyn*. Gadewch i ni edrych ar y model o'r modd y mae meddyliau yn penderfynu'r emosiynau.

I weld sut mae hyn yn digwydd, beth am ystyried y ffyrdd amrywiol y gall rhiant ymateb i'r sefyllfa yma. Mae Eddie wedi gadael bwyd, teganau a phapurau wedi'u taflu dros bob man yn yr ystafell fyw. Wedi'i gythruddo gan y llanast, fe allai'r tad ddweud wrtho'i hun, "Mae o'n amhosib, yn anystyriol, anghyfrifol a diog." Wrth iddo feddwl y meddyliau negyddol yma mae ei ddicter yn cynyddu ac mae'n dechrau beirniadu a gweiddi ar y bachgen. Ar y llaw arall, fe allai edrych ar y sefyllfa fel un anobeithiol neu feddwl mai fo ei hun sydd ar fai. Fe allai ddweud wrtho'i hun, "Wnaiff o byth dyfu allan o hyn" neu "Fy mai i ydi o am fod yn rhiant gwael" neu "Does yna ddim y gallaf ei wneud." Yn yr achos yma, mae'r tad yn fwy tebygol o deimlo'n isel a phetrus, ac osgoi gofyn i'r plentyn glirio neu ei ddisgyblu. Pe byddai, fodd bynnag wedi canolbwyntio ei feddyliau ar ei allu i ymdopi a bod yn dawel, fe allai fod wedi dweud wrtho'i hun, "Rwy'n mynd i orfod atgoffa Eddie i dacluso'r ystafell yma." Byddai hyn wedi hyrwyddo ymatebion mwy rhesymol ac effeithiol i'r camymddwyn.

Ymateb i Sefyllfaoedd

Mae'r ddau ddiagram cyntaf – y Cylch Iselder a'r Cylch Dicter – yn arddangos y cylch milain a ddigwydd pan fydd meddyliau negyddol yn cael rhwydd hynt. Mae'r trydydd diagram yn dangos sut y mae meddyliau positif yn cynhyrchu ymateb mwy effeithiol sy'n arwain at well ymddygiad.

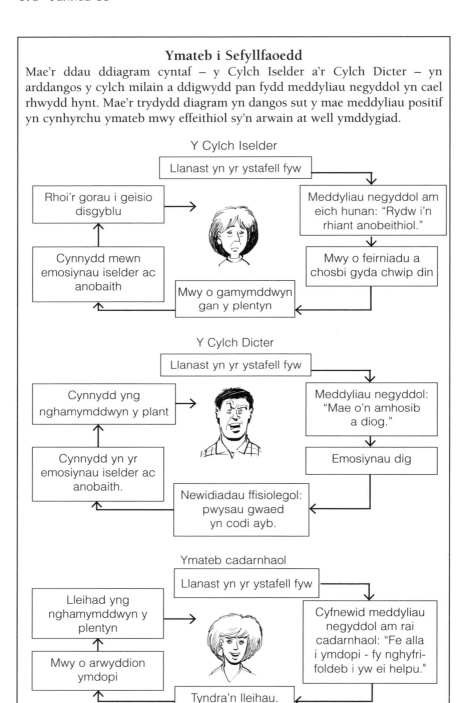

Y Cylch Iselder

Llanast yn yr ystafell fyw

Rhoi'r gorau i geisio disgyblu

Meddyliau negyddol am eich hunan: "Rydw i'n rhiant anobeithiol."

Cynnydd mewn emosiynau iselder ac anobaith

Mwy o feirniadu a chosbi gyda chwip din

Mwy o gamymddwyn gan y plentyn

Y Cylch Dicter

Llanast yn yr ystafell fyw

Cynnydd yng nghamymddwyn y plant

Meddyliau negyddol: "Mae o'n amhosib a diog."

Cynnydd yn yr emosiynau iselder ac anobaith.

Emosiynau dig

Newidiadau ffisiolegol: pwysau gwaed yn codi ayb.

Ymateb cadarnhaol

Llanast yn yr ystafell fyw

Lleihad yng nghamymddwyn y plentyn

Cyfnewid meddyliau negyddol am rai cadarnhaol: "Fe alla i ymdopi - fy nghyfri-foldeb i yw ei helpu."

Mwy o arwyddion ymdopi

Tyndra'n lleihau.

Yn yr enghraifft uchod fe sbardunodd yr un digwyddiad dri ymateb emosiynol a meddyliol gwahanol. Y gwir yw ein bod yn mynd yn flin, nid oherwydd y digwyddiad ei hun ond oherwydd y ffordd rydym yn edrych arno. Hwyrach i chi sylwi'n barod nad yw llanast mewn ystafell yn eich poeni ambell ddiwrnod, ond ar ddyddiau eraill mae'n eich gwir gythruddo. Mae'r ffordd rydych yn gweld sefyllfa yn cael ei dylanwadu gan ddigwyddiadau eraill yn eich bywyd megis sut mae pethau wedi mynd yn y gwaith y diwrnod hwnnw, neu os cawsoch ddadl gyda'ch partner neu beidio. Pwrpas y bennod yma yw eich helpu i adnabod rhai hunan-osodiadau negyddol cyffredin sy'n cynyddu eich trallod, a'ch dysgu yn hytrach sut i'w cyfnewid am ymatebion ymdopi yn ystod cyfnodau o wrthdaro.

CAM UN: Bod yn ymwybodol o'ch meddyliau negyddol a chadarnhaol

Mae eich meddyliau efo chi bob amser, ac maent dan eich rheolaeth chi a neb arall. Ond gan eu bod wastad efo chi rydych yn eu cymryd yn ganiataol ac yn rhoi fawr ddim sylw iddynt. Os na ddysgwch roi sylw i'ch meddyliau, ni allwch eu newid. Dychmygwch yr olygfa yma:

> Mae gennych ddau o blant, un yn bedair oed a'r llall yn chwech oed. Mae'n amser swper ac wedi diwrnod llawn straen yn y gwaith rydych wedi bod adref am bum munud. Mae'r ddau blentyn yn gweiddi ac yn dadlau yn yr ystafell fyw. Rydych yn ceisio paratoi swper ac yn dweud wrthynt am fod yn ddistaw a rhoi'r gorau i ymladd. Mae'r ymladd yn parhau a chwithau'n teimlo'r tyndra'n cynyddu. Yn sydyn fe glywch sŵn lamp yn disgyn ar y llawr. Beth yw eich meddyliau? Mae'n debygol mai rhai negyddol ydynt.

CAM DAU: Lleihau eich meddyliau negyddol

Wedi i chi ddod yn ymwybodol o'ch patrymau meddwl negyddol, yr ail gam yw eu lleihau. Mae pedair ffordd o wneud hyn.

Ymyrryd â'r meddyliau

Cyn gynted ag y sylweddolwch eich bod yn meddwl yn negyddol, stopiwch y meddwl hwnnw. Efallai y dywedwch wrth eich hun, "Rwy'n mynd i stopio meddwl am fy mhroblemau yn y gwaith rŵan. Rwyf angen rhoi sylw i'r plant." Mae rhai rhieni'n gwisgo band rwber ar eu harddwrn ac yn chwarae efo fo bob tro y cânt feddyliau negyddol i'w hatgoffa i stopio. "Stopia boeni. Wnaiff poeni ddim helpu o gwbwl."

Clustnodi amser i bryderu a bod yn flin

Mae pryderon sy'n troi a throsi yn eich meddwl drwy'r amser, megis yr holl ffyrdd y bu eich plant yn achosi trafferth ichi a'ch cythruddo, yn eich blino'n lân. Penderfynwch am ba hyd y mae'n rhaid i chi feddwl y meddyliau yma ac yna clustnodwch amser iddynt o fewn eich diwrnod. Er enghraifft, dywedwch eich bod am 9.30 y nos yn mynd i ganiatáu i'ch hun fod mor flin ag y dymunwch. Yn ystod gweddill y dydd peidiwch â gadael i'r meddyliau yma amharu ar eich ysbryd, eich gwaith na'ch chwarae. Y syniad yw, nid peidio cael meddyliau annymunol o gwbl, ond penderfynu pa bryd yw'r amser gorau i'w cael. Dylai un cyfnod o hanner awr bob dydd fod yn ddigon.

Bod yn fwy gwrthrychol

Y drydedd ymdriniaeth tuag at stopio hunan-siarad negyddol yw gofyn i chi eich hun yn ystod moment o wrthdaro - a yw'r hyn rydych yn ei feddwl neu'n ei wneud yn eich helpu i gyrraedd eich nod.

- Beth yw fy nod? (i'm plant wella'u hymddygiad)
- Beth wyf yn ei wneud rŵan? (mynd yn flin, mynd yn isel fy ysbryd)
- Ydi'r hyn rwyf yn ei wneud rŵan yn fy helpu i gyrraedd fy nod tymor hir? (na, rydym yn dadlau ac rwyf ar fin rhoi chwip din iddynt)
- Os nad yw yn fy helpu i gyrraedd fy nod, beth sydd raid i mi ei wneud yn wahanol? (meddwl yn fwy positif, mynd i ffwrdd am sbel, gwneud ymarferion ymdawelu, ac ati).

Mae hyn wedi cael ei alw "y dull crwban" oherwydd eich bod yn encilio i'ch cragen am gyfnod byr i asesu eich ymddygiad. Rhoddodd un tad y disgrifiad a ganlyn inni mewn grŵp rhieni. Roedd yn ceisio gadael am ei waith ond nid oedd ei fab yn barod ac roedd yn tindroi'n barhaus. Aeth â'r mab i'w ystafell wely lle dechreuodd sgrechian. Cynyddodd dicter y tad nes iddo agor y drws, gafael yn ei fab a dweud, "Rwyt eisiau sylw negyddol ac rwyt yn mynd i'w gael!" Yn sydyn meddyliodd am yr hyn roedd yn ei wneud a sylweddolodd nad oedd hyn yn ei arwain i unlle. Gadawodd yr ystafell ac aeth allan. Ym mhen rhai munudau daeth ei fab ato wedi gwisgo pob dilledyn. Trafododd y tad sut y bu iddo ystyried y mater yn fwy gwrthrychol, sefyll yn ôl, asesu'r hyn oedd yn digwydd a sylweddoli nad oedd colli rheolaeth a dial ddim ond yn gwaethygu'r sefyllfa. Yn ddelfrydol dylech ddefnyddio'r dechneg yma cyn i chi golli rheolaeth, ond o leiaf fe lwyddodd y tad i stopio'i ymateb cyn i bethau fynd yn rhy bell. Y tro nesaf bydd yn ymatal yn gynt.

Cofiwch normaleiddio'r sefyllfa.

Normaleiddio'r sefyllfa

Ffordd arall o wrthrychu sefyllfa yw ei normaleiddio drwy gofio fod pob rhiant yn cael dyddiau anodd a llawn gwrthdaro, a bod pob plentyn yn cael problemau ymddygiad. Yn ogystal, mae pob rhiant a phlentyn yn cael teimladau o euogrwydd, iselder, dicter a phryder. Unwaith y byddwch wedi normaleiddio eich teimladau, yna mae'n bwysig stopio'r rhai negyddol. Fe allech ddweud wrthych eich hun, "Dwi'n teimlo tyndra, ond mae hynny'n naturiol," neu "Mae llawer o rieni'n teimlo'n ddigalon weithiau. Bydd y teimlad yn cilio maes o law."

CAM TRI: Cynyddu eich meddyliau positif

Nid yw lleihau nifer eich meddyliau negyddol yn mynd i gynyddu'r rhai positif ar ei ben ei hun. Dyma chwe ffordd i'ch helpu i gynyddu meddyliau positif.

Dadlau yn erbyn hunan-siarad negyddol

Brwydrwch yn erbyn gosodiadau hunan-siarad sy'n cynnwys y geiriau "dylwn" a "rhaid" neu osodiadau cyffredinol sy'n cynnwys geiriau megis "ofnadwy" a "dychrynllyd." Yn hytrach na meddwl "Fe ddylwn fod yn well rhiant," dywedwch wrthych eich hun, "Pam ydw i'n meddwl fod rhaid imi fod y rhiant perffaith?" Peidiwch â chwyno wrthych eich hun, "Mae fy mhlant yn ofnadwy!" Dywedwch, "Dydi fy mhlant ddim yn rhy ddrwg." Mae'r meddyliau hyn yn llai eithafol a bydd camymddwyn y plant i'w weld mewn golau mwy derbyniol. Os gallwch ddwyn sefyllfa i gof pryd y gwnaethoch orymateb, mae'n ddefnyddiol i chi atgoffa eich hun ac adnabod yr hunan-siarad negyddol a ddigwyddodd bryd hynny, a meddwl am ffyrdd o'i herio.

Cael meddyliau tawelu ac ymdopi yn lle meddyliau negyddol

Ymdriniaeth arall yw disodli meddyliau gofidus a hunan-siarad negyddol gyda meddyliau sy'n eich ymdawelu. Os cewch eich hun yn meddwl am eich plentyn mewn termau gelyniaethus ("Mae'n camymddwyn am ei fod yn fy nghasáu i. Mae'n hoffi creu gofid imi.") yna, stopiwch i feddwl a cheisiwch gyfnewid y meddyliau hyn am rai sy'n cadarnhau eich gallu i ymdopi ("Rwy'n mynd i orfod ei helpu i ddysgu rheoli'i hun. Fy nghyfrifoldeb i yw hynny.")

Edrych i'r dyfodol

Y syniad yma yw meddwl yn fwy positif drwy symud ymlaen yn feddyliol tuag at amser y bydd y tyndra wedi dod i ben. Er enghraifft, os ydych yn ceisio dysgu mynd i'r toiled i'ch mab bach dywedwch, "Pan fydd yn mynd i'r coleg fydd o ddim yn gwisgo clytiau." Rydych yn cydnabod y bydd y broblem ymddygiad a'r teimladau isel neu ddig yn mynd i ffwrdd ymhen hir a hwyr. Os yw'r plentyn yn camymddwyn am iddo gael ei amddifadu o rywbeth, mwy na thebyg y cymer rai munudau i'w strancio stopio. Os ydych chi a'r plant newydd brofi ysgariad neu wahanu, fe fydd y cyfnod yn llawer hirach cyn i bethau wella. Serch hynny, mae'n dal yn

Meddyliwch ymlaen at amser positif:
"Fydd o ddim yn gwisgo clytiau pan fydd yn y coleg."

bwysig cydnabod y bydd y boen a'r golled a deimlwch yn lleihau gydag amser. Wrth edrych tua'r dyfodol mae modd i chi fod yn ymwybodol o deimladau beichus, gweld dyfodol mwy llewyrchus ac atgoffa eich hun nad fydd poen seicolegol yn eich lladd.

Gellwch hefyd atgoffa'r plant o natur dros dro'r broblem sy'n eich poeni. Gellwch ddweud wrth eich mab sydd heb ddysgu mynd i'r toiled, "Erbyn yr adeg yma flwyddyn nesa' fyddi di ddim yn gwlychu dy drowsus. Fydd ddim rhaid i ti wisgo clytiau bryd hynny." Neu, "Mae'n anodd dysgu darllen rŵan, ond fe ddaw'n haws bob wythnos."

Meddyliwch a mynegwch eich teimladau hunan-ganmol

Y bedwaredd ffordd i feddwl yn fwy positif yw rhoi canmoliaeth i chi eich hun am eich llwyddiannau. Mae llawer o bobl nad ydynt yn rhoi clod i'w hunain am gyflawni tasgau, yn arbennig y dasg anodd o fod yn rhieni. Yna maent yn bychanu eu hunain pan fydd pethau'n mynd o chwith. Cofiwch nodi eich llwyddiannau yn ystod y dydd a phob dydd.

Hiwmor

Mae hiwmor yn helpu i leihau dicter ac iselder. Peidiwch â chymryd eich hun ormod o ddifrif. Efallai y dywedwch wrthych eich hun fel jôc, â'r cinio'n llosgi a chithau'n bygwth anfon eich plant i'r lleuad am ymladd eto fyth, "O ie, dwi'n berffaith, dwi byth yn colli fy nhymer." Mwy na thebyg y bydd chwerthin am eich pen eich hun yn eich helpu i ymdawelu a meddwl am y sefyllfa'n fwy rhesymegol. Mae rhai hyd yn oed yn cadw llyfr jôcs i'w dynnu allan ar adegau o densiwn arbennig.

Modelu ymdopi drwy hunan-siarad a hunan-ganmol

Wrth i chi ddysgu defnyddio meddyliau rheoli sefyllfa a hunan-ganmol wrth wynebu problem, ceisiwch eu mynegi'n uchel. Rydych yn fodel pwerus i'ch plant. Yn ystod y dydd mae llawer o gyfleon i chi fodelu eich meddyliau'n uchel fel bydd y plant yn clywed sut roeddech yn teimlo ac yn ymdopi gyda sefyllfa anodd. Drwy arsylwi ar yr ymatebion bydd y plant yn raddol yn dysgu defnyddio ymatebion tebyg i'r rhai a fodelwyd.

Wrth gwrs, fe fydd adegau pan fyddwch yn ei chael yn anodd defnyddio technegau hunanreolaeth. Peidiwch â phoeni - mae i'w ddisgwyl y byddwch yn llithro'n ôl a chael problemau. Bydd eich sgiliau'n gwella gydag ymarfer. Meddyliwch yn nhermau datblygu fesul tipyn a pheidiwch â bychanu cynnydd graddol. Gofynnwch i chi eich hun, a oedd angen mynd yn flin yn y lle cyntaf? A pheidiwch ag anghofio canmol eich ymdrechion.

Ymwrthod â labelau negyddol a chanolbwyntio ar ymddygiadau positif penodol

Mae "labelu'n" categoreiddio personoliaethau plant mewn modd negyddol. Mae label yn awgrymu fod y plant yn ymddwyn mewn ffordd benodol bob amser ac nad ydynt yn medru newid. Fe allai Diane, sydd ddim yn rhoi'r sbwriel allan, gael ei labelu gan ei thad fel, "hollol anghyfrifol, anystyriol, diog ac wedi'i difetha." Mae pobl sydd wedi dysgu edrych ar y byd yn y ffordd eithafol yma hefyd yn medru ymdrin yn yr un modd â'u partneriaid, aelodau eraill o'r teulu, cydweithwyr neu ffrindiau. Bydd meddwl mewn ffordd negyddol drwy'r amser yn cynyddu lefel y rhwystredigaeth a'r dicter pan fydd pobl o'r fath mewn sefyllfaoedd gofidus.

Osgowch ganolbwyntio ar un ymddygiad problemus a chredu fod hwnnw'n adlewyrchu holl bersonoliaeth eich plentyn neu eich partner. Un ffordd o osgoi labelu yw gwrthbrofi meddwl negyddol drwy ofyn i chi eich hun, "Ydi hyn bob amser yn wir?" neu "Ydi hyn yn fanwl gywir?" Mwy na thebyg nad yw'r ymddygiad ond yn wir am y foment honno. Wedyn, meddyliwch am yr ymddygiad penodol sy'n eich cythruddo a meddyliwch am osodiad hunan ymdopi. Er enghraifft, fe allai tad Diane ddweud wrtho'i hun, "Dwi'n ei labelu. Dydi hi ddim wir yn ddiog. Dim ond cael trafferth cofio mynd â'r sbwriel allan mae hi. Mi wna i siarad efo hi am ffyrdd o gofio." Ffordd arall o ymwrthod â labelu plant yw normaleiddio eu hymddygiad. Atgoffwch eich hun fod pob plentyn yn strancio, yn anufudd, yn anghofio cyflawni tasgau ac yn ymddwyn yn ymosodol o bryd i'w gilydd.

Osgoi rhagdybio bwriadau pobl eraill

Mae rhai pobl yn honni eu bod yn gwybod pam fod eu plentyn neu bartner wedi ymddwyn mewn ffordd arbennig. Yn aml tybiant fod rhyw gymhelliad tu ôl i gamymddygiad a gweithredant yn unol â'r gred honno. Yn anffodus gall rhagdybiaeth o'r fath ddod yn broffwydoliaeth hunan-wireddol. Er enghraifft, mae dau blentyn yn ffraeo wrth i'w mam geisio edrych ar y newyddion. Mae'n rhagdybio, "Maent yn fwriadol swnllyd. Maent yn ceisio fy ngwneud i'n flin!" Neu dad sy'n dod adre ar ôl bod yn siopa am fwyd ac yn gweld ei wraig yn siarad ar y ffôn a'r plant yn gwneud llanast yn yr ystafell fyw. Mae'n rhagdybio, "Does 'na neb yn pryderu amdana i. Pe buasai hi'n poeni amdana i, fe fyddai'n cael y plant i ymddwyn yn briodol." Mae'r math yma o ragdybio negyddol yn sicr o gynyddu ei ddicter a'i lid tuag at ei wraig a'i blant.

Mae'n bwysig canolbwyntio ar yr ymddygiad y dymunwch ei newid ac osgoi dyfalu am gymhellion. Yn hytrach na bod y fam yn meddwl, "Maent yn gwneud hyn yn fwriadol i fy ngwneud i'n flin," fe allai ddweud wrthi'i hun, "Dydw i ddim yn gwybod beth sydd wedi eu ypsetio nhw heddiw. Hwyrach y dylwn ofyn iddynt." Mae'n gofyn iddynt am eu problem yn hytrach na rhagdybio. Yn yr ail enghraifft gallai'r tad ddweud wrtho'i hun, "Rhaid i mi siarad efo hi am helpu'r plant i gadw'r ystafell fyw yn daclusach." Mae o'n osgoi dyfalu ac yn canolbwyntio ar yr ymddygiad y dymuna ei newid. Mae o wedi dewis gweld ei hun fel hwylusydd newid yn hytrach na dioddefwr o fewn ei deulu.

Meddwl yn bositif
Mae unigolion sy'n rhagdybio meddyliau fel sipsiwn yn ceisio dweud ffortiwn gan broffwydo gwae. Tybiant fod rhywbeth a ddigwyddodd yn y gorffennol yn rhagflas o'r hyn sydd i ddod. Er enghraifft, mae Connie sy'n bump oed, wedi bod yn dwyn mân bethau o gwmpas y cartref. Mae ei thad yn rhagdybio, "Fe fydd yn tyfu'n droseddwr ifanc ac yn rhoi'r gorau i fynd i'r ysgol." Enghreifftiau eraill o broffwydo yw, "Fydd o byth yn stopio," "O na, mae'n dechrau eto. Bydd yn union yr un fath â'r tro diwethaf." Mae'r math yma o hel bwganod yn gwneud i rieni deimlo'n isel eu hysbryd, ymddwyn yn oddefol neu ymwrthod â chyfleoedd i helpu'r plant i ymddwyn yn fwy priodol. Mae gwneud rhagdybiaethau

Cofiwch stopio meddyliau negyddol a'u disodli gyda meddyliau ymdopi.

negyddol am y dyfodol hefyd yn cyflwyno proffwydoliaethau hunan-wireddol. Os yw rhieni wedi'u darbwyllo nad yw eu plant byth yn mynd i ymddwyn yn well, efallai mai dyna fel y bydd pethau.

Ffordd fwy positif o feddwl am Connie'n dwyn fyddai, "Mi fedra i helpu Connie i ddysgu sut i beidio dwyn." Mae hyn yn canolbwyntio ar ymdopi'n effeithiol efo'r broblem gyda'r canlyniad fod y plentyn yn derbyn mwy o negeseuon gobeithiol am ei galluoedd. Os yw proffwydo i fod o gymorth, rhaid teithio ymlaen yn feddyliol i amser pan fydd y cyfnod o straen wedi dod i ben a rhagfynegi canlyniad positif. Er enghraifft, efallai y bydd mam efeilliaid chwech oed sy'n ymladd drwy'r amser yn dweud wrthi'i hun, "Mae'n galed cael dau blentyn chwech oed. Maent yn ffraeo drwy'r amser. Ond mewn ychydig o flynyddoedd mae'n debyg y byddant yn cyd-dynnu'n llwyddiannus ac yn ffrindiau da." Bydd gwneud proffwydoliaeth bositif yn eich atgoffa am ddyfodol mwy ymlaciol ac yn annog eich plant i ymddwyn yn fwy priodol.

Newid meddyliau negyddol am feddyliau cadarnhaol

Mae rhai rhieni'n creu trychineb, yn dychmygu'r canlyniad gwaethaf neu'n rhoi gormod o bwysigrwydd i ddigwyddiad negyddol. Os yw tad yn ceisio darllen, a'i blant yn swnian, meddwl y gwaethaf fyddai dweud, "Fedra i ddim dioddef hyn. Maen nhw'n fy ngyrru'n benwan!" Mae'r math yma o feddwl yn cynyddu cyffro emosiynol, dicter a ffrwydradau geiriol drwy ddarbwyllo rhieni eu bod wedi colli rheolaeth.

Os yw geirfa megis "bob amser," "byth," "pawb," a "neb." yn llenwi'r meddwl, mae'n arwydd eich bod yn gorliwio sefyllfa broblemus. Dywedwch wrthych eich hun, "Stopia! Dydw i ddim yn mynd i feddwl fel yna." Yn hytrach defnyddiwch feddyliau ymdopi megis: "Mi alla i reoli fy nicter," "Fe allai pethau fod yn waeth," "Fe alla i aros yn dawel a delio â hyn." Rydych yn canolbwyntio ar eich gallu i reoli'r sefyllfa, waeth pa mor annymunol ydyw. Yn yr enghraifft uchod, gallai'r tad wneud sylw cadarnhaol megis, "Mae hyn yn rhwystredig, ond fe allaf ei ddioddef. Dydi o ddim yn ddiwedd y byd. Mae pob plentyn yn swnian weithiau."

Normaleiddio sefyllfaoedd a herio hunan-siarad negyddol

Mae hunan-siarad sy'n cynnwys "dylai" a "rhaid" yn awgrymu bod gan rywun yr hawl i rywbeth, a'i bod yn annioddefol os nad yw hynny'n digwydd. Gall rhan gyntaf hyn fod yn wir, fodd bynnag mae'r ail ran yn creu anhawster. Nid yw amgylchiadau bob amser yn caniatáu'r delfrydol ac mae ymateb fel petai'r sefyllfa sy'n dilyn yn annheg yn gwahodd gofid emosiynol. Gall rhieni deimlo fod ganddynt hawl i ddistawrwydd, darllen y papur newydd neu edrych ar raglen deledu. Mae'r math yma o agwedd, yn enwedig os yw'n cau allan hawliau neu anghenion pobl eraill, yn gallu bod yn sail i lawer o ddicter. Drwy fynegi'r dewisiadau mewn termau absoliwt, gallant deimlo'u bod yn cael cam pan nad yw dymuniadau'n cael eu cyflawni. Mae'r teimlad o anghyfiawnder sy'n dilyn, a'r awydd i gosbi neu gywiro pethau yn cynnal dicter ac yn creu mwy o wrthdaro. Er enghraifft, mae Sally'n cael trafferth efo'i mab Jessie yn y siop fwyd. Mae o'n orfywiog ac nid yw'n gwrando ar un gair y dywed ei fam. Mae hi'n meddwl, "Ni ddylai fy nhrin i fel hyn. Rhaid iddo fy nhrin yn decach." Wrth i'r fam feddwl fel hyn mae hi'n teimlo'n fwy a mwy blin.

Heriwch feddyliau afresymol

Mae angen ichi ail-ysgrifennu hunan-osodiadau sy'n defnyddio termau absoliwt i gynnwys safonau mwy hyblyg i chi eich hun ac i eraill. Derbyniwch eich hun ac eraill fel rhai amherffaith a ffaeledig a rhowch ddewis i bobl o wahanol ffyrdd o ymateb. Mae hyn yn golygu bod yn barod am yr annisgwyl a chamgymeriadau fel rhan o fywyd. Yn yr enghraifft uchod fe allai Sally ddweud wrthi'i hun, "Mae o ym mhob man heddiw. Mae o'n cael un o'i ddyddiau bywiog. Mae pob plentyn fel yna weithiau." Tacteg arall fyddai herio'n feddyliol unrhyw hunan-siarad sy'n cynnwys y geiriau, "rhaid" a "dylai." "Pwy sy'n dweud y dylai plant drin eu rhieni'n deg?" "Pam fod disgwyl iddo fod yn berffaith pan nad oes unrhyw blentyn felly?" "Pwy sy'n dweud y dylwn fod yn berffaith?" Mae llawer o rieni'n canfod fod herio pob "dylai" y maent wedi eu gosod iddynt eu hunain yn arwain at ryddhad braf oddi wrth safonau rhy uchel o ran eu hymddygiad eu hunain. Yn ddiddorol, mae'r safonau afrealistig hyn yn adlewyrchu'r gorchmynion "rhaid" a "dylai" a glywsant gan eu rhieni eu hunain.

Meddwl am nodau tymor hir
Weithiau mae rhieni'n dweud wrthynt eu hunain, "Dydi hyn ddim yn deg! Pam fod rhaid i mi gael plentyn fel hyn? Dydw i ddim yn haeddu hyn. Mae fy mhlentyn yn haeddu cael ei gosbi." Teimlant eu bod yn cael eu herlid gan eu plant, ac mae eu dicter yn cael ei ddefnyddio i gyfiawnhau eu dial. Hwyrach y credant eu bod yn rheoli sefyllfa er bod eu dicter allan o reolaeth.

Mae'n anodd rhoi dicter o'r neilltu, yn enwedig pan ydych yn teimlo'ch hun yn cael cam gan driniaeth annheg. Mae bod yn flin yn gallu gwneud i chi deimlo'n gyfiawn, yn herfeiddiol ac yn bwerus. Mae ildio yn gallu bod yn anodd oherwydd gall hynny wneud i chi deimlo'n ddi-asgwrn-cefn a di-rym. Mewn sefyllfa o'r fath mae'n ddefnyddiol meddwl yn nhermau nodau tymor hir yn hytrach na'r boddhad tymor byr o gael dial. Fe allech ddweud wrthych eich hun, "Yn y tymor hir mae'n well i'r plentyn fy ngweld yn ymdopi drwy reoli fy nicter yn hytrach na gadael i'r dicter fy rheoli i." Hunanosodiad adeiladol arall yw, "Byddai'r gosb tymor hir o adael i'm dicter ffrwydro yn llawer mwy na'r pleser dros dro o ddangos i'r plentyn na chaiff fy nghymryd yn ganiataol." Os ydych yn teimlo'n eithriadol o flin, fe all fod yn ddefnyddiol i chi wneud ymarferion anadlu er mwyn ymlacio neu gael Amser Allan i'ch helpu i adennill rheolaeth.

Gwrthrychu a normaleiddio
Mae math arall o hunanosodiad sy'n creu gofid yn digwydd pan fydd rhieni'n beio'u hunain am broblemau gyda'u plant. Wrth ddod wyneb yn wyneb â phroblem dywedant wrthynt eu hunain, "Rwyf yn fethiant llwyr fel rhiant. Fedra i ddim gwneud dim byd yn iawn." Neu fe allant ystyried eu sefyllfa a dweud, "Pe bawn i heb fynd yn ôl i weithio, hwyrach y byddent yn ymddwyn yn well," neu "Dwi'n cael y problemau yma am fy mod yn rhiant sengl." Yn y sefyllfaoedd yma, mae rhieni'n cyffredinoli ac yn dehongli problemau â'u plant fel adlewyrchiad o'u sgiliau magu plant neu eu ffordd o fyw. Nid yn unig y mae hyn yn gor-symleiddio problem gymhleth, ond mae'n eu harwain i deimlo'n elyniaethus a goddefol, ac efallai yn y diwedd yn achosi iddynt beidio dyfalbarhau.

Gall rheoli dicter fod yn anodd weithiau.

Gwnewch eich meddyliau hunan feirniadol yn llai personol drwy gofio fod gan bob plentyn broblemau ymddygiad ac nad yw'r problemau hynny o reidrwydd yn adlewyrchiad o'ch gallu fel rhiant. Mae hefyd yn bwysig i chi wrthrychu ymddygiadau eich plant a gofyn i chi eich hun:

- Sut y galla i helpu fy mhlant ddysgu ymddygiadau mwy positif?
- Beth yw fy nod i'm plentyn?
- Ydi'r hyn 'dwi'n ei wneud yn helpu'r plentyn i ddysgu ymddygiadau mwy positif?
- Os nad ydyw, beth ddylwn i ei wneud yn wahanol?

Er enghraifft efallai y meddyliwch, "Dyw mynd yn flin ddim yn ei helpu. Dim ond gwthio ffiniau ei amgylchedd y mae o. Fe alla i ei ddysgu i beidio reidio'i feic ar y ffordd." Neu, "Mae pob plentyn yn gwneud hyn efo'i rieni. Dydi o ddim yn anghenfil. Rhaid i mi aros yn dawel efo fo." Un ffordd o normaleiddio hunan feirniadaeth o amgylchiadau eich bywyd yw cofio fod pob teulu'n profi digwyddiadau sy'n achosi straen enfawr megis ysgariad, marwolaeth, salwch tymor hir, diweithdra neu symud tŷ. Nid osgoi neu wrthod pwysau o'r fath yw'r nod ond helpu'r plant ddysgu sut i ymdopi gyda nhw mewn ffordd gynhyrchiol a hyblyg.

Os ydych yn hunan feirniadol mae angen i chi ddysgu nid yn unig sut i stopio meddyliau negyddol ond hefyd sut i gynyddu meddyliau positif a hunan-ganmol. Mae llawer o bobl yn gyndyn o ganmol eu hunain, hwyrach oherwydd y teimlant fod hynny'n frolio neu'n fifawr. Fodd bynnag os yw'n dda i ganmol pobl eraill mae hefyd yn dda i wneud hynny i chi eich hun. Dyma rai enghreifftiau o hunan-ganmol meddyliol: "Rydw i'n rhiant da," "Rydw i'n ymdrechu'n galed," "Rydw i'n falch ohonof fy hun am gymryd gofal o'r sefyllfa," "Rydw i'n gwneud cynnydd," a "Mae'n dod yn well bob tro dwi'n ei wneud o." Ystyriwch yr holl bethau rydych yn eu cyflawni bob dydd a rhowch glod i chi eich hun.

Canolbwyntio ar fod yn dawel a defnyddio negeseuon "fi" yn lle negeseuon "ti" i gael cefnogaeth

Yn achlysurol pan fydd rhieni'n mynd yn rhwystredig efo'u plant, maent yn beio'u partner am y broblem. Enghraifft o hyn yw mam sy'n meddwl, "Dwi'n gwneud y gwaith i gyd o gwmpas y lle 'ma. Dwi'n cael dim cefnogaeth gan fy ngŵr a dydi'r plant ddim yn gwrando arna i. Ei fai o ydi o am beidio fy nghefnogi." Neu efallai y dywed tad wrtho'i hun, "Ar ôl gweithio drwy'r dydd, dwi wedi blino. Pan dwi'n cyrraedd adref y cyfan dwi'n ei gael ydi trafferthion. Mae'r plant yn gweiddi ac yn ffraeo. Pe bai Joan yn disgyblu'r plant yn fwy llwyddiannus, fe fyddent yn ymddwyn yn well!" Mae pobl sy'n gwneud hunan-sylwadau gweld bai o'r math hwn yn debygol o gael eu hunain mewn gwrthdaro gyda'u partner yn ogystal â'u plant.

Ffordd arall y mae rhieni'n beio ei gilydd am broblemau plant yw cyhuddo'i gilydd o osod esiampl wael. Er enghraifft, "Mae Laura'n ymosodol, yn union fel ei mam," neu "Mae Tom mor flêr â'i dad." Gall y math yma o feddwl ddatblygu'n broffwydoliaeth hunan-wireddol. Mae'n debygol o gael ei fynegi mewn cyfnod o ddicter neu anobaith ac mae plant yn cael eu dysgu felly fod disgwyliad arnynt i ddynwared ymddygiadau annymunol eu rhieni.

Os byddwch yn cael meddyliau sy'n gweld bai ar eich partner am y ffordd y mae'r plant yn ymddwyn, mae angen i chi eu stopio. Dylid eu newid am negeseuon ymdopi sy'n canolbwyntio ar roi negeseuon "fi" am yr ymddygiad a hoffech. Gallai'r fam oedd yn teimlo diffyg cefnogaeth ddweud wrthi'i hun, "Gwell i mi ymdawelu cyn i mi ddweud rhywbeth fydda i yn gofidio amdano. Yr hyn ydw i ei angen yw cymorth. Mi wna i ofyn i fy ngŵr fy helpu. Yna fe alla i gael bath hyfryd i ymlacio." Gallai'r tad ddweud wrtho'i hun, "Gwell i mi ymdawelu. Anadla'n ddwfn dipyn o weithiau. Rydw i angen ychydig funudau o heddwch. Os gwna i ofyn i Joan chwarae efo'r plant tra bydda i'n darllen am ychydig, hwyrach y gallaf innau chwarae efo nhw'n nes ymlaen."

Os byddwch yn gweld bai ar bersonoliaeth eich gŵr am gamymddygiadau eich plant fe ddylech stopio'r math yma o feddwl. Yn hytrach, ceisiwch ganolbwyntio ar debygrwydd yr ymddygiadau positif i ymddygiadau eich partner. Er enghraifft, "Mae ganddi lawer o egni fel ei thad. Siawns na fydd hi'n athletwraig hefyd." Neu, "Mae o'n hoffi darllen gymaint â'i fam. Hwyrach bydd o'n llyfrgellydd."

Canolbwyntio ar ymdopi

Pan fydd rhai rhieni'n gwneud hunan-osodiadau mae eu ffocws ar roi'r gorau i bethau. Fe allai mam ddweud wrthi'i hun ar ôl helpu ei mab gyda'i waith ysgol ond canfod ei fod yn parhau i gael graddau sâl, "Dwi wedi blino ar hyn. Pam ydw i'n ymdrechu o gwbl? Fydd dim byd yn gweithio. Dydi'r gallu ddim ganddo." Canlyniad arferol mabwysiadu agwedd wangalon o'r fath yw encilio oddi wrth y broblem, osgoi disgyblaeth a phrofi lefelau cronig o bryder neu flinder. Ymhen hir a hwyr bydd rhieni naill ai'n ffrwydro gyda dicter neu'n mynd yn isel eu hysbryd. Hefyd, gall dweud nad oes modd i blentyn newid ddatblygu'n broffwydoliaeth hunan-wireddol.

Ymateb mwy defnyddiol wrth geisio ymdopi yw meddwl beth a allwch ei wneud i helpu'r plant. Hwyrach y meddyliwch, "Mae hyn yn anodd a dwi wedi blino, ond fe alla i ymdopi," neu "All neb wneud i mi roi'r gorau iddi, fe ddaw pethau'n well. Mae'n mynd i gymryd amser." Y neges bwysig i'w roi i chi eich hun a'ch plant yw y gellwch i gyd ymdopi â'r sefyllfa. Hyd yn oed os yw pethau'n dywyll, fe ellwch dybio'r gorau am y dyfodol. Hyd yn oed os nad yw eich ymyriad yn gwella'r sefyllfa'n sylweddol bydd yn sicr yn rhwystro pethau rhag mynd yn waeth.

Hunan-siarad sy'n modelu ymdopi

Fel y byddwch yn dysgu defnyddio dulliau ymdopi a meddyliau ymdawelu pan fydd problem yn eich wynebu, ceisiwch eu mynegi'n uchel. Tra bo'r teulu'n eistedd wrth y bwrdd yn cael cinio, fe allai mam ddweud wrth dad, "Peter, dwi'n meddwl i mi ymdopi'n dda gyda phroblem Alice yn yr ysgol. Dywedais wrthyf fy hun i beidio gorymateb, a bod pob plentyn yn cael anhawster o bryd i'w gilydd. Trefnais apwyntiad gyda'r athro yn yr ysgol i drafod ffyrdd y gallwn ei helpu i ddysgu rhannu'n well. Dwi'n teimlo'n dda am hynna". Yma mae mam Alice yn modelu nid yn unig y ffordd mae wedi stopio'i hun rhag gor-ymateb ond hefyd y ffordd mae wedi canmol ei hun am ei rheolaeth.

Arfogwch eich hun

Mae rhieni'n fodelau pwerus i'w plant. Yn ystod y dydd mae cyfleon dirifedi i chi fodelu'n uchel i'ch plant y modd y gwnaethoch ymdopi'n effeithiol gyda sefyllfa anodd. Wrth i'ch plant weld yr ymatebion positif yma, byddant hwy yn dysgu eu defnyddio hefyd.

I grynhoi…
Mae pobl yn aml yn dweud fod digwyddiad arbennig wedi gwneud iddynt deimlo'n flin neu'n isel. Er nad yw hyn yn ymdrech ymwybodol i osgoi cyfrifoldeb, mae'n tueddu i'w rhoi yn rôl y dioddefwr. Nid yw pobl o'r fath yn teimlo fod ganddynt unrhyw ddylanwad ar eu hemosiynau, ac fe fyddant naill ai'n cuddio eu teimladau neu'n ffrwydro gyda dicter. Fodd bynnag, mewn gwirionedd, nid oes ond un person sy'n gallu eich gwneud yn flin neu'n isel, a chi eich hun yw hwnnw. Cofiwch fod gennych bob amser y dewis rhwng ymddwyn yn emosiynol neu ddefnyddio strategaeth ymdopi.

Cofiwch:
- Ymwrthodwch â labelau negyddol a all ddod i'r meddwl.
- Osgowch ddamcaniaethu ynghylch bwriadau pobl eraill.
- Peintiwch ddyfodol positif.
- Defnyddiwch dechnegau stopio'r meddwl pan gewch eich temtio i drychinebu, a newidiwch eich meddyliau negyddol am rai ymdopi.

- Ystyriwch ymddygiad fel rhywbeth normal a defnyddiwch safonau hyblyg.
- Rheolwch eich dicter.
- Peidiwch â bod yn hunan-feirniadol; yn hytrach gwrthrychwch a defnyddiwch hunanganmoliaeth.
- Cefnogwch eich partner neu eraill sy'n ymwneud â gofalu am eich plant a cheisiwch gefnogaeth i chi eich hun.
- Canolbwyntiwch ar ymdopi.
- Byddwch yn bositif a defnyddiwch hiwmor.
- Clustnodwch amser ar gyfer meddyliau poenus a dig.
- Modelwch hunan-siarad positif.

Amser Allan oddi wrth Bwysau a Dicter

Unwaith byddwch wedi dysgu adnabod meddyliau gofidus a'u newid am rai positif, yr hyn sydd raid i chi ei wneud nesa er mwyn ennill mwy o hunanreolaeth yw dod yn fwy ymwybodol o'ch ymatebion ffisiolegol i ddigwyddiadau a meddyliau anodd. Meddyliwch am y ffordd rydych yn ymateb yn ffisiolegol yn ystod gwrthdaro. Mae llawer o bobl yn adrodd eu bod mewn sefyllfaoedd ingol yn profi cymaint o densiwn corfforol, curiad calon cyflym, cur pen, pwysau gwaed neu densiwn yn y cyhyrau, nes eu bod yn effeithio ar eu hunanreolaeth.

Dechreuwch drwy edrych ar achosion straen yn eich bywyd. Un myth am straen yw nad yw ond yn digwydd i arweinyddion uchel eu safle neu mewn sefyllfaoedd argyfyngus. Mewn gwirionedd, mae astudiaethau'n dangos fod helbulon o ddydd i ddydd yn gallu cynhyrchu mwy o straen nag argyfwng. Ac fel y gwyddoch gall magu plant gynhyrchu llawer o ffwdan o ddydd i ddydd. Gall tensiwn dyddiol fod yn ganlyniad rhedeg o gwmpas yn gwneud negeseuon, ceisio bod mewn dau le ar yr un pryd, ceisio canfod gwarchodwyr i'r plant neu geisio ffeindio ffordd o dalu'r biliau. Gall gael ei achosi gan blant yn camymddwyn neu'n bod yn sâl, brecwast yn cael ei golli ar y llawr a phentwr o ddillad budur. Nid yw'n cael ei greu yn unig gan ddigwyddiadau argyfyngus fel ysgariad neu golli gwaith ond gan bethau sy'n ymddangos yn fach megis bod â dim i'w wneud, noson unig neu ddiflastod. Mae achosion straen yn amrywio'n arw o'r naill berson i'r llall. Bydd yr hyn sy'n dod ag un person yn agos at ffrwydrad yn cael dim effaith ar rywun arall. Mae dysgu ymlacio a rheoli lefel eich straen yn gallu eich helpu i gadw rheolaeth a chwblhau eich amcanion heb lethu eich hun yn lân, a'r rhai o'ch cwmpas.

Yn y bennod ddiwethaf trafodwyd un ffordd o reoli meddyliau ingol drwy addasu eich hunan-siarad i fod yn fwy positif. Weithiau rhaid dysgu hefyd dysgu sut i ymlacio'n gorfforol neu gael Amser Allan i adennill tawelwch i'ch corff, cyn y medrwch lwyddo i reoli eich hunan-siarad. Ystyriwch y posibilrwydd o gymryd Amser Allan oddi wrth y straen. Yn y rhan fwyaf o chwaraeon mae darpariaeth ar gyfer Amser Allan. Mae cael toriadau'n rhoi cyfle i'r hyfforddwr a'r tîm drafod eu strategaeth, cael eu gwynt atynt ac yna ail-ddechrau'r gêm gydag egni newydd. Yn ein bywydau bob dydd, fodd bynnag, yn anaml y trefnwn gyfnodau Amser Allan. Mae hyd yn oed amseroedd coffi fel arfer wedi eu llenwi gan brysurdeb meddyliol yn hytrach nag adnewyddu go iawn. Rywle lawr y lein, fe ddiflannodd yr ymlacio. Mater i chi yn awr yw adfer Amser Allan er mwyn ennill persbectif ac ail egnio'ch hunan.

Ar y tudalennau sy'n dilyn fe ganfyddwch chwe ffordd o gymryd Amser Allan am amrywiol resymau. Wrth gwrs, os ydych adref ar eich pen eich hun gyda phlant bach ac angen Amser Allan, fyddwch chi ddim yn gallu tynnu eich hun yn gorfforol oddi wrth eu presenoldeb. Bydd angen i chi addasu Amser Allan i weddu i'ch amgylchiadau. Arbrofwch a dysgwch sut i ryddhau tensiwn a dicter ac ennill mwy o hunanreolaeth.

Amser Allan am seibiant

Gall anadlu'n ddwfn ac yn araf esmwytho trallod. Mae'n helpu i gael gwared â thensiwn, yn arafu curiad y galon, yn llacio'r cyhyrau, yn lleihau pwysau gwaed ac yn tawelu'r meddwl. Rhaid i lawer o bobl ddysgu ymlacio'n gorfforol cyn y gallant ennill rheolaeth ar eu hunan-siarad. Dyma drefn ymlacio y gellwch ei dysgu gydag ychydig ymarfer.

- Dewiswch amgylchedd tawel (ystafell molchi, garej, gardd)
- Gwnewch eich hun yn gyffyrddus yn eistedd neu'n gorwedd ar y llawr. Caewch eich llygaid.
- Byddwch yn ymwybodol o'ch anadlu.
- Fel y byddwch yn anadlu i mewn ac allan arafwch eich anadlu.
- Fel yr arafwch eich anadlu, gyda'ch anadliad dwfn nesa cyfrwch yn araf mor bell ag y gallwch o 1 i 10 yn yr un anadliad sengl hwnnw.
- Yna anadlwch allan yn araf, gan gyfrif o 1 i 10 eto nes eich bod allan o wynt.
- Dychmygwch eich hun yn dawel ac mewn rheolaeth. Dychmygwch eich hun yn ymlacio'n eich hoff le.
- Atgoffwch eich hun eich bod yn gwneud gwaith da ac yn gwneud cynnydd.
- Anadlwch yn ddwfn, anadlwch i mewn ac allan yn araf gan gyfrif – gwnewch hynny drosodd a throsodd nes eich bod yn teimlo wedi ymlacio.

- Ymlaciwch eich holl gyhyrau gymaint ag y gellwch, dechreuwch drwy dynhau ac ymlacio cyhyrau eich traed a symudwch i fyny i'r coesau, breichiau a chyhyrau eich wyneb.

Ymarferwch unwaith neu ddwywaith y dydd (10-20 munud)

Mae dysgu ymlacio fel dysgu unrhyw sgìl newydd. Yn syml, mae'n cymryd ymarfer cyson, amynedd ac amser. Peidiwch â phoeni os yw eich cynnydd yn ymddangos yn araf. 'Dydi teimlo'r corff yn dynn neu boeni am ymlacio wrth gwrs ddim yn ymlaciol iawn! Un o'r problemau mwyaf aml yn ystod ymlacio yw cael fod eich meddwl yn crwydro. Peidiwch â phoeni os digwydd hynny. Ceisiwch ail-ganolbwyntio'ch sylw ar eich anadlu. Problem arall yw rhywbeth o'r tu allan yn tynnu eich sylw. Os yn bosib ceisiwch ddewis amser a lle heb neb na dim i darfu arnoch.

Amser Allan am seibiant.

Wedi i chi ymarfer ymlacio am 10 sesiwn, yna gallwch ddechrau ei ddefnyddio ar gyfer sefyllfa broblemus. Er enghraifft, trefnwch sesiynau ymarfer cyn cyfnodau o dyndra uchel megis cyn mynd adref o'r gwaith a chasglu'r plant o'r ysgol, neu fel y byddwch yn sylwi ar lefel eich straen yn dechrau cynyddu.

Amser Allan yn ystod cyfnodau prysur

Gall techneg Amser Allan gael ei ddefnyddio yn unrhyw le, wrth siopa bwyd, wrth olchi'r llestri neu'n eistedd wrth eich desg. Yn systematig, tynhewch ac ymlaciwch wahanol rannau o'ch corff. Caewch eich llygaid a dychmygwch eich cyhyrau'n ymlacio ac yn rhyddhau tensiwn. Wrth anadlu mewn, tynhewch eich braich dde a chaewch eich dyrnau mor dynn ag y gellwch. Daliwch nes cyfri at 4, yna ymlaciwch yn llawn ac anadlwch allan. Gwnewch yr un peth eto gyda'ch braich a dwrn chwith, bochau'r pen ôl, eich coes a throed dde, coes a throed chwith, wyneb a gên. Ar y diwedd tynhewch eich holl gorff, ac yna ymlacio.

Amser Allan i ddarlunio a dychmygu

Trydedd ffordd o ddefnyddio Amser Allan yw darlunio a dychmygu golygfa dawel neu achlysur diddig yn eich bywyd. Pan fyddwch yn darlunio rhywbeth, gellwch helpu i sefydlu amodau a fydd yn galluogi eich prosesau meddwl i gydlynu'n esmwyth. Gall y canlyniadau yn aml fod yn rhyfeddol o gynhyrchiol. Mae darlunio'n fater personol iawn. Nid oes ffordd gywir o wneud hyn. Felly arbrofwch i weld pa fath o ddarlunio sy'n eich helpu chi i deimlo wedi ymlacio. Dychmygwch awyr ddigwmwl, tŷ gloyw-lân, llyfrgell dawel, adeg pan oeddech yn teimlo'n agos at eich plentyn neu ffrind, neu...

Amser Allan i reoli dicter

Credid unwaith fod "gollwng stêm" drwy weiddi a rhegi'n cael gwared ag egni treisgar ac yn lleihau teimladau ymosodol. Cyffelybwyd pobl i degellau na all ond dal hyn a hyn o egni ymosodol. Felly, gyda'r egni'n cynyddu, roedd angen gadael y stêm allan o'r tegell drwy godi'r caead. Mae'n ddealledig erbyn hyn, yn hytrach na chlirio neu wella, fod chwythu stêm yn cyffroi teimladau ymosodol a threisgar. Mae astudiaethau wedi dangos nad yw cyplau sy'n gweiddi ar ei gilydd yn teimlo'n llai blin wedyn ond eu bod yn teimlo'n fwy blin byth. Y rheswm am hyn yw bod ffrwydradau blin yn aml yn cael eu hailadrodd gan eu bod yn rhoi camargraff o fod yn bwerus. Mae pobl yn teimlo'n aml fod eu dicter yn gorfodi eraill i'w cymryd o ddifrif neu gydymffurfio. Weithiau mae gwneud araith hir a blin yn ffordd o ddial. Fodd bynnag, effeithiau tymor byr yw'r rhain i gyd. Mae'n bwysig iawn edrych ar effeithiau dicter yn y tymor hir oherwydd gall yr effeithiau hynny fod yn barhaol a niweidiol. Gan fod y dicter yn aml yn cael ei atgyfnerthu, mae'n debygol y bydd pobl sy'n gwylltio'n aml fel hyn yn datblygu arferiad o ddelio gyda rhwystredigaeth drwy daro allan. Mae rhieni sy'n modelu ffrwydradau blin yn gwneud aelodau eraill y teulu'n fwy blin, amddiffynnol ac ofnus.

Mae pob rhiant yn canfod eu hunain weithiau'n colli rheolaeth ar eu dicter o dan straen. Felly mae'r un mor bwysig sefydlu trefn Amser Allan ar eich cyfer chi eich hunan ag ydyw ar gyfer y plant. Gall y camau sy'n dilyn eich helpu i reoli'r cylch dicter.

Amser Allan i greu darlun meddyliol

Byddwch yn ymwybodol o arwyddion dicter cynyddol

Mae dicter yn cynyddu'n raddol yn hytrach na bod yn un ffrwydrad sydyn. Felly, mae'n bwysig eich bod yn ymwybodol o'r arwyddion corfforol sy'n dweud wrthych fod eich dicter yn cynyddu. Gall yr arwyddion gynnwys newidiadau ffisiolegol megis yr anadlu'n cyflymu, cynnydd yng nghuriad y galon, neu feddyliau sy'n gweld bai, ("mae hi'n hen genawes") trychinebu ("Fedra i ddal dim mwy o hyn") neu ddarllen meddyliau ("Mae hi'n gwneud hyn yn fwriadol"). Mae cerdded yn ôl a blaen, gweiddi neu gau eich dyrnau'n dynn hefyd yn arwyddion o ddicter cynyddol.

Sefydlu arwydd Amser Allan
Datblygwch ddull o roi arwydd i ddweud wrth eich teulu eich bod angen cymryd Amser Allan er mwyn cael eich dicter dan reolaeth. Dylai fod yn arwydd diduedd megis gwneud arwydd siâp "A" gyda'ch dwylo neu'n syml ddweud y geiriau "Amser Allan".

Penderfynu lle i fynd
Dewiswch leoliad lle gellwch fod ar eich pen eich hun gan wneud yn siŵr fod gweddill aelodau'r teulu'n gwybod lle rydych. Fel arall, gallent deimlo eich bod wedi eu gadael a cheisio eich rhwystro.

Penderfynu ar gyfnod yr Amser Allan
Dylid gosod cyfyngiad amser pan ydych yn galw Amser Allan. Yn ddelfrydol, ni ddylai'r cyfnod fod yn fwy na 30 munud. Wedyn, gellwch arwyddo'ch parodrwydd i ail-afael yn y drafodaeth neu beth bynnag oedd yn digwydd cynt. Dylai eich teulu ddeall y bydd y gweithgaredd yr ymyrrwyd ag ef yn parhau wedyn, rhag bod Amser Allan yn mynd yn dacteg osgoi.

Canllawiau Amser Allan
Dylai pawb o'r teulu gael cyfle i gytuno ar ganllawiau Amser Allan fel eu bod yn gwybod beth i'w ddisgwyl pan fydd Amser Allan yn digwydd. Mae rhai ffactorau i'w hystyried megis a fydd y person yn gadael y tŷ, yn mynd i dŷ ffrind neu'n gwneud galwad ffôn. (Ni ddylid ystyried yfed neu gymryd cyffuriau'n opsiynau gan nad yw alcohol na chyffuriau'n hyrwyddo hunanreolaeth ac maent yn debygol o gael effaith i'r gwrthwyneb.)

Hunan-siarad am straen
Cofiwch fod stopio ac ymwrthod â meddyliau negyddol hefyd yn ffyrdd o reoli straen. Gellwch ddefnyddio'r meddyliau ymdopi yma i ddelio efo'ch ymateb i straen. Er enghraifft, dywedwch wrth eich hun, "Mae hyn i'w ddisgwyl. Mae'n arferol imi deimlo straen pan dwi'n dechrau

Amser Allan." Ystyriwch y teimladau yma o dyndra fel cyfeillion a fydd yn eich helpu i ymdopi. Gallant fod yn arwyddion i chi ddweud wrthych eich hun, "Ymlacia, anadla'n araf. Cymer bethau'n hamddenol." Disgwyliwch i'r straen waethygu weithiau. Cofiwch nad yr amcan yw dileu'r straen yn llwyr ond ei reoli. Er enghraifft, gallech ddweud wrth eich hun, "Dwi'n teimlo straen. Mae fy nghyhyrau'n tynhau. Mae fy nghorff yn dweud wrthyf am ymdawelu." Y syniad yw normaleiddio straen a'i adnabod fel rhan o fywyd teuluol. Meddyliwch amdano fel rhywbeth dros dro yn hytrach na pharhaol gan y bydd, ymhen hir a hwyr, yn pasio heibio waeth pa mor anodd yw'r sefyllfa. Wrth ymateb i straen canolbwyntiwch ar yr hyn a all gael ei reoli yn hytrach na'r hyn sy'n amhosib ei reoli. Trowch at feddyliau sy'n canolbwyntio ar ymdopi a chanfod atebion yn hytrach na rhai sy'n gweld bai ar eraill. Yn y pen draw canolbwyntiwch ar eich cryfderau a'ch galluoedd i ymdopi.

Arwyddwch yn fuan pan fydd eich blinder yn cynyddu.

Amser Allan personol

Beth arall allwch chi ei wneud? Ymarfer, bwyta'n dda, ei chymryd hi'n bwyllog, osgoi coffi, alcohol a chyffuriau, mynd am dro, rhedeg, darllen, dweud jôc, gwrando ar gerddoriaeth, siopa, cael *massage*. Mae cael amser i chi eich hun yn un o'r ffyrdd mwyaf effeithiol o leihau straen i oedolion a phlant. Os oes gennych ormod ar eich plât, meddyliwch am ddileu rhai pethau fel bod gennych amser am hwyl naturiol, amserau gwirion ac amser gwneud dim byd. Gwnewch yn siŵr nad yw eich plant yn cael eu gor-ymestyn gyda gormod o wersi neu weithgareddau strwythuredig eraill.

Peidiwch a gadael i straen gymryd drosodd.

I grynhoi...
Hanfod Amser Allan yw rhoi cyfle i'ch hun sefyll yn ôl oddi wrth straen a dicter ac ail-ennill eich gallu i ganolbwyntio ar y pethau hanfodol. Yn hytrach na chael eich sugno mewn i sefyllfa ingol, cymerwch Amser Allan. Unwaith y byddwch wedi sefyll yn ôl a rhoi'r sefyllfa mewn persbectif, ni fydd yn cael y gorau arnoch. Gall Amser Allan fod am funud neu am awr. Gallwch ddewis lle a phryd y mae'n digwydd. Mae cynnwys cyfnodau byr ond aml o Amser Allan yn eich trefn ddyddiol yn gwneud i chi deimlo'n well a bod â mwy o hunanreolaeth.

Cofiwch:
- Byddwch yn ymwybodol o densiwn yn eich corff; anadlwch ac ymlaciwch neu gwnewch ymarferion.
- Byddwch yn ymwybodol o unrhyw hunan-siarad negyddol a'i newid am hunan-gefnogaeth.
- Gofynnwch i'ch hun, a yw'r hyn sy'n gwneud imi deimlo tyndra yn wirioneddol bwysig? Fydd hyn o bwys mewn wythnos? Neu flwyddyn? Neu pan fyddaf yn 70 oed?
- Darluniwch ddigwyddiad hyfryd yn y gorffennol neu breuddwydiwch am achlysur hwyliog yn y dyfodol.
- Yng nghanol gwrthdaro, anadlwch, ymdawelwch, byddwch yn chwareus neu ewch i ffwrdd am rai munudau.
- Cymerwch egwyl (ewch am fath, darllenwch gylchgrawn).
- Gwnewch restr o bethau sy'n bleserus i chi a chynlluniwch i wneud un ohonynt bob wythnos.

Sgiliau Cyfathrebu Effeithiol

Mae rhai teuluoedd yn ymdrin â phroblemau'n fwy effeithiol a phwyllog nag eraill. Mae gan y rhieni yma, yn gyffredinol sgiliau cyfathrebu da, sy'n eu helpu i weithio gyda'i gilydd i ddatrys eu problemau presennol a rhwystro rhai eraill rhag datblygu yn y dyfodol. Yn anffodus, ychydig ohonom sy'n cael ein geni gyda sgiliau cyfathrebu effeithiol. Fodd bynnag gallwn eu dysgu ac yna eu modelu i'n plant eu dysgu hefyd.

I wneud y defnydd gorau o sgiliau cyfathrebu rhaid i rieni allu defnyddio sgiliau hunanreolaeth i ymdopi gyda'u teimladau a meddyliau negyddol. Mae gormodedd o ddicter, euogrwydd, pryder neu iselder yn amharu ar gyfathrebu. Ar y tudalennau sy'n dilyn trafodir y rhwystrau i gyfathrebu effeithiol a rhai ffyrdd o'u goresgyn. Rydym oll yn gwneud y camgymeriadau a restrir i ryw raddau ac angen gwella mewn meysydd eraill. Pwrpas y bennod yma yw eich helpu i adnabod meysydd yr hoffech chi'n bersonol eu gwella.

Gwrando gweithredol

Nid yw llawer o bobl yn gwybod sut i wrando. Maent yn torri ar draws gyda chwestiynau, dadleuon, beirniadaeth neu gyngor yn hytrach na gadael i'r rhai sy'n siarad ddweud yr hyn sydd ganddynt i'w ddweud. Mae plentyn neu oedolyn sy'n teimlo nad oes neb yn gwrando arno yn debygol o ailadrodd y broblem drosodd a throsodd neu encilio'n llwyr. Ystyriwch y sgwrs ganlynol rhwng oedolyn a phlentyn:

KATHY: Mae Marcus yn gwrthod gadael i mi chwarae efo fo yn ei ystafell. Dydi o ddim yn fy hoffi i.

MAM: Wel, pe bae ti ddim yn gwneud llanast o'i deganau, fe fyddai'n dy hoffi'n well. (*beirniadaeth*)

neu

Pam nad ewch chi allan i chwarae? (*datrys y broblem*)

KATHY: Does yna neb yn fy hoffi i . Maen nhw'n gwrthod chwarae efo fi.

RHIANT: Pam na wnei di stopio cwyno? (*beirniadaeth*)

neu

Dwi'n dy hoffi di (*ceisio'i thawelu*)

neu

Wrth gwrs eu bod nhw'n dy hoffi. Dim ond methu dod i chwarae rŵan maen nhw. (gwadu'r broblem)

neu

Pam na wnei di ofyn i'r plant newydd sydd wedi symud i fyw lawr y stryd, i ddod i chwarae efo ti? (*rhoi cyngor*)

Ystyriwch rŵan y sgwrs ganlynol rhwng oedolyn ac oedolyn:

GWRAIG: Mi ges i ddiwrnod gwir rwystredig gyda'r plant heddiw. Dwi wedi cyrraedd pen fy nhennyn.

GŴR: (Newydd gerdded i mewn i'r tŷ ar ôl dod adre o'r gwaith, a gweld ei blentyn tair oed yn rhedeg o gwmpas a'r babi'n crio) Hmmm… (yn osgoi cyswllt llygaid ac yn codi'r papur newydd i'w ddarllen). (*gwadu*)

neu

Pam na chei di rywun i warchod yn ystod y dydd? (*datrysiad*)

neu

Dwi'n gwybod y teimlad. Mi ges i ddiwrnod gwael hefyd (*diystyru*)

Mae rhoi gwrandawiad astud yn un o'r atgyfnerthwyr cryfaf y gall un person ei roi i berson arall. Yn anffodus, mae'r sgìl hon yn brin ac yn aml ni chaiff ei gwerthfawrogi'n ddigonol. Mae gwrando'n golygu rhoi "llwyfan" i'r sawl sy'n siarad, boed yn blentyn neu'n oedolyn, gan adael iddo fynegi'i syniadau neu deimladau heb ymyrraeth. Nid yw gwrandawyr da'n oddefol, yn nodio'u pennau gydag edrychiad gwag yn unig, neu'n gwrando wrth ddarllen papur newydd. Yn hytrach, maent yn gwrando drwy wylio'r siaradwr yn agos a defnyddio ymatebion wyneb priodol. Dyma rai awgrymiadau ynghylch sut i ddod yn wrandäwr effeithiol.

- Cadw cyswllt llygaid. (Troi'r teledu i ffwrdd neu roi o'r neilltu'r hyn rydych yn ei ddarllen).
- Rhoi cyfle i'r siaradwr orffen siarad cyn ymateb.

- Gwrando ar gynnwys *a* theimlad y siaradwr (Mae gan bob neges elfen o gynnwys, sef yr union wybodaeth sy'n cael ei gyfleu, a theimlad, sef y neges ddi-eiriau).
- Pan fydd y siaradwr yn stopio, mynegi diddordeb drwy ofyn cwestiynau am y sefyllfa.
- Rhoi adborth, crynhoi ac ailadrodd yn eich geiriau eich hun, gynnwys y neges a theimladau'r siaradwr.
- Cydnabod a chydymdeimlo: ceisio gweld y broblem o safbwynt person arall. Gadael i'r siaradwr wybod eich bod yn gweld ei safbwynt fel un dilys. Gall dilysu helpu i leihau'r bwlch a all fodoli rhwng y siaradwr a'r gwrandäwr. Mae'n bwysig cyfaddef fod ystyriaethau gwahanol i'ch rhai chi ac, mewn cyd-destun arall, y gallai'r persbectif fod yn wahanol.
- Annog y siaradwr i barhau i siarad.

Sylwer: Wrth gwrs mae hefyd yn bwysig i'r siaradwr feddwl am amser addas i gyfathrebu. Os yw'n ceisio siarad gyda pherson sydd wedi ymgolli mewn rhaglen deledu neu bron a chysgu, bydd cyfathrebu effeithiol yn anodd.

Dyma rai ffyrdd effeithiol y gallai'r gwrandäwr yn yr enghreifftiau blaenorol fod wedi ymateb:

KATHY: Mae Marcus yn gwrthod gadael i mi gael chwarae efo fo yn ei ystafell.

MAM: Rwyt ti eisiau chwarae efo Billy ond mae o'n gwrthod gadael i ti. Mae'n siŵr dy fod yn teimlo'n wael am hynny. (*crynhoi a chydnabod y cynnwys a'r teimlad*)

neu

O, mae'n siŵr dy fod yn teimlo'n wael am hynny. Sut gallwn ni wneud pethau'n well? (*rhoi mynegiant i deimladau'r plant a gofyn cwestiynau*)

neu

Elli di ddweud mwy wrtha i am yr hyn a ddigwyddodd? (*gofyn cwestiynau i ddeall y broblem yn well*)

GWRAIG: Mi ges i ddiwrnod anodd iawn efo'r plant. Dwi wedi cyrraedd pen fy nhennyn!

GŴR: Beth ddigwyddodd? (*mynegi diddordeb*)

GWRAIG: Cafodd Johnny ei hun i drafferthion am daro yn yr ysgol feithrin ac mae o wedi bod yn taro'r babi hefyd. Mae'r babi

wedi cael dolur rhydd ac wedi bod yn crio drwy'r dydd.
Mae'r tŷ'n llanast ac rydw i wedi blino'n lân.

GŴR: Wel wir. Mae'n siŵr fod hynny'n anodd iawn i ti - cael
Johnny'n camymddwyn a'r babi'n sâl yr un pryd! Rwyt
yn swnio wedi blino'n lân. Sut 'alla i helpu? (*cydnabod a
chydymdeimlo â'r teimlad a'r cynnwys*)

neu

Mae hynny'n swnio'n ofnadwy. Sut mae'r babi rwan?
(*adborth o deimladau neu fynegiant o ddiddordeb*)

Yn y ddwy enghraifft yma, mae teimladau'r siaradwr yn cael eu
cydnabod wrth i'r gwrandäwr geisio gweld y broblem o'i safbwynt hi.

Siarad allan

Mae rhai pobl yn ceisio osgoi gwrthdaro, anghytundeb neu
anghymeradwyaeth drwy beidio siarad am y ffordd y teimlant nac am
yr hyn sy'n eu poeni. Byddant efallai'n storio'u cwynion ac yna'n eu
gollwng mewn ffrwydrad blin. Mae'r rhieni yn yr esiamplau nesaf yn
amlwg wedi bod yn storio llawer o ddicter.

MAM: Dwi wedi cael digon! Dwi'n gwneud pob dim yn y tŷ 'ma. Dwi'n
glanhau, gwneud y bwyd i gyd, golchi'r dillad, mynd a Max i'r
ysgol, siopa a gweithio'n rhan amser. Y cyfan rwyt ti'n ei wneud
yw darllen y papur newydd!

TAD: Dwi wedi cael digon! Dwi'n gwneud pob dim yn y teulu ma.
Dwi'n gweithio i'ch cynnal chi i gyd, talu'r biliau, trwsio'r car,
golchi'r ffenestri, helpu gyda'r llestri, mynd â Max i'r ymarferion
pêl droed, a'r cyfan rwyt ti'n ei wneud ydi swnian!

Mae nifer o resymau pam fod angen i bobl fynegi eu teimladau a
siarad amdanynt. Yn gyntaf, os nad ydych yn mynegi eich teimladau
neu eich anghenion, efallai y bydd eraill yn darllen eich meddwl a
gwneud penderfyniadau drosoch. Gan fod eu rhagdybiaethau yn aml
yn anghywir, efallai y byddant yn gweithredu yn erbyn eich dymuniad.
Yn ail, os byddwch yn eistedd yn dawel ar eich problemau fe ellwch
ffrwydro mewn chwa o ddicter neu hysteria. Mae siarad am bethau
rydych yn anghydweld â nhw fel y maent yn digwydd yn lleihau'r
pwysau sy'n achosi'r fath ffrwydradau.

Weithiau bydd person distaw yn peidio â dweud dim oherwydd
ei fod ofn cael ei gosbi neu ei feirniadu am feddyliau neu deimladau
o'r fath. Mewn sefyllfa felly mae'r gwrandäwr angen defnyddio'r

sgiliau gwrando effeithiol a ddisgrifiwyd uchod i'w annog i fynegi ei deimladau.

Dyma rai awgrymiadau i'ch helpu i fynegi eich teimladau a'ch problemau.

- Defnyddiwch negeseuon "fi" yn hytrach na "ti." Mae negeseuon "fi" yn cyfleu'r hyn y mae'r siaradwr eisiau neu yn ei deimlo. Maent yn ffyrdd o drafod problem heb gael effaith ddinistriol. Mae negeseuon "ti" yn tueddu i weld bai neu feirniadu ac yn aml maent yn cynhyrchu dicter neu gywilydd. Ystyriwch beth fyddai eich ymateb ar ôl derbyn y sylwadau canlynol ac fe welwch pam fod negeseuon "fi" yn fwy effeithiol wrth geisio cydweithrediad.

(Dydi Carla ddim wedi gwisgo: bu'n tindroi ers iddi godi a bydd ei mam yn hwyr i'r gwaith.)

Peidiwch gadael i gwynion fudlosgi nes iddynt ffrwydro.

MAM: 'Dwyt ti byth yn gwisgo mewn pryd. Rwyt ti wastad yn fy ngwneud yn hwyr. Pam na fedri di fod yn barod mewn pryd? (*negeseuon "ti" yn canolbwyntio ar yr hyn y mae Carla'n ei wneud yn anghywir*)

Y dewis arall:

Dwi'n teimlo'n flin pan wyt ti'n tindroi yn y bore. Dwi eisiau gweld a fedri di guro'r cloc a gwisgo cyn i'r gloch ganu mewn 10 munud. (*neges "fi" yn canolbwyntio ar deimladau'r fam a'i dymuniad i bethau newid*)

DAD: Waeth pryd dwi'n dod adre o'r gwaith mae'r lle ma'n hollol flêr. Ai dyna'r cyfan dwi'n ei gael ar ôl diwrnod caled o waith? Fedri di ddim glanhau'r tŷ a bwydo'r plant erbyn imi gyrraedd adref? (*neges "ti" yn canolbwyntio ar feirniadu'r fam*)

Y dewis arall:

Pan dwi'n dod adre o'r gwaith dwi angen ychydig funudau i ymlacio. (*neges "fi" yn canolbwyntio ar yr hyn mae'r tad eisiau*)

MAM: Dwi wedi bod efo'r plant drwy'r dydd ac rwyt ti'n cerdded i mewn ac yn galw am dy ginio. Wedyn rwyt yn mynd ac yn darllen y papur newydd felltith na, a ddim hyd yn oed yn helpu. (*neges "ti"*)

Y dewis arall:

Pan wyt ti'n dod adref o'r gwaith dwi angen rhai munudau i ymlacio oddi wrth y plant cyn rhoi'r bwyd ar y bwrdd. (*neges "fi"*)

- Byddwch yn fyr, yn eglur ac yn benodol. Er mwyn gallu dweud eich teimladau rhaid i chi feddwl am yr union beth a ddymunwch yn hytrach na chanolbwyntio ar y negyddol neu'r hyn nad ydych yn ei ddymuno. Unwaith y byddwch yn gweld yn glir yr hyn a ddymunwch, dywedwch hynny'n gryno ac yn bendant. Nid oes angen mynd ymlaen ac ymlaen, gan adrodd pob manylyn i brofi'ch pwynt ynglŷn â pha mor anniben neu anghyfrifol y bu eich plentyn neu ŵr. Yn hytrach, mynegwch eich problem yn gryno a chanolbwyntiwch ar yr ymddygiad cadarnhaol a ddymunwch drwy ddefnyddio negeseuon "fi."
- Mynegwch deimladau negyddol yn syth. Po fwyaf y bydd problem yn cael ei hanwybyddu y mwyaf tebygol yw y bydd eich teimladau dig yn cynyddu. Ceisiwch ddelio efo problem mor fuan ag y gellwch ei thrafod yn dawel.
- Gofynnwch am adborth. Weithiau nid ydych yn siŵr a yw'r rhai sy'n gwrando arnoch wedi deall eich safbwynt. Mewn sefyllfa o'r fath dylech ofyn, "Ydi hynna'n gwneud synnwyr?" "Wyt ti'n gweld beth ydw i'n ei feddwl?" Mae hyn yn llawer mwy effeithiol na mwydro a malu awyr ac mae'n rhoi neges clir i'r gwrandäwr fod ei ddealltwriaeth o'r sefyllfa'n bwysig.
- Osgowch ormod o siarad am eich teimladau. Dewiswch eich geiriau'n ofalus. Os ydych yn siarad am eich teimladau, peidiwch â bod yn ansensitif ynghylch lle, pryd a sut rydych yn gwneud hynny. Cyn cychwyn, mae'n bwysig eich bod yn gofyn i chi eich hun, "Oes gen i asgwrn cyfreithlon i'w gnoi yntau a ydw i mewn hwyliau

drwg?" "Ydw i'n gor-ymateb?" "Oes gen i wir ddiddordeb mewn datrys unrhyw beth?" "Ai rŵan ydi'r amser iawn i fynegi teimladau yntau a fydd gwell gwrandawiad yn nes ymlaen?"

Siarad am deimladau

Mae llawer o rieni'n siarad gyda'u plant am syniadau, ffeithiau a rheolau ond yn anaml y maent yn trafod eu teimladau nhw eu hunain. Er enghraifft, pa mor aml ydych chi wedi sôn wrth eich plant am sefyllfa pan ydych yn teimlo'n bryderus, ofnus, hapus neu'n gyffrous? Yn eironig, mae rhieni'n cwyno'r un fath am eu plant – sef nad ydynt yn siarad wrthynt am yr hyn sy'n eu poeni. Mae ymchwil hefyd yn awgrymu fod rhieni, pan fyddant yn delio gyda theimladau plant, yn siarad mewn ffyrdd gwahanol gyda bechgyn a merched ac yn caniatáu i wahanol deimladau gael eu mynegi. Mae bechgyn yn fwy tebygol o gael eu hannog i siarad yn galed a bod yn ymosodol tra cânt eu beirniadu os byddant yn mynegi tristwch neu os ydynt yn rhy emosiynol. Mae genethod, ar y llaw arall, yn fwy tebygol o gael eu dysgu nad yw'n fenywaidd i fynegi teimladau ymosodol, tra bod mynegi tristwch, dagrau a sentiment yn fwy derbyniol. Felly, yn y diwedd, mae bechgyn yn dysgu mynegi teimladau blin tra bo merched yn dysgu trafod teimladau o iselder. Gall siarad o'r fath gynyddu'r teimladau eu hunain fel bod bechgyn yn mynd yn fwy blin a merched yn fwy trist. Ystyriwch yr olygfa ganlynol, ac ymateb gweddol nodweddiadol gan y rhiant:

(Mae Donald yn 4 oed a'i chwaer Anna yn 18 mis oed)

PLENTYN   (yn crio) Dwi'n ei chasáu hi! Mae hi wastad yn malu fy mhethau, Ac mae hi wedi fy mrathu i!"

RHIANT: Beth? Mae hi wedi dy frathu di!

PLENTYN: Do, mae hi wedi fy mrathu i yn fan yma! (yn pwyntio at ei goes)

RHIANT: (yn edrych ar y goes) Mae o'n hen friw câs. Beth ddigwyddodd?

PLENTYN: (crio'n cynyddu) Mae o'n brifo. Aw! Mae o yn brifo.

RHIANT: Paid â chynhyrfu gymaint! Beth wnes di cyn iddi hi dy frathu di? (y crio'n parhau)

RHIANT: (yn mynd yn flin) Stopia grio! Dydi bechgyn mawr ddim yn crio. Stopia hynna rwan! Dim ond babi ydi hi. Fe ddylet ti ddysgu cadw dy bethau ymhell oddi wrthi.

Siarad-teimladau, neu hunan fynegiant, yw'r grefft o ddweud wrth berson arall yn glir ac yn uniongyrchol am deimladau mewnol, boed rheini'n deimladau negyddol neu gadarnhaol. Drwy fynegi emosiynau mewn geiriau, mae'r ddwy ochr yn dod i ddeall yn gliriach yr hyn sy'n digwydd. I rieni mae hyn yn golygu modelu siarad-teimladau effeithiol wrth eu bechgyn a'u merched: "Mi wnes i fwynhau'r amser gawson ni efo'n gilydd heddiw, Dwi'n teimlo'n hapus," "Dwi'n deall dy fod yn teimlo'n flin am beidio mynd i'r sinema," "Dwi'n teimlo'n drist fod dy gi bach di wedi marw." Sylwch mai gosodiadau "fi" yw'r rhain ac maent wedi'i selio yn y presennol, nid y gorffennol. Gair o gyngor: er ei bod yn bwysig i chi fynegi eich hun, nid yw hynny'n golygu y dylech adael i'r "cyfan ddod allan" mewn pregeth o deimladau negyddol. Yn wir, dylech ystyried yn ofalus amseriad a defnyddioldeb siarad am deimladau negyddol. Yr amcan ddylai fod dysgu oddi wrth eich gilydd am deimladau negyddol a meysydd gwrthdaro fel bod modd gweithredu arnynt. Bydd dweud eich dweud, gweld bai a beirniadu'n ymyrryd â'ch gallu i gyrraedd y nod.

Nid yn unig y dylai rhieni fynegi eu teimladau eu hunain yn briodol, ond fe ddylent hefyd fynegi teimladau'r plant, a'u cydnabod. Er enghraifft, ffordd fwy priodol o ymdrin â'r sefyllfa a ddisgrifiwyd uchod fyddai fel hyn:

PLENTYN: (yn crio) Dwi'n ei chasáu hi! Mae hi wastad yn malu fy mhethau. Ac mae hi wedi fy mrathu i!

RHIANT: Beth! Mae hi wedi dy frathu. Mae'n ddrwg gen i.

PLENTYN: (pwyntio at y goes) Do, reit yn fan yma.

RHIANT: Mae o'n hen friw câs. Mae'n siŵr ei fod yn boenus iawn.

PLENTYN: Ydi.

RHIANT: Beth ddigwyddodd?

PLENTYN: Roeddwn i'n adeiladu caer efo blociau ac mi darodd Anna'r cyfan i lawr. Fe'i gwthiais i ffwrdd ac mi wnaeth hi fy mrathu i. Mae'n gas gen i hi.

RHIANT: Trueni. Dwi ddim yn synnu dy fod yn teimlo'n flin.

PLENTYN: Mae hi wastad yn malu fy mhethau. Ond pam ddaru hi fy mrathu i? Mi wna i ei brathu hi'n ôl!

RHIANT: Wel, fe allet wneud hynny. Ond beth wyt ti'n feddwl fyddai'n digwydd wedyn? Fyddai hynny'n helpu'r broblem?

PLENTYN: Dwi ddim yn meddwl.

RHIANT: Beth wyt ti am ei wneud?

PLENTYN: Adeiladu caer heb iddi fod yn fy ffordd. Dwi'n meddwl y gallwn i wneud hynny yn fy ystafell wely. Wedyn fyddai hi ddim yn creu trafferth i mi.

RHIANT: Dyna syniad da.

Galw "stop" ac ail ganolbwyntio

Weithiau wrth i bobl geisio trafod problem maen nhw'n cael eu hunain yn "dadlwytho." Hynny yw maent yn llusgo pob math o hen gwynion, rhai'n berthnasol a rhai ddim yn berthnasol, i'r broblem wreiddiol. Ac yn fuan iawn mae pawb wedi cael gormod.

RHIANT: Dwi wedi cael llond bol efo'r tŷ ac ymddygiad drwg y plant. Does 'na byth gyfle i fynd allan efo'n gilydd. Ac rwyt ti bob amser wedi blino gormod i gael rhyw.

neu

RHIANT: Rwyt yn amhosib! Roedd dy adroddiad ysgol yn erchyll. Rwyt ti bob amser yn ymladd efo dy frawd ac mae dy lofft yn ofnadwy o flêr!

Galwch "stop", neu gadoediad, a rhowch ddiwedd ar bob trafodaeth pan sylweddolwch fod dadlwytho'n digwydd. I hwyluso galw cadoediad, dylai'r teulu benderfynu ymlaen llaw sut i arwyddo fod y drafodaeth yn mynd i ddod i ben. Efallai y dywedwch yn syml, "Dwi angen stopio siarad am hyn y funud ma," neu, " Dwi wedi ypsetio. Gawn ni siarad am hyn yn nes ymlaen pan fydda i wedi ymdawelu?" (Sylwch ar y defnydd o negeseuon "fi") Dylai pawb yn y teulu gytuno, hyd yn oed os mai dim ond un aelod o'r teulu sy'n rhoi arwydd, y bydd y drafodaeth yn dod i ben dros dro. Yna bydd raid pennu amser arall i barhau'r drafodaeth. Ni ddylai'r cyfnodau ymdawelu fod yn fwy na 24 awr neu efallai y byddwch yn osgoi datrys y broblem yn llwyr. Os byddwch yn rhoi arwydd "stop" i'ch gilydd cyn ichi ypsetio gormod fe allwch, fel arfer, ail-ddechrau'r drafodaeth mewn ychydig funudau. Gorau po gyntaf y caiff y broblem ei thrafod gennych.

Bod yn gwrtais a chadarnhaol a dewis a dethol eich geiriau'n ofalus

Mae'n rhyfeddol, ond yn wir, ein bod i gyd yn debycach o ddweud pethau cas a sarhaus wrth bobl rydym yn eu hadnabod ac yn eu caru nag wrth ddieithriaid. Mae aelodau teulu yn aml yn torri ar draws ei gilydd, yn bychanu ac yn brifo teimladau'i gilydd. Mae bychanu'n gallu achosi i bobl eraill fod yn flin, yn ddig, yn amddiffynnol, yn euog neu yn isel. Gall danseilio'r gallu i gyfathrebu'n llwyddiannus a datrys problemau. Dyma rai enghreifftiau nodweddiadol o'r math o fychanu a ddefnyddia oedolion wrth ddelio gyda phlant ac oedolion eraill:

WRTH BLENTYN: Drycha'r golwg sydd arnat ti! Fedri di ddim aros yn lân am bum munud? Rwyt yn fy ngyrru'n benwan!

Pan fydd dicter yn cynyddu arwyddwch gadoediad

Y cythrel bach atgas! Joey rwyt wedi anghofio dy gôt. Oni bai fod dy ben wedi ei sgriwio mlaen byddet yn anghofio hwnnw hefyd. Pa bryd wyt ti'n mynd i fod yn gyfrifol fel dy chwaer?

WRTH OEDOLYN: Sut ddiawl fyddet ti'n gwybod? Felly rŵan rwyt yn galw dy hun yn arbenigwr, wyt ti?
Mae'n well i *mi* ddelio hefo fo. Rwyt ti'n cynhyrfu gormod.

Mae cwrteisi'n arbennig o bwysig wrth ddatrys sefyllfa'n effeithiol ac mae modd i chi wneud penderfyniad bwriadol i fod yn gwrtais, sut bynnag y bydd pawb arall yn ymddwyn. Dydi'r ffaith fod rhywun arall yn anghwrtais ac yn blentynnaidd ddim yn ei gwneud yn dderbyniol i chi ymddwyn yn yr un modd. 'Fyddwch chi ddim yn teimlo'n gwrtais bob amser fodd bynnag ac felly bydd raid i chi ddysgu dewis a dethol eich geiriau cyn dechrau siarad. Dyma rai cynghorion i'ch helpu i ddewis a dethol eich geiriau'n dda.

- *Soniwch am bethau y gallwch eu gwneud a phethau y dymunwch eu gwneud.* Peidiwch â sôn am bethau na allwch eu gwneud.

GŴR: Beth am fynd i siopa rwan.

GWRAIG: Fedra i ddim. Mae'r babi'n cysgu. Dim ond awr sydd gen i'n rhydd ac mae gen i filoedd o bethau i'w gwneud. (*mae'r ffocws ar yr hyn na all ei wneud, a hynny'n creu gwrthwynebiad*)

Y dewis arall:

        Fe fydd gen i awr yn rhydd am 4 o'r gloch ar ôl i'r babi ddeffro. (*mae'n canolbwyntio ar yr hyn y gall hi ei wneud*)

PLENTYN: Wnewch chi chwarae efo fi? Pam na ellwch chwarae rŵan?

DAD: Dwi newydd fod â thi yn y parc. Rwyt ti eisiau i mi chwarae efo ti drwy'r amser. Fedri di ddim dysgu chwarae ar dy ben dy hun? Mae gen i filoedd o bethau i'w gwneud. (*mae'n canolbwyntio ar y plentyn yn bod yn dipyn o drafferth, a hynny'n dibrisio'r plentyn a chreu ansicrwydd am y berthynas*)

Y dewis arall:

        Ar ôl i mi wneud y golchi mi wna i chwarae efo ti. (*mae'n canolbwyntio ar yr hyn y gall y tad ei wneud*)

- *Canolbwyntio ar y positif.* Peidiwch â lleisio cwynion. Dychmygwch sefyllfa lle mae eich plentyn yn ceisio golchi'r llestri ond yn cael dŵr dros bob man ar y llawr. Neu eich partner yn paratoi cinio ond yn gadael llanast yn y gegin. Yn yr achosion yma mae gennych ddewis: gallwch gwyno, neu osgoi cwyno gan gyfyngu eich hun i osodiad gonest o ganmoliaeth am yr ymdrech a wnaed. "Waw, Mae'n wych cael y llestri i gyd wedi'i golchi. Diolch am roi'r amser i wneud hynny." "Dwi'n wirioneddol falch dy fod wedi paratoi'r cinio." (Os yw'r ffaith fod y gegin yn llanast yn fater pwysig i chi, gellwch wastad benderfynu trafod hynny ryw dro eto.) Dyma sefyllfa arall:

PLENTYN NEU FAM: Edrych, dwi wedi prynu'r persawr yma i ti.

DAD: (Mae'n dweud wrtho'i hun, "Beth wna i wneud efo hwn? Gresyn na fyddai wedi prynu rhywbeth dwi'n ei hoffi." Mae osgoi lleisio'r meddyliau yma.) Diolch am yr anrheg. Roedd yn neis dy fod yn meddwl amdana i.

Nid yw rhai rhieni'n dweud gosodiadau cadarnhaol wrth ei gilydd nac wrth eu plant oherwydd eu bod yn teimlo y byddai dweud rhywbeth nad ydynt yn ei gredu yn anonest. Nid ydynt yn barod i wneud unrhyw newidiadau nes bod eu partner neu blant yn newid yn gyntaf. Mae'r math yma o feddylfryd yn creu gwrthdaro. Mae rhieni eraill yn credu na ddylai fod angen iddynt fynegi teimladau cadarnhaol am y dylai'r person arall wybod sut maent yn teimlo. Dydyn nhw ddim yn sylweddoli pa mor effeithiol y gall gosodiadau cadarnhaol ddylanwadu ar eraill gan wneud iddynt deimlo ac ymddwyn yn well. Mae'n debyg mai'r rhwystr mwyaf cyffredin i wneud gosodiad cadarnhaol yw teimlad o embaras, yn enwedig ymysg rhieni na chawsant ond ychydig ganmoliaeth pan oeddent hwy eu hunain yn ifanc. Os ydych yn teimlo embaras wrth wneud gosodiadau cadarnhaol atgoffwch eich hun o'r teimlad pan ddaru chi geisio taro pêl golff am y tro cyntaf, chwarae'r piano neu ddysgu siarad Ffrangeg - mae'r embaras yn diflannu wrth i chi ymarfer.

- *Osgoi hunan feirniadaeth:* Dychmygwch eich bod yn ffraeo gyda'ch plentyn neu'n colli eich tymer ac wedyn yn canfod mai chi oedd ar fai. Hwyrach y dywedwch wrthych eich hun, "Dwi'n rhiant sobor o wael. Pam dwi bob amser yn colli rheolaeth ac yn mynd yn flin?" Yn hytrach, dylech osgoi'r bychanu yma a gwneud hunan-osodiadau mwy adeiladol, "Roeddwn yn anghywir yn dweud hynna. Mae'n ddrwg gen i . Beth alla i wneud i wella pethau?" "Roedd hwnna'n beth hurt i'w wneud." "Doedd hynna ddim yn syniad da. Beth am feddwl am un gwell?" Hynny yw, dylech ganolbwyntio ar y syniad neu'r weithred anghywir a derbyn y cyfrifoldeb am y camgymeriad heb eich dibrisio'ch hun fel person. Mae pawb yn gwneud camgymeriadau. Mae'n bwysig modelu'r agwedd yma mewn ffordd briodol a darparu dewis arall cadarnhaol ar gyfer ymddygiadau'r dyfodol. Er enghraifft, fe allech ddweud, "Y tro nesaf mi wna i geisio aros yn dawel," neu, "Pan fydd hyn yn digwydd eto, mi wna i fynd allan am ychydig o funudau yn hytrach na cholli fy nhymer."
- *Canolbwyntio ar y presennol a pheidio ailgodi hen faterion.* Osgowch dyrchu am ddigwyddiadau o'r gorffennol a dadlwytho hen wrthdrawiadau. Ni fydd hynny ond yn cynyddu'r broblem a lefel dicter pawb sydd yn y drafodaeth. Cofiwch fod dadlwytho'n tueddu i ddigwydd fwyaf gyda'r person nad yw'n cyfathrebu am broblemau pan fyddant yn digwydd.
- *Meddwl am anghenion a safbwynt y person arall.* Os ffeindiwch nad ydych yn meddwl am neb ond chi eich hun, rhowch heibio'r meddyliau hynny. Yn hytrach, meddyliwch am ddymuniad neu anghenion eich plentyn neu eich partner. Er enghraifft, "Ys gwn i

a ydi o'n teimlo'i fod yn cael ei adael allan oherwydd bod y babi newydd yn cymryd cymaint o fy amser? Hwyrach y dylem gael rhywun i warchod y babi a mynd allan." Un o'r ymatebion mwyaf pwerus y gellwch ei roi i blentyn neu bartner sy'n cwyno yw, "Dwi'n gweld dy bwynt di. Beth allwn ni wneud i wella pethau?"

Canolbwyntio ar ddatrys y broblem, nid gweld bai
Weithiau mae cyfathrebu effeithiol yn cael ei rwystro gan weld bai. Gall un person gyhuddo person arall yn uniongyrchol o greu'r broblem, ond weithiau mae'r beio'n digwydd mewn ffyrdd llawer mwy cynnil. Dyma rai enghreifftiau cyffredin o weld bai.

DAD: Mae hi'n cael ei ffordd ei hun a dwyt ti byth yn ei disgyblu. Dyna pam fod ganddi gymaint o broblem ymddygiad. Dwyt ti ddim yn ddigon caled. Dydi hi byth yn broblemus efo fi.

MAM: Dwi'n meddwl dy fod yn ei tharo ormod. Dyna pam ei bod mor ymosodol.

MAM: Doeddet ti byth yn arfer bod fel hyn. Rwan dwyt ti ddim yn meddwl am neb ond amdanat ti dy hun.

TAD: Y cyfan wyt ti'n ei wneud yw swnian. Pam wyt ti'n meddwl fy mod yn treulio cymaint o amser yn y swyddfa?

Mae gweld bai yn gosod pobl yn erbyn ei gilydd yn hytrach na'u huno i ddatrys problem. Mae'n bwysig canolbwyntio ar ddatrys y broblem. Os yw eich plant yn sylweddoli eich bod chi a'ch partner yn fodlon gweithio gyda'ch gilydd maent yn llai tebygol o geisio chwarae'r naill yn erbyn y llall. Er enghraifft, fe fyddai wedi bod yn llawer mwy defnyddiol i'r tad (neu'r fam) yn yr enghraifft gyntaf uchod fod wedi dweud, "Mae'n ymddangos mai'r broblem yw bod Gillian yn rhy ymosodol. Mae'r ddau ohonom yn defnyddio dulliau gwahanol i ddelio efo'i hymddygiad gwael. Beth am i ni'n dau benderfynu sut rydym am ddelio efo'r problemau yma yn y dyfodol?" Mae'r ymdriniaeth yma'n cydnabod y gwahaniaethau rhwng y ddau riant y mae angen eu datrys heb awgrymu fod un yn gywir a'r llall yn anghywir.

Mae problem bob amser yn ddilys
Mae'n gyffredin i gael un aelod o deulu'n codi mater dim ond i aelodau eraill y teulu wrthod ei chydnabod fel problem gan haeru nad yw'n fater dwys. Neu fe allant weld budd mewn cadw pethau fel y maent ac felly peidio bod eisiau trafod y mater. Fe allai stafell fyw flêr er enghraifft boeni un person yn y teulu ond neb arall. Dyma rai enghreifftiau o wadu neu ddiystyru problem.

MAM:	Mae'r ystafell fyw ma'n llanast a dwi bob amser yn gorfod codi hen bapurau newydd a theganau ar ôl pawb.
DAD A'R PLANT:	O mam, mae pob dim yn iawn. Ryda ni'n ei hoffi fel hyn. Does dim rhaid i chi glirio ar ein hôl ni.
DAD:	Mae o allan o reolaeth. Wnaiff o ddim gwrando ar air dwi'n ei ddweud.
MAM:	Mae hynna'n ymddygiad normal i'w oedran. Dydi o ddim yn broblem. Rwyt yn disgwyl gormod ganddo o ystyried ei oedran.
PLENTYN:	Dydi'r plant eraill ddim yn fy hoffi a dydyn nhw ddim yn gadael i mi chwarae efo nhw.
RHIANT:	Paid â phoeni. Beth am i ni fynd allan i chwarae efo'n gilydd?

Er efallai na fyddwch yn gweld fod mater yn broblem, efallai y bydd eich partner neu eich plant yn anghytuno. Felly, o ran cadw perthynas deuluol dda, fe ddylech fynd i'r afael â'r sefyllfa a chydweithio i helpu i'w datrys. Bydd gwrando'n ystyrlon a chydnabod y broblem o gymorth os cewch eich temtio i ddiystyru problem. Bydd hefyd yn caniatáu i chi ddeall safbwynt y siaradwr yn well.

Canolbwyntio ar newidiadau realistig

Mae gosodiadau megis, "Does yna ddim byd yn gweithio," "Mae hi'n union yr un fath â'i thad, a dydi o dda i ddim," "Wnaiff o byth newid," "Mi wna i drio ond wnaiff o ddim lles," i gyd yn cyfleu'r neges anobeithiol fod pob ymgais tuag at newid yn ofer. Gellir rhoi neges hefyd drwy arwyddion cynnil megis atebion cwta un neu ddau air yn unig. Mae dweud pethau fel "Dwi ddim yn gwybod," "Am wn i," neu "Dim ots," wedi cael eu mynegi mewn llais goddefol a theimlad digalon yn dangos diffyg gobaith yn ogystal ag awgrymu diffyg diddordeb. Gall diffyg gobaith gael ei ddangos hefyd heb yngan gair, drwy ochneidio'n ddwfn neu godi aeliau.

Os ydych chi a'ch teulu'n teimlo'n anobeithiol wrth geisio datrys problem, mae angen i chi ganolbwyntio ar y newidiadau y gellwch yn realistig eu gwneud. Hwyrach y byddwch angen gostwng eich disgwyliadau a cheisio delio efo'r broblem un cam ar y tro. Ac, os na ellir ei datrys, rhowch hi o'r neilltu am gyfnod. Gellwch ddychwelyd ati'n nes ymlaen pan fydd emosiynau wedi ymdawelu. Er na all unrhyw broblem fawr gael ei datrys mewn un drafodaeth, mae'n bosibl darganfod ateb bron bob tro. Mae hyn yn agwedd bwysig i'w chyfleu. Er enghraifft, fe allech fynegi gobaith drwy ddweud, "Iawn, mae'n rhaid i ni fod yn amyneddgar. Mae'r plant angen amser i addasu i'r babi newydd. Beth am i ni yn gyntaf siarad am yr ymddygiad yr ydym am eu helpu i'w wella?"

Gofyn beth mae'r person arall yn ei feddwl ac yn ei deimlo

Mae rhai pobl yn darllen meddyliau, gan gredu'u bod yn gwybod cymhelliad neu farn pobl eraill heb yn gyntaf wneud yn siŵr fod eu dehongliad yn gywir. Gallant fynd i arferiad o siarad dros rywun arall ac wedyn mynd yn flin pan fydd y person y tybiant iddynt ddarllen ei feddwl yn anghytuno gyda'u dehongliad.

Os cewch eich hun yn gwneud rhagdybiaethau am yr hyn mae aelod tawel o'r teulu'n ei feddwl, anogwch ef/hi i siarad. Gellwch yn aml wneud hyn drwy drafod pethau o ddiddordeb iddo fo. Gall rhannu eich profiadau eich hun fod o gymorth. Efallai y dywedwch wrth eich plentyn tawel am eich profiadau plentyndod chi eich hun yn mynd ar goll yn y goedwig neu'n dysgu reidio beic. Wrth geisio cael aelod amharod o'r teulu i gyfathrebu, mae'n bwysig eich bod yn rhoi eich hun yn esgidiau'r person hwnnw. Mae meddwl sut mae eich partner neu eich plentyn yn gweld y mater yn eich helpu i ganfod y cwestiynau sy'n fwyaf tebygol o gael eu hateb. Yna, gwnewch yn siŵr eich bod yn cydnabod y teimladau a gaiff eu mynegi yn y diwedd. Fe allech ddweud, "Dwi'n gweld sut y gallai hynny fod wedi brifo dy deimladau," "Byddai hynny wedi fy ngwneud i'n flin hefyd," neu, "Ie, mae fy mhennaeth innau'n gwneud i mi deimlo'n rhwystredig drwy wneud yr un peth."

Bod yn dawel a galw "stop"

Mae rhai pobl yn aros nes eu bod yn flin cyn trafod problem. Fodd bynnag, mae person blin yn fwy tebygol o feirniadu, bod yn negyddol a gweld bai ar eraill, a bydd yn llai abl i feddwl yn glir. Mae hyn yn arwain at gyfathrebu aneffeithiol.

Ceisiwch adnabod meddyliau blin pan ddigwyddant gyntaf. Os cewch eich hun yn mynd yn gynddeiriog mae'n well galw "stop" a chamu oddi wrth y sefyllfa am gyfnod. Gall mynd am dro, ymarferion ymlacio neu anadlu'n ddwfn eich helpu i ymdawelu a'ch helpu i ymdrin â'r broblem mewn dull mwy rhesymegol. Yna'r peth cyntaf i'w wneud yw gofyn i chi eich hun a yw'r

Os ydych yn dechrau cynhyrfu a cholli'ch tymer, cymerwch amser i ymdawelu.

mater yn werth ymladd drosto. Os nad ydyw, brathwch eich tafod a dweud dim. Os ydyw, meddyliwch am ffordd y gallwch ddweud yr hyn yr hoffech ei ddweud mewn ffordd gwrtais a chadarnhaol. Unwaith y byddwch wedi dewis a dethol eich geiriau, byddwch yn barod i drafod y broblem y dymunwch ymgodymu â hi.

Holi cwestiynau er mwyn cael adborth

Mae pobl yn mynd yn amddiffynnol pan deimlant eu bod yn cael y bai, os cânt eu cyhuddo neu beidio, neu os ydynt ar fai neu beidio. Gallant ymateb drwy fynd yn flin neu'n ddadleugar, gwneud esgusodion, teimlo loes a chrio, neu encilio a gwrthod cymryd rhan mewn trafodaeth bellach.

MAM: Fedra i ddim delio efo'r plant yma drwy'r dydd. Rhaid i mi gael rhywun i warchod a helpu.

DAD: (Mae o'n meddwl ei bod yn dweud nad ydi o'n helpu efo'r plant) Dydi'r plant ddim yma drwy'r dydd. Maen nhw yn yr ysgol am ran o'r amser.

Mae'n bwysig bod yn ymwybodol o'r ffordd yr ydych yn siarad gydag eraill a'r ffordd y mae eraill yn clywed yr hyn a ddywedwch wrthynt. Er enghraifft, os teimlwch eich bod yn cael eich beio neu eich beirniadu, mae'n syniad da stopio'r drafodaeth a gofyn beth oedd y siaradwr yn ei olygu. Gallai'r tad yn yr enghraifft uchod fod wedi ceisio canfod beth yn union oedd ei wraig yn ei feddwl drwy ofyn cwestiwn.

TAD: Hwyrach 'mod i'n amddiffynnol am i mi gael diwrnod gwael yn y gwaith, ond a wyt yn dweud nad wyt yn meddwl fy mod yn helpu digon gyda'r plant?

neu

Wyt ti'n flin efo fi?

Dewis eich geiriau'n ofalus a gwneud argymhellion cadarnhaol

Mae pobl yn anwybyddu safbwyntiau pobl eraill mewn dwy ffordd gyffredin. Un yw dweud "ie - ond". Yr ail yw gwrth-gwyno, sef ateb cwyn gyda chŵyn arall. Mae "ie - ond" yn digwydd pan fydd pob ymdrech i gyflwyno awgrym neu fynegi safbwynt yn cael ei wrthod drwy ddweud fod rhywbeth yn bod arno. Mae'r siaradwr yn cael y teimlad, "Dwi'n anghywir unwaith eto. Does yna ddim byd a ddywedaf yn gwneud y tro." Canlyniad hynny yw meddwl, "Beth yw pwynt trio helpu?" Yn aml, dydi'r person sy'n dweud "ie - ond" ddim yn sylweddoli ei fod yn anwybyddu barn y person arall.

TAD: Dwi'n meddwl y dylen ni gael athro i helpu Andrea gyda'i gwaith cartref Saesneg.

MAM: Ie, mae'n syniad da, <u>ond</u> fyddai hynny byth yn gweithio. Rwyt yn gwybod na fyddai'n gwrando. A beth bynnag, mae hi'n rhy brysur gyda'r nosau i wneud mwy o astudio.

DAD: Dwi'n meddwl y byddai'n gwneud gwahaniaeth mawr ac yn ei helpu i gael gwell graddau.

MAM: Ie, fe fyddai'n ardderchog pe cai well marciau, <u>ond</u> dwi'n meddwl y byddai cael athro arall yn wastraff arian.

Mae gwrth-gwyno'n digwydd pan fydd pob cwyn yn esgor ar gŵyn arall.

MAM: Dwi wedi paratoi'r cinio hyfryd yma i ti. Yn hytrach na bod wedi dy blesio rwyt yn ddrwg dy dymer

DAD: Wel rwyt yn gwybod nad ydan ni'n gallu fforddio prynu cig wedi'i rostio. Pam na wnei di gael swydd?

MAM: Sut galla i deimlo mod i'n dda am goginio os na alla i hyd yn oed wneud cinio rhost syml?

neu,

PLENTYN: Ryda ni'n cael cig a thatws drwy'r amser. Dach chi byth yn gwneud y pethau dwi'n eu hoffi.

DAD: Dwyt ti byth yn bwyta'r hyn dwi'n ei baratoi beth bynnag. Rwyt ti bob amser yn cwyno.

Yn yr enghreifftiau yma mae pawb yn datgan ei gwynion ei hun yn hytrach na cheisio deall safbwynt y person arall.

Cofiwch lynu at un mater ar y tro, dewiswch eich geiriau'n ofalus i fynegi cwynion, gwrandewch yn weithredol a dilyswch safbwynt y person arall. Ffordd arall o ddelio gyda'r problemau yma yw troi cwyn negyddol yn argymhelliad cadarnhaol er mwyn ymdrin â'r sefyllfa. Er enghraifft, yn hytrach na dweud, "Dwi eisiau i ti stopio beirniadu fy mhrydau bwyd," fe allech ddweud, "Fe fyddwn yn gwerthfawrogi pe buaset yn rhoi mwy o ganmoliaeth i mi am fy nghoginio."

Ceisio rhoi negeseuon cyson

Mae rhieni weithiau'n anfwriadol yn rhoi negeseuon croes i'w plant. Mae negeseuon cymysg yn digwydd pan nad yw cynnwys a theimlad neges yn cyd-fynd. Er enghraifft, mam yn gwenu wrth feirniadu ei merch am adael ei hystafell mewn cymaint o lanast. Neu dad yn dweud wrth ei fab, "Mae gen i wastad amser i ti," ac yn codi'r ffôn yn syth.

Mae un rhan o ymddygiad y tad yn cyfleu pleser a chymeradwyaeth tra bo'r rhan arall yn awgrymu'r gwrthwyneb. Enghraifft arall o neges gymysg yw gosodiad cadarnhaol sy'n feirniadaeth yr un pryd. Er enghraifft, mam yn gwenu wrth ddweud, "Brensiach y bratiau! Mi ddaethost at y bwrdd y tro cyntaf imi ofyn!"

Byddwch yn ymwybodol o ffactorau sy'n ymyrryd gyda chyfathrebu

Mae oedolion yn gwneud hyn efo'i gilydd hefyd. Dywed gŵr wrth ei wraig a'i ffoniodd i ofyn a all hi aros yn hwyr yn y gwaith, "Wrth gwrs y cei di. Dos di a 'ngadael i ar fy mhen fy hun efo'r plant. Dwi ddim yn poeni!" Yna, os yw hi'n dod adre yn hytrach na gweithio, mae'n dweud, "Wnes i ddim deud na allet ti aros!" Gellir hefyd roi canmoliaeth mewn goslef watwarus, "Wel wir, rwyt ti'n help mawr." Os yw'r neges eiriol yn groes i'r neges ddi-eiriau gall achosi i'r plentyn neu'r oedolyn sy'n gwrando deimlo'n ddryslyd. Gall hyn arwain at deimladau drwgdybus neu elyniaethus tuag at y siaradwr. Mae ymchwil yn dangos, os oes anghysondeb, fod y gwrandäwr yn tueddu i dderbyn y negeseuon teimlad neu'r negeseuon di-eiriau fel y rhai cywiraf.

Mae'n bwysig iawn bod yn glir. Golyga hyn y dylai cynnwys a theimlad eich negeseuon gyd-fynd, ac felly hefyd eich negeseuon geiriau a di-eiriau. Fel arall, efallai na ŵyr pobl sut i ymateb.

Gwneud ceisiadau a gorchmynion cadarnhaol

Un o'r camau cyfathrebu pwysicaf yw gofyn i rywun gyflawni rhywbeth. Gelwir y rhain yn geisiadau a gorchmynion. Gorchmynion aneffeithiol yw rhai sy'n aneglur, yn guddiedig, wedi eu mynegi ar ffurf cwestiynau neu wedi cael eu cyfleu mewn llais negyddol – megis gwaedd sarrug, "Dos a'r sbwriel allan!" neu'n gwerylgar, "Pam na wnei di fynd â'r sbwriel allan? neu "Pam na wnei di olchi'r llestri?" Mewn teuluoedd lle mae gwrthdaro parhaus, gall gorchmynion fod yn arbennig o drafferthus. Gall gorchymyn neu gais uniongyrchol am ymddygiad penodol gael ei ddehongli fel gofyniad tra awdurdodol. Byddai cydymffurfio felly'n teimlo fel mater o ddarostwng i drefn person arall yn hytrach na chydweithredu syml. Mae pobl mewn perthynas o'r fath yn cael eu hunain yn dadlau dros geisiadau penodol ond y gwir reswm yw eu brwydr dros bwy sy'n rheoli'r sefyllfa.

Y mae ffyrdd effeithiol o roi gorchmynion neu wneud ceisiadau:

- *Bod yn bositif.* Dywedwch yr hyn a ddymunwch, nid yr hyn nad ydych yn ei ddymuno. "Plîs wnei di glirio'r gegin," yn hytrach na "Paid a gwneud llanast."
- *Bod yn benodol.* "Plîs tyrd adref erbyn 10.30 o'r gloch" yn hytrach na "Paid â bod yn hwyr."
- *Defnyddio iaith "fi"* " Mi fuaswn i'n hoffi dy weld adref erbyn 9 o'r gloch," yn hytrach na "Rwyt ti wastad yn dod adre'n hwyr."
- *Gofyn sut a beth, nid pam.* Os oes angen cwestiynau i gael eglurhad, bydd cwestiynau "beth" a "sut" yn canolbwyntio ar ddatrys y broblem. Mae cwestiynau "pam" yn gallu arwain at gyhuddo ac amddiffyn. Gofynnwch "<u>Beth</u> fyddai'n ei gwneud yn haws i ti lanhau'r ystafell ymolchi? yn hytrach na "<u>Pam</u> na wnes di lanhau'r ystafell ymolchi?"
- *Bod yn ymwybodol o ymateb positif i gais, a'i wobrwyo.* Dyma'r cam pwysicaf yn y broses mae'n debyg.

Cofiwch fod dysgu technegau cyfathrebu newydd fel dysgu gyrru car. Byddwch yn teimlo'n lletchwith ac efallai braidd yn ofnus ar y cychwyn ond wrth ymarfer fe ddaw yn naturiol.

I grynhoi…

- Peidiwch â thorri ar draws, dadlau, na chynnig cyngor; gwrandewch yn astud a chydnabod y neges.
- Peidiwch â storio cwynion, siaradwch yn glir gyda negeseuon "fi."
- Mynegwch deimladau.
- Glynwch at y pwynt ac osgowch ddadlwytho llawer o gwynion
- Dewiswch eich geiriau'n ofalus: byddwch yn gwrtais ac yn gadarnhaol.
- Canolbwyntiwch ar ddatrys y broblem gan osgoi gweld bai.
- Byddwch yn ymwybodol o broblem rhywun arall.
- Cymerwch un cam ar y tro.
- Peidiwch â cheisio darllen meddyliau.
- Ceisiwch a rhowch adborth
- Peidiwch ag ymosod yn flin.
- Galwch "stop" a defnyddiwch Amser Allan os yw dicter yn cynyddu.
- Gwnewch argymhellion cadarnhaol.
- Anogwch sgwrsio.
- Rhowch negeseuon geiriol a negeseuon di-eiriau sy'n gyson â'i gilydd.
- Rhowch orchmynion cadarnhaol yn hytrach na rhai negyddol.

Datrys Problemau rhwng Oedolion

Mae pob teulu'n wynebu gwrthdaro o bryd i'w gilydd ac mae pob plentyn yn cael problemau ymddygiad. Un arwydd arbennig o deulu llwyddiannus yw eu gallu i ddatrys anghydfod mewn ffordd sy'n foddhaol i bawb. Mae teuluoedd sy'n gallu datrys problemau drwy wneud y newidiadau angenrheidiol yn debygol o gynnal perthynas foddhaol a goroesi hyd yn oed gyfnodau anodd o drawsnewid. Bydd rhai, sy'n anhyblyg ac yn methu ymateb i'r angen i newid o ganlyniad anorfod i ddatblygiad plant, yn cael problemau sylweddol. Mae pob perthynas tymor hir angen rhywfaint o hunan aberth, hyblygrwydd a chyfyngiad ar ryddid personol. Er mwyn tyfu fel teulu rhaid wrth sgiliau cydweithredu, cyfaddawdu a datrys problemau. Mae'r bennod yma'n canolbwyntio ar sgiliau datrys problemau a all eich helpu i ymdopi gyda'r gwrthdaro sy'n anochel ym mhob perthynas.

Mae datrys problemau yn wahanol i bob math arall o gyfathrebu. Nid yw'n digwydd ohono'i hun ac nid yw'n naturiol nac yn ymlaciol. Yn hytrach, mae'n cynnwys set benodol o ddulliau sy'n gwella ein gallu i feddwl yn effeithiol am wrthdaro. 'Does dim rhaid iddo fod yn ddiflas na hyd yn oed yn annymunol. I'r gwrthwyneb, mae llawer o rieni'n adrodd iddynt fwynhau'r cyfnod a dod yn nes at ei gilydd wrth hyrwyddo hyblygrwydd a chydweithio.

Mae sgiliau datrys problemau'n ymgorffori'r sgiliau cyfathrebu a hunanreolaeth a drafodwyd mewn penodau blaenorol. Mae teimladau o ddicter direol yn arwain at gymylu'r golygon mewn ffordd sy'n rhwystro'r gallu i ganfod dewisiadau. Gall arwain person i gredu fod eraill wedi achosi problem yn fwriadol neu fod yn rhaid gweithredu ar unwaith. Gall iselder llethol achosi enciliad neu agwedd oddefol tuag at broblemau a chreu ymateb o "wneud dim." Rhaid i chi fod â rheolaeth dros eich teimladau o ddicter dwys neu iselder cyn y gallwch ddechrau datrys problemau'n effeithiol.

Chwech cam tuag at ddatrys problemau yn effeithiol
CAM UN: Clustnodi amser a lle a phenderfynu ar agenda
Peidiwch â cheisio datrys gwrthdaro ym merw'r foment. Ar adeg o'r fath mae pobl wedi cael eu cyffroi'n ormodol yn emosiynol i ddatrys problem mewn modd synhwyrol. Mae trafod problem ar adeg *niwtral* yn ei gwneud yn fwy tebygol y caiff ei datrys yn effeithiol. Er mwyn paratoi i ddatrys problemau penderfynwch ar leoliad ac amser penodol i gael trafodaethau. Hwyrach y penderfynwch gwrdd yr un amser bob wythnos. Yn aml bydd hyn gyda'r nos pan fydd y plant wedi mynd i'r gwely. Fodd bynnag, os yw'r plant dros bump oed ac yn rhan o'r broblem hwyrach y byddwch am eu cynnwys hwy yn y cyfarfod. Mae'n fuddiol tynnu'r ffôn oddi ar y bachyn, diffodd y teledu a dileu cymaint â phosib o bethau a allai ddwyn eich sylw. Dechreuwch drwy benderfynu ar agenda. Dim ond un neu ddwy o broblemau a ddylid eu trafod mewn cyfarfod ac ni ddylid treulio mwy na 30 munud ar unrhyw un ohonynt.

CAM DAU: Mynegi a diffinio'r broblem
Mae angen i broblem gael ei diffinio'n *glir a chadarnhaol* gan ddefnyddio'r egwyddorion cyfathrebu effeithiol a drafodwyd yn y bennod flaenorol. Osgowch fychanu, gor-ddweud, labelu niwlog a gweld bai. Gall gosodiad megis, "Dwi'n teimlo nad wyt yn helpu digon gyda magu'n plant" wneud y gwrandäwr yn amddiffynnol. Ar y llaw arall gallech fod wedi dweud, "Dwi'n gwybod dy fod wedi bod o dan bwysau yn y gwaith yn ddiweddar, a bod dy waith wedi cymryd llawer o'th amser, ond fe fyddwn yn gwerthfawrogi pe baset yn treulio mwy o amser efo fi a'r plant os yw hynny'n bosib." Mae hyn yn cydnabod rhinweddau positif y person arall ac fe allai hynny gynyddu'r awydd i gydweithio drwy leihau teimladau amddiffynnol. Mae problem wedi cael ei threfnu'n dda yn cynnwys y canlynol:

Sefyllfa
Beth yw'r broblem?
Pwy sy'n rhan ohoni?
Beth sy'n cael ei wneud, neu ddim yn cael ei wneud, sy'n eich poeni?
Pa mor aml y mae'n digwydd? (yn ddyddiol neu'n wythnosol)
Pryd a lle y mae'n digwydd?
Sut y mae'n digwydd? Beth sy'n cychwyn y broblem a beth sy'n dilyn?

Beth a ddigwyddodd y tro diwethaf?
Pam ydych chi'n meddwl ei fod yn digwydd neu beth yw'r rheswm a roddir gan eraill?

Ymateb
Sut rydych chi'n teimlo pan fydd y broblem yn digwydd?
Beth rydych chi'n ei wneud ac yn ei ddweud pan mae'n digwydd?
Sut rydych chi'n teimlo wedyn?
Pam rydych chi'n ymateb yn y ffordd yna?

Mae'n bwysig fod gennych yr awydd i gydweithio a rhannu cyfrifoldeb am y broblem. Er efallai y teimlwch mai chi yw'r dioddefwr ac mai'r person arall sy'n achosi'r broblem, rhaid rhoi'r teimladau yma o'r neilltu wrth annog teimlad o gydweithio. Er mor anodd yw hyn, rhaid i chi wrando'n ofalus ar bryderon y person arall. Hyd yn oed os mai dim ond un aelod o'r teulu sy'n ystyried y sefyllfa'n broblem, mae'n allweddol fod y teulu'n mynd i'r afael â hi fel problem *i bawb*, a bod yn fodlon ei datrys. Bydd hyn yn cyfrannu at les y teulu cyfan. Er enghraifft, "Dwi'n gwybod fod pethau braidd yn anhrefnus adref ac efallai fy mod i'n dy feirniadu am beidio helpu, ond byddai'n braf pe gallem wneud rhywbeth er mwyn i mi a'r plant gael mwy o amser efo ti."

Ac yn olaf, dylai'r broblem gael ei diffinio'n weddol *fyr* mewn gosodiad wedi ei anelu at yr angen i newid yn y dyfodol yn hytrach na chanolbwyntio ar y gorffennol. Dim ond gydag un broblem y dylid delio ar yr un pryd. Peidiwch a sôn am broblemau eraill oherwydd eich bod yn teimlo'n amddiffynnol neu'n ddig. Mae ymatebion fel, "Dydw i ddim yn dod adref o 'ngwaith am nad ydw i'n cytuno efo'r ffordd rwyt yn disgyblu'r plant," yn gwneud datrys problemau'n amhosib. Os oes un person yn codi ysgyfarnog o'r fath gall y llall ddweud, "Dwi'n meddwl ein bod ni yma i drafod yr amser rwyt yn dod adref o'r gwaith ac nid fy nulliau i o ddisgyblu."

CAM TRI: Crynhoi nodau a disgwyliadau
Unwaith y bydd y broblem wedi cael ei diffinio gan un aelod o'r teulu dylai aelodau eraill y teulu aralleirio neu grynhoi'r hyn a ddywedwyd i sicrhau fod pawb wedi deall yn iawn. Os yw pawb yn cytuno, yna mae'n bwysig mynegi'r nod a ddymunir. Er enghraifft, "Mi hoffwn i gael mwy o amser efo ti," neu, "Mi hoffwn i pe bai o'n fwy parod i rannu." Dylid asesu'r nodau yma i wneud yn siŵr eu bod yn realistig a derbyniol. Er enghraifft, nid yw yn realistig disgwyl i ffarmwr fod adref yn fuan yn ystod y cynhaeaf gwair.

CAM PEDWAR: Trafod syniadau am atebion

Unwaith y bydd pawb wedi cytuno ar yr union broblem a'r nodau i'w cyflawni, y cam nesaf yw cynhyrchu atebion posib. Ni ddylid trafod y broblem na'r gorffennol ymhellach. Cynhyrchwch gymaint o atebion i'r broblem ag sy'n bosib drwy drafod syniadau. Dylid canolbwyntio ar fod yn greadigol a chynhyrchu llawer o atebion. Dylid osgoi mynegi barn am yr atebion ar y pwynt yma. Gorau po fwyaf dychmygus yw'r atebion, ac osgowch fynd i ormod o fanylder. Ceisiwch gyflwyno hwyl a hiwmor i'r broses. Y nod yw cael allan o rigolaeth feddyliol a chanfod atebion newydd. Yn ogystal, gorau oll os oes llawer o syniadau er mwyn cynyddu'r siawns y bydd nifer ohonynt yn rhai da.

Trafod syniadau – defnyddio hiwmor a chreadigedd.

CAM PUMP: Gwneud cynllun

Y pumed cam yw mynd drwy'r rhestr o syniadau gan ddileu'r rhai gwirion a chyfuno'r rhai sy'n perthyn i'w gilydd yn naturiol. Yna, dylid trafod manteision ac anfanteision pob awgrym yn fanwl. Dylid edrych ar bob un gan gadw'r canlynol mewn golwg:

- A ellir ei gyflawni'n realistig?
- Beth yw'r canlyniadau gorau a'r canlyniadau gwaethaf posib?
- Ydi'r canlyniadau gorau yn rhai tymor byr yntau'n rhai tymor hir?
- Pa mor dda y mae'r canlyniadau'n cyfateb i'r nod a osodwyd?

Yna dylid llunio cytundeb. Gall hwn gyfuno nifer o syniadau oddi ar y rhestr a dylai ddweud yn glir beth mae pob un person yn mynd i'w wneud a phwy sy'n gyfrifol am beth. Dylid ysgrifennu'r cytundeb, cael aelodau'r teulu i'w arwyddo, a'i arddangos lle gall pawb o'r teulu ei weld. Mae hyn yn osgoi'r angen i ddibynnu ar y cof, yn gorfodi pob un person i gymryd cyfrifoldeb ac yn lleihau'r posibilrwydd y bydd unrhyw amwysedd wrth gyfathrebu. Dylid trefnu cyfarfod i ddilyn er mwyn ystyried sut mae'r cytundeb yn gweithio a phenderfynu a oes angen ei ddiwygio.

Sylwer - Gall pob un o'r camau datrys problemau yma gael ei ddefnyddio gyda phartner, plentyn neu wrth feddwl am broblem ar eich pen eich hun. Mae rhai amrywiadau i'w gweld yn y bennod ar ddysgu plant i ddatrys problemau.

CAM CHWECH: Gwerthuso'r canlyniad

Mewn cyfarfod dilynol dylid gwerthuso'r atebion drwy ofyn nifer o gwestiynau. Yn gyntaf, a weithredwyd y strategaeth fel y cynlluniwyd? Os mai'r cynllun oedd y byddai dad adref erbyn saith o'r gloch dair noson yr wythnos ac y byddai'n treulio bore Sadwrn gyda'r teulu, a gyflawnwyd hynny'n gyson? Os na ddigwyddodd felly, beth â'i gwnaeth yn anodd i hynny ddigwydd? Yn ail, os mai bwriad y cynllun oedd gwella ymddygiad, sut effaith a gafodd ar yr ymddygiad? Er enghraifft, os mai cael y plentyn i'w wely erbyn naw o'r gloch drwy ddefnyddio sticeri oedd y nod, dylid bod wedi cadw cofnod i weld a fu'r dull yn llwyddiannus. Ac yn olaf, ydi'r canlyniadau'n cyfateb i'r nodau a ddymunwyd? A yw'r newidiadau wedi creu'r canlyniadau a ddymunwyd? Os nad ydynt, hwyrach y bydd angen datblygu strategaeth newydd.

Ydi'r chwech cam yma'n swnio'n hawdd? Mae'r adran sy'n dilyn yn trafod rhai peryglon posib ac yn awgrymu ffyrdd o wneud i'r broses redeg yn esmwythach.

Diffinio'r broblem

Cydweithio

Weithiau pan fydd rhieni'n dechrau trafod problem efo'u partner neu efo'u plant byddant yn cael eu hunain yn dadlau am bwy sydd wedi achosi'r broblem. Er enghraifft, fe allai mam ddweud wrth ei gŵr, "Pe baet ti ddim yn treulio cymaint o amser yn edrych ar y teledu, byddai gen ti fwy o amser i helpu Ifan gyda'i waith cartref." Fe allai ei gŵr ymateb drwy ddweud, "Dwyt ti byth yn meddwl am fy anghenion i a dwyt ti byth yn gwrando arna i." Mae gwneud cyhuddiadau a gweld bai o'r fath yn cynyddu'r cweryla ac yn tanseilio'r broses o ddatrys problemau.

Wrth drafod sut i ddatrys problem mae'n bwysig fod aelodau'r teulu yn ceisio cydweithio. Rhaid i bob aelod rannu'r cyfrifoldeb dros ddatrys y broblem. Os teimlwch yn hunangyfiawn neu os credwch eich bod yn cael bai ar gam mae'n hawdd i chi wrthod cydweithio nes bod y person arall yn barod i ildio. Ond, bydd yr agwedd yma'n trechu'r broses o ddatrys problemau. Mae angen rhoi teimladau o'r fath o'r neilltu. Yn yr enghraifft flaenorol gallai mam Ifan fod wedi dweud, "Dwi'n gwybod dy fod angen amser ar ôl dod adref o'r gwaith i ymlacio a dwi'n sylweddoli nad ydi pethau'n gwella dim pan ydw i'n swnian arnat i roi sylw i waith cartref Ifan. Beth am i ni weld sut gallwn ni ddatrys y broblem?" Nid y nod yw canfod pwy sydd ar fai, ond yn hytrach diffinio natur y broblem a phenderfynu sut i'w datrys.

Bod yn bositif

Weithiau pan fydd rhieni'n datrys problemau maent yn mynd yn flin iawn gyda'i gilydd ac yn barod eu beirniadaeth. Gall hyn ddigwydd oherwydd eu bod yn trefnu'r cyfarfod yn rhy fuan ar ôl y gwrthdaro neu am eu bod wedi storio llawer o lid a dicter. Beth bynnag yw'r rheswm, mae beirniadaeth a llid yn ddinistriol iawn i sesiwn datrys problemau.

Mae'n bwysig cael agwedd bositif a chredu y bydd y broblem yn cael ei datrys drwy gydweithio. Yn gyntaf fe ellwch ddweud beth yw'r broblem mewn ffordd sy'n cydnabod un o rinweddau positif y person arall. Bydd hyn yn cynyddu cydweithio ac yn lleihau unrhyw agwedd amddiffynnol. Peidiwch â chael eich temtio i ddechrau gyda, "Dwi'n teimlo nad wyt yn gwneud digon o gwmpas y tŷ,". Gosodiad mwy adeiladol fyddai, "Dwi'n gwybod dy fod wedi gorfod gweithio llawer o oriau ychwanegol yn ddiweddar, ond fe fyddwn yn hoffi pe baet yn gwneud mwy o dasgau o gwmpas y tŷ." Mynegwch y broblem yn glir ac yn bositif heb ymosod ar y person arall na'i fychanu.

Bod yn benodol ac yn glir

Wrth drafod problem mae llawer o bobl yn methu â'i mynegi'n glir. Dyma rai enghreifftiau o fynegi problemau'n amwys, "Mae'r ffordd rwyt yn ymddwyn yn fy ngwneud i'n flin," "Nid yw Carl yn ymddwyn yn briodol," "Mae Patrick wastad yn fy ngwneud yn wallgof," "Mae Leanne yn ddiog," ac "Rwyt ti mor chwit chwat." Mae'r gosodiadau yma'n cyfrannu tuag at wneud i'r person arall deimlo fod ymosodiad arno neu ei fod yn cael y bai. Weithiau pan fydd pobl yn diffinio problem maent yn ei gorliwio. Er enghraifft, fe allai tad ddweud, "Wnei di byth ddysgu siopa'n effeithiol," neu fam yn cwyno, "Mae o'n amhosib. Wnaiff o byth newid. Mi aiff i drwbwl efo'r heddlu pan fydd o'n hŷn." Bydd y rhagolygon tywyll yma'n rhwystro unrhyw ymdrechion cadarnhaol i ddatrys problemau.

Mae'n syniad da i gymryd rhai munudau cyn dechrau sesiwn datrys problemau er mwyn penderfynu'n union beth sy'n eich trwblo, a sut i gyfathrebu hynny orau. Byddwch yn sicr eich meddwl pwy sy'n cael eu heffeithio; beth sydd wedi ei wneud a'i ddweud (neu heb ei ddweud a'i wneud) sydd yn eich poeni; sut mae'r broblem yn dechrau; lle a phryd y mae'n digwydd fel arfer ac am ba hyd y mae'n parhau. Yna, yn hytrach na dweud, "Un sâl am wneud ei gwaith yw Charlene" fe allech ddweud, "Dwi'n flin am fod Charlene wedi anghofio rhoi'r sbwriel allan dri dydd Mercher yn olynol."

Mynegi eich teimladau
Mae pobl yn aml yn gyndyn o fynegi eu teimladau wrth drafod problem. Hwyrach na fyddant yn cymryd amser i werthuso'r hyn y maent yn ei deimlo a pham, neu fe allant ofni eu bod yn or-emosiynol neu fod eu hymateb yn dangos gwendid. Yn anffodus, gall peidio mynegi teimladau gyfrannu at gynnydd mewn dicter a chwerwedd, gyda hynny'n arwain yn y pen draw at ffrwydradau blin sy'n rhoi terfyn ar unrhyw lwyddiant i ddatrys problemau.

Pan fyddwch yn diffinio problem mae'n bwysig egluro eich teimladau ar yr adeg y digwydd y broblem. Nid yw teimladau'n "gywir" nac yn "anghywir", maen nhw'n syml yn *bodoli*. Os cewch deimladau negyddol yng nghanol sefyllfa benodol maen nhw'n gweithredu fel arwyddion fod rhywbeth angen ei newid. Pan fyddwch yn egluro'ch teimladau, mae'n syniad da i'w hegluro yn nhermau gosodiadau "fi" yn hytrach na "ti." Er enghraifft fe allai tad ddweud, "Dwi'n teimlo'n unig pan nad wyt yn dod adre tan yn hwyr," neu,"Dwi'n mynd yn flin pan nad wyt yn fy helpu i ddisgyblu Jerry." Fe fyddai'r dewis arall, "Dwyt ti ddim yn poeni amdana i oherwydd dwyt ti ddim yn dod adref," neu, "Does gen ti ddim diddordeb yn fy helpu i ddisgyblu Jerry," yn creu teimlad amddiffynnol ac yn tanseilio cydweithrediad oherwydd eu tueddiad i weld bai.

Edrych i'r dyfodol
Pan fydd rhieni'n ceisio datrys problemau sy'n ymwneud ag ymddygiad eu plant, maent weithiau'n ail-ymweld â hen broblemau drosodd a throsodd. Os ydych yn ceisio delio gyda digywilydd-dra'ch mab, ni fydd sôn am ba mor anodd oedd o fel babi, y problemau a gawsoch gyda'i ddiddyfnu, toiledu neu fwydo, a'ch holl ymdrechion i ddelio gyda'r sefyllfaoedd yma – o gymorth o gwbl. I'r gwrthwyneb yn llwyr: mae ail-fyw profiadau'r gorffennol yn debygol o gynyddu lefel eich

dicter a rhwystredigaeth a lleihau eich hyder yn eich gallu i gyflawni newidiadau yn y dyfodol.

Gwnewch bwynt o edrych i'r dyfodol bob amser a chanolbwyntio ar y camau y dymunwch eu cymryd i newid yr amgylchiadau. Fe allech ddweud, "Dwi'n gwybod ein bod wedi cael llawer o anhawster rheoli ymddygiad Irene yn y gorffennol, ond yr hyn y mae'n rhaid inni feddwl amdano rŵan yw beth a allwn ei wneud i'w helpu yn y dyfodol. Dwi'n siŵr, gyda'n gilydd, y gallwn ni ddod o hyd i atebion da." Mae'n bwysig rhagweld dyfodol cadarnhaol. Mae darogan gwae'n rhy aml yn hunan-wireddol.

Bod yn gryno a chadw at un broblem ar y tro

Dydi hi ddim bob amser yn hawdd canolbwyntio pan fyddwch yn dechrau trafod problemau. Os na wnewch hynny, fodd bynnag, fe allwch dreulio gormod o amser yn rhestru'r holl broblemau sy'n bodoli - neu wedi bodoli - yn y teulu. Peidiwch a cheisio ystyried gormod o bethau yr un pryd gan y gall hyn ei gwneud hi'n anoddach i ddod o hyd i atebion adeiladol.

Dim ond un, neu ar y mwyaf ddwy, broblem a ddylid eu trafod mewn unrhyw sesiwn datrys problemau. Mae 30 munud yn hen ddigon o amser i drafod problem a chanfod rhai atebion. Os na wnewch gyfyngu'ch hun yn y ffordd yma rydych yn debygol o fod yn lluddedig ac yn rhwystredig. Os oes rhywun yn crwydro at broblemau eraill, ymateb effeithiol fyddai, "Dwi'n meddwl ein bod i fod i drafod sut i gael Lisa i wneud ei gwaith cartref ac nid faint o amser mae Craig yn ei dreulio'n edrych ar y teledu." Gallai un person gael y cyfrifoldeb o gadw pawb ar dasg a'u tynnu'n ôl os ydynt yn crwydro oddi wrth y mater dan sylw. Er mwyn bod yn effeithiol, osgowch roi pedair neu bump enghraifft o'r un broblem yn digwydd mewn gwahanol sefyllfaoedd. Yn hytrach na disgrifio sut mae eich plentyn yn cael stranc yn y cartref, ysgol, sinema ac ar y bws, darparwch un enghraifft fer sy'n darlunio'r broblem. Bydd hyn yn ddigon ac yn ei gwneud yn llai tebygol y bydd y rhai sy'n cymryd rhan yn mynd yn flin a negyddol.

Nodau a disgwyliadau
Adlewyrchu a chrynhoi

Unwaith y bydd rhieni wedi gorffen diffinio problem ni ddylid rhuthro i drafod syniadau heb yn gyntaf grynhoi'r broblem. Gallai rhuthro arwain at gamsyniadau a chamddealltwriaethau. Os nad yw'r broblem wedi cael ei diffinio'n dda, ei chrynhoi a'i deall gan bawb sy'n bresennol yn y sesiwn, bydd trafod syniadau'n aneffeithiol.

Pan fydd pawb sy'n cymryd rhan yn teimlo fod y broblem wedi cael ei thrafod a'i diffinio'n ddigonol, gall un person roi crynodeb. Er enghraifft, gallai un rhiant grynhoi'r broblem gyda'u mab tair oed drwy ddweud, "Dwi'n meddwl fod Joshua'n teimlo'n rhwystredig am fod ei chwaer fach yn chwarae efo'i deganau ers iddi ddysgu cerdded. Dydi o ddim yn gwybod beth i'w wneud heblaw ei tharo." Enghreifftiau eraill o grynhoi yw: "Dwi'n meddwl dy fod ti a fi yn anghydweld am fod gennym ddisgwyliadau gwahanol o'r amser y dylai'r plant fynd i'r gwely," "Y broblem yw y bydd raid i mi roi'r gorau i'r dosbarthiadau nos os oes raid i mi helpu Carl gyda'i waith cartref." Unwaith y bydd y broblem wedi'i chrynhoi, dylai'r person neu'r personau eraill yn y drafodaeth gywiro'r crynodeb neu gytuno fod y crynodeb yn gywir.

Mynegi nodau ac ymddygiadau a ddymunir

Mae problem arall yn digwydd pan fydd aelodau'r teulu'n treulio llawer iawn o amser yn trafod agweddau negyddol y broblem, ond heb ddweud beth maent am ei weld yn digwydd yn lle hynny. Gallai gwraig grybwyll fod ei gŵr yn dod adref yn rhy hwyr y nos, ond heb byth ddweud yn glir pa bryd yr hoffai iddo ddychwelyd adref. Neu fe allai tad sy'n crybwyll problem fod ei ferch yn rhy ymosodol beidio dweud mai ei nod yw ceisio'i chael i ddysgu rhannu.

Mae'n bwysig mynegi'r nod a ddymunwch. Efallai mai'r nod yw ceisio cael eraill i helpu gyda thasgau yn y tŷ, cael plentyn i fynd i'r gwely'n brydlon neu gael mwy o gydweithrediad gan bartner. Beth bynnag ydyw, mae angen ei fynegi'n eglur. Os na wneir hynny, ni all y teulu wybod beth i edrych amdano fel tystiolaeth fod y broblem wedi cael ei datrys.

Trafod syniadau am atebion

Bod yn agored

Weithiau mae un aelod o'r teulu yn llawn syniadau am atebion posib. Ar y llaw arall mae aelod arall yn cyflwyno rhesymau pam na fydd yr atebion yn gweithio, gan ddweud pethau megis, "Does 'na ddim pwynt dweud y byddi adref am chwech oherwydd dydi hynny ddim yn realistig. Dwyt ti erioed wedi bod adre mor gynnar â hynny," neu " Beth yw pwrpas awgrymu ein bod ni'n ceisio'i ganmol am rannu? Rydym ni wedi trio hynna o'r blaen a wnaeth o ddim gweithio." Mae beirniadu atebion, a'r sawl sy'n eu hawgrymu, yn tarfu ar greadigrwydd ac yn tanseilio'r ysbryd o gydweithio sy'n hanfodol i ddatrys problemau'n effeithiol.

Y prif nod, wrth drafod syniadau, yw bod yn agored i gymaint o awgrymiadau ag sydd bosib, hyd yn oed os ydych yn meddwl eu bod yn wirion a gwallgof ac yn hollol afrealistig. Rhowch gyfle i bawb, gan eich cynnwys chi eich hun, gynhyrchu atebion heb eu beirniadu. Os gellwch barhau gydag agwedd agored fel hyn, bydd llawer mwy o syniadau'n cael eu hawgrymu.

Gohirio manylion

Weithiau wrth drafod syniadau, bydd rhai'n suddo i'r gors o drafod manylion gweithredu'r awgrymiadau. Gall rhiant ddweud, "Wel mae'n amhosib ei gwobrwyo bob tro y bydd yn rhannu gan mai dim ond am dair awr o'r dydd yda ni o gwmpas," "Dydw i ddim yn gweld sut y gallaf ei helpu gyda'i waith cartref gan fy mod mor brysur yn ystod y flwyddyn ysgol," neu, "Dydw i ddim yn gweld sut y galla i gadw golwg arnynt bob tro y maent efo ffrindiau gan fod gen i waith sydd raid i mi wneud o gwmpas y lle yma." Mae canolbwyntio ar fanylion yn aml yn un amrywiad ar feirniadu ac, yn yr un modd, mae'n lleihau'r atebion da sy'n cael eu cynhyrchu. Gohiriwch drafod manylion gweithredu'r atebion. Amcan cyntaf y broses o drafod syniadau yw cynhyrchu llawer o syniadau. Gallwch drafod y manylion penodol yn ddiweddarach.

Bod yn greadigol a dyfeisgar

Un o'r camgymeriadau cyffredin a wna pobl wrth ddatrys problemau yw cyfyngu ar y nifer o syniadau a gynhyrchant. Maent yn awgrymu un neu ddau o syniadau da ac wedyn yn meddwl eu bod wedi gwneud digon. Mae'r agwedd gul yma'n eu cadw yn yr un rhigol feddyliol, yn canolbwyntio ar yr un hen atebion, yn hytrach na thrafod ffyrdd newydd a gwahanol o edrych ar broblem.

Wrth ddatrys problem, ceisiwch feddwl, "Y mwyaf gwallgof yw'r syniad, gorau oll!" Bydd hyn yn hwyluso trafodaethau a fydd yn ddoniol ac yn gyffrous. Bydd yr agwedd yma'n helpu i wneud y sesiynau'n fwy hwyliog. Ac yn bwysicaf oll bydd yn eich cael chi a'ch teulu allan o rigolau meddyliol ac yn eich helpu i awgrymu syniadau newydd. Peidiwch â stopio trafod syniadau nes bydd gennych restr hir. A pheidiwch â digalonni os yw'n anodd ar y cychwyn. Daw pethau'n haws wrth ymarfer.

Gwneud Cynllun

Adolygu eich rhestr

Weithiau wrth ddatrys problemau bydd rhieni'n canfod un datrysiad neu syniad y mae'r ddau ohonynt yn ei hoffi ac yn penderfynu canolbwyntio ar weithredu hwnnw. Nid ydynt yn mynd drwy'r rhestr i werthuso'r holl atebion posibl mewn ffordd systematig. O ganlyniad efallai y byddant yn colli syniadau da eraill.

Mae'n bwysig eich bod yn mynd drwy eich holl restr i ddileu'r syniadau chwerthinllyd a chyfuno'r rhai da. Weithiau bydd modd cyfuno dau syniad gweddol dda i greu un syniad campus. Wedi'r adolygiad yma bydd gennych restr o atebion posib y gellir eu trafod ac ymestyn arnynt. Bydd modd trafod manteision ac anfanteision pob un mewn manylder ar y pwynt yma.

Gwerthuso syniadau

Unwaith y bydd y syniadau mwyaf gwirion ac amhosib wedi cael eu dileu, dylid gwerthuso pob awgrym sydd ar ôl i ganfod a ydynt yn realistig neu beidio. Ydi'r atebion yn rhai tymor byr yntau'n rhai tymor hir, a beth allai'r canlyniadau fod? Mae methiant i wneud hyn fel arfer yn arwain at ddewis ateb aneffeithiol neu fethu gweithredu'r syniad a ddewiswyd.

Mae'n bwysig iawn gwerthuso yn nhermau a yw'r syniad yn realistig neu beidio. Efallai bod disgwyl i'r plentyn gadw'r ystafell ymolchi'n daclus yn afrealistig os yw'n bedair oed ond yn briodol i blentyn wyth oed. Mae disgwyl y gellwch helpu eich merch i gael graddau A pan gafodd raddau F yn y gorffennol yn arwain y ddwy ohonoch tuag at fethiant. Dylid gwerthuso syniadau nid yn unig o'r safbwynt a ydynt yn rhai realistig i'ch plant eu cyrraedd, ond hefyd o'r safbwynt a allant gael eu gweithredu gennych. Efallai nad yw penderfyniad i annog eich plant drwy eu gwobrwyo bob tro y byddant yn rhannu yn realistig os nad oes modd ichi fonitro drwy'r amser. Ail agwedd o fonitro yw ystyried a yw'r ateb yn un tymor byr yntau'n un tymor hir. Yn y tymor byr, mae rhai'n awgrymu rhoi chwip din i blant bob tro y gwrthodant gydymffurfio. Gallai hyn eu gwneud yn fwy ufudd, ond yn y tymor hir fe allai arwain at ymddygiad ymosodol neu wneud iddynt eich ofni. Agwedd arall o werthuso datrysiad neu syniad yw penderfynu'r canlyniadau. Beth yw'r canlyniadau gorau a'r rhai gwaethaf? Fe allech ddweud, "Y canlyniad gorau fyddai fod y plant yn dechrau rhannu efo'i gilydd yn amlach. Y gwaethaf fyddai nad ydynt yn dysgu rhannu a'n bod yn gorfod ystyried strategaeth arall."

Adnabod rhwystrau a ffyrdd posib o'u goresgyn

Yn ychwanegol at ddewis datrysiad seiliedig ar ba mor realistig ydyw, ac asesu canlyniadau'r posib, meddyliwch hefyd a oes unrhyw beth a all eich rhwystro rhag "dilyn drwodd" gyda'r canlyniad. Er enghraifft rydych wedi penderfynu eich bod yn mynd i dreulio mwy o amser gyda'ch mab yn ei hyfforddi a'i gefnogi wrth iddo wneud ei waith cartref. Ond yna sylweddolwch nad ydych yn gwybod beth yw disgwyliadau'r athro ynglŷn â gwaith cartref ac nad ydych yn gwybod pa waith cartref sydd gan eich plentyn. Dywed ef wrthych nad oes ganddo waith cartref, ond rydych yn ansicr a yw hyn yn wir. Unwaith y sylweddolwch fod rhwystr i ddilyn drwodd y datrysiad a ddewiswyd gennych, y cam nesaf yw ystyried ffyrdd o oresgyn y rhwystr hwnnw. Yn yr achos yma hwyrach y penderfynwch siarad gydag athro'r plentyn i ganfod pa waith cartref sy'n cael ei osod a pha noson y bydd y plentyn yn ei gael. Efallai y cytuna'r athro i roi'r gwaith cartref dyddiol ar ei pheiriant ateb neu wefan fel eich bod yn gallu cadw golwg dyddiol ar ei disgwyliadau. Bydd adnabod a deall rhwystrau posib i'ch datrysiadau, a strategaethau posibl i ymdopi, yn eich cynorthwyo i fod yn llwyddiannus gyda'ch cynllun.

Rhoi'r cynllun ar bapur
Weithiau bydd aelodau teulu'n penderfynu ar gynllun ond nid ydynt yn ei ysgrifennu lawr a'i arddangos mewn man gweladwy. Canlyniad hyn yn aml yw amwysedd a phobl yn cofio pethau gwahanol ar y rhestr. Os oes dryswch o'r fath, mae dilyniant yn llai tebygol.

Ysgrifennwch ac arddangoswch y cynllun unwaith y bydd pawb wedi cytuno arno. Bydd hyn yn osgoi gorfod dibynnu ar y cof. Drwy leihau amwysedd wrth gyfathrebu mae'n gorfodi pawb i fod yn fwy manwl gywir ac eglur ynglŷn â'r cynllun. Mae pobl yn fwy tebygol o gydweithredu gyda chytundeb os ydynt yn gwybod beth yn union sy'n ddisgwyliedig ganddynt.

Trefnu'r cyfarfod nesaf
Os nad ydych wedi sefydlu amser rheolaidd i ddatrys problemau, mae'n bwysig i chi a'ch teulu drefnu'r cyfarfod nesaf ar ddiwedd pob cyfarfod. Pwrpas hyn yw monitro a ydych wedi dilyn drwodd gyda'r strategaethau a ddewiswyd gennych, pa mor llwyddiannus ydych wedi bod wrth eu gweithredu a sut rydych yn teimlo am y canlyniadau. Gall fod beiau hyd yn oed ar strategaethau da. Os nad yw ail-werthuso'n rhan o'r cynllun, gall dulliau effeithiol gael eu barnu'n ddiwerth, pryd mewn gwirionedd y gallai newid bach fod wedi arwain at gyrraedd y nodau'n llwyddiannus. Mewn cyfarfodydd dilynol gellir parhau gyda datrys problemau pellach. Gellir newid y cytundeb, os oes angen, i fod yn fwy realistig neu'n fwy manwl gywir, a gall unrhyw amwysedd neu anawsterau gael eu clirio.

Canmol eich ymdrechion

Weithiau mae rhieni'n gweithio'n galed ar eu sesiynau datrys problemau ond nid ydynt yn canmol eu hunain am wneud hynny. Gall hyn wneud iddynt feddwl fod datrys problemau'n waith diflas a diddiolch. Gall pobl sy'n teimlo fel hyn fod yn gyndyn o gymryd rhan mewn cyfarfodydd pellach.

I leihau'r math yma o ymateb, cofiwch ganmol ymdrech pawb, yn cynnwys eich ymdrechion chi eich hun a'ch partner wrth ddatrys problemau, ac ymdrechion eich plant i gydymffurfio gyda'r datrysiadau. Nid yw un sesiwn yn mynd i ddatrys yr holl broblemau o fewn eich teulu. Ond hyd yn oed os mai dim ond un cam bach a gymerwch i'r cyfeiriad a ddymunwch, mae atgyfnerthu'n allweddol. Mae adborth positif o'r fath yn gosod llwyfan i sesiynau'r dyfodol ac i holl aelodau'r teulu ddatblygu gyda'i gilydd. Os gallwch chi a'ch teulu ddatrys problemau'n llwyddiannus efo'ch gilydd, rydych yn fwy tebygol o allu cynnal perthynas hyblyg a boddhaus dros gyfnod hir o amser.

Canolbwyntiwch ar un broblem ar y tro

I grynhoi…

Diffinio'r broblem
- Trefnwch gyfarfod i ddatrys problemau.
- Canolbwyntiwch ar un broblem ar y tro.
- Cydweithiwch, trafodwch y problemau gyda'ch gilydd.
- Mynegwch y broblem yn eglur.
- Mynegwch deimladau ond peidiwch â beirniadu na gweld bai.
- Cyfaddefwch fod gennych ran yn y broblem.
- Cyfeiriwch tua'r dyfodol.
- Byddwch yn fyr.
- Mynegwch yr ymddygiad a ddymunwch.
- Gwnewch osodiadau "fi."

Datgan y nod
- Crynhowch y broblem.
- Dywedwch beth yw'r nod mewn termau realistig.

Trafod syniadau
- Byddwch yn agored – peidiwch â beirniadu na gweld bai ar awgrymiadau.
- Anogwch awgrymiadau sy'n llawn dychymyg - gymaint â phosib ohonynt.
- Cyfeiriwch tua'r dyfodol.
- Gohiriwch fanylion.

Gwneud cynlluniau
- Adolygwch eich rhestr.
- Adolygwch bob datrysiad neu syniad mewn ffordd realistig.
- Adnabyddwch rwystrau i ddilyn drwodd eich atebion, a ffyrdd o'u goresgyn.
- Ysgrifennwch eich cynllun.
- Trefnwch y cyfarfod nesaf i werthuso llwyddiant a gwneud newidiadau os oes angen.
- Canmolwch eich ymdrechion.

Gweithio gydag Athrawon i Atal Problemau

Mae rhiant yn mynd yn syth at y Pennaeth ac yn mynnu fod 7 oed ei mab yn cael ei roi mewn dosbarth gwahanol. Mae'n dweud nad yw'r athrawon yn hoffi ei mab a'u bod yn ei weld fel plentyn â phroblem ymddygiad. Dywed fod ei phlentyn yn orfywiog a braidd yn fyrbwyll ac mae'n credu nad oes gan yr athrawon y sgiliau i reoli plant gyda'r math yma o broblemau.

Ers rhai wythnosau mae Jenny sy'n 4 oed wedi bod yn cwyno fod yn gas ganddi'r dosbarth meithrin ac nad yw eisiau mynd yno. Mae'n teimlo ei bod yn cael ei gadael allan a heb ffrindiau. Mae'n dweud nad yw ei hathrawes yn ei hoffi.

Pam y dylech ffurfio partneriaeth gydag athrawon eich plentyn?
Mae'r dystiolaeth bellach tu hwnt i ddadlau. Os yw rhieni am i'w plant fod yn llwyddiannus yn yr ysgol, y peth pwysicaf y gallant ei wneud yw cydweithio gyda'u hathrawon cyn-ysgol ac ysgol ddyddiol (neu ddarparwyr gofal dydd) ac ymdrechu i gynnal deialog gyson ac effeithiol.

Fodd bynnag, haws dweud na gwneud. Mae athrawon o dan gymaint o bwysau gan ofynion dosbarth mawr fel nad oes ganddynt lawer o amser i fod ynghlwm â rhieni. Gall rhieni, yn eu tro, fod yn gweithio oriau hir neu wedi'u gorlethu gan gymaint o straen yn eu bywydau bob dydd nes nad oes ganddynt ond ychydig o egni ar gyfer ymwneud â'r ysgol. Weithiau bydd rhieni ofn siarad ag athrawon, yn ansicr sut i fod yn gysylltiedig ag addysg eu plentyn a heb fod yn siŵr sut i gyfathrebu gydag athro neu athrawes eu plentyn. Ymhellach, mae rhieni sydd â'u plant yn cael anhawster yn yr ysgol, ac yn cael problemau oherwydd gorfywiogrwydd ac ymddygiad aflonyddgar, yn aml yn cael ymdeimlad

Gadewch i'ch plentyn wybod eich bod yn bartneriaid efo'i athrawon.

o fethiant personol sy'n gwneud iddynt deimlo'n anghyffyrddus yn codi materion gydag athrawon. Fodd bynnag, bydd y buddsoddiad yma yn llwyddiant academaidd eich plentyn i'r dyfodol yn werth yr amser a'r ymdrech. Canlyniad cael partneriaethau llwyddiannus gydag athrawon fydd cael rhaglen addysgol ar gyfer eich plentyn a seiliwyd ar ddealltwriaeth yr athro o'i anghenion emosiynol ac academaidd unigol. Mae cydweithio rhwng ysgol a chartref yn darparu cyfle hefyd i chi ac athrawon y plentyn fod o gymorth i'ch gilydd gyda'r canlyniad fod llai o straen ar bawb. Yn y bennod yma byddwn yn trafod ffyrdd y gellwch weithio mewn partneriaeth gydag athro eich plentyn i gefnogi ei fedrau academaidd, cymdeithasol ac emosiynol.

Dechrau cysylltiadau gyda'r athro'n syth

Mae angen i chi gychwyn eich ymdrechion i ymwneud â'r ysgol hyd yn oed cyn i'ch plentyn ddechrau yn yr ysgol. Chwiliwch a holwch am yr ysgol a'r athrawon. Ewch i gyfarfodydd croeso'r ysgol i ganfod athroniaeth yr athrawon am ddisgyblaeth, trefn ddyddiol, anghenion gwaith cartref a threfniadau cyfarfodydd rhieni. Cyflwynwch eich hun a chymerwch amser i ddod i adnabod athrawon eich plentyn fel y deuant i wybod mor ymroddedig ydych i'w addysg. Unwaith y byddwch wedi sefydlu perthynas bositif ac y bydd yr athro'n deall eich ymroddiad a'ch cefnogaeth, bydd yn haws i chi godi unrhyw faterion yn y dyfodol os bydd angen. Os yw'r plentyn wedi cael pethau'n anodd yn y gorffennol mewn lleoliad cyn-ysgol, rŵan yw'r amser i adael i'r athro wybod am hynny, fel y gallwch rannu strategaethau a fu'n llwyddiannus mewn dosbarthiadau neu leoliadau cyn-ysgol yn y gorffennol. Weithiau mae rhieni'n gyndyn o rannu'r wybodaeth yma gydag athrawon newydd gan eu bod yn ofni y bydd yn arwain yr athrawon i chwilio am broblemau. Fodd bynnag, mae ymdriniaeth o'r math yma'n gosod sylfeini ar gyfer perthynas waith dda rhyngoch chi a'r athrawon ac yn eu paratoi ar gyfer y ffyrdd mwyaf effeithiol o weithio gyda'r plentyn.

Ceisio cyfathrebu'n rheolaidd

Gwnewch yn siŵr eich bod yn gadael i athrawon eich plentyn wybod (drwy nodyn, galwad ffôn neu ymweld yn bersonol) am faterion teuluol a allai ddylanwadu ar ymddygiad eich plentyn yn yr ysgol. Er enghraifft os oes babi newydd, marwolaeth yn y teulu, ysgariad neu unrhyw loes deuluol, mae'n bwysig fod yr athrawon yn gwybod am hyn fel y gallant ddarparu cynhaliaeth ychwanegol a deall anghenion emosiynol eich plentyn.

Gadewch i'r athrawon wybod sut mae'r plentyn yn ymateb i'r ysgol drwy ddanfon llythyrau cyfeillgar yn cyfeirio at weithgareddau creadigol y gwnaeth y plentyn eu mwynhau'n arbennig yn y dosbarth, neu lyfr a roddodd bleser iddo. Hyd yn oed os ydych yn gweithio oriau hir gellwch roi adborth positif i'r athrawon ar ffurf nodyn, galwad ffôn, neges e-bost, rhodd bach annisgwyl megis tocyn anrheg i gael paned mewn caffi, tocyn i brynu llyfr i'r dosbarth, neu gerdyn diolch. Peidiwch â datgan cwyn mewn nodyn, gan y gall cam-gyfathrebu ddeillio ohono a niweidio eich perthynas. Dylid trafod cwynion wyneb yn wyneb.

Cadw mewn cyswllt fel rhiant

Yn ogystal â mynychu nosweithiau rhieni ar ddechrau'r flwyddyn addysgol a'r cyfarfodydd rhieni ac athrawon rheolaidd a drefnir i adolygu cynnydd eich plentyn, mae'n bwysig hefyd eich bod yn sgwrsio'n anffurfiol gyda'r athrawon am gynnydd eich plentyn. Pan fyddwch yn casglu'r plentyn o'r ysgol hwyrach y cyrhaeddwch rai munudau'n fuan i gael sgwrs sydyn. Gofynnwch i'r athrawon pa bryd yw'r amser gorau i chi gysylltu'n bersonol gyda nhw ar y ffôn neu drwy e-bost. Gwahoddwch yr athrawon i gysylltu â chi drwy gydol y flwyddyn ynglŷn â chynnydd eich plentyn. Rhowch wybod iddynt lle i gael gafael arnoch a'r adegau y byddwch o fewn cyrraedd ffôn. Os bydd gennych ddiwrnod i ffwrdd o'r gwaith neu amser sbâr ar ddiwrnod arbennig, gofynnwch i'r athrawon sut y gallwch efallai helpu yn nosbarth eich plentyn, er enghraifft gyda gweithgaredd celf, darllen i'r plant neu ymweliad maes.

Sefydlu amserlen dysgu yn y cartref

Gellwch hefyd gefnogi llwyddiant addysgol eich plentyn drwy gynllunio amserlen ar gyfer gwaith cartref dyddiol. Os yw'r plentyn yn rhy ifanc i gael gwaith cartref eto, sefydlwch amser bob dydd pryd y byddwch yn darllen gyda'ch plentyn neu'n darparu gweithgaredd chwarae cyffrous. Beth am sefydlu lle arbennig i wneud gwaith cartref neu ddarllen efo'ch gilydd lle nad oes dim i dynnu sylw? Chwiliwch ym mag ysgol eich plentyn bob dydd am nodyn neu waith cartref o'r ysgol. Gosodwch derfynau amser gyda'ch plentyn ar gyfer gwylio'r teledu, sesiynau gyda'r cyfrifiadur a gemau fideo, a chaniatewch y rhain wedi i'r gwaith cartref neu'r darllen gael ei gyflawni'n gyntaf. *Cofiwch nad y gwaith cartref ynddo'i hun sy'n gwneud eich plentyn yn llwyddiannus ond yn hytrach y pwysigrwydd yr ydych chi fel teulu'n ei roi ar yr ysgol, gwaith cartref a darllen.* Y cynharaf y byddwch yn sefydlu'r arferiad o ddisgwyl i ddarllen a gwaith cartref gael ei gyflawni, gan annog hynny bob nos, yna hawsaf yn y bydd fydd parhau gyda'r arferiad.

Peidiwch â gwneud sylwadau bygythiol ond yn hytrach rhagdybiwch ganlyniadau dymunol. Dyma enghreifftiau o osodiadau positif, "Dwi'n gwybod y gelli gwblhau'r dudalen yma o fathemateg cyn cinio. Yna cawn edrych arno efo'n gilydd ac fe elli di fy helpu i orffen coginio." Neu, "Rwyt ti'n darllen yn ardderchog rŵan! Am hwyl, beth am i ti ddarllen un dudalen a fi ddarllen y dudalen nesaf?" Mae gosodiadau o'r fath yn llawer mwy o gymhelliant na sylwadau negyddol megis, "Fe fyddi'n gorfod gadael yr ysgol os na wnei di dy waith cartref." Mynegwch eich ffydd yng ngallu'r plentyn a rhowch y neges eich bod chi a'i athrawon yn credu yn ei allu i lwyddo. Canmolwch ei ddyfalbarhad a'i amynedd gyda'r broses o ddysgu. Er enghraifft, fe allech ddweud, "Os gwnei di barhau i ymarfer dy ddarllen efo fi bob nos, mi fetia'i y byddi'n gallu darllen tudalen gyfan ar dy ben dy hun cyn bo hir."

Mynd i gyfarfodydd addysgol ar gyfer rhieni

Mewn rhai ysgolion mae athrawon yn ymuno efo cwnselwyr ysgol, nyrsys, a seicolegwyr i gynnig dosbarthiadau addysgol i rieni. Mae'r dosbarthiadau yma'n cynnig cyfleon i chi ddatblygu cynlluniau ar y cyd gyda'r athrawon er lles anghenion y plentyn. Yn y dosbarthiadau yma gellwch ddysgu am ffyrdd o gefnogi addysg eich plentyn drwy weithio efo fo yn y cartref. Mae grwpiau rhieni hefyd yn ffordd arall i chi ddod i adnabod yr athrawon a gadael iddynt wybod am eich pryderon a'r sefyllfaoedd teuluol a allai fod yn dylanwadu ar ddysgu academaidd ac emosiynol a chymdeithasol eich mab neu ferch. Pan fydd grwpiau rhieni'n gwahodd athrawon i weithredu fel cyd-arweinyddion, mae partneriaethau hirdymor yn cael eu datblygu sy'n atgyfnerthu ei gilydd yn ogystal â'r plant. Yn ychwanegol, mewn dosbarthiadau rhieni fe allwch wneud ffrindiau gyda rhieni eraill a chreu rhwydweithiau cynhaliol. Bydd yn bwysig i chi ddod i adnabod rhieni plant sydd yn yr un dosbarth a'ch plentyn. Pan fydd hyn yn digwydd fe allwch drefnu dyddiadau chwarae ac annog cyfeillgarwch ymysg y plant.

Adnabod gwerth partneriaeth athrawon-rhieni

Sylweddolwch eich bod chi ac athrawon eich plentyn, *pawb ohonoch* wedi buddsoddi'n helaeth er lles addysg y plentyn ac mai'r un yw eich nodau. Mae perthynas ddelfrydol rhwng athrawon a rhieni wedi'i selio ar gydweithio mewn partneriaeth. Mae pob un yn dod â safbwynt gwerthfawr i'r bartneriaeth. Mae gan athrawon wybodaeth am egwyddorion addysgu, cwricwlwm ac anghenion dysgu eich plentyn a chânt gyfle i weld sut mae'n ymddwyn mewn grŵp o blant o'r un oedran. Mae gennych chi ar y llaw arall fewnwelediad i natur y plentyn, yr hyn mae'n ei hoffi a'i gasáu, ei anghenion emosiynol a'r pethau a fu'n llwyddiannus mewn mannau addysg blaenorol. Mae sylweddoli fod y naill yn medru helpu'r llall yn creu perthynas rhwng athrawon a rhieni sy'n parchu ac yn cefnogi ei gilydd.

Cael cyfarfod llwyddiannus yn yr ysgol i drafod anghenion eich plentyn

Yr allwedd i gyfarfod llwyddiannus gydag athrawon yw defnydd rhieni o sgiliau cyfathrebu a datrys problemau effeithiol. Mae'r enghraifft sy'n dilyn o gyfarfod "dod i adnabod eich gilydd" ar ddechrau blwyddyn ysgol yn dangos ffyrdd o hybu partneriaethau llwyddiannus gydag athrawon. Hwyrach y byddwch hyd yn oed am ymarfer y ddeialog cyn mynd i'ch cyfarfod cyntaf gydag athrawon. Sylwch ar y cwestiynau y mae'r rhiant yma'n eu gofyn i'r athrawon.

Sampl o gyfarfod "dod i adnabod eich gilydd" rhwng athrawon a rhieni ym mis Medi

ATHRO: Helo Ms Jones, fi ydi Ms Parks. Diolch i chi am roi amser i ddod i mewn i ni gael adnabod ein gilydd. Dwi wedi mwynhau gweithio gyda Takisha yn ystod pythefnos gyntaf y tymor.

RHIANT: Mae'n neis cael eich cyfarfod yn gynnar yn y flwyddyn. Mae Takisha wedi bod yn dweud wrtha i gymaint y mae hi'n mwynhau amser cylch. Mae mor gynhyrfus ynglŷn ag amser cylch nes nad ydw i'n cael clywed dim am weddill y dydd. Mi fyddwn i'n hoffi gwybod beth arall sydd ar yr amserlen er mwyn i mi gael ei holi ynghylch gweddill y diwrnod. (*gwneud pwynt cadarnhaol a gofyn am amserlen y diwrnod*)

ATHRO: Wel, ryda ni'n dechrau'r diwrnod efo amser cylch. Mae'n gyfle da i'r plant siarad amdanynt eu hunain. Ryda ni hefyd yn edrych ar y calendr ac yn siarad am y tywydd.

RHIANT: Ydi Takisha'n eistedd yn llonydd yn y cylch? Mae hi'n ferch fach fywiog iawn ac yn y grŵp cyn-ysgol doedd hi ddim yn aros yn unman am yn hir iawn.

ATHRO: Mae'n dda i mi wybod hynna. Ar ddechrau'r flwyddyn dydw i ddim yn disgwyl i'r plant eistedd yn hir iawn, ond mi ydw i'n sylwi fod Takisha'n aflonydd os nad ydy ni ar ein traed yn canu a symud. Rwy'n hoffi gwneud llawer o symud gyda'r grŵp, felly dydi o ddim wedi bod yn broblem hyd yma.

RHIANT: Dwi'n falch o glywed hynny. Roedd hi hefyd yn hoffi'n fawr iawn cael helpu yn y grŵp cyn-ysgol. Roedd yr athrawes yno'n gadael iddi helpu weithiau os oedd hi wedi eistedd yn llonydd yn y cylch. (*dangos diddordeb ac ymglymiad*)

ATHRO: Mae hynna'n swnio'n gynllun da. Mi alla i drio hynna hefyd. I chi wybod, dydi amser cylch ddim ond yn para ychydig funudau yr adeg yma o'r flwyddyn. Wedi amser cylch, mae'r plant yn cael cyfle i ddewis eu "llecyn cyntaf". Ym mhob llecyn mae thema dysgu darllen a mathemateg gynnar ac mae'r plant yn gwneud gweithgareddau ymarferol sy'n eu helpu i ddysgu.

RHIANT: Pa lecyn fydd Takisha'n ei ddewis fel arfer? Dydi hi ddim yn gwybod unrhyw fathemateg a dydi hi ddim yn gallu darllen. Ydi hi'n cymryd rhan? (*Gofyn am ddiddordebau a chyfraniad y plentyn*)

ATHRO: O, mae hi'n brysur iawn yn ystod y cyfnodau yma, ac mae llawer o blant yr oedran hwn sydd heb fod yn darllen nac yn gwneud mathemateg eto. Dwi wedi sylwi ei bod yn hoffi'r bwrdd trin a thrafod pethau'n fawr iawn. Yno mae bocsys o ddarnau pres, cerrig neu flociau lle mae'r plant yn gallu gwneud patrymau, cyfrif, neu ddosbarthu'r gwahanol ddarnau. Er ei fod yn ymddangos mai dim ond chwarae maen nhw, yr hyn sy'n digwydd mewn gwirionedd yw eu bod yn dechrau cynefino efo'r syniad o rifau - sef gweithgaredd cyn-fathemategol. Wedi cyfnod yn eu llecyn cyntaf, mae'r plant i gyd yn newid drosodd a chael cyfle i fod yn brysur mewn llecyn arall. Yna cawn damaid i'w fwyta cyn mynd allan i chwarae.

RHIANT: Wyddoch chi, weithiau dydi Takisha ddim yn chwarae'n dda gyda phlant eraill o'r un oedran. Mae hi'n cyd-dynnu'n well gyda phlant iau. Ydi hi'n gwneud ffrindiau yma yn ystod cyfnodau chwarae rhydd ac amser egwyl? (*Gofyn am berthynas gyda chyfoedion*)

ATHRO: Dydw i ddim wedi sylwi ar unrhyw broblemau, ond diolch am fy rhybuddio. Mi wna i gadw golwg arni. Os yw hi'n cael unrhyw drafferth fe wna i adael i chi wybod ac fe allwn drafod sut i'w helpu. Ar hyn o bryd mae'n ymddangos ei bod yn ymuno'n dda efo'r lleill.

RHIANT: Mae hynna'n ardderchog, fe allwch bob amser fy nghyrraedd ar y rhif yma gyda'r nos. Beth alla i wneud i helpu Takisha wneud yn dda eleni? (*Gadael i'r athrawes wybod ei bod ar gael ac yn awyddus i gefnogi addysg ei phlentyn yn y cartref*)

ATHRO: Yr wythnos nesaf fe fydda i'n danfon rhestr o lyfrau i rieni ddarllen adref gyda'u plant. Fe fyddai'n ardderchog pe gallech ddarllen gyda'ch gilydd am 10 munud bob nos. Mae'r llyfrau gen i yn y dosbarth os hoffech eu benthyg ac rydw i'n gwybod eu bod ar gael i'w benthyg yn y llyfrgell. Wrth "ddarllen gyda'ch gilydd" yr hyn dwi'n ei olygu yw eich bod chi'n darllen iddi hi, neu yn edrych ar y lluniau efo'ch gilydd a siarad am yr hyn a allasai fod yn digwydd yn y lluniau. Nid oes raid i chi gael y plentyn i ynganu'r geiriau. Gadewch i'r cyfan fod yn amser hwyliog i'r ddwy ohonoch.

RHIANT: Bydd hynny'n hawdd, mae hi wrth ei bodd yn edrych ar lyfrau lluniau. Diolch i chi am gymryd yr amser i gwrdd â mi. Os oes rhywbeth y galla i ei wneud i helpu neu os bydd rhywbeth y dylwn wybod am gynnydd Takisha, rhowch alwad i mi os gwelwch yn dda. Os bydda i angen siarad gyda chi, pa adeg o'r dydd sydd orau i'ch galw chi? Ydych chi'n meindio os bydda i yn danfon e-bost i chi? (*Dangos ymglymiad ac egluro sut y gall gyfathrebu gyda'r athrawes yn y dyfodol*)

ATHRO: Y ffordd orau yw fy ffonio am 3.30 pan fydd y plant wedi mynd adref. Mae e-bost yn fy nghyrraedd yn llwyddiannus hefyd, ond dydw i ddim ond yn edrych am negeseuon bob yn eilddydd. Felly os oes brys mae'n well fy ffonio. Roedd yn braf eich cyfarfod. Dwi'n gwybod eich bod yn gweithio'n llawn amser ond os bydd gennych gyfle rywbryd i ddod i arsylwi neu helpu, byddwn wrth fy modd yn eich cael yma. Dwi'n meddwl fod Takisha'n mynd i gael blwyddyn dda yn yr ysgol.

Yn ystod y cyfarfod hwn mae'r rhiant a'r athrawes wedi cychwyn eu partneriaeth yn llwyddiannus. Mae'r ddwy wedi egluro'u dulliau cyfathrebu'n agored ac wedi dangos arwyddion o'u parodrwydd i gydweithio mewn partneriaeth. Roedd y rhiant yn barod am y cyfarfod ac wedi meddwl am ei nodau. Bu'n llwyddiannus yn canfod gwybodaeth am drefn academaidd ei phlentyn ac yn gwneud yr athrawes yn ymwybodol o bryderon ynghylch ymddygiad a medrau cymdeithasol. Mae cydweithio fel hyn yn gosod llwyfan ar gyfer cysondeb rhwng y cartref a'r ysgol ac yn creu awyrgylch cefnogol - hyn i gyd er lles y plentyn.

Cwestiynau eraill y gellwch eu gofyn i athrawon eich plentyn

- Pa mor dda mae fy mhlentyn yn cyd-dynnu gyda phlant eraill? Â phwy mae o'n chwarae fwyaf?
- Ydi fy mhlentyn yn cymryd rhan yn y trafodaethau amser cylch?
- Beth mae fy mhlentyn yn hoffi'i wneud fwyaf yn y dosbarth?
- Ydych chi wedi sylwi ar unrhyw newidiadau yn ymddygiad neu hwyliau fy mhlentyn?
- A oes oediad yng ngallu darllen, iaith neu ysgrifennu fy mhlentyn? A ddylwn i drefnu profion iddo?
- Ydi fy mhlentyn yn gwneud ffrindiau yn y dosbarth ac yn cyfathrebu gyda'r plant eraill?
- Faint o waith cartref ddylai o fod yn ei wneud?
- Sut y galla i helpu fy mhlentyn adref gyda gweithgareddau perthnasol i'r ysgol?
- Beth yw'r ffordd orau o gyfathrebu gyda chi os oes gen i bryderon?
- Oes yna adegau y galla i ymweld â'r dosbarth?
- Er fy mod yn gweithio, oes yna bethau y medraf eu gwneud gyda'r nos neu ar benwythnosau a fyddai o gymorth i chi?

Rhai canllawiau ar gyfer cyfathrebu mewn cyfarfod i drafod problem yn y dosbarth

Bydd gan bob plentyn broblemau academaidd neu gymdeithasol yn yr ysgol o bryd i'w gilydd. Mae'n bwysig cael cyfarfod gyda'r athrawon i siarad am y broblem mor fuan ag y byddwch yn ei hadnabod. Efallai eich bod yn teimlo'n euog, yn credu eich bod chi i'ch beio'n rhannol am y broblem ac yn ansicr sut i'w datrys. Efallai hyd yn oed fod gennych amheuon am allu'r athrawon i ddelio gyda'r broblem. Serch hynny, mae'n bwysig eich bod yn mynd i'r cyfarfod mewn ysbryd o gydweithio i ddatrys y broblem ac nid gyda'r bwriad o briodoli bai. Bydd defnyddio'r sgiliau cyfathrebu effeithiol sy'n dilyn o gymorth i sicrhau naws a chanlyniad cadarnhaol.

Mynd i'r afael â phroblemau'n gynnar - maent yn haws i'w datrys bryd hynny

Mae angen i chi gysylltu â'r ysgol mor fuan ag y sylweddolwch fod gan eich plentyn broblem addysg neu ymddygiad, hyd yn oed os mai dim ond ei wythnos gyntaf yn yr ysgol yw hi! Mae hyn yn greiddiol i gyfathrebu effeithiol. Hwyrach y cewch eich temtio i beidio dweud wrth yr athrawon am broblemau'r plentyn am nad ydych am iddo gael ei "labelu," neu am na ddymunwch greu proffwydoliaeth hunan-wireddol. Byddwch efallai'n gobeithio y bydd eich plentyn yn gwella gydag amser, neu dyfu allan o'r problemau. Fodd bynnag, mae osgoi siarad am broblemau'n gallu cadw plentyn rhag cael gwasanaeth neu gefnogaeth ychwanegol a fydd yn ei helpu i fod yn llwyddiannus yn yr ysgol.

Weithiau ni fydd athrawon yn siarad am broblemau gyda rhieni am eu bod yn ofni cael eu hystyried yn athrawon anghymwys. Efallai y teimlant ei fod yn arwydd o annigonolrwydd i gyfaddef wrth riant eu bod angen eu cymorth i reoli problemau'r plentyn. Gallant gredu'r myth y dylai "athrawon da" ddelio gyda holl broblemau eu disgyblion ar eu pen ei hunain heb gymorth rhieni. Ond y gwrthwyneb sy'n wir. Bydd yr athrawon mwyaf cymwys yn cynnwys y rhieni o'r cychwyn er mwyn cydweithio i gynllunio darpariaeth addas ar gyfer anawsterau'r disgybl.

Fodd bynnag, ni ddylai trafodaethau am broblemau plentyn ddigwydd pan fydd pawb yn brysur. Yn hytrach fe ddylid trefnu apwyntiad ar adeg gyfleus i bawb. Bydd hyn yn caniatáu cyfarfod mwy ystyriol, gyda thebygolrwydd uchel o ganfod ateb ymarferol.

Ysytried a lleisio eich pryderon

Paratowch am y cyfarfod drwy ystyried beth yw eich pryderon ymlaen llaw a meddwl beth ydych am ei gyflawni gyda'r athrawon. Ystyriwch sut y gall yr athrawon fod yn gweld y broblem a meddyliwch am eich nodau cyffredin.

Cychwyn gyda gosodiad o werthfawrogiad. Cychwynnwch y cyfarfod drwy ddiolch i'r athrawon am gytuno i gwrdd â chi a gadewch iddynt wybod eich bod yn gwerthfawrogi pob dim a wnânt i addysgu eich plentyn a gweddill plant y dosbarth. Bydd eich geiriau agoriadol yn sefydlu naws y sgwrs gyfan.

Disgrifio eich pryder a mynegi eich nodau yn gryno. Wedyn, yn gryno, disgrifiwch eich consyrn a'ch nodau neu'r hyn rydych am ei gyflawni yn y cyfarfod. Osgowch ganolbwyntio ar y negyddol, neu'r hyn nad ydych yn ei ddymuno. Osgowch ailadrodd llaweroedd o hanesion am broblemau'r plentyn neu fethiannau'r ysgol i brofi eich pwynt.

RHIANT: Mae'r sefyllfa'n annerbyniol. Dydych chi ddim yn ateb fy ngalwadau. Dydych chi ddim fel petaech yn deall fy mhlentyn nac yn poeni am ei addysg. Mae o'n dweud nad ydych yn ei hoffi. Ydych chi erioed wedi gweithio o'r blaen gyda phlant syn cael anhawster canolbwyntio ac sy'n orfywiog?

Yn yr enghraifft yma mae'r rhiant yn cychwyn drwy weld bai ar yr athrawon am broblemau ei phlentyn. Y canlyniad, mae'n debyg, yw y bydd yr athrawon yn mynd yn amddiffynnol yn hytrach na chanfod ateb i'r broblem. Mynegwch eich problem yn gadarnhaol ac yn gryno.

RHIANT: Dwi'n bryderus bod Timmy'n anhapus yn yr ysgol. Mae o'n dweud wrtha i nad ydi o'n hoffi'r ysgol. Dwi'n gwybod nad ydi o'n canolbwyntio a'i fod yn blentyn anodd ei ddysgu mae'n siŵr. Tybed oes yna ffordd y gallwn ni gydweithio i'w annog i ddysgu a chwblhau ei waith?

Yma mae'r rhiant wedi disgrifio'i chonsyrn yn glir ac yn gryno ac mae wedi canolbwyntio ar y canlyniadau cadarnhaol a ddymuna. Osgowch ddisgrifio problemau eich plentyn gyda gosodiadau amwys megis, "Dydi hi ddim yn ymddwyn yn briodol." neu, "Dydi agwedd y ferch ddim yn dda" ac osgowch sylwadau beirniadol.

Defnyddio negeseuon "fi" yn hytrach na rhai "chi": Fel ag a ddisgrifiwyd yn y bennod "Cyfathrebu" mae negeseuon "fi" yn cyfathrebu eich dymuniadau neu eich teimladau chi. Maent yn ffordd o fynegi safbwynt yn glir heb gael effaith ddinistriol. Mae negeseuon "fi" yn canolbwyntio ar eich teimladau a'ch awydd chi am newid.

RHIANT: Dwi'n cael amser rhwystredig yn darllen efo Billy. Mae o'n colli'i dymer efo fi pan dwi'n ei gywiro ac nid yw fel petai eisiau i mi ddarllen efo fo.

neu,

RHIANT: Dwi'n poeni am Billy. Nid yw'n ymddangos fod ganddo ffrindiau. Dydi o byth yn cael gwahoddiad i dai plant eraill. Mae'n dweud wrtha i ei fod yn unig.

Gofyn am adborth. Efallai y teimlwch weithiau nad yw'r athro neu athrawes wedi deall eich safbwynt. Os felly, fe ellwch ofyn, "Ydw i'n gwneud synnwyr?" Mae hyn yn llawer mwy effeithiol na mynd ymlaen ac ymlaen yn ddibaid. Ac mae'n dangos i'r athro/athrawes mor awyddus ydych iddo ef neu hi ddeall y sefyllfa.

Parchwch y cyfyngiadau amser sydd ar athrawon eich plant. Wrth siarad yn blaen, mae'n dal angen ichi gofio lle, pryd neu sut y mynegwch eich teimladau. Yn gyntaf, mae'n bwysig gofyn i chi eich hun: "Oes gen i bryder dilys neu a ydw i mewn hwyliau drwg?" "Ydw i'n gorymateb?" "Beth ydw i â diddordeb yn ei ddatrys mewn gwirionedd?" Penderfynwch ymlaen llaw beth fydd hyd y cyfarfod a pharchwch y cyfyngiadau amser ar yr athrawon. Peidiwch â siarad gormod.

Disgrifio camau a gymerwyd i ddatrys problem. Mae'n bwysig i athrawon eich plentyn sylweddoli eich bod eisoes wedi meddwl am y broblem, eich bod wedi gweithredu'n bwrpasol i ddelio gyda'r sefyllfa ac nad ydych yn disgwyl iddynt ddatrys y broblem ar eu pen eu hunain. Er enghraifft, fe allech ddweud, "Rydw i'n gweithio gartref ar broblemau anufudd-dod a rhegi Scott. Rydw i'n rhoi mwy o sylw a chanmoliaeth am siarad cwrtais ac yn ei wobrwyo am ddilyn cyfarwyddiadau. Ond fe fyddwn hefyd yn hoffi cael eich cymorth chi, a chynllun ar y cyd efo'r ysgol os yw hynny'n bosib."

Cael mewnbwn athrawon

Cwyn sy'n cael ei lleisio'n aml gan athrawon yw nad ydynt yn teimlo fod rhieni'n gwrando arnynt nac yn eu parchu. (Mae rhieni'n aml yn teimlo'r un fath am athrawon!) Yn anffodus, yn hytrach na gwrando a gadael i athrawon ddweud eu barn hwy am broblem y plentyn, mae rhieni weithiau'n ymateb yn amddiffynnol i bryderon yr athrawon drwy ddadlau, bod yn flin a gwadu. Mae rhai athrawon yn dweud eu bod yn teimlo'u bod yn cael eu beirniadu gan rieni am eu methiant i reoli'r plant yn y dosbarth. Pan fydd person yn teimlo nad oes neb yn gwrando arno mae'n debygol y bydd ef neu hi'n tynnu allan yn llwyr o'r berthynas ac yn osgoi datrys problemau. Mae gwrando'n ofalus ar holl safbwyntiau athro'r plentyn, a hyd yn oed ar ei gwynion, yn dangos eich bod yn rhoi gwerth ar ei farn ac mae'n arf pwerus i ddechrau'r broses o weithio gyda'ch gilydd. Edrychwch eto ar Bennod 13 am fwy o wybodaeth ynghylch Gwrando Gweithredol.

Mae'n bwysig eich bod yn rhoi eich hun yn esgidiau'r person arall. Meddyliwch sut mae'r athrawon yn teimlo am y mater, yna dilyswch y teimlad yma. Hwyrach y dywedwch, "Mi alla i weld sut mae hynny wedi tarfu ar y dosbarth cyfan," "Byddai hynny wedi fy ngwneud i'n flin hefyd," neu, "Ydw, mi ydw i'n teimlo'n rhwystredig hefyd pan fydd fy mab yn gwneud yr un fath adref." Yn yr achosion yma, mae teimladau'r athrawon yn cael eu dilysu ac mae'r rhiant yn ceisio gweld y broblem o'u safbwynt hwy hefyd. Gall yr agwedd yma helpu i leihau'r bwlch a all fodoli rhwng athrawon a rhieni.

Bod yn gwrtais ac yn bositif a dewis eich geiriau'n ofalus

Fe ellwch gael teimladau rhwystredig neu amddiffynnol wrth glywed asesiad athrawon o'ch plentyn neu fe ellwch anghytuno â'u dehongliad. Er hyn, mae'n hanfodol eich bod yn aros yn bositif ac yn osgoi beirniadu athrawon. Byddai eu bychanu'n creu dicter, llid, euogrwydd, teimlad amddiffynnol neu iselder ac yn tanseilio cyfathrebu effeithiol a'r gallu i ddatrys problemau.

Canolbwyntio ar wella'r broblem

Weithiau mae cyfathrebu effeithiol yn cael ei rwystro gan weld bai. Mae hyn yn digwydd pan fydd y cyfrifoldeb am broblem yn cael ei roi ar rywun arall. Hwyrach y bydd person yn cyhuddo rhywun arall yn uniongyrchol o achosi'r broblem neu fe all wneud hynny mewn ffyrdd mwy cynnil. Yn dilyn cyfarfodydd, bydd athrawon a rhieni'n aml yn dweud eu bod yn teimlo'u hunain yn cael y bai am anawsterau ymddygiad plant. Dyma rai enghreifftiau o weld bai a fynegwyd gan rieni ac athrawon.

ATHRO: Mae eich merch yn cael ei ffordd ei hun a dydych chi byth yn ei disgyblu. Dyna pam fod ganddi gymaint o broblem ymddygiad. Dydych chi ddim yn ddigon caled efo hi.

ATHRO: Eich plentyn chi yw'r un mwyaf ymosodol a welais erioed. Mae o'n wirioneddol allan o reolaeth. Dwi wedi delio efo plant caled o'r blaen ond neb fel eich plentyn chi.

RHIANT: Doedd ganddo ddim problemau efo'i athro y flwyddyn ddiwethaf. Mae'n rhaid nad ydych yn ei hoffi ac mae o'n synhwyro hynny.

RHIANT: Rydych yn gweiddi llawer arno yn y dosbarth a dydi o ddim eisiau dod i'r ysgol mwyach.

Mae gweld bai yn gosod pobl yn erbyn ei gilydd mewn brwydr yn hytrach na'u dwyn ynghyd i ddatrys problem. Fodd bynnag, unwaith y byddwch chi a'r athrawon yn cofio eich bod yn rhannu'r un nod o ddatrys problemau'r plentyn yna gallwch ffurfio partneriaeth weithio dda. Er enghraifft, fe allech ddweud wrth yr athrawon, " Mae'n ymddangos mai'r broblem yw bod Gillian yn or-ymosodol. Beth am i ni benderfynu sut yr ydym am ddelio efo'r problemau yma yn y dyfodol fel y gallwn weithredu mewn ffordd gyson? Dwi'n gwybod os gwnawn weithio efo'n gilydd y gallwn helpu Gillian i fod yn fwy cydweithredol." Mae'r ymdriniaeth yma'n pwysleisio cydweithio a chysondeb ac yn fwy tebygol o arwain at ganlyniad llwyddiannus i'r plentyn.

Parhau i eiriol dros eich plentyn
Efallai y byddwch yn codi mater sy'n eich poeni ond nad yw'r athrawon yn ei ystyried yn fater difrifol. Er enghraifft, fe allwch fod â chonsyrn fod eich plentyn yn ymddwyn yn ymosodol yn y cartref neu ei fod yn orbryderus am ei waith ysgol. Mae'n bosibl nad yw'r athrawon yn gweld problem o'r fath yn y dosbarth ac felly nid ydynt yn gweld gwerth yn ei thrafod. Er ei fod yn galondid ichi wybod nad yw'r broblem yn digwydd yn yr ysgol, mae'n dal yn bwysig eich bod yn gallu mynegi eich pryderon a cheisio cymorth athrawon. Mae gofyn cyngor athrawon ynghylch sut i ddelio efo problem yn y cartref yn gallu bod yn ffordd dda o weithredu. "Mae'n rhyddhad i mi wybod fod Chris yn dod ymlaen yn dda gyda phlant eraill ar yr iard. Dwi'n bryderus fodd bynnag am ei agwedd ymosodol tuag at blant eraill yn ein stryd ni. Allwch chi awgrymu sut y galla i weithio ar hyn adref?"

Mynegi gobaith
Er na ellir datrys unrhyw broblem ddwys mewn un cyfarfod, mae ateb ymarferol i bob problem. Mae'n bwysig cyfleu'r neges yma. Er enghraifft fe allwch daro nodyn gobeithiol drwy ddweud, "Diolch. Mae'n gymorth mawr gweithio gyda chi a chael eich syniadau. Dwi'n gwybod y bydd raid i ni fod yn amyneddgar efo fo a'i bod yn cymryd amser i newid. Mae o wedi bod trwy lawer ond rydw i'n hyderus y gallwn ei helpu drwy weithio gyda'n gilydd. Gawn ni drafod pa ymddygiadau sydd bwysicaf i ni ganolbwyntio arnynt gyntaf?"

Cytuno ar nodau cyffredin a thrafod syniadau am atebion
Unwaith y bydd y mater neu'r broblem wedi cael ei thrafod, a'r athrawon a chithau'n teimlo fod eich barn wedi cael ei mynegi a'i chlywed, y cam nesaf yw i chi gytuno ar nodau cyffredin a thrafod syniadau am atebion.

Gellwch ofyn i'r athrawon a oes ganddynt hwy syniadau ar gyfer datrys y broblem. Rhannwch eich syniadau am yr hyn yr ydych wedi ei dreialu'n barod a'r hyn a dybiwch fydd o gymorth i'r plentyn wedi i chi gael gwybodaeth newydd gan yr athrawon. Wedi trafod syniadau gyda'ch gilydd, lluniwch gynllun o'r union bethau fydd yr athrawon yn ei gyflawni yn yr ysgol a'r hyn y byddwch chi yn ei gyflawni yn y cartref. Er enghraifft, efallai y dywed un o'r athrawon, "Dyma beth ydw i am ei wneud yn yr ysgol. Mi wna i sefydlu cynllun sticeri i'w helpu i gofio gwrando a pheidio â gweiddi allan yn y dosbarth. Yna, mi wna i ddanfon nodyn adref bob dydd i adael i chi wybod faint o sticeri a gafodd eich plentyn y diwrnod hwnnw. Efallai y bydd y rhiant yn dweud, "Mae hynna'n swnio'n dda. Mi wna i gadw golwg ar y sticeri sy'n cael eu hennill yn yr ysgol ac ar ôl cyrraedd 25 sticer mi wna i drefnu sypreis adref." Dylid ysgrifennu'r cynllun ymddygiad a threfnu galwadau ffôn er mwyn gwneud yn siŵr fod y cynllun yn gweithio.

Mynegi hyder yn yr athrawon
Pryd bynnag y bydd problem gyda'ch plentyn mae'n siŵr y teimlwch yn bryderus. Fodd bynnag, mae angen i chi adael i'r athrawon wybod fod gennych hyder yn eu galluoedd i ddelio gyda'r sefyllfa ac i weithio mewn partneriaeth gyda chi i helpu'r plentyn ddysgu ymddygiadau newydd.

Cynllunio dilyniant
Mae'n bwysig cynllunio cyfarfod dilynol neu alwad ffôn i adolygu llwyddiant yr ymyriad a drefnwyd. Mae cynllun dilyniant yn hanfodol i ail-gadarnhau ymroddiad pawb i'r cynllun.

Enghraifft o gyfarfod rhieni-athrawon i drafod problem

ATHRO: Mae'n dda eich gweld eto Ms Parks. Roeddech yn dweud eich bod eisiau trafod problem.

RHIANT: Ydw. Dwi'n poeni fod Jonathan yn fyrbwyll ac ymosodol a dydi o byth yn gwrando arna i. Dwi'n trio'i ddisgyblu ond fe hoffwn i wybod a yw hyn yn broblem i chi yn y dosbarth hefyd ac, os ydyw, a allwn ni gydweithio i'w helpu i fod yn fwy cydweithredol. (*disgrifiad clir*)

ATHRO: Ydi, mae o'n fywiog iawn ac yn ymosodol weithiau. Mae o
            hefyd yn cael trafferth canolbwyntio ar ei waith. Dwi'n falch
            eich bod wedi dod i siarad efo fi am hyn. Mi fyddwn i'n hoffi
            cydweithio efo chi.

RHIANT: Ie, mae'n siŵr fod hyn yn rhwystredig i chithau hefyd gan
            fod gennych 25 o ddisgyblion eraill i edrych ar eu hôl.
            Mi hoffwn eich cefnogi ym mha ffordd bynnag y galla i.
            (cydnabod teimladau'r athro)

ATHRO: Mae o'n blentyn hyfryd mewn llawer ffordd, a dwi'n
            mwynhau gweithio efo fo. Dwi ddim yn disgwyl newid ei
            natur ond efallai, gyda'n gilydd, y gallwn ei helpu i ddilyn
            cyfarwyddiadau'n amlach a hefyd ei helpu i ddysgu rhai
            sgiliau cymdeithasol fel y gall wneud ffrindiau. Canlyniad ei
            ymddygiad byrbwyll ac ymosodol weithiau yw bod plant eraill
            yn ei ynysu a dydw i ddim eisiau i hynny ddigwydd. Bydd yn
            mwynhau'r ysgol yn well pan fydd ganddo ffrindiau.

RHIANT: Dwi'n falch eich bod yn deall plant fel hyn a dwi'n cytuno
            ei fod yn syniad da i weithio ar ei sgiliau cymdeithasol a'i
            gydweithrediad. Rydych yn gwybod i ni ddefnyddio siart
            sticeri adref, ac mae'n ymddangos ei fod wedi ymateb i
            hwnnw. Bob tro y mae'n cyflawni'r hyn a ofynnais dwi'n
            rhoi sticer iddo roi ar ei siart. Ar ôl iddo gasglu 10 sticer
            mae'n cael dewis cardiau pêl droed ac mae'n awyddus iawn i
            ychwanegu at ei gasgliad. Hwyrach y byddai rhywbeth tebyg
            i hynna'n gweithio yn y dosbarth? *(gwrando ar yr athro,
            dilysu ei syniad, ac awgrymu syniad)*

ATHRO: Dyna syniad da. Mi allwn i roi siart bach iddo ar ei ddesg
            a chadw golwg ar ei ymddygiadau cydweithredol. Fe allai
            ennill stamp ar ei siart am wneud yr hyn dwi'n ofyn iddo a
            bob tro dwi'n ei weld yn rhannu efo plant eraill. Fe allwn i
            ddanfon nodyn adref bob dydd yn dweud faint o stampiau
            a gafodd. Gallech chithau ychwanegu'r rhain at y sticeri ar
            y siart adref er mwyn iddo ennill mwy o gardiau pêl droed.
            Hwyrach y gallwn gael rhyw gymhelliant arall yn yr ysgol
            am ennill nifer arbennig o stampiau. Beth ydych chi'n feddwl
            mae'n ei hoffi yn yr ysgol?

RHIANT: Mae hwnna'n gynllun ardderchog. Dwi'n meddwl y byddai'n
            helpu Jonathan. Rydych yn gwybod ei fod yn ddarllenwr
            da a'i fod yn hoffi llyfrau am ddeinosoriaid. Hwyrach pan
            fydd yn ennill nifer penodol o stampiau y caiff ddarllen
            llyfr am ddeinosoriaid i'r dosbarth. Fe allwn i fenthyg llyfr

yn y llyfrgell os nad oes gennych un yn y dosbarth. Beth ydych chi'n feddwl? (*cynnig awgrym a gofyn am adborth athro*)

ATHRO: Syniad ardderchog. Byddai hefyd yn helpu'r plant eraill i weld rhywbeth mae'n gallu ei wneud yn dda iawn ac fe fyddai hynny o gymorth i wella ei broblem delwedd. Yn ystod amser cylch fe allwn hefyd weithio gyda'r plant i'w helpu i ddeall bod gan bawb gryfderau gwahanol a mannau gwan i weithio arnynt. Dwi hefyd yn mynd i gael rheol dosbarth, "dim gwahardd", hynny yw peidio caniatáu i neb wahardd plentyn arall o gêm. Gyda llaw, mae'n chwarae'n dda gyda Michael, sy'n blentyn hamddenol a goddefgar. Ydych chi'n meddwl efallai y gallech drefnu dyddiadau iddynt chwarae efo'i gilydd dan oruchwyliaeth er mwyn annog eu cyfeillgarwch?

RHIANT: Dwi'n hoffi'r syniad yna. Doeddwn i ddim yn siŵr pwy oedd ei ffrindiau felly mae hynna'n wybodaeth ddefnyddiol. Yna gallwn ei ganmol a rhoi sticeri iddo am rannu pethau adref pan fydd Michael yn dod draw. (*cytuno gydag awgrym yr athro*)

ATHRO: Iawn, dwi'n meddwl fod hynna'n ddechrau da. Beth am inni drefnu i siarad eto mewn pythefnos?

RHIANT: Ie, fe fyddwn i'n hoffi hynna. Gallwch wastad fy ffonio yn y gwaith os ydych angen siarad cyn hynny. Pa bryd sy'n adeg dda i gysylltu â chi? Diolch yn fawr iawn am gymryd yr amser i gyfarfod efo fi. Dwi'n teimlo'n well rŵan fy mod yn gwybod beth yw ein nodau chi. (*cynllunio trafodaethau i ddilyn*)

ATHRO: Allwn i'ch ffonio gyda'r nos gan ei bod yn anodd i mi ffonio yn ystod y diwrnod ysgol?

RHIANT: Iawn, bydd unrhyw amser ar ôl hanner awr wedi chwech yn ardderchog. Dwi'n teimlo fy hun yn cael cefnogaeth dda gennych a dwi'n gwybod gymaint fydd hyn yn ei olygu i Jonathan. (*mynegi hyder a chefnogaeth*)

Pryd i gynnwys Pennaeth neu Swyddog Lles yr ysgol?

Eich cam cyntaf yw ceisio datrys eich problem yn uniongyrchol gydag athrawon eich plentyn. Dyma sy'n debygol o fod fwyaf gwerthfawr i'ch plentyn. Fodd bynnag os ydych yn teimlo am unrhyw reswm nad ydych yn gwneud unrhyw gynnydd o gwbl, gellwch ystyried ceisio cymorth Pennaeth neu Swyddog Lles yr ysgol i'ch helpu i ddatrys y sefyllfa.

Cyfleu neges unedig i'ch plant

Fe fydd bob amser adegau pan fyddwch yn anghydweld gydag athro eich plentyn neu'n teimlo nad yw nodweddion y dosbarth na'r athro'n hollol addas. Fodd bynnag ni ddylech byth leisio'ch teimladau negyddol am athrawon o flaen y plant. Os bydd plant yn synhwyro nad ydych yn parchu athrawon, bydd hynny'n tanseilio awdurdod yr athrawon a'u gallu i ddysgu'r plant. Mae partneriaeth unedig rhwng rhieni ac athrawon yn allweddol i lwyddiant plant. Pan fydd eich plant yn eich gweld chi a'u hathrawon yn cydweithio i ddatrys gwrthdaro, mae'n rhoi'r neges iddynt fod yr ysgol yn bwysig a bod y ddwy ochr â chonsyrn am eu llwyddiant.

Cymryd safbwynt tymor hir

Os yw eich plentyn yn cael problemau ymddygiad oherwydd argyfwng teuluol (marwolaeth, ysgariad, neu gam-drin) fe fydd angen ymroddiad gan y rhiant a'r athro i gydweithio'n agos dros y flwyddyn gyfan, ac efallai dros nifer o flynyddoedd wedyn. Yn yr un modd, gyda phlant sy'n orfywiog neu'n fyrbwyll neu gydag oediad datblygiadol, fe fydd angen cyfarfodydd parhaus i gynllunio targedau ymddygiad a chydgordio rhaglenni gwobrwyo ac anghenion academaidd. Daliwch i feddwl yn gadarnhaol a chymerwch un cam ar y tro gan barhau i longyfarch y plentyn, ei athrawon a chi eich hun am eich cynnydd.

I grynhoi...

Mae gweithio gydag athrawon ac ymwneud ag addysg eich plentyn yn broses sy'n gofyn am lawer o ymdrech ac amser. Weithiau mae'n rhwystredig ond yn aml mae'n broses werth chweil. I bobl brysur ac athrawon dan bwysau gwaith gall fod yn anodd gwybod sut i glustnodi amser ar gyfer y cydweithio hwn. Fodd bynnag, ni ellir gorbwysleisio gwerth yr ymdriniaeth yma i dyfiant emosiynol a chymdeithasol eich plentyn. Yn y tymor hir bydd ymrwymiad o'r fath ar eich rhan i gydweithio gyda'r athrawon mewn gwirionedd yn arbed amser oherwydd gall arwain at fwy o gefnogaeth i chi a'r athrawon. I'r plentyn fe wna fyd o wahaniaeth.

Cofiwch:

- Cynlluniwch ar gyfer mewnbwn rhieni cyn i'r ysgol ddechrau.
- Danfonwch negeseuon positif ar bapur gyda'ch plentyn neu drwy e-bost i'r athrawon.
- Sefydlwch beirianwaith ffurfiol ac anffurfiol i gyfathrebu gydag athrawon eich plentyn.

- Peidiwch â storio cwynion, gofynnwch am gyfarfod gyda'r athrawon os yw eich plentyn yn cael problemau.
- Byddwch yn fyr, yn glir ac yn gryno wrth ddisgrifio problemau eich plentyn.
- Gwrandewch a gofynnwch am adborth ac awgrymiadau gan yr athrawon i ddatrys anawsterau.
- Byddwch yn gwrtais ac yn bositif.
- Canolbwyntiwch ar ddatrys y broblem gan osgoi gweld bai.
- Byddwch yn ymwybodol o safbwynt athrawon.
- Gwnewch argymhellion positif.
- Cynlluniwch gyfarfod dilynol gyda'r athrawon.
- Anogwch ddeialog barhaus.

Datrys problemau ymddygiad cyffredin

Rheoli "amser sgrin" eich plentyn

Mae Sally wedi blino'n lân. Cododd dair gwaith yn ystod y nos neithiwr gyda'i babi newydd anedig ac yn awr mae ei mab pedair oed, Henry, yn rhedeg o gwmpas yn mynnu ei sylw ac yn gwneud llanast ym mhob ystafell fel mae ei fam yn tacluso. Yng nghanol ei thrafferthion mae'n meddwl wrthi'i hun, "Dwi angen seibiant!" Felly mae'n troi at ei mab a dweud, "Henry, pam na wnei di wylio'r teledu neu chwarae gyda gêm ar y cyfrifiadur am dipyn?" Mae'r bachgen yn hapus i droi'r teledu ymlaen ac mae'n eistedd o flaen y set am awr wedi llwyr ymgolli yn y cartwnau, a'i holl egni yn sydyn wedi diflannu. Mae tawelwch yn teyrnasu yn y tŷ, ac mae Sally'n dechrau paratoi cinio, heb wybod ar ba raglen y mae Henry'n edrych.

Ydi hyn yn swnio'n gyfarwydd? Mae edrych ar y teledu a chwarae gyda gemau cyfrifiadurol yn gallu bod fel cyffur, nid yn unig i blant ifanc ond i'w rhieni hefyd. Gall fod yr unig amser yn y diwrnod y mae rhieni'n cael heddwch a thawelwch, neu amser i gyflawni tasgau. Gall teledu ddod yn warchodwr cyfleus a rheolaidd. Mae ymchwil yn dangos fod plant mor ifanc â 18 mis yn gweld cyfartaledd o 14 awr yr wythnos, plant cyn oedran ysgol tua 23 awr yr wythnos a phlant oedran ysgol yn gweld rhwng 25 a 30 awr yr wythnos. Erbyn cyrraedd 18 oed bydd plant ar gyfartaledd wedi gweld 15,000 oriau o deledu. Ymhellach, mae mwy o fynediad i gyfrifiaduron cartref yn ychwanegu'n gyflym at gyfanswm yr "amser sgrin", hynny yw'r amser a dreulia plentyn yn defnyddio'r cyfrifiadur, yn chwarae gemau fideo, a gwylio teledu, i gyd gyda'i gilydd. Mae mwy nag 20% o'r holl blant rhwng 8 a 18 oed yn adrodd fod ganddynt gyfrifiaduron yn eu hystafelloedd gwely, sy'n awgrymu fod y cyfrifiadur yn aml yn cael ei ddefnyddio mewn sefyllfa lle mae'r plentyn ar ei ben ei hun. Mewn arolwg cenedlaethol, adroddodd rhieni fod plant gyda mynediad i gyfrifiadur yn treulio ar gyfartaledd 5 awr y dydd o flaen sgrin (heb gynnwys defnyddio'r cyfrifiadur i gyflawni gwaith cartref). Yn ogystal, mae defnydd dyddiol plant o gyfrifiaduron yn cynyddu'n flynyddol. Wrth i blant ymwneud mwy a mwy bob blwyddyn â'r amrywiol gyfryngau yma, mae'r amser sydd ar gael iddynt gymryd rhan mewn chwaraeon ffurfiol, rhyngweithio cymdeithasol a chwarae allan yn lleihau. Mae hyn yn amharu ar allu plant i ddatblygu cyfeillgarwch a hefyd yn dylanwadu ar eu ffitrwydd. Ffaith arall frawychus yw bod llai na 25% o'u hamser gwylio yn cael ei dreulio'n gwylio rhaglenni a gynlluniwyd ar gyfer anghenion datblygiadol plant. Byddant yn gweld 18,000 o lofruddiaethau a thros 350,000 o hysbysebion - gyda dwy ran o dair ohonynt yn hysbysebion am nwyddau â siwgr ynddynt. Mewn arolwg gan Brifysgol Temple cyfwelwyd 2279 o blant rhwng 7 ag 11 oed. Dywedodd mwy na 50% ohonynt eu bod yn cael edrych ar y teledu neu chwarae gyda gemau cyfrifiadurol *unrhyw bryd* y dymunent ac roedd 30% yn dweud eu bod yn gallu gwylio *unrhyw beth* neu chwarae gydag *unrhyw gêm* o'u dewis.

Pam poeni am y rhaglenni teledu a'r gemau cyfrifiadurol sydd ar gael i'ch plentyn?

Dros y 25 mlynedd diwethaf gwnaed llawer o ymchwil i effaith teledu ar blant. Mae rhaglenni teledu addysgiadol, sydd wedi eu hanelu at lefel ddatblygiadol wybyddol ac emosiynol plentyn ifanc, yn medru hyrwyddo ymddygiad cadarnhaol a chynyddu chwarae dychmygus a chydweithredol. Mae meddalwedd gyfrifiadurol addysgol sy'n canolbwyntio ar gysyniadau darllen, mathemateg a gwyddoniaeth yn medru hyrwyddo gallu plant i ddarllen a gwneud mathemateg ac, yn gyffredinol, yn medru gwella eu perfformiad academaidd. Fodd bynnag, eithriadau yw rhaglenni teledu addysgiadol a rhaglenni cyfrifiadurol o'r fath. Mae ymosodedd a thrais mewn gemau wedi cynyddu gyda phob cenhedlaeth o gemau. Mewn dadansoddiad o gynnwys gemau Nintendo a Sega Genesis gwelwyd fod 80% o'r gemau'n cynnwys ymosodedd a thrais fel amcan. Ond dydi rhieni'n aml ddim yn gwybod am gynnwys hyd yn oed y gemau mwyaf poblogaidd gyda'r teitlau mwyaf treisgar er gwaethaf bodolaeth system raddio gan y Bwrdd Mesur Graddau Meddalwedd Addysgiadol (*ESRB*). Nid yw llawer o raglenni teledu na chyfrifiadur yn addas i ddatblygiad plant ifanc ac fe allant gael effaith negyddol. Dyma rai o'r effeithiau niweidiol a fynegwyd.

Mae rhaglenni teledu a chyfrifiadur treisgar yn cynyddu chwarae ymosodolac ymladd plant gydag eraill

Dangosodd astudiaethau niferus fod edrych ar ormod o gemau cyfrifiadurol treisgar a rhaglenni teledu yn cynyddu ymddygiad ymosodol a gelyniaeth plant. Mae plant yn debygol o ddynwared a dysgu ffyrdd newydd o fod yn ymosodol drwy edrych ar gymeriadau treisgar ar y teledu neu ar gemau cyfrifiadurol. Ymhellach, mae agweddau plant tuag at ymddygiadau ymosodol yn cael eu newid gan fwydlen wylio o'r fath. Mae'r rhai sy'n gwylio rhaglenni o'r fath yn fwy tebygol o fynd yn ansensitif yn emosiynol i ddioddefaint eraill neu ymddygiad ymosodol mewn bywyd go iawn. Mae trais teledu a chyfrifiadur fel pe tai'n fferru'r gallu i gydymdeimlo â dioddefwyr. Yn wir, mae plant yn dysgu gweld ymosodedd fel strategaeth briodol i ddatrys problemau. Os bydd y "dyn da" ar y teledu neu'r cyfrifiadur yn ennill drwy saethu'r "dyn drwg", bydd llawer o wylwyr ifanc yn dod i gredu bod trais yn cael ei ganiatáu cyn belled â'ch bod yn meddwl eich bod yn "ddyn da." (Ers yr 1980'au o leiaf, mae gwasanaethau milwrol America a Phrydain wedi defnyddio gemau fideo i ddadsensiteiddio milwyr i ddioddefaint eu targedau). Yn arbennig, caiff plant ifanc anhawster i wahaniaethu rhwng bywyd real a bywyd artiffisial wrth chwarae gyda gemau efelychu cyfrifiadurol. Gall hyn arwain at ddryswch am yr hyn a olyga i fod "yn fyw."

Gall gormod o deledu treisiol neu amser cyfrifiadur feithrin arferion gwybyddol drwg
Mae rhaglenni teledu a chyfrifiadur nodweddiadol yn pwysleisio symud cyflym, digwyddiadau byr a chyffrous yn neidio'n gyflym o'r naill beth i'r llall, gyda thoriadau ac effeithiau arbennig parhaus. Mae newidiadau'n digwydd o leiaf bob dau funud. Cynlluniwyd y dilyniant cyflym yma i ddal sylw'r gwyliwr. Fodd bynnag, pris yr ymdriniaeth hon yw nad yw plant yn cael amser i edrych i ffwrdd nac adlewyrchu ar yr hyn a welant. Yn wir, mae cyflymder llawer o raglenni yn ymyrryd gyda'u gallu i ymarfer a chofio deunydd newydd. Yr unig ffordd y gallant gael unrhyw reolaeth dros y wybodaeth sy'n cael ei chyflwyno yw ei gau i lawr yn llwyr. Mae llyfr yn caniatáu i chi fynd yn ôl ac ymlaen dros frawddeg nes ei bod yn cael ei dysgu a'i deall. Wedi darllen llinell gall plant stopio a meddwl am yr hyn a ddarllenwyd, ymhelaethu arno yn eu meddyliau neu ddatblygu delwedd weledol o'r hyn sy'n digwydd. Nid yw proses ddysgu o'r math yma'n bosibl wrth wylio teledu. Gan nad ydynt yn cael amser i ryngweithio'n wybyddol gyda chynnwys sy'n symud mor gyflym, mae plant yn dysgu eistedd yn ôl ac amsugno'n oddefol yr hyn a gyflwynir iddynt.

Nid yn unig y mae teledu'n hyrwyddo arferion gwybyddol drwg ond hefyd mae'n annog plant i ddisgwyl bod rhieni, athrawon ac oedolion eraill yn mynd i fod yn adloniadol iawn yn eu haddysgu. Mae'r rhai sy'n gwylio llawer o deledu neu'n treulio oriau lawer yn chwarae gemau cyfrifiadurol yn ei chael yn anodd canolbwyntio yn ystod esboniadau hir. Mae dulliau addysgu llai difyr yn eu diflasu, a gall lefel bywiogrwydd plant sydd wedi diflasu gynyddu. Awgrymodd rhai astudiaethau fod plant gorfywiog yn gwylio'r teledu'n amlach na phlant eraill. Ar y llaw arall, mae ymchwil i deledu gan Jerome Singer o Sefydliad Yale wedi dangos fod plant a oedd yn gwylio rhaglenni teledu syml am nifer o wythnosau yn dangos mwy o ddychymyg a chydweithrediad na phlant a fu'n edrych ar raglenni cyflym eu natur dros yr un cyfnod. Nid yw rhaglenni sy'n symud yn gyflym yn caniatáu amser i'r plant ddatblygu strategaethau meddwl nac amser i adlewyrchu. Mae'r sgiliau yma'n llawer pwysicach i wir ddysgu nag ydyw dysgu rhifau a llythrennau'n fecanyddol ar y cof.

Edrych ar y teledu'n meithrin goddefedd a thanseilio gweithgareddau dysgu eraill

Mae treulio gormod o amser yn gwylio teledu ac yn chwarae gyda gemau cyfrifiadurol yn golygu fod llai o amser i chwarae gyda chyfoedion, darllen, meddwl, neu chwarae'n ddychmygus. Dangoswyd fod cysylltiad rhwng gwylio llawer o deledu a lefel is o berfformiad addysgol, gallu darllen, canolbwyntio a dychymyg gwan, diffyg brwdfrydedd i fynd i'r ysgol a chynnydd mewn gorfywiogrwydd. Mae rhai ymchwilwyr o'r farn fod gostyngiad mewn perfformiad addysgol a gallu darllen yn digwydd am fod teledu a gemau cyfrifiadurol yn cymryd lle neu'n ymyrryd ag astudio, meddwl, ysgrifennu ac amser a dreulir yn darllen. Mae'r amser a dreulia plant yn chwarae gyda gemau cyfrifiadurol ar eu pennau eu hunain yn yr ystafell wely neu'n edrych ar deledu hefyd yn golygu llai o amser i chwarae gyda phlant eraill a llai o weithgaredd corfforol. Mae peth tystiolaeth fod gormodedd o amser yn edrych ar sgrin, yn cynnwys defnydd aml o'r We, yn gysylltiedig â'r cynnydd yn nifer y plant sy'n dweud eu bod yn teimlo'n unig ac isel eu hysbryd.

Teledu a gemau cyfrifiadurol yn ymyrryd gyda sgwrsio a thrafod

Gall edrych ar deledu a chwarae gyda gemau cyfrifiadurol leihau ymddiddan rhwng oedolion yn ogystal â rhwng rhieni a phlant. Gall patrwm ddatblygu pryd y bydd plant yn deffro yn y bore ac yn troi sgrin ymlaen ar unwaith. Maent yn mynd i'r ysgol ac yn dychwelyd yn syth i edrych ar y teledu neu barhau gyda gêm gyfrifiadurol. Gall rhieni hyd yn oed ymuno gyda'u plant i fwyta swper o flaen y teledu a pharhau i wylio'r teledu tan amser gwely.

Teledu a gemau cyfrifiadurol yn lleihau chwarae corfforol

Mae gweithgaredd corfforol yn hanfodol i ddatblygiad normal cymdeithasol, emosiynol, gwybyddol a chorfforol plant. Maent yn dysgu drwy wneud, trin gwrthrychau a chymryd rhan weithredol mewn ffantasi a chwarae. Gan fod teledu'n peri i blant fod yn oddefol, mae ganddynt lai o ddiddordeb mewn dysgu gweithredol. Fel y mae'r gwylio'n cynyddu, mae amser a diddordeb mewn chwarae prysur a chreadigol yn lleihau. Mae peth tystiolaeth fod amser sgrin gormodol yn cyfrannu tuag at ordewdra plant.

Hysbysebion teledu a chyfrifiadur yn dysgu arferion bwyta gwael ac yn cynyddu galw plant am bethau materol

Mae'r rhan fwyaf o hysbysebion sy'n cael eu dangos yn ystod rhaglenni plant yn pwysleisio grawnfwydydd llawn siwgr, melysion, teganau a chynhyrchion deniadol mewn ffordd a fydd yn annog plant i bwyso ar eu rhieni i'w prynu. Mewn rhai achosion, mae'r cartŵn cyfan mewn gwirionedd yn hysbysebu'r cynhyrchion a welir. Gall swnian plant am y nwyddau sy'n cael eu hysbysebu yn aml greu gwrthdaro gyda rhieni sy'n methu neu'n teimlo na ddylent gyfarfod â holl ofynion y plant. Mae plant yn arbennig o agored i hysbysebion am ei bod yn hawdd i'r effeithiau arbennig ddylanwadu arnynt. Fel prynwyr diniwed mae'r mwyafrif yn tybio fod hysbysebion yn darparu gwybodaeth gywir ac nid ydynt yn deall gwrthwynebiad eu rhieni i brynu cynhyrchion mor wych.

Teledu a gemau cyfrifiadurol yn gosod sylfaen realaeth sâl i blant ifanc

Hyd nes cyrraedd wyth oed mae plant yn cael anhawster i wahanu ffantasi oddi wrth realiti. Mae ffantasi a dychymyg yn hwyl fawr ac yn rhan bwysig o ddatblygiad emosiynol a chymdeithasol plentyn. Yn y cyd-destun cywir, mae'n gallu bod yn rhyfeddol. Mae storïau tylwyth teg, gemau smalio a chwarae dychmygus yn ffyrdd i blant ymchwilio profiadau y tu allan i'w realaeth gyfagos ac i brofi safbwyntiau eraill. Fodd bynnag, gall teledu a gemau cyfrifiadurol sydd heb gael eu sianelu at lefelau datblygol y plant fod yn ddryslyd neu fe allant greu pryder. Gall golygfeydd treisgar a dychrynllyd neu gymeriadau ymddangos yn real i'r plant. Er enghraifft, gall edrych ar raglen gyda bwganod ac

Yr adict teledu

angenfilod gyfrannu tuag at ofn plentyn o fynd i'r gwely yn y nos. Gall rhaglenni newyddion yn darlunio golygfeydd rhyfel neu losgfynyddoedd yn chwydu lafa achosi trallod. Fe all plant ddechrau gweld y byd fel lle gelyniaethus, dychrynllyd ac anrhagweladwy, a dechrau dangos ofnau sy'n amlwg yn gysylltiedig â chynnwys rhaglenni. Mae'r math yma o gynnwys dychrynllyd, a fwriadwyd ar gyfer oedolion, yn arbennig o broblemus i blant os ydynt yn ei weld heb oruchwyliaeth rhieni. Pan fydd rhieni'n bresennol gallant weld ymateb eu plentyn, helpu i egluro beth sy'n real a beth sy'n ddychmygol, a'u cysuro y byddant hwy'n eu cadw'n saff. Gall rhieni hefyd wneud dyfarniad ynglŷn â pha raglenni sy'n anaddas yn unol â lefel ddatblygiadol y plentyn.

Teledu'n adlewyrchu rhagfarn a stereoteipiau y mae plant yn dysgu eu hefelychu

Nid yw teledu'n adlewyrchu'n fanwl iawn y byd yr ydym yn byw ynddo. Yn arbennig, caiff merched, grwpiau lleiafrifol, pobl hŷn a phobl dosbarth gweithiol yn aml eu cam-gynrychioli, eu cyflwyno mewn dull negyddol neu ragfarnllyd, neu maent yn ymddangos yn unig mewn rhannau stereoteipiedig. Mae perthnasau gwryw-benyw yn datblygu'n gyflym tuag at ymrwymiad rhywiol. Mae llawer o'r prif gymeriadau'n smocio neu'n yfed yn drwm, yn amharchu oedolion, neu'n defnyddio rhegfeydd. Dangosodd ymchwil fod plant yn dynwared ymddygiadau stereoteipaidd oedolion fel y cânt eu cyflwyno ar deledu. Mae hyn yn bryder arbennig gan fod cymaint o'r oedolion yma'n fodelau rôl amhriodol.

Cael y gorau allan o'r teledu a'r cyfrifiadur
Manteision teledu a gemau cyfrifiadurol

Mae llawer o astudiaethau'n awgrymu nad yw defnydd cymedrol o gemau cyfrifiadurol a rhaglenni teledu addas i oedran y plant yn cael effaith arwyddocaol ar gyfeillgarwch plant a chysylltiadau teuluol. Yn wir, awgrymwyd y gallant hyrwyddo rhai sgiliau deallusrwydd gweledol, megis y gallu i ddarllen, adnabod a dychmygu delweddau, a gweithredu fel rhan o'r broses o adeiladu llythrennedd gyfrifiadurol. Gall technoleg teledu a chyfrifiadur fod yn ffenestr i fyd o ddigwyddiadau a syniadau na fyddech chi na'ch teulu'n eu profi fel arall. Gall fynd â chi i gyngherddau, sioeau bale a digwyddiadau celfyddydol eraill. Gallwch deithio i Affrica, i fydoedd dan y dŵr ac i labordai gwyddonol. Gallwch weld sut mae eraill yn datrys problemau personol neu'n delio gyda materion anodd megis trosedd, tlodi, cyffuriau, henaint neu farwolaeth. Gall eich plant ddysgu darllen, gwneud mathemateg, chwarae piano neu ddod yn fwy cydweithredol gyda rhaglenni addysgol. Gall teledu a chyfrifiadur fod yn brofiad addysgol pwysig i'ch plant os cymrwch reolaeth weithredol drostynt yn hytrach na gadael i'ch hun neu eich plant fynd yn gaethiwus iddynt. Dyma rai ffyrdd o hyrwyddo'r effeithiau cadarnhaol a gostwng effeithiau negyddol cyfryngau gweledol.

Beth i'w wneud

Gosod terfynau ar y gwylio: Mae ymchwil yn dangos fod gwylio gormod ar dechnoleg sgrin yn medru cael effeithiau niweidiol ar blant o ran eu datblygiad corfforol, cymdeithasol a seicolegol. I sicrhau defnydd iach a phriodol o'r teledu a'r gemau cyfrifiadurol cyfyngwch yr amser sy'n cael ei dreulio gan y plant ynghlwm â'r gweithgareddau yma. Mae un awr y dydd yn hen ddigon, yn enwedig i blant oedran cyn-ysgol. Os yw eich plant yn cael problemau yn yr ysgol, dylent gwblhau eu gwaith cartref cyn cael edrych ar y teledu neu chwarae gyda gemau cyfrifiadurol. Neu, fe allech gyfyngu'r teulu i wylio penwythnos yn unig. Byddwch yn gadarn ac yn gyson ynglŷn â rheol eich cartref. Os nad ydych yn cymryd hyn o ddifrif ni fydd eich plant yn gwneud hynny chwaith. Fodd bynnag, byddwch yn rhesymol ynglŷn â'r terfynau a osodwch ac, os oes rhaglen arbennig yr ydych i gyd am ei gwylio, caniatewch i'ch plant fanteisio ar y cyfle. Gyda phlant hŷn, efallai y byddwch am i bob aelod o'r teulu gadw siart yn nodi'r oriau a dreuliwyd yn gwylio, a'r rhaglenni a welwyd yn ystod yr wythnos. Yna, gellwch adolygu hyn a phenderfynu a yw eich teulu'n gwylio gormod o deledu neu'n treulio gormod o amser yn chwarae gyda gemau cyfrifiadurol neu beidio.

Goruchwylio ac arolygu'r math o raglenni sy'n cael eu gwylio: Yn ychwanegol at osod terfynau ar yr amser y mae'r plant yn ei dreulio o flaen sgrin, dewiswch yn ofalus y math o raglenni a wyliant. Dysgwch y plant pa raglenni neu gemau sy'n waharddedig. Peidiwch â gadael iddynt wylio newyddion fin nos, rhaglenni treisgar na ffilmiau wedi'i graddio'n rhai ffiaidd. Dewiswch gemau cyfrifiadurol yn ofalus trwy edrych ar yr *"Entertainment Software Ratings"* i weld a ydynt yn addas i oedran y plant. Mae ymchwil wedi dangos fod plant sy'n gweld llawer o raglenni treisgar yn cael ofnau a hunllefau cynyddol. Dylai'r rhaglenni fod yn rhai wedi eu cynllunio'n benodol i blant. Dangoswyd fod gwerth addysgol a chymdeithasol sylweddol i raglenni cyfrifiadurol i blant ifanc sy'n dysgu cysyniadau darllen a gwyddoniaeth a rhoi bri ar ymddygiadau cydweithredol. Cyflwynwch y gemau yma yn lle gemau cyfrifiadurol ymosodol. Dysgwch y plant i ddewis yr hyn y maent yn ei wylio drwy fod yn chwaethus eich hun. Argymhellwch nhw i drefnu ymlaen llaw y rhaglenni y dymunant eu gweld yn hytrach na throi'r teledu ymlaen a dewis ar siawns. Mae dyfodiad teledu lloeren yn golygu fod rhaid i chi arolygu arferion gwylio eich plant hyd yn oed yn fwy gofalus nag yn y gorffennol gan fod ganddynt fynediad i gymaint mwy o raglenni na chafodd eu cynhyrchu ar eu cyfer. Defnyddiwch ffilterau ar gyfer eich teledu a'ch cyfrifiadur i rwystro'r plant rhag cael mynediad i wefannau neu raglenni teledu amhriodol.

Argymell gweithgareddau corfforol a chymdeithasol eraill a darllen: Diffoddwch y teledu a'r cyfrifiadur. Chwaraewch gyda'r plant, ewch am dro, ewch i'r sŵ neu ganolfan wyddonol. Anogwch chwaraeon, hobïau a cherddoriaeth drwy gymryd rhan ynddynt eich hun yn hytrach na gorwedd yn ddioglyd ar y soffa. Darllenwch i'ch plant mor aml ag y bo modd. Gwahoddwch un o ffrindiau'r plant acw i chwarae a threfnwch weithgaredd rhyngweithiol megis coginio gyda'ch gilydd, adeiladu castell, chwarae pêl neu weithgaredd celf. Bydd profiadau o'r fath yn rhoi cyfleon i'r plant ryngweithio gyda phlant eraill gan ddysgu sgiliau cymdeithasol a datrys problemau yn ogystal â gwneud ffrindiau.

Gosod amser gwely nad yw'n cael ei newid gan raglenni teledu neu gemau cyfrifiadurol: Peidiwch â rhoi teledu neu gyfrifiadur yn ystafell wely eich plentyn rhag iddo aros i fyny'n hwyr yn gwylio rhaglenni. Os ydych yn eu gosod mewn man cyhoeddus neu ystafell deuluol gellwch yn hawdd gadw golwg ar yr hyn sy'n cael ei wylio.

Canmol eich plant am arferion gwylio da: Canmolwch eich plant am ddiffodd y teledu ar ddiwedd rhaglen, neu am wylio rhaglen addysgiadol neu am stopio gêm ar y cyfrifiadur i ddod i helpu i osod y bwrdd.

Gwylio teledu a gemau cyfrifiadurol gyda'ch plant i ysgafnhau eu heffeithiau: Edrychwch ar y teledu gyda'ch plant a siaradwch am y cymeriadau gofalgar a sensitif. Defnyddiwch raglenni i gychwyn trafodaethau am nodweddion megis ymddiried, rhannu a chydweithredu. Gyda phlant hŷn, gellwch ddefnyddio sioeau fel catalydd i drafod effeithiau yfed a chyffuriau, arferion rhywiol, trais, stereoteipio, rhagfarn a marwolaeth. Er enghraifft, fe allech ddangos fel y mae trais yn brifo pobl a'u teuluoedd a siarad am ddewisiadau eraill yn hytrach na thrais. Gofynnwch i'r plant ail-ysgrifennu plotiau gan ganfod datrysiad heblaw saethu. Siaradwch am hysbysebion a dangoswch fel y mae cynhyrchion yn cael eu cyflwyno gyda'r bwriad o'u gwerthu. Trafodwch y ffactorau na chânt eu crybwyll mewn hysbysebion, er enghraifft fod grawnfwydydd melys a da-da yn hyrwyddo pydredd dannedd. Gwyliwch y newyddion gyda phlant hŷn a thrafodwch rôl newyddiadurwyr a golygyddion. Gofynnwch iddynt gymharu'r hyn sydd yn y papur newydd â'r hyn sy'n cael ei ddangos ar y teledu, ac i sylwi fel y mae pwnc yn gallu cael ei gyflwyno o wahanol safbwyntiau. Wrth edrych ar ddramâu, siaradwch am y ffordd y mae gwahanol gymeriadau'n delio gyda gwrthdaro, yn ymwneud â'i gilydd ac a ydynt yn cyfathrebu eu teimladau neu beidio. Gyda phlant cyn-ysgol gallwch eu helpu i ddeall y gwahaniaeth rhwng byd ffantasi neu smalio a'r byd real. Eglurwch sut y mae storïau mewn drama yn wahanol i storïau newyddion, neu sut y mae hysbysebion yn wahanol i raglenni eraill. Os yw eich plant yn gweld rhaglen y maent yn ei hoffi, argymhellwch nhw i fynd i'r llyfrgell a darllen am y testun. Er nad yw gwylio goddefol yn cynyddu dysgu cymdeithasol nac academaidd plentyn, mae ymchwil yn dangos fod trafodaethau gyda rhieni neu athrawon am raglenni yn gallu helpu i integreiddio'r profiad gwylio a'r profiad o ddysgu syniadau newydd.

Gosod esiampl dda: Ychydig o bobl sy'n sylweddoli gymaint o deledu y maent yn ei wylio. Ceisiwch fod yn onest gyda chi eich hun. Hwyrach na fyddwch eisiau cyfaddef eich bod yn gwylio gormod. Fodd bynnag, cofiwch y bydd plant yn modelu ac yn dysgu oddi wrth eich arferion gwylio chi. Os byddwch yn gwylio oriau o deledu bob dydd, gallwch fod yn siŵr y bydd eich plant yn dysgu gwneud yr un fath. Edrychwch o ddifrif ar eich arferion gwylio ac, os teimlwch eich bod yn treulio gormod o amser o flaen y teledu neu'n chwarae gemau cyfrifiadur, anogwch eich hun i ddarllen mwy gyda'ch plant, rhowch amser i ddiddordebau, ymarfer corff a gweithgareddau adeiladol eraill.

Anelu at gydbwysedd: Gall rhaglenni teledu a gemau cyfrifiadur nid yn unig fod yn gyfrwng hwyl ac ymlacio ond gallant hefyd ddarparu profiadau dysgu cyfoethog i blant. Yr hyn sy'n bwysig yw eich bod yn cymryd rheolaeth dros yr hyn y mae eich plant yn ei wylio a'r amser a dreuliant yn gwneud hynny. Helpwch eich plant i ennill cydbwysedd rhwng gweithgareddau amser sgrin a gweithgareddau eraill sy'n cynnwys rhyngweithio cymdeithasol, gwneud ffrindiau, chwaraeon a darllen.

Ymddygiad mewn Mannau Cyhoeddus

Es â'm plentyn pedair oed i dŷ bwyta dymunol gyda'i nain a'i daid. Roedd yr holl beth yn drychineb. Roedd o'n dianc o'i gadair ac yn cropian dan y bwrdd drwy'r amser. Collodd ei lefrith ar y llawr ac ni wnaeth o fwyta dim. Roedd gen i gywilydd mawr. Wna i byth mo hynna eto!

Pam fod problemau ymddygiad yn digwydd mewn mannau cyhoeddus?

Mae mynd â phlant i siopau bwyd, canolfannau meddygol, sinemâu a mannau bwyta yn gallu bod yn brofiadau a fydd yn gwylltio bron bob rhiant. Rydym oll wedi gweld plentyn yn y siop fwyd yn cael stranc am nad yw'n cael rhoi bocs o'i hoff rawnfwyd yn y troli siopa. Gall ymddygiad plant waethygu mewn mannau cyhoeddus am nifer o resymau. Weithiau bydd rhieni mor brysur yn siarad gyda'i gilydd wrth fwyta allan neu graffu ar restr siopa yn y farchnad nes eu bod yn anwybyddu eu plant tawel sy'n ymddwyn yn dda. Dim ond pan fyddant yn camymddwyn y cânt sylw. Mae rhieni sy'n rhoi sylw i gamymddwyn plant ond yn anwybyddu eu hymddygiad da yn dysgu'r plant fod camymddwyn yn ennill mwy o wobr nag ymddwyn yn briodol.

Ail reswm dros i blant gamymddwyn mewn mannau cyhoeddus yw bod ymweliadau â bwyty, meddygfa neu sinema fel arfer yn rhy hir iddynt. Mae disgwyl i blentyn pedair neu bump oed allu aros yn ddistaw, cydweithredu ac ufuddhau am awr neu ddwy yn afrealistig. Gall camymddwyn ddigwydd am mai cymharol ychydig o brofiadau dysgu a gafodd y rhan fwyaf o blant mewn mannau cyhoeddus. Maent yn mynd yn bryderus ac yn camymddwyn am eu bod yn ansicr o beth i'w ddisgwyl a sut i ymddwyn yn briodol. Bydd y problemau ymddygiad yma'n cynyddu os yw rhieni'n ymateb yn wahanol i'r hyn y maent yn ei wneud adref, gan obeithio osgoi helynt. Mae plant yn cael y neges yn gyflym y bydd eu rhieni'n ildio gyda dim ond bygythiad o stranc. Maent felly angen dysgu fod cael stranc nid yn unig yn aflwyddiannus adref ond hefyd yn aflwyddiannus mewn mannau cyhoeddus. Wrth gwrs, problem arall mewn siopau a mannau bwyta yw bod cannoedd o demtasiynau deniadol yn cael eu darparu ar gyfer plant, ac fe fydd angen i rieni gyfyngu arnynt. Fel arfer mae angen dweud "na" yn amlach yn gyhoeddus nag adref. Yn olaf, pan fydd plant mewn mannau fel parciau gyda llawer o blant eraill, maent yn gallu cynhyrfu, yn enwedig os nad ydynt wedi bod lawer yng nghwmni plant eraill. Gallant gamymddwyn er mwyn gweld beth fydd yr ymateb, neu mewn ymdrech i ddangos eu hunain. Yn aml, mae hyn yn digwydd yn syml am nad ydynt wedi dysgu unrhyw dechnegau rhyngweithio priodol mewn sefyllfaoedd o'r fath.

Beth i'w wneud

Trefnu profiad dysgu: Gan fod tripiau i fannau cyhoeddus yn darparu temtasiynau i gamymddwyn, maent hefyd yn cynnig cyfleoedd i chi ddysgu ymddygiadau newydd i'r plant. Y gamp yw meddwl am y sefyllfaoedd yma fel cyfleoedd dysgu. Er enghraifft, os yw eich plentyn wedi cael profiad gwael yn swyddfa'r meddyg neu mewn siop, mae'n bwysig peidio osgoi'r lle hwnnw yn y dyfodol. Yn hytrach, dychwelwch mor fuan â phosib ond trefnwch y profiad fel y bydd eich plentyn yn llwyddo. Gallwch gyflawni hyn mewn nifer o ffyrdd.

Cymrwch fod eich merch yn cael anhawster yn y siop fwyd. Byddwch angen trefnu ymweliadau arbrofol, neu dripiau hyfforddi drwy ymweld â'r siop gyda hi ond heb fwriad i siopa. Y nod yw dysgu ymddygiad priodol ar gyfer ymweld â siop fwyd. Arhoswch yn y siop am bump i ddeg munud yn unig fel ei bod yn cael cyfle i fod yn llwyddiannus. Yn ystod y cyfnod hyfforddi byr yma canmolwch ymddygiad priodol, megis aros wrth eich ochr a pheidio tynnu nwyddau oddi ar y silffoedd neu ddringo ar y troli. Gwnewch yn siŵr eich bod yn dewis amser pan nad oes ond ychydig bobl yn y siop fel na fydd gormod o bobl yn edrych os oes raid ei disgyblu.

Ar y llaw arall, os yw ymddwyn yn briodol mewn caffi yn broblem, beth am dripiau hyfforddi i leoedd heb fod yn rhy ddrud? Yn hytrach nag archebu pryd llawn gofynnwch am ddiod neu fyrbryd fel bod yr ymweliad yn un byr. Yn ystod yr ymweliadau yma atgyfnerthwch ymddygiadau amser bwyd a mannau bwyta. Ymdriniaeth arall yw ymarfer adref: gofynnwch i'r teulu wisgo fel petaent yn mynd allan am fwyd ac ymarferwch eich moesau bwyd gorau. Yn ystod y prydau bwyd yma dylech ganmol y plant bob tro y byddant yn arddangos ymddygiadau priodol.

Dweud y rheolau: Gwnewch yn siŵr eich bod yn sicr o'r rheolau ymddygiad mewn mannau cyhoeddus. Er enghraifft, dyma sut y

Delio â chamymddwyn mewn mannau cyhoeddus

gellwch mewn ffordd ffeithiol atgoffa eich plant sut i ymddwyn mewn banc: "Cofiwch, yn y banc rhaid i chi aros wrth fy ochr a siarad yn ddistaw." Yn yr un modd, wrth fynd i'r llyfrgell, efallai y dymunwch atgoffa'r plant, "Yn y llyfrgell, rhaid i chi ddarllen neu siarad yn ddistaw a pheidio â rhedeg o gwmpas yn gwneud llawer o sŵn."

Amser Allan: Byddwch yn barod i ddisgyblu eich plant mewn mannau cyhoeddus. Er enghraifft, os yw eich plentyn yn cael stranc yn y banc, hwyrach y bydd modd ichi anwybyddu'r camymddwyn cyn belled nad oes oedolion eraill yn ei atgyfnerthu gyda'u sylw. Os na ellwch anwybyddu'r stranc, hwyrach y bydd angen i chi adael y banc a chael Amser Allan byr y tu allan. Unwaith y bydd hynny wedi digwydd gellwch roi cyfle arall i'r plentyn fod yn llwyddiannus. Weithiau ni fydd gennych unrhyw ddewis ond mynd â phlentyn sgrechlyd i'r car i ymdawelu. Mae'n bwysig ei fod ef/hi yn deall fod rheolau sy'n weithredol adref hefyd yn weithredol mewn mannau eraill. Os byddwch yn ildio i stranc eich plentyn gellwch ddisgwyl iddo ailadrodd hynny yn ystod tripiau dilynol.

Os bydd eich plentyn yn rhedeg i ffwrdd mewn siopau bwyd, eglurwch y bydd yn costio un funud yn y troli siopa iddo. Fe allech ddweud: "Bob tro y byddi di'n rhedeg i ffwrdd, rwyf am dy roi yn y troli am un munud fel dy fod yn dysgu aros efo fi." Unwaith y byddwch wedi sefydlu'r rheol hon, gwnewch yn siŵr eich bod yn ei gorfodi. Pan fyddwch yn gorfod disgyblu eich plentyn yn gyhoeddus, ceisiwch beidio poeni am yr hyn mae pobl eraill yn ei feddwl. Canolbwyntiwch ar helpu eich plant i gael eu hymddygiad dan reolaeth ac ar beidio â chynhyrfu gormod eich hun. Mae'n llawer gwell gwneud hyn pan fo'r plant yn bedair oed na phan fyddant yn bymtheg.

Rhaglenni atgyfnerthu: Sefydlwch raglenni atgyfnerthu pendant am gamymddwyn mewn mannau cyhoeddus. Er enghraifft, cafodd Rhys broblem gyda Tanya sy'n bedair oed yn rhedeg ymaith yn y siop fwyd. Sefydlodd raglen wobrwyo bendant i helpu i reoli'r ymddygiad yma. Dywedodd wrth Tanya, "Os gwnei di aros wrth fy ochr nes ein bod yn cyrraedd pen y rhes fe gei di sticer. Pan fyddwn wedi gorffen cei gyfnewid dy sticeri am rywbeth yr wyt yn ei hoffi. Os wyt ti'n aros wrth fy ochr ar hyd pob un o'r chwech rhes, mi fyddi di'n ennill chwe sticer. Yna gelli gael paced o grisps neu siocled os dymuni. Fyddet ti'n hoffi hynna?" Mae'n bwysig i Rhys ganmol ei ferch am aros wrth ei ochr fel y mae'n cerdded mewn i'r siop. Yn wir, bydd angen iddo'i chanmol bob 15 neu 20 troedfedd ar y dechrau.

Bod yn realistig a dysgu'n raddol: Mae disgwyl i'ch plentyn ymddwyn yn dda am gyfnodau hir mewn mannau bwyta, eglwysi neu siopau yn afrealistig. Weithiau mae'n well mwynhau siopa neu fwyta allan gydag oedolion eraill a gadael y plant gyda gwarchodwyr. Ar y llaw arall, os byddwch yn aros nes eu bod yn wyth i ddeg oed cyn mynd â nhw i gaffi neu wasanaeth eglwys, ni fyddant yn gwybod sut i ymddwyn yno. Mae pob plentyn, pa oedran bynnag ydyw, angen profiadau dysgu. Felly, pryd bynnag y dechreuwch, gwnewch yn siŵr eich bod yn trefnu tripiau hyfforddi ac yn cynyddu hyd y cyfnodau hynny'n raddol. Y syniad yw gadael i'r plant gael profiadau llwyddiannus felly gwnewch yn siŵr fod modd ichi adael cyn iddynt ddechrau camymddwyn.

Cynnwys eich plentyn lle bo modd: Ceisiwch gynnwys eich plant yn y sgyrsiau a gewch mewn mannau cyhoeddus. Yn ystod ymweliad â'r deintydd hwyrach y dywedwch, "Mae Reggie eisiau dangos ei ddannedd glan i chi. Mae o wedi bod yn eu brwsio bob dydd." Neu yn y siop fwyd fe allech ddweud wrth eich merch, "Wnei di estyn y botel sos coch sydd yn y fan acw i mi os gweli'n dda?" Gellwch ddefnyddio'r profiadau yma i ddysgu pob math o bethau, megis lle mae pinafal yn tyfu, beth yw cost gwahanol bethau, y defnydd o rewgelloedd, ac yn y blaen. Y mwyaf y gellwch gynnwys eich plant, drwy gydweithio a siarad, y lleiaf tebygol ydynt o gamymddwyn.

Tindroi

Mae Tom yn cerdded mewn i ystafell wely ei ferch bump oed a gweld Lisa'n dal yn ei dillad nos, yn chwarae ar y llawr gyda'i theganau. "Lisa, dwyt ti byth wedi gwisgo!" mae'n ochneidio. "Brysia! Mi fydda i'n hwyr i fy ngwaith!" Mae'n gadael yr ystafell i fynd i baratoi bocs bwyd cinio ysgol. Mewn pum munud mae'n dychwelyd i ganfod nad yw Lisa ddim ond wedi gwisgo un hosan. Mae o'n mynd yn flin iawn ac yn dweud, "Brysia! Neu a oes raid i mi dy wisgo di fel babi?" Mae'n rhuthro allan o'r ystafell. Ymhen deg munud, dydi Lisa ddim ond wedi gwisgo sanau a chrys T. Mae ei thad yn gweiddi, "Rwyt yn amhosib! Fyddi di byth yn dysgu gwisgo ar dy ben dy hun!"

Pam fod plant yn tindroi?
Ydi sefyllfa fel hon yn swnio'n gyfarwydd? Un o'r cwynion a glywir amlaf gan rieni yw bod eu plant yn tindroi. Maent yn tindroi wrth wisgo yn y bore, yn ystod prydau bwyd, wrth fynd i'r gwely ac wrth gyflawni eu tasgau. Mae tindroi'n digwydd am lawer o resymau. Weithiau mae'r broblem yn ymwneud mwy â chanfyddiad yr oedolyn nag ymddygiad y plentyn. Yn aml, mae disgwyliadau rhieni o'u plant yn afrealistig. Hwyrach y disgwyliant i'w plentyn pedair oed wisgo heb arweiniad na chynhaliaeth rhieni ac efallai na fyddant yn gadael digon o amser iddo gyflawni'r broses. Mae'n bwysig sylweddoli nad yw plant ifanc yn deall y cysyniad o amser. Nes eu bod yn ddeg oed, ni all plant ifanc gynllunio ymlaen gan nad ydynt yn deall rhediad amser. Felly mae'n afresymol disgwyl iddynt fod yn brydlon heb gymorth rhieni. Mae natur pawb yn wahanol, a hynny'n effeithio ar lefel eu prysurdeb a'u syniad o amser. Mae rhai'n naturiol arafach, yn fwy swrth, ac yn hawdd tynnu eu sylw. Os ydynt yn freuddwydiol efallai yr anghofiant yn llwyr yr hyn y gofynnwyd iddynt ei wneud. Weithiau mae plant yn tindroi er mwyn osgoi profiad annymunol, megis mynd i'r ysgol, gwahanu oddi wrth rieni neu gyflawni tasg amhleserus.

Unwaith y bydd tindroi'n dechrau, gall ddod yn arferiad gan greu brwydr am oruchafiaeth rhwng plant a rhieni. Yn yr enghraifft uchod, po fwyaf yr oedd Tom yn ceisio brysio Lisa y mwyaf yr oedd hi'n arafu. Mae plant yn canfod yn fuan iawn y gallant ddangos eu hannibyniaeth a'u nerth drwy dindroi gan wneud i'w rhieni deimlo'n ddiymadferth a rhwystredig. Fe sylweddolodd Lisa y gallai ennill mwy o sylw am beidio gwisgo nag am ufuddhau. Felly, mae sylw rhieni, er yn negyddol, yn anfwriadol yn atgyfnerthu'r tindroi ac yn parhau'r frwydr am oruchafiaeth.

Beth i'w wneud

Rhaglenni canmol a gwobrwyo: Dylid rhoi sylw cadarnhaol i bob ymdrech gan blant i ymddwyn yn dda. Yn yr enghraifft uchod, fe ddylai Lisa fod wedi cael ei chanmol am wisgo un hosan ac yna am bob cam o'r ffordd tuag at wisgo'n gyflawn. I oresgyn y tindroi fe fyddai angen i'w thad fod wedi mynd i'w hystafell bob munud neu ddau i ganmol ei hymdrechion. Yn raddol gallai adael yr ystafell am gyfnodau hirach. Ymdriniaeth arall fyddai sefydlu rhaglen atgyfnerthu megis chwarae "curo'r cloc" lle rhoddir sialens i'r plentyn orffen gwisgo neu fwyta'i ginio cyn i gloch yr amserydd ganu er mwyn ennill sticer. Gall y sticeri hyn gael eu cyfnewid wedyn am wobr arbennig oddi ar y fwydlen atgyfnerthu, megis darllen stori ychwanegol neu chwarae gêm gyda chi.

Anwybyddu oedi: Y tric i symud plentyn sy'n tindroi yn ei flaen yw troi'r sefyllfa o chwith fel nad yw'n cael sylw am dindroi. Peidiwch â beirniadu eich plant am rywbeth nad ydynt yn gallu ei gyflawni'n dda. Mae'r sylw negyddol yma mewn gwirionedd yn atgyfnerthu ymddygiadau oedi megis peidio â gwisgo neu fwyta. Rhowch sylw hael i'r hyn y gallant ei wneud ac anwybyddwch yr hyn na allant ei wneud.

Creu gemau: Coeliwch neu beidio, mae modd helpu eich plant i gyflymu drwy chwarae gemau. Er enghraifft, mae rhai plant yn hoffi i'w rhieni gyfrif allan yn uchel a gweld pa mor fuan y gallant wisgo. Fe allech ddweud, "Tybed fedri di wisgo erbyn y bydda i wedi cyfrif i 20." Mae eraill yn ymateb yn dda i'r dull "lansio roced" megis, "Pum munud i fynd........Dau funud i fynd..........Un munud ar ôl...................A rŵan mae'r roced yn cychwyn." Mae rhai plant yn hoffi cerddoriaeth ymdeithgan i'w helpu i wisgo, paratoi i fynd i'r gwely, neu gyflawni eu tasgau'n gyflymach. Mae cerddoriaeth hefyd yn gwneud i bawb deimlo'n dda. Os ydych yn dewis martsio i'r gwely i gyfeiliant ymdeithgan neu chwarae "dilyn yr arweinydd" i'r car yn y bore, mae gemau nid yn unig yn cyflymu pethau ond hefyd yn hwyl.

Canlyniadau naturiol a rhesymegol: Gadewch i'ch plant brofi canlyniadau naturiol tindroi. Gall y rhain gynnwys gorfod gwisgo yn y car ar y ffordd i'r ysgol neu beidio cael amser i fwyta brecwast cyn mynd i'r ysgol; dim byrbryd cyn mynd i'r gwely oni bai eu bod yn gwisgo dillad nos cyn i gloch yr amserydd ganu; dim pwdin os na allant guro'r cloc yn bwyta'r cinio; dim teledu nes eu bod wedi gwisgo a bwyta brecwast. Fodd bynnag, os ydych yn dewis defnyddio'r ymdriniaeth yma, rhaid egluro'r canlyniadau i'r plentyn ymlaen llaw. Mae'n bwysig eich bod yn dweud wrthynt beth fydd yn digwydd os na fyddant wedi gwisgo neu'n barod mewn pryd. Fel arfer, bydd profi'r canlyniadau unwaith neu ddwy yn rhoi terfyn ar y tindroi.

Amser Allan: I blant gwrthwynebus iawn, efallai na wnaiff rhaglenni atgyfnerthu na gemau eu symud ymlaen yn gyflymach. Os felly, hwyrach y bydd angen ychwanegu Amser Allan fel canlyniad. Dywedwch wrthynt mai canlyniad peidio â bod yn barod neu beidio â chwblhau tasgau erbyn caniad cloch yr amserydd fydd cael Amser Allan am dri munud. Ar un olwg mae'n ymddangos fod y dechneg yma yn mynd i waethygu'r broblem trwy wneud i bethau gymryd mwy fyth o amser, ond y gwrthwyneb sy'n digwydd mewn gwirionedd. Gan fod tindroi'n dechneg a ddefnyddir gan blant i beidio â chydymffurfio gyda dymuniadau rhieni, mae Amser Allan yn sicrhau eu bod yn cydymffurfio. Mae hefyd yn ychwanegu at rym ceisiadau rhieni yn y dyfodol. Gwnewch yn siŵr eich bod yn cyfuno Amser Allan gyda rhaglen atgyfnerthu lle caiff y plant eu canmol a'u hatgyfnerthu am eu hymdrechion i wneud pethau'n gyflymach. Mae cymell ymddygiad da ar yr un pryd â chosbi camymddwyn yn hanfodol.

Rhoi digon o rybudd ac amser i ymateb: Mae plant ifanc angen digon o amser i wneud newidiadau. Mae rhai'n cael anhawster arbennig i godi yn y bore, Hwyrach y byddant yn flin, yn biwis neu'n ddagreuol. Bydd plant o'r fath angen cael eu deffro awr neu ddwy cyn y bydd disgwyl iddynt adael y tŷ fel bod amser i'w hwyliau negyddol gilio. Mae'r rhan fwyaf o blant ifanc hefyd angen cael eu hatgoffa - "Mewn deg munud fe fydd yn amser mynd," neu, "Mewn pum munud, pan fydd y gloch yn canu, bydd yn amser cadw'r teganau a mynd i'r gwely." Mae rhybuddion o'r fath yn helpu'r plant i newid ac maent o gymorth arbennig i blant sy'n ymgolli mewn gweithgaredd newid o un gweithgaredd i'r llall.

Sefydlu trefn: Boed yn godi yn y bore neu fynd i'r gwely yn y nos, mae trefn ragweladwy yn helpu plant i deimlo'n saff a dysgu ymddygiadau'n gynt. Cynlluniwch eich trefn ar gyfer y bore a'r nos. Hwyrach y bydd eich plant yn codi am saith o'r gloch y bore, mynd i'r ystafell ymolchi, gwisgo, bwyta brecwast, brwsio dannedd, ac wedyn chwarae neu fynd i'r ysgol. Dylid sefydlu rheolau penodol am wisgo yn yr ystafell wely, dim teledu na brecwast nes eu bod wedi gwisgo'n gyflawn, dim byrbryd nos nes eu bod wedi gwisgo'u pyjamas, ac yn y blaen. Mae egluro'r drefn yn y ffordd yma'n annog plant i gyflawni tasgau.

Hunan-siarad: Gellwch ddangos i'ch plant sut i ddefnyddio'r dechneg hunan-siarad drwy ddweud pethau'n uchel wrthych eich hun am yr angen i frysio a bod mewn hwyliau da. Hwyrach y dywedwch, "Wel mae'n fore braf. Dwi'n mynd i fwynhau fy ngwaith heddiw. Mi wna i gychwyn drwy wisgo'n sydyn." Neu, "Mae'n teimlo'n dda i fod yn barod yn gynt yn y bore. Rŵan mae gen i fwy o amser i ymlacio."

Cael disgwyliadau priodol: Gwnewch yn siŵr fod eich disgwyliadau'n addas i oedran a chyfnod datblygiadol eich plentyn. Peidiwch â disgwyl iddynt lwyddo i wisgo'n annibynnol cyn eu bod wedi dangos fod ganddynt y sgiliau i wneud hynny. Ychydig iawn o blant fydd yn gallu gwisgo eu hunain yn gyflawn nes eu bod yn bedair neu'n bump oed. Gall fod o gymorth os ydych yn dewis y dillad y noson cynt, a'u gosod allan. Mae plant cyn-ysgol angen o leiaf 30 munud i wisgo'n gyflawn. Cofiwch fod dysgu gwisgo'n dechrau pan fydd y plant yn ddwy neu dair oed ac yn cymryd dwy i dair blynedd i'w gwblhau. Felly ceisiwch fod yn amyneddgar a'i wneud yn hwyl. Os oes gennych blentyn tair oed sy'n dechrau dysgu, gwnewch yn siŵr fod y dillad yn fawr ac yn hawdd eu gwisgo. Gallwch helpu drwy dynnu trywsus i fyny a gadael i'r plentyn orffen y broses. Yna, yn raddol gallwch gamu'n ôl a gwylio'r plentyn yn cyflawni mwy a mwy. Fodd bynnag, yn ystod pob cam o'r ffordd fe fydd raid i chi ddarparu cefnogaeth, cynhaliaeth a chanmoliaeth.

Beth yw'r brys?

Ac i ddiweddu, mae'n bwysig eich bod yn gofyn i'ch hun o bryd i'w gilydd, "Beth yw'r brys?" Rydym yn gymdeithas sy'n brysio a rhuthro byth a beunydd. Mae gennym obsesiwn ynglŷn ag amser ac amserlenni. Hwyrach ein bod yn brysio'n plant yn yr un ffordd ag yr ydym yn ein brysio ni ein hunain, yn rhuthro i'r banc neu'r swyddfa a rhedeg â'r plant i'r feithrinfa. Y cwestiwn pwysig inni ei ofyn i ni ein hunain yw a ydym ni'n ddiamynedd heb fod angen gyda'n plant, yn eu rhuthro o un llwyddiant i'r llall heb roi cyfle iddynt fwynhau'r ymdeimlad o lwyddo? Gall gormod o ruthro greu straen ym mywyd plentyn a gall ymyrryd gyda datblygiad cymdeithasol ac emosiynol naturiol. Arafwch, a rhowch amser i chi eich hun ddysgu ac archwilio.

Ymgiprys rhwng Brodyr a Chwiorydd ac Ymladd Rhwng Plant

SALLY: Fo gychwynnodd. Fo ddaru fy nharo i .
DONALD: Rwyt yn hen gythraul bach. Mae'n gas gen i ti.
MAM: Donald, paid â siarad fel yna efo dy chwaer.
DONALD: Rydych chi wastad ar ei hochr hi.

Mae cweryla, dadlau ac ymladd rhwng brodyr a chwiorydd yn rhan normal o dyfu'n oedolion. Mae rhieni'n aml yn teimlo'n siomedig am hyn gan y teimlant ei fod yn adlewyrchu perthynas anhapus. Fodd bynnag, drwy'r profiadau o anghytuno gyda'i gilydd y mae plant yn dysgu sut i sefyll dros eu hawliau, amddiffyn ei hunain a mynegi teimladau. Gall tipyn bach o bryfocio fod yn ffordd o gyfleu anwyldeb a hwyl chwareus. Mae rhieni sy'n rhuthro i dawelu dadleuon a datrys anghytundebau, yn anfwriadol, yn peri na fydd cyfle i'w plant ddysgu sgiliau cyfathrebu a sgiliau datrys gwrthdaro. Wrth gwrs, os yw ymgiprys rhwng brodyr a chwiorydd a dadlau rhwng plant yn mynd yn ormodol neu'n ddinistriol, bydd raid i rieni ymyrryd. Ni ddylid byth ganiatáu ymladd corfforol dan unrhyw amodau. Mae ymwybyddiaeth gynyddol o'r angen i reoli camdriniaeth plant a phartneriaid, ond rhaid cofio hefyd y gall camdriniaeth rhwng brodyr a chwiorydd hefyd fod yn broblem ddwys. Dylai rhieni gymryd ymgiprys eithafol rhwng brodyr a chwiorydd o ddifrif ac amddiffyn eu plant rhag camdriniaeth seicolegol a geiriol gan frodyr a chwiorydd hŷn, yn ogystal â chamdriniaeth gorfforol.

Pam fod hyn yn digwydd?
Gall ymgiprys eithafol rhwng brodyr a chwiorydd ddatblygu am nifer o resymau. Efallai bod rhieni'n dangos ffafriaeth tuag at un plentyn a

hynny'n ennyn dicter. Weithiau bydd brodyr a chwiorydd hŷn yn digio am y sylw fydd rhieni'n ei roi i'r rhai iau. Mewn teuluoedd eraill gall brodyr a chwiorydd gymryd rôl rhieni sy'n ddiarwybod yn gwrthod neu yn ymddwyn yn gas tuag at blentyn gorfywiog, anodd ei drin neu lai deallus na brodyr a chwiorydd eraill. Gall fod problem hefyd os bydd y plentyn yn amlwg yn dangos llai o dalent na brawd neu chwaer agos at ei oedran neu o'r un rhyw. (Mae ymgiprys yn tueddu i ddigwydd fwyaf rhwng dau blentyn o'r un rhyw.) Weithiau bydd plant yn ymladd gyda'i gilydd am eu bod yn dynwared gwrthdrawiadau sy'n digwydd rhwng eu rhieni. Gall plant o'r fath ymladd mewn ymdrech i dynnu sylw'r rhieni oddi wrth eu problemau priodasol. Gobaith y plant yw y bydd eu camymddwyn hwy yn tynnu'r rhieni'n nes at ei gilydd, ac y bydd problemau priodasol eu rhieni'n lleihau os gallant wneud i'w rhieni ganolbwyntio arnynt hwy.

Beth i'w wneud?
Anwybyddu ffraeo dibwys: Os yw eich plant yn weddol gyfartal hwyrach y bydd yn bosibl eu gadael i ddatrys ffraeo dibwys ar eu pennau eu hunain, cyn belled nad ydynt yn anafu ei gilydd neu'n ymddwyn yn ddinistriol. Mae datrys anghytundebau yn y modd hwn yn dysgu'r plant i ymladd eu brwydrau drostynt eu hunain heb ddibynnu ar oedolion. Heb amheuaeth fe fydd adegau pan gewch eich galw mewn i setlo dadleuon ac weithiau gallwch osgoi gorfod gwneud hynny drwy ddweud, "Cytunwch ymysg eich gilydd."

Bod yn ofalus pan fydd plant yn cario clecs: Rhaid i chi fod yn ofalus i beidio atgyfnerthu ymddygiadau cario clecs. Er enghraifft, ar ddechrau dadl, gall un plentyn ruthro i mewn atoch chi a chwyno am blentyn arall, gan ddweud mai fo neu hi a ddechreuodd yr ymladd. Neu bydd un plentyn yn cario clecs am helynt a gafodd ei frawd yn yr ysgol. Mewn achos lle mae brodyr a chwiorydd yn dadlau gellwch ymddangos braidd yn ddifater er mwyn peidio atgyfnerthu na rhoi boddhad i'r un sy'n cario clecs. Ymateb da yw dweud eich bod yn siŵr y byddant yn gallu setlo'r anghydfod ymysg ei gilydd. Er enghraifft, "Dowch i ddweud wrtha i pan fyddwch wedi canfod ateb i'r broblem." Ar y llaw arall, efallai y bydd plentyn sy'n cario clecs yn achwyn wrthych am rywbeth na ellwch ei anwybyddu, megis taro neu ddistrywio teganau. Mewn achos felly, y tric yw helpu'r plentyn i feddwl am ffyrdd o ddatrys y broblem yn hytrach na chario clecs.

Dysgu sgiliau datrys problemau: Gellwch ddysgu ffyrdd o ddatrys gwrthdaro i'r plant drwy drafodaeth pan nad ydynt yn ymladd. Efallai y crëwch storïau neu ddefnyddio pypedau i egluro problemau sydd ganddynt. Er enghraifft, mae Cathy'n pryderu fod ei dau blentyn yn ffraeo drwy'r amser am deganau. Mae'n eu helpu drwy ddweud stori wrthynt gan ddefnyddio pypedau i chwarae rôl. Mae un pyped, Bert, yn dwyn y teganau drwy'r amser oddi ar y pyped arall, Ernie. Mae Cathy'n gofyn i'r plant, "Beth ddylai Ernie ei wneud pan fydd Bert yn dwyn y teganau?" Mae hi wedyn yn eu hannog i feddwl am atebion posib. Maent yn awgrymu dweud wrth Bert am ddychwelyd y tegan, taro Bert, anwybyddu Bert neu ganfod tegan arall iddo chwarae efo fo. Wedyn mae'r fam yn troi'r stori o chwith drwy ddweud, "Mae Bert yn wirioneddol eisiau tegan Ernie ac mae Ernie wedi'i gael am amser hir iawn. Beth all Bert ei wneud?" Eto, mae hi'n annog y plant i feddwl am syniadau. Yn raddol bydd ganddynt restr eithaf hir, yn cynnwys taro Ernie i wneud iddo ddychwelyd y tegan, cynnig rhannu tegan arall neu gyfnewid teganau, gofyn yn glên am gael cyd-chwarae gyda'r tegan, neu fynd i ffwrdd ac aros nes bod Ernie wedi blino chwarae gyda'r tegan. Unwaith y bydd y plant wedi cynnig eu hatebion, bydd Cathy'n eu helpu i feddwl am ganlyniadau pob ateb. Fe allai hi ofyn, "Beth fyddai'n digwydd pe bai Bert yn taro Ernie?" Wedi archwilio canlyniadau posibl ei daro, mae'n mynd ymlaen i ofyn beth fyddai canlyniadau'r syniad nesaf ar y rhestr. Yn y ffordd yma mae'r fam yn dysgu strategaethau datrys problemau i'r plant, ffyrdd o gael eu dymuniad heb weiddi, taro neu gwyno. Fel y crybwyllwyd eisoes yn y bennod Datrys Problemau, mae plant yn taro am nad ydynt yn gwybod am unrhyw strategaethau eraill i gael eu dymuniad.

Weithiau mae plant angen rhieni fel dyfarnwyr.

Unwaith y byddwch wedi dysgu eich plant sut i ddatrys problemau, yna pan fydd gwir wrthdaro'n digwydd, gallant ddechrau defnyddio'r sgil honno. Er enghraifft, mae Anna sy'n bedair oed a Nigel sy'n chwech oed eisiau chwarae gyda'r cyfrifiadur. Mae'r ddau yn gweiddi, "Dwi eisiau'r cyfrifiadur gyntaf!" Meddai Anna, "Nigel, mi gefaist ti o yn gyntaf y tro diwethaf," ac meddai ei brawd yn swta, "Na, ti gafodd o." Yn yr achos yma fe allai'r tad ddweud, "Iawn, mae gennym broblem yn y fan yma. Does gennym ni ond un cyfrifiadur ond mae gennym ni ddau o blant eisiau ei ddefnyddio. Oes gennych chi syniad beth i'w wneud?" Hwyrach y bydd y plant yn gallu meddwl am atebion megis troi darn o arian i gael pen neu gynffon, rhannu neu gymryd tro. Unwaith y bydd penderfyniad wedi cael ei wneud, bydd y plentyn sy'n gorfod aros ei dro yn dal i ofidio, ond bydd y ddau blentyn wedi dechrau dysgu sut i drin gwrthdaro. Yna, fe all y rhiant ganmol y plentyn sy'n gorfod aros yn dawel ac amyneddgar.

Sefydlu rhaglen wobrwyo: Sefydlwch raglen wobrwyo drwy egluro i'ch plant os byddant yn peidio cecru ac ymladd am amser penodol, y cânt sticer. Eglurwch y byddant yn ennill sticer bob tro y byddwch yn eu gweld yn rhannu neu'n cydweithio. Wedyn gallant gyfnewid y sticeri am wobrwyon i'w dewis oddi ar fwydlen o wobrau atgyfnerthu. Rhaid i chi gofio gwylio am yr adegau y bydd y plant yn chwarae'n ddistaw gyda'i gilydd a darparu canmoliaeth yn ogystal â sticeri.

Defnyddio Amser Allan a chanlyniadau naturiol a rhesymegol: Mae plant angen dysgu y bydd canlyniadau os byddant yn taro'i gilydd neu'n torri rhywbeth wrth ddadlau. Mae'n bwysig iddynt wybod eu bod yn cael eu dal yn gyfrifol am eu hymddygiad. Pryd bynnag y bydd taro'n digwydd, galwch Amser Allan yn syth. Gwnewch hynny i'r ddau blentyn gan fod angen i'r ddau ohonynt ddysgu eu bod mor gyfrifol â'i gilydd am ddechrau ymladd. Peidiwch â siarad am yr ymladd na cheisio penderfynu pwy ddechreuodd. Mae gan y rhan fwyaf o ymladdau rhwng brodyr a chwiorydd wreiddiau hir a chordeddog. Mae'r un mor bwysig i'r dioddefwr ddysgu osgoi'r ymosodwr ag ydyw i'r ymosodwr ddysgu hunanreolaeth. (Mewn rhai teuluoedd gall y dioddefwr fod yn defnyddio tactegau cyfrwys ond effeithiol i gynhyrfu'r ymosodwr, sydd wedyn yn cael y bai.) Dylai ffrindiau sy'n ymweld â'r plant yn ogystal â brodyr a chwiorydd gael eu cynnwys mewn Amser Allan am ymladd. Fodd bynnag, mae bob amser yn syniad da gadael i rieni'r ffrindiau hyn wybod mai dyna'r ffordd yr ydych yn delio gydag ymladd corfforol. Os ydynt yn gwrthwynebu neu os yw'r ffrindiau yn gwrthod derbyn Amser

Allan, gellwch bob amser eu danfon adref. Dros amser bydd gosod Amser Allan nid yn unig yn lleihau gwrthdaro corfforol, bydd hefyd yn helpu i gymell y plant i ddysgu sgiliau megis trafod, datrys problemau a hunanreolaeth i osgoi ymladd.

Gall canlyniadau naturiol a rhesymegol hefyd fod yn driniaeth ddisgyblu effeithiol ar gyfer adegau pan fydd brodyr a chwiorydd yn dadlau. Os bydd eich plant yn dadlau dros degan, y canlyniad rhesymegol fydd cymryd y tegan oddi arnynt nes eu bod yn penderfynu pwy fydd yn chwarae efo fo gyntaf. Os ydynt yn ymladd dros raglenni teledu, y canlyniad rhesymegol fydd troi'r teledu i ffwrdd nes eu bod yn penderfynu pa raglen i'w gwylio gyntaf. Cymrwch eich bod yn clywed sŵn chwerthin o'r gegin ac yn canfod bwyd a llefrith dros bob man ar y llawr. Os byddwch yn gofyn, "Pwy wnaeth hyn?" y canlyniad fel arfer fydd côr o leisiau yn datgan,"Fo wnaeth." "Nage, fo wnaeth," "Naddo, wnes i ddim!" ac ymladd ynghylch pwy sydd ar fai. Yn hytrach na cheisio canfod y sawl sydd i'w feio, dylai'r plant i gyd ymuno yn y clirio. Dyma ganlyniad naturiol drygioni ar y cyd.

Cynnal cyfarfodydd teuluol: Gyda phlant oedran ysgol gall cynnal cyfarfodydd teuluol wythnosol fod yn fuddiol. Ar amser penodol bob wythnos bydd y teulu cyfan yn cyfarfod i drafod, rhannu, cwyno a chynllunio. Gall y plant gael eu hannog i fynegi eu teimladau a'u syniadau a chael eu sicrhau y bydd cyfle i bawb gael siarad. Os byddant yn defnyddio'r cyfle i weld bai neu ddilorni aelod o'r teulu – ac mae hyn yn siŵr o ddigwydd o bryd i'w gilydd - rhowch stop arnynt yn syth ac anogwch nhw i ganolbwyntio ar sut i ddatrys problemau.

Rhoi cariad unigryw yn hytrach na chariad cyfartal: Weithiau bydd rhieni'n ceisio trin eu plant a charu pob un ohonynt yn yr union un ffordd. Byddant yn prynu'r un dillad iddynt, yn rhoi'r un faint o amser iddynt yn ddyddiol ac yn eu cofrestru yn yr un dosbarthiadau. Mae ymdriniaeth rigolaidd o'r fath yn fwy tebygol o greu ysbryd cystadleuol nag o'i leihau. Ceisiwch drin pob plentyn fel person unigryw ac arbennig gyda'i dalent a'i anghenion ei hun. Er mor anodd y gall hynny fod, osgowch gymharu un plentyn gydag un arall. Osgowch osodiadau megis, "Gallai dy frawd ddarllen hwn pan oedd yr un oedran â thi, felly dwi'n siŵr y gelli dithau hefyd os gwnei di drio'n dipyn caletach," neu, "Mae Linda'n gofalu am ei phethau'n well nag wyt ti ac mae ei hystafell mor daclus." Mae ymdriniaeth o'r fath yn gwnued i'r plentyn a ystyrir yn annigonol deimlo'n ddig a chas ac mae hynny'n ei dro'n creu gelyniaeth tuag at y brawd neu chwaer a ystyrir yn fodel, a thuag at y rhieni. Drwy werthfawrogi unigolrwydd a galluoedd gwahanol pob un plentyn rydych yn fwy tebygol o wneud iddynt deimlo'n arbennig a lleihau cenfigen a chystadleuaeth rhyngddynt.

Ffordd arall o ddangos teimladau unigryw tuag at bob plentyn yw rhoi breintiau arbennig iddynt sy'n briodol i'w hoedran. Fe allech ganiatáu i blentyn hŷn gael mynd i wersylla dros nos gyda chlwb ieuenctid, neu feicio i barc cyfagos. Fe allech roi breintiau gwahanol i blant iau, megis cael ffrind i aros dros nos a mynd allan i fwyta gyda chi. Pan fyddwch yn prynu pethau i'ch plant, ystyriwch eu hanghenion fel sail i'ch pryniant yn hytrach na cheisio bod yn deg. Dydi'r ffaith fod plentyn hŷn angen trowsus newydd i fynd i'r ysgol ddim yn golygu fod rhaid i chi brynu pâr arall i blentyn iau nad oes ganddo'r un angen. Peidiwch â theimlo fod rhaid i bob plentyn gael yn union yr un pethau a bod rhaid i chi wario'r un swm o arian ar bob un.

Osgoi ffafriaeth:
Bydd y rhan fwyaf o rieni ar ryw adeg yn teimlo ffafriaeth tuag at un o'u plant neu siomedigaeth gydag un sy'n creu llawer o drwbl. Byddwch yn ymwybodol o amseroedd pan fydd hyn yn digwydd a cheisiwch osgoi dangos ffafriaeth gan y bydd hynny'n arwain at gweryla cynyddol a chystadleuaeth. Byddwch yn ymwybodol o'ch teimladau a cheisiwch warchod y plentyn llai ffodus drwy ganolbwyntio ar ei alluoedd arbennig. Er y gall hyn fod yn dasg anodd, mae'n bwysig rhwystro cyfnod anodd dros dro rhag mynd yn ffordd o fyw i'r plentyn.

Ni fydd ffafriaeth rhieni dros un plentyn a siomedigaeth am un arall yn rhywbeth dros dro bob amser. Efallai y bydd un yn sefyll allan yn ddeallus, yn athletaidd neu'n gymdeithasol ond nid y llall. Neu efallai y bydd un yn haws perthnasu ag o am ryw reswm anesboniadwy. Gall fod gwrthdaro o ran anian rhwng rhiant a phlentyn arbennig, neu debygrwydd rhwng plentyn â phartner blaenorol, a hynny'n dwyn i gof atgofion gwael. Mewn achosion o'r fath bydd rhieni doeth yn ymdrechu i dderbyn y plentyn am yr hyn ydyw, canolbwyntio ar ei gryfderau unigol a pheidio dangos ffafriaeth yn agored. Mae'n bwysig gwneud pob dim posibl i'ch holl blant deimlo'u bod yn cael eu caru, eu coleddu, eu gwerthfawrogi, eu hedmygu, a'u bod yn bwysig i chi. Ond gwyliwch wneud gormod mewn ymgais i wneud iawn am deimladau o euogrwydd ynglŷn â'r plentyn llai ffafriol.

Paratoi plant ar gyfer aelodau newydd o'r teulu:
Pan fydd babi newydd ar ei ffordd, gadewch i'r brodyr a'r chwiorydd helpu gyda'r paratoi a rhowch y teimlad iddynt fod y plentyn yn perthyn

iddynt hwy yn ogystal ag i chi. Dylid prynu anrhegion i bob plentyn yn y teulu ac nid i'r babi yn unig. Mae'n bosibl y bydd plant yn dangos rhywfaint o ddicter ar y dechrau tuag at ddyfodiad newydd i'r teulu. Gallant hefyd ddangos ymddygiad ymosodol cynyddol fel bydd y babi'n dechrau symud ac yn tynnu mwy o sylw ato'i hun. Gyda chefnogaeth a sicrwydd, bydd y camymddygiadau hyn yn diflannu dros amser.

Treulio amser ar eich pen eich hun gyda phob plentyn:
Os yn bosib, ceisiwch dreulio amser ar eich pen eich hun gyda phob plentyn, heb neb na dim yn tarfu arnoch. Ewch ag un allan am ginio neu i achlysur arbennig. Gall hyd yn oed ymweliad â pharc chwarae ar ben ei hun efo chi fod yn ddigwyddiad arbennig i blentyn. Nid yw'n angenrheidiol rhoi yn union yr un faint o amser i bob plentyn bob dydd. Yn hytrach, rhowch yr amser y teimlwch sydd ei angen ar y plant. Yn aml, bydd plentyn sy'n sâl, yn dathlu pen-blwydd neu'n cael trafferthion yn yr ysgol angen mwy o amser a sylw. Bydd treialon bywyd yn golygu y bydd pob un o'ch plant yn teimlo eich angen ar adegau arbennig.

Annog plant i gael eu gofod eu hunain
Fel arfer bydd plentyn ieuengach eisiau dilyn wrth gwt brawd neu chwaer hŷn. Gall hyn fod yn anodd i'r plentyn hŷn ac fe all ddigio oherwydd yr ymyrraeth, yn arbennig os mai'r canlyniad yw aflonyddu ar gynllun neu weithgaredd. Dychmygwch y canlyniad pe bai plentyn yn chwarae'r gêm Monopoly gyda ffrindiau ac mae ei frawd neu chwaer oedran cyn-ysgol yn dymchwel bwrdd y gêm neu'n cymryd tro ormod o weithiau. Yn naturiol bydd y plentyn hŷn yn mynd yn rhwystredig a blin ac fe all wthio'r plentyn iau i ffwrdd, a hynny'n arwain at ddagrau. Sut y dylech chi ymateb? Gorfodi'r plentyn i gynnwys yr un bach yn enw tegwch, cyfeillgarwch, gofal a chyfrifoldeb? Yntau a ddylech wahanu'r plant hŷn oddi wrth y plant iau pan fydd ffrindiau'n dod i chwarae?

Yn gyffredinol, mae'n ddoeth i chi annog eich plant i gael profiadau a diddordebau ar wahân, yn ogystal â chael ffrindiau gwahanol. Gall gorfodi plentyn hŷn i gynnwys brawd neu chwaer iau bob tro fod yn wrthgynhyrchiol ac arwain at gystadleuaeth a dicter cynyddol rhyngddynt. Yn eironig, wrth geisio hyrwyddo agosatrwydd bydd y canlyniad i'r gwrthwyneb. Wrth hyrwyddo arwahanrwydd ar y llaw arall fe ellwch ganfod brodyr a chwiorydd yn datblygu'n ffrindiau. Mae rhyw gymaint o arwahanrwydd corfforol yn meithrin datblygiad hunaniaeth ac yn helpu i leihau ymrafael.

Fodd bynnag, mae adegau pryd na ellir trefnu gofod neu gyfeillion ar wahân ac fe ddylid annog brodyr a chwiorydd hŷn i ddatblygu empathi ac amynedd tuag at anghenion a galluoedd rhai iau. Fe allai tad ddweud wrth ei fab hŷn, "Rwyt yn gwybod fod cau'r drws ar Dennis yn ei wneud yn flin am ei fod yn meddwl cymaint ohonot ti a dy ffrindiau. Wyt ti'n meddwl fod yna unrhyw ffordd y gelli ei gynnwys yn yr hyn wyt yn ei wneud ?" neu "Rydw i'n siŵr ei fod yn rhwystredig i ti nad yw Dennis yn ddigon hen i ddeall y rheolau ond hwyrach fod yna ryw ffordd y gall chwarae heb ddifetha'r gêm." Pan fydd y plentyn hŷn yn cynnwys Dennis fe all y tad ddweud, "Rwyt yn amyneddgar iawn gyda Dennis. Mae o'n lwcus i gael brawd mawr sydd mor garedig." Os ydych yn dangos agwedd gytbwys sy'n gwarchod arwahanrwydd lle bo modd ond hefyd yn defnyddio strategaethau i hyrwyddo derbyniad a dealltwriaeth rhwng brodyr a chwiorydd, mae hynny'n fwy tebygol o arwain at gyfeillgarwch tymor hir na defnyddio un o'r dulliau yma ar ben ei hun.

Dysgu hawl i eiddo:

Mae plant ifanc yn naturiol hunanol. Maent yn tyfu allan o hynny'n araf ond, yn gyntaf, rhaid iddynt deimlo'n sicr ohonynt eu hunain. Hyd yn oed wedyn ni ddylid disgwyl iddynt rannu'r cyfan o'u heiddo gyda'i gilydd. Fel plant ac fel oedolion rydym i gyd angen gwrthrychau arbennig i ni ein hunain. Os ceisiwch orfodi rhannu'n rhy fuan fe ellwch sbarduno mwy o hunanoldeb. Anogwch eich plant i barchu eiddo'i gilydd ac i ofyn caniatâd i'w defnyddio.

Osgoi gor-amddiffyn plentyn iau:

Peidiwch â bod yn rhy amddiffynnol o blentyn iau pan fydd dadleuon neu ymladd gyda phlentyn hŷn. Mae ymchwil wedi dangos mai'r plentyn ieuengaf sydd yn aml wedi sbarduno ymddygiad ymosodol yn hytrach na'r plentyn hŷn. Ond yr un hŷn sydd fel arfer yn cael y bai. Mewn sefyllfa o'r fath bydd raid i'r ddau blentyn ddysgu rheoli eu cyfraniad i'r gwrthdaro.

Osgoi rhoi gormod o gyfrifoldeb ar blant hŷn:

Fe all rhieni, yn anfwriadol, roi gormod o gyfrifoldeb i'w plant hŷn. Mae'n arbennig o wir am ferched hŷn sy'n aml ar alwad i warchod brodyr neu chwiorydd llai, golchi llestri, gosod y bwrdd ac yn y blaen. Mae diffyg cydbwysedd o'r fath yn gallu cyfrannu tuag at blant hŷn yn casáu'r brodyr a chwiorydd iau sy'n cael bywyd haws. Ar yr un pryd, gall y plant iau fod yn genfigennus wrth y rhai hŷn oherwydd eu cyfrifoldebau cynyddol. Mae'n bwysig eich bod yn sensitif ynglŷn â faint o gyfrifoldeb a roddwch i bob plentyn. Rhowch dasgau iddynt sy'n addas i'w hoedran a'u gallu datblygiadol. Er enghraifft, gall plentyn cyn-ysgol gael ei ddysgu sut i osod y bwrdd a gall plentyn hŷn glirio'r llestri wedi'r pryd bwyd. Fe ddylech hefyd fod yn ymwybodol o'r posibilrwydd fod gennych ddisgwyliadau gwahanol ar gyfer eich bechgyn a merched. Ydi'r bechgyn yn cael yr un faint o dasgau a'r merched? Ydi'r tasgau'n tueddu i wahaniaethu yn ôl y rhyw? Os yw'r ferch wastad yn glanhau'r ystafelloedd ymolchi tra bydd ei brawd yn piltran gyda'r car efo'i dad gall hyn adeiladu dicter a chystadleuaeth rhwng brodyr a chwiorydd.

Rheoli gemau:
Mae Ben sy'n bedair oed a'i frawd Peter sy'n saith oed yn chwarae gêm. Yn sydyn mae eu mam yn clywed, "Dydi hynna ddim yn deg. Rwyt ti wedi twyllo!" "Na wnes i ddim." "Do mi wnes di. Mi welais i ti." Weithiau bydd angen i rieni weithredu fel dyfarnwyr a helpu i orfodi rheolau. Ar adegau eraill efallai y byddant eisiau cefnogi'r plentyn iau. Hwyrach na fydd Ben yn deall ymlyniad haearnaidd i reolau tra bod Peter yn obsesiynol ynglŷn â nhw. Efallai y gall y fam leihau'r gwrthdaro a'r gystadleuaeth rhwng Ben a Peter drwy annog pobl eraill i chwarae efo nhw. Bydd hyn yn lleihau tensiynau'r sefyllfa o ennill neu golli sy'n achosi cenfigen. Gall prynu gemau sy'n canolbwyntio ar siawns a lwc yn hytrach na'r sgil i ennill helpu'r sefyllfa hefyd.

Cofio fod ymladd rhwng brodyr a chwiorydd yn normal:
Byddwch yn realistig ynglŷn â faint o harmoni teuluol a ddisgwyliwch. Mae llawer iawn o ffraeo'n digwydd mewn cartrefi normal. Os gallwch dderbyn hyn, bydd eich agwedd tuag at fagu plant yn fwy gwrthrychol. Peidiwch â chwyno'n uchel yng ngŵydd eich plant eu bod yn ymladd drwy'r amser. Cadwch eich pryderon i chi eich hun neu fe all eich plant wireddu eich cwynion.

Anufudd-dod Plant

Mae'n 8.30 y nos ac yn amser i Leanne, sy'n bedair oed, fynd i'r gwely. Mae ei rhieni yn yr ystafell fyw yn siarad gyda ffrindiau tra mae Leanne yn chwarae gyda blociau ar y llawr. Mae ei thad yn dweud, "Tyrd cariad, mae'n amser gwely." Mae hi'n parhau i chwarae fel pe na bai wedi ei glywed. Mae'r tad yn ailadrodd ei gais ychydig yn fwy pendant, "Mae'n barod wedi pasio'r amser i ti fynd i'r gwely. Plîs dos i'r gwely rŵan." "Na, dydw i ddim wedi blino," meddai hi. "Dydw i ddim eisiau mynd i'r gwely!" Mae'r tad yn dechrau teimlo'n ddiymadferth ac yn dweud wrtho'i hun, "Os bydda i yn mynd ymhellach bydd yn strancio. Hwyrach y dylwn adael iddi aros ar ei thraed nes bydd ein ffrindiau wedi gadael" Mae'n penderfynu ceisio rhesymu gyda hi. "Rwyt yn gwybod y byddi wedi blino fory os nad ei di i'r gwely rŵan. Tyrd rŵan, bydd yn eneth dda a dos i baratoi." Ateba Leanne, "Dydw i ddim wedi blino. Dydw i ddim am fynd!" Yna mae ei mam yn dweud yn flin, "Os nad ei di i'r gwely'n syth rŵan mi fyddi mewn helynt mawr!" Ac mae'r fam yn meddwl wrthi hi ei hun, "Pam fod Raymond yn rhoi mewn i Leanne drwy'r amser? Mae hi angen i rywun ddangos iddi pwy ydi'r meistr." Yn y cyfamser, mae Leanne, sy'n teimlo'n bengaled a chysglyd, yn crio, "Ond, dydw i ddim wedi blino. Dwi ddim eisiau mynd i gysgu."

Mae diwrnod Leanne yn llawn o frwydrau am oruchafiaeth gyda'i rhieni. Maent yn digwydd mewn perthynas â phob math o newid o un gweithgaredd i'r llall, megis troi'r teledu i ffwrdd, paratoi i fynd i'r ysgol feithrin, gwisgo'i sanau a'i hesgidiau i fynd allan neu adael y parc. Erbyn canol y pnawn mae Raymond fel arfer wedi diffygio ac mae'n ildio i'w galwadau neu'n ei chosbi bob yn ail, yn ddibynnol ar faint o egni sydd ganddo. Mae mam Leanne, nad yw fel arfer ddim ond adref am awr neu ddwy cyn i Leanne fynd i'w gwely bob nos, yn methu deall pam na wnaiff ei thad ddilyn drwodd gyda'r canlyniadau am ymddygiad anufudd Leanne. Mae beirniadaeth y fam yn cymhlethu'r sefyllfa drwy wneud i'r tad deimlo'n fwy blin, annigonol a di-gefnogaeth.

Pam fod hyn yn digwydd?

Mae peidio cydymffurfio, neu fod yn anufudd, yn sylfaenol yn golygu peidio ag ymateb i gais neu orchymyn gan berson arall. Mae'r math hwn o ymddygiad yn gyffredin ac yn rhan o ddatblygiad naturiol plant. Maen nhw i gyd yn anufudd ar adegau ac yn gwrthod dilyn rheolau rhesymol sydd wedi cael eu gosod gan eu rhieni. Mae peidio cydymffurfio yn cyrraedd uchafbwynt yn ystod y cyfnod "dwy oed dieflig" (y *"terrible two's"*) ac fel arfer yn lleihau dros y blynyddoedd wedyn. Fodd bynnag, mae ymchwil yn dangos mai dim ond i ddwy ran o dair o geisiadau rhieni y mae plant nodweddiadol pedair i bump oed yn ufuddhau. Ac felly dylid edrych ar blentyn sydd weithiau'n gwrthod ufuddhau fel arwydd iach ei fod yn ceisio'i annibyniaeth yn hytrach nag arwydd o anallu rhieni neu ystryw bwriadol gan y plentyn. Yn rhy aml, fodd bynnag, canlyniad anufudd-dod achlysurol yw brwydrau hir ac ymdrechion am oruchafiaeth a all ddysgu plant i wrthsefyll y rhan fwyaf o geisiadau rhieni.

Mae rhai plant sy'n parhau i fod yn anufudd yn rhan o deuluoedd lle nad oes ond ychydig o reolau. Gall eu rhieni fod yn oddefol iawn, yn casáu gorfod dweud "na" ac yn methu dilyn drwodd gydag unrhyw geisiadau a wnânt. Ar y llaw arall, gall anufudd-dod gynyddu mewn teuluoedd lle mae gormod o reolau neu orchmynion, a disgyblaeth rhy lem. Mewn cartrefi o'r fath bydd plant yn cael tua un gorchymyn bob munud gan eu rhieni, gyda'r rhan fwyaf ohonynt yn ddiangen, a dim ond ychydig o ddilyn drwodd yn digwydd wedyn. Eto, mae sefyllfaoedd eraill lle mae anufudd-dod yn datblygu'n broblem, yn cynnwys sefyllfaoedd lle bydd rhieni'n simsanu rhwng ildio i blentyn sy'n gwrthod ar y naill law ac ystyfnigo ar y llaw arall. Yn yr enghraifft ar gychwyn y bennod hon fe gymrodd tad Leanne agwedd oddefgar tra gwrthwynebodd ei mam gyda grym eithafol. Bydd unrhyw un o'r ymdriniaethau yma'n arwain at anufudd-dod cynyddol. O'u cyfuno, maent yn ei gwneud yn anos byth i blentyn ddysgu cydweithredu.

Beth i'w wneud.

Cyfyngu gorchmynion i rai sydd eu gwir angen: Penderfynwch ymlaen llaw pa rai o'ch gorchmynion sydd eu gwir angen. Dewiswch eich brwydrau. Pan fyddwch yn penderfynu rhoi gorchymyn, gwnewch yn siŵr y byddwch yn fodlon dilyn drwodd nes bod y plant yn cyflawni'r hyn a ddywedwyd wrthynt. Ymhellach, gwnewch yn siŵr fod eich rheolau, gorchmynion a disgwyliadau yn rhai realistig ac yn briodol i oedran y plant. Osgowch swnian gan y bydd hynny'n dysgu'r plant nad ydych am iddynt gydymffurfio'n syth.

Rhoi gorchmynion clir, penodol a phositif: Mynegwch eich gorchmynion yn glir ac yn barchus gan ddiffinio'n bendant yr ymddygiad positif a ddisgwyliwch. Mae enghreifftiau da yn cynnwys: "Cerdda'n araf," "Plîs, dos i'r gwely." "Siarada mewn llais distaw," a "Plîs cadwa'r creonau ar y papur." Mae'r gorchmynion *Gwneud* yma yn enwi'r ymddygiadau a ddisgwyliwch gan eich plant.

Osgowch roi gorchmynion niwlog, negyddol a beirniadol megis "Bihafia!", "Paid â chynhyrfu!" "Eistedd i lawr am unwaith yn dy fywyd!" "Stopia fwyta fel mochyn!" a "Cau dy geg!" Os yw plant yn teimlo'n analluog neu'n amddiffynnol byddant yn llai tebygol o ymateb. Yn ogystal, osgowch orchmynion ar ffurf cwestiynau megis, "Oni fyddet ti'n hoffi mynd i'r gwely rŵan?" neu, "Beth am iti dacluso dy 'stafell?" Cwestiynau yw'r rhain sy'n awgrymu dewis, a "na" ydyw'r ateb fel arfer! Ceisiwch roi gorchmynion gydag opsiynau ynghlwm wrthynt: "Chei di ddim gwylio'r teledu ond mi gei di fy helpu yn y gegin," neu, "Chwaraea'n ddistaw yn y tŷ neu dos allan i chwarae." A chofiwch fynegi eich gorchmynion mewn dull positif sy'n awgrymu eich bod yn hyderus y bydd eich plant yn ufuddhau. Os rhowch neges o'r fath bydd y plant yn fwy tebygol o fod eisiau cydweithredu.

Rhoi amser i ymateb lle bo modd: Bydd rhai rhieni'n disgwyl ufudd-dod yn syth gan eu plant. Fodd bynnag, yn yr un modd ag oedolion, bydd plant ifanc yn ei chael yn anodd rhoi'r gorau i weithgaredd diddorol ar unwaith. Os byddwch yn taflu gorchymyn at eich plentyn sydd wedi ymgolli'n llwyr a hapus mewn rhyw brosiect neu'i gilydd, bydd yn debygol o gwyno a theimlo'n anhapus. Bydd atgoffa neu rybuddio ymlaen llaw cyn rhoi gorchymyn yn helpu'r plant i newid o un gweithgaredd i'r llall. Er enghraifft, fe allech ddweud, "Mewn pum munud arall fe fydd yn amser mynd i'r gwely," neu, "Pan fyddi wedi gorffen darllen y bennod yna bydd yn amser gosod y bwrdd."

Canmol cydymffurfio: Peidiwch â chymryd cydymffurfiaeth yn ganiataol a'i anwybyddu. Pryd bynnag y byddwch yn rhoi gorchymyn, arhoswch am bum eiliad a gwyliwch am ymateb. Os bydd y plant yn gwneud fel y gofynnwyd iddynt, mynegwch bleser a chymeradwyaeth. Yn nodweddiadol, bydd rhieni'n rhoi sylw pan na fydd eu plant wedi cydymffurfio ac yn eu hanwybyddu pan fyddant yn gwneud hynny. Y gamp yw gwyrdroi'r sefyllfa fel bod y plant yn profi mwy o enillion wrth fod yn ufudd na bod yn anufudd.

Sefydlu rhaglenni atgyfnerthu: Gellwch helpu eich plant i fod yn fwy ufudd drwy sefydlu rhaglen atgyfnerthu lle bydd y plant yn cael sticeri neu wobrau bob tro y cydymffurfiant â'ch cais. Gall y sticeri gael eu casglu a'u cyfnewid am wobr oddi ar y fwydlen gwobrau atgyfnerthu. Hwyrach y dewiswch amser penodol o'r dydd i weithredu'r rhaglen, megis rhwng pump ac wyth o'r gloch y nos pan fydd gennych amser i wylio ymddygiad y plant. Neu efallai y byddwch eisiau sefydlu rhaglen am ufudd-dod mewn sefyllfa arbennig megis mynd i'r gwely neu gadw teganau.

Defnyddio canlyniadau Amser Allan: Mae Amser Allan yn ffordd effeithiol o ddysgu plant i fod yn fwy ufudd, yn enwedig rhai rhwng pedair ac wyth oed sy'n wrthwynebus iawn. Yn gyntaf, eglurwch i'ch plant pa ymddygiadau fydd yn arwain at Amser Allan. Er enghraifft, fe allai rhieni Leanne gyflwyno rhaglen fel hyn:

> *"Leanne, rwyt yn gwneud llawer iawn o bethau ardderchog adref ond mae un peth yn gwneud inni deimlo'n drist. Yn aml, 'dwyt ti ddim yn gwneud y pethau a ofynnwn. Rydym am dy helpu i ddysgu sut i ufuddhau drwy roi Amser Allan i ti bob tro byddi'n gwrthod gwneud hynny. Rhaid i ti fynd am Amser Allan ar y gadair yn y gornel am bedwar munud. Yna rhaid i ti fod yn dawel am ddau funud. Wedyn, cei ddod oddi ar y gadair. Rydym am roi sticer i ti hefyd bob tro y gwnei y pethau a ofynnwn. Yna, cei newid y sticeri am rywbeth yr hoffet ei gael."*

Gyda rhaglen o'r fath, bydd rhieni angen adnabod yr adegau y bydd eu plant yn peidio cydymffurfio gyda'u ceisiadau a bod yn barod i weithredu Amser Allan. Cymrwch mai chi yw mam neu dad Leanne. Cychwynnwch drwy roi gorchymyn clir a phositif ac yna aros am 5 eiliad i weld a yw'n mynd i ufuddhau. Os yw'n cydymffurfio canmolwch hi a rhowch sticer iddi. Os nad yw'n cydymffurfio ailadroddwch y gorchymyn a rhybuddiwch hi y bydd raid iddi gael Amser Allan os nad yw'n ufuddhau. Arhoswch 5 eiliad i weld sut mae'n ymateb. Os yw'n ufuddhau, atgyfnerthwch ei chydymffurfio gyda chanmoliaeth a sticer. Os nad yw'n ufuddhau, ewch a hi am Amser Allan. Unwaith y bydd y cyfnod Amser Allan drosodd, *ailadroddwch y gorchymyn gwreiddiol.* Os bydd yn cydymffurfio'r tro yma, canmolwch hi a rhowch sticer iddi. Os na fydd yn ufuddhau ailadroddwch y broses gyfan.

Disgwyl cael eich profi: Cofiwch, mae'n gyffredin i blant roi ar brawf orchmynion a rheolau eu teuluoedd, yn enwedig os bu iddynt gael eu gorfodi'n anghyson yn y gorffennol. Mae'n rhan normal o'r broses o geisio annibyniaeth a hunangyfeirio. Felly, disgwyliwch gael eich herio a cheisiwch anwybyddu mân brotestiadau neu fe ellwch gael eich hun wedi eich rhwydo mewn gwrthddadleuon. Gadewch i'ch plant rwgnach pan fyddant yn ufuddhau i reol sydd yn eu tyb nhw'n annymunol. Er y gallwch helpu'r plant i ddysgu gwneud yr hyn a ofynnwch, ni ddylech ddisgwyl iddynt fod yn hapus cydymffurfio bob amser.

Modelu cydweithrediad gydag oedolion eraill, a gyda'ch plant: Yr allwedd i feithrin agwedd gydweithredol mewn plant yw bod y rhieni'n osgoi bod yn rhy oddefol nac yn rhy awdurdodol. Peidiwch â bod ofn gosod rheolau angenrheidiol, rhowch orchmynion a dilynwch drwodd mewn ffordd barchus. Wrth gwrs, fe ddylai gorchmynion gael eu cyfuno gyda chynhesrwydd, canmoliaeth a sensitifrwydd i anghenion arbennig eich plant. Yn yr olygfa ar ddechrau'r bennod hon mae Raymond angen adnabod pa bryd i roi gorchmynion, sut i osgoi swnian a sut i ddilyn drwodd pan fydd Leanne yn gwrthod cydweithredu. Ar y llaw arall, mae ei wraig angen sylweddoli fod peidio cydymffurfio yn rhan o'r broses ddatblygu naturiol yn hytrach nag arwydd o annigonolrwydd ei gŵr. Gallai hynny ei helpu i gosbi llai ac i beidio disgwyl i'r plentyn gydymffurfio ar unwaith. Mae angen i'r ddau riant fod yn fwy cynhaliol i'w gilydd ac adnabod pa bryd y mae'n briodol rhoi sylw i ofynion eu plant. Cofiwch mai modelu'r ymddygiad a geisiwch yw un o'ch strategaethau mwyaf effeithiol. Er enghraifft, os bydd mam yn galw'r teulu i gael cinio, a'i gŵr yn peidio dod am ei fod eisiau gorffen trwsio rhywbeth, mae hyn yn gosod esiampl o ddiffyg cydymffurfio. Os yw tad yn gofyn i'r teulu ei helpu i gasglu dail yng nghefn y tŷ, a bod ei wraig yn dweud y daw atynt mewn munud ond byth yn dod, nid yw yn cydymffurfio â'r cais. Os bydd un rhiant yn anwybyddu cais y rhiant arall bydd y plant yn dysgu gwneud hynny hefyd. Felly mae'n bwysig eich bod yn modelu cydweithrediad gyda'ch partner a'r teulu ac yn sefydlu naws o gydweithredu â cheisiadau a wneir o fewn y teulu.

Derbyn natur y plentyn: Mae rhai plant yn fwy penderfynol, ystyfnig a dwys nag eraill. Mae rhai plant yn anghofio ceisiadau a wneir gan eu rhieni oherwydd eu natur freuddwydiol a thuedd i'w meddyliau grwydro. Gall plant o'r fath wneud i'w teuluoedd deimlo'n ddiymadferth a di-rym ar adegau. Fodd bynnag, fe allant dyfu i fod yn oedolion arbennig o greadigol, egnïol ac ymroddedig. Os mai dyma yw natur eich plant chi, gwnewch yn siŵr eich bod yn camu nôl yn aml. Cymerwch Amser Allan eich hun i ail ymegnïo fel bod gennych y nerth i gwrdd ag anghenion ychwanegol plant o'r natur yma'n fwy llwyddiannus.

Gwrthwynebu Mynd i'r Gwely

Syndrom Jac yn y bocs

Mae Andrew, sy'n dair oed, yn cychwyn ei ddefod nosweithiol drwy wisgo'i byjamas, bwyta byrbryd, brwsio'i ddannedd, yna cael tair stori gan ei fam. Yn olaf, mae hi'n rhoi cusan iddo ac yn diffodd golau'r ystafell wely. Prin ei bod wedi dechrau ymlacio pan glyw lais yn gweiddi, "Mam, dwi eisiau diod." Mae mam yn mynd i nôl diod o ddŵr iddo ac yna'n eistedd yn yr ystafell fyw yn darllen. Mewn ychydig funudau mae llais yn galw allan eto, "Mam, dwi'n methu cysgu." Erbyn hyn mae'r fam yn teimlo'n flin ac yn dweud, "Bydd ddistaw a dos i gysgu."

Ydi'r senario yma'n swnio'n gyfarwydd? Byddwch yn falch o wybod fod bron bob plentyn yn gwrthod mynd i'r gwely rywbryd neu'i gilydd. Mae hyn yn ymateb naturiol gan fod amser gwely'n dynodi diwedd diwrnod o hwyl. Dangosodd astudiaethau fod 30% i 40% o blant normal yn cael trafferth mynd i gysgu ac yn datblygu strategaethau i ohirio mynd i'r gwely.

Pam fod hyn yn digwydd?
Rhwng yr oedran o tua blwydd a dwy flwydd a hanner mae plant yn gwrthwynebu mynd i gysgu gan eu bod ofn cael eu gwahanu oddi wrth eu rhieni. Bydd plant bach sydd rhwng deunaw mis a thair oed yn poeni beth fydd yn digwydd i'w rhieni tra byddant yn cysgu. Ar y llaw arall, bydd plant rhwng pedair a chwech oed yn aml ofn mynd i gysgu am eu bod yn dychmygu angenfilod yn y tywyllwch ac yn cael hunllefau. Maent hefyd yn poeni am drychinebau a allai ddigwydd pan fyddant hwy yn cysgu – y tŷ'n mynd ar dân, neu ladron yn anafu eu rhieni. Mae plant oedran ysgol yn dweud eu bod yn cael trafferthion mynd i gysgu oherwydd pryderon, synau sydd i'w clywed yn y tywyllwch neu boenau corfforol. Weithiau bydd plant yn methu mynd i gysgu am eu bod wedi

gor-gyffroi cyn mynd i'r gwely neu am eu bod wedi cael cyntun yn y pnawn, a hynny'n eu gadael yn effro pan fydd yn amser gwely. O ganlyniad, maent wedi diflasu ac yn chwilio am adloniant diddorol.

Beth i'w wneud

Penderfynu ar amser gwely: Yn gyntaf, penderfynwch ar amser gwely'r plant, gan gadw mewn cof eu hanghenion cysgu yn ogystal â'u hoedran. Yna dywedwch wrth eich plant yr amser y byddant yn noswylio. Os nad ydynt yn gallu dweud faint yw hi o'r gloch, tynnwch lun cloc gyda'u hamser gwely arno a gosodwch o yn ymyl cloc. Gall plant hŷn gael eu cloc neu oriawr eu hunain i'w hatgoffa pa bryd y bydd raid iddynt fynd i'r gwely. Byddwch mor gyson ag y bo modd wrth orfodi amser gwely neu fe fydd y plant wastad yn ei brofi. Wrth gwrs fe fydd achlysuron - rhaglen arbennig ar y teledu neu ymwelwyr yn galw - pryd y byddai anhyblygrwydd yn meithrin teimladau dig ac annheg yn y plant. Fodd bynnag, fe ddylech egluro fod cael mynd i'r gwely'n hwyrach yn fraint arbennig. Un gair o rybudd: gwnewch yn siŵr nad yw'r gwrthwynebiad yn digwydd oherwydd bod y plentyn yn cael ei roi yn ei wely'n rhy fuan. Mae rhai plant angen llai o gwsg nag eraill, felly ystyriwch a ddylech ddileu cyntun pnawn neu sefydlu amser gwely hwyrach.

Sefydlu trefn dadweindio: Tuag awr cyn amser gwely cychwynnwch gyfnod dadweindio. Dylai hyn fod yn gyson ac yn ddefodol, yn cynnwys digwyddiadau ymlaciol megis cael bath cynnes, storïau, gwrando ar gerddoriaeth, chwarae tawel a byrbryd, oll mewn trefn ddisgwyliadwy. Mae defodau amser gwely, yn ôl pob golwg, yn tawelu a chysuro plant. Mae'n lleihau gwrthwynebiad i fynd i gysgu yn ogystal â thawelu ofnau ynghylch gwahanu. Mae hefyd yn bwysig i osgoi chwarae corfforol gor-egnïol, rhaglenni teledu sy'n dychryn a bwyd neu ddiod yn cynnwys caffein cyn amser gwely gan y gall y rhain or-fywiogi'r rhan fwyaf o blant a'i gwneud yn anodd iddynt fynd i gysgu.

Rhoi rhybudd: Rhowch rybudd i'ch plant 10-15 munud cyn amser gwely. Fe allech ddweud, "Mewn 10 munud pan fydd cloch yr amserydd yn canu bydd yn amser mynd i'r gwely," neu, "Ar ôl gorffen y stori yma bydd yn amser mynd i'r gwely." Mae dweud yn sydyn "Dos i'r gwely" yn sicr yn gwahodd gwrthwynebiad. Gellwch hefyd chwarae curo'r cloc pryd y byddant yn cael ras gyda'r amserydd i'w llofft, neu'n gwneud trên i gyrraedd eu hystafelloedd yn gyflym. Weithiau bydd gêm dawel o chwarae cuddio tua hanner awr cyn mynd i'r gwely yn helpu'r plant ymdopi gyda phryderon cael eu gwahanu a gwneud mynd i'r gwely'n haws.

Gwrthwynebu mynd i'r gwely –y syndrom Jac yn y bocs

Bod yn gadarn ac anwybyddu protestio: Wedi i'r plant gael eu byrbryd a brwsio'u dannedd gwnewch yn glir iddynt eich bod yn rhoi'r gusan olaf iddynt a'i bod yn ddiwedd y dydd. Byddwch yn hyderus gan gyfleu neges iddynt y gwyddoch y gallant aros yn eu hystafell. Os byddant yn galw, yn swnian neu'n crio wedi i chi adael anwybyddwch nhw oni bai eu bod yn sâl. Ar y dechrau, hwyrach y bydd y cwyno'n parhau am gyfnodau rhwng pum munud ac awr, ond wedi rhai nosweithiau o anwybyddu cyson fe fydd hynny'n diflannu. Peidiwch â mynnu fod eich plant yn mynd i gysgu'n syth. Gadewch iddynt wybod y gallant wrando ar gerddoriaeth yn cael ei chwarae'n ddistaw, darllen storïau neu chwarae'n ddistaw os nad ydynt wedi blino. Bydd y rhan fwyaf o blant yn cymryd tua hanner awr i fynd i gysgu, felly mae'n bwysig eu bod yn dysgu sut i ddiddanu eu hunain wrth aros cwsg. Mae'r rhain yn arferion a fydd yn ddefnyddiol iawn pan fyddant yn hŷn.

Cadw golwg: Os bydd eich plant yn galw arnoch ar ôl i chi adael yr ystafell wely, gellwch wneud cytundeb gyda nhw sef, os byddant yn peidio galw arnoch, y byddwch yn dod i'r ystafell wely ac yn cadw golwg arnynt bob 5-10 munud i wneud yn siŵr fod pob dim yn iawn. Ni fydd y mwyafrif o blant yn effro erbyn yr ail ymweliad, ond mae dweud wrthynt y byddwch yn dychwelyd yn eu hatal rhag mynd yn rhwystredig a blin neu gadw'i hunain yn effro drwy alw arnoch yn barhaus.

Golau bach ac eitemau cysuro: Gall blanced arbennig neu degan meddal roi teimlad diogel i'r plant wrth iddynt fynd i gysgu. Gall golau nos bach arbennig helpu i ddileu ofn tywyllwch. Peidiwch â phoeni y byddant yn teimlo angen i ddefnyddio'r golau neu'r tegan am weddill eu hoes. Fel arfer, dydyn nhw ddim ond angen pethau o'r fath am amser byr i'w helpu drwy gyfnod anodd.

Sefydlu rhaglen atgyfnerthu: Sefydlwch raglen sticeri i helpu'r plant i fynd i'r gwely'n rhwydd ac aros yn eu hystafell heb ffwdan. Bob bore wedi iddynt fod yn llwyddiannus, gallant gael eu canmol a derbyn sticer. Gallwch ddweud rhywbeth fel hyn, "Mi wnes di aros yn dy ystafell neithiwr. Roedd hynna'n arddderchog. Rwyt ti wir yn hogyn mawr! A rŵan rwyt wedi ennill digon o sticeri i gael dewis dy hoff fyrbryd."

Dychwelyd y plentyn i'w ystafell: Os oes gennych blant ifanc sy'n crwydro mewn ac allan o'u hystafelloedd, mae'n well eu dychwelyd i'w hystafelloedd yn syth heb drafod na dwrdio. Os yw plant dros bedair oed yn dod allan o'u hystafelloedd mae dwy ymdriniaeth bosibl. Y ffordd gyntaf, sy'n fwyaf llwyddiannus gyda phlant cyn-ysgol, yw dweud y bydd raid iddynt gael tri munud o Amser Allan os deuant allan o'u hystafelloedd. Dylid gwneud hyn yn dawel heb ddwrdio na phregethu. Unwaith y bydd yr Amser Allan wedi ei gyflawni gellwch fynd â'r plant yn ôl yn dawel i'r gwely. Yr ail ffordd, sy'n gweithio'n well gyda phlant oedran ysgol, yw trefnu y byddant yn gorfod mynd i'r gwely un munud yn gynharach am bob un munud y deuant allan o'u hystafell wely - hyn i'w gyflawni ar y noson ddilynol bob tro. Dangosodd ymchwil y gall y rhan fwyaf o blant aros yn eu hystafelloedd o fewn tair wythnos wrth wneud defnydd cyson o Amser Allan, rhaglen atgyfnerthu a therfynau amser clir.

Ac mae un pwynt olaf i'w gofio, ni ddylech byth gloi eich plant yn eu hystafell wely yn y nos. Nid yn unig y byddai hynny'n beryglus mewn argyfwng ond fe allai gynyddu ofnau'r plant a'u teimlad o ddiymadferthedd.

Modelwch ymddygiad amser gwely da i'ch plant: Mae rhieni sy'n syrthio i gysgu ar y soffa o flaen y teledu yn gosod esiampl wael ac yn tueddu i gael plant gyda threfn wael pan fydd yn amser gwely. Ceisiwch sefydlu eich trefniadau amser gwely eich hun. Gwnewch yn siŵr hefyd fod y teledu a'r radio wedi eu tawelu a bod y synau eraill yng ngweddill y tŷ wedi eu gostwng pan fydd y plant yn mynd i'r gwely.

Deffro'r Nos
Y nos – bwganod, llewod a gwrachod

*Mae Emma sy'n bump oed yn deffro yng nghanol y nos ac yn mynd i
wely ei rhieni gan fynnu ei bod wedi gweld bwgan yn ei hystafell. Mae
ei rhieni yn ei chysuro a'i chofleidio nes eu bod oll yn syrthio i gysgu.
Mewn rhai wythnosau mae Emma wedi mynd i'r arferiad o fynd i
gysgu gyda'i rhieni bob nos. Maent hwy wedi colli eu preifatrwydd a
dydyn nhw byth yn cael noson heb ymyrraeth â'u cwsg. Canlyniad
eu hymdrechion i ddychwelyd Emma i'w hystafell yw dagrau, dadlau
pan ddychwela i wely'r rhieni a llai fyth o gwsg. Ymddengys mai'r
unig ffordd i bawb gael digon o gwsg yw gadael i Emma gysgu yng
ngwely ei rhieni.*

Pam fod hyn yn digwydd?
Mae deffro yn ystod y nos a dod i wely'r rhieni'n ddigwyddiad cyffredin
gyda phlant ifanc. Yn wir, bydd 30% i 40% o blant rhwng dwy a phump
oed yn codi yn ystod y nos yn rheolaidd. Mae ymchwil hefyd yn dangos
fod plant yn mynd drwy bedwar neu bump cyfnod o gysgu trwm
yn ystod y nos. Fel y byddant yn dod allan o gyfnod cysgu'n drwm,
byddant yn breuddwydio ac efallai'n deffro. Fel arfer, maent yn mynd
i ystafell eu rhieni oherwydd eu bod ofn bod ar eu pennau eu hunain
yn y tywyllwch, maent yn bryderus am beth sydd wedi digwydd i'w
rhieni, neu maent ofn bwganod, lladron neu anifeiliaid brawychus yn
eu hystafelloedd. Gyda phlant bach, mae bod eisiau eu rhieni yn y nos
yn gysylltiedig â phryder gwahanu, tra'i fod yn gysylltiedig â hunllefau
neu fwganod gyda phlant sydd rhwng pedair a chwech oed. Er bod bron
bob plentyn yn cael breuddwydion sydd ychydig yn annymunol, plant
rhwng pedair a chwech oed sy'n fwyaf tebygol o gael hunllefau. Erbyn
iddynt gyrraedd rhwng chwech a deuddeg oed, dim ond 28% o blant

sy'n dal i gael hunllefau. Gwelwch felly fod nifer o resymau yn achosi i blant ddeffro yn y nos a bydd eich agwedd tuag at y broblem yma yn dibynnu'n rhannol ar eich asesiad o achos y deffro.

Beth i'w wneud

Darparu golau nos: Os yw eich plant ofn y tywyllwch neu yn meddwl eu bod yn gweld ysbrydion yn eu hystafelloedd, rhowch olau nos yn yr ystafell neu fflachlamp iddynt ei chadw dan y gobennydd. Os nad yw golau nos yn ddigon llachar, hwyrach y defnyddiwch swits arbennig i leihau'r golau'r ystafell yn raddol bob nos.

Cysuro'r plentyn: Os bydd eich plant yn dod i'ch ystafell yn y nos am eu bod yn poeni a ydych yno neu beidio, cysurwch nhw y byddwch chi yno bob amser. Gall yr ofn hwn fod yn broblem arbennig mewn teuluoedd lle mae gwahanu neu ysgariad yn digwydd. Bydd plant yn bryderus gan fod un rhiant wedi gadael y cartref y bydd y llall yn cefnu arnynt hefyd. Maent angen sicrwydd cyson y bydd y rhiant sydd ar ôl yn aros yno drwy'r nos.

Os byddwch yn cynllunio i fynd allan wedi i'r plant fynd i gysgu, dywedwch wrthynt ymlaen llaw lle rydych yn mynd, pwy fydd yn eu gwarchod a pha bryd y byddwch yn dychwelyd. Efallai y dywedwch,"Rwy'n mynd i'r sinema heno. Fydda i ddim yn mynd nes dy fod ti'n cysgu a bydd Sonia yma yn dy warchod tra bydda i allan. Ond pan fyddi'n deffro yn y bore mi fydda i yma."

Dangos dealltwriaeth: Pan fydd eich plant yn cael hunllefau, ewch i'w hystafell a rhowch goflaid neu gwtsh iddynt. Peidiwch â mynd â nhw i'ch gwely chi. Trowch y golau ymlaen i ddangos iddynt fod popeth yr un fath yn eu hystafell a siaradwch gyda nhw'n gysurlon a thawel. Eglurwch fod pawb yn cael breuddwydion erchyll weithiau ac nad yw'r angenfilod a'r bwganod yn rhai real. Dim ond bodoli mewn breuddwydion y maent. Cysurwch nhw eich bod yn eu hymyl ac na fyddwch yn gadael i ddim drwg ddigwydd iddynt. Peidiwch â dweud fod y breuddwydion yn wirion nac yn afresymol gan eu bod yn ymddangos yn real iawn i'r plant ac mae angen parchu hynny. Gadewch iddynt siarad amdanynt os dymunant ac ailadroddwch na fydd dim drwg yn digwydd.

Dychwelyd y plentyn i'w wely: Os bydd eich plant yn dod i'ch ystafell, dychwelwch nhw'n syth i'w gwely eu hunain a chysurwch nhw. Gadewch iddynt wybod eich bod yn credu y gallant ddelio gyda'u hofnau yn eu gwely eu hunain a'ch bod chi yn agos os byddant eich angen. Dychwelwch nhw i'w gwely gymaint o weithiau ag y bydd angen. Nid yw'n syniad da i gysgu gyda'r plant pan fyddant yn teimlo'n ofnus gan y bydd hynny'n gwneud iddynt deimlo na allant reoli eu hofnau ar eu pennau eu hunain. Canlyniad hynny, yn aml, yw y bydd y plant yn credu fod eich presenoldeb chi'n hanfodol i'w cynnal drwy'r nos.

Herio breuddwydion cas a meddwl am rywbeth da: Os yw'r plant yn ofni bwganod dywedwch wrthynt am ddweud "Dos i ffwrdd!" wrth unrhyw fwgan y credant eu bod yn ei weld. Os byddant yn cael hunllefau, dywedwch wrthynt y gallant helpu i reoli breuddwydion fel bod pob dim yn troi allan yn iawn. Gellwch argymell i'r plant eu bod yn meddwl am ddiwedd da i freuddwyd ddrwg, diwedd lle byddant yn goresgyn yn wrol rywbeth sy'n creu ofn. Gellwch hefyd ddysgu'r plant i ymdopi drwy ddweud wrthynt am feddwl am rywbeth sy'n gwneud iddynt deimlo'n dda, megis gwyliau hwyliog neu fynd i lan y môr. Gadewch iddynt wybod mai rhan o'r broses o dyfu yw dysgu sut i reoli a delio gydag ofnau a hunllefau, a gallu mynd drwy'r nos heb eich cymorth chi.

Anwybyddu crio: Wedi cysuro a chalonogi eich plant nes eu bod yn ymdawelu, gadewch eu hystafell. Hwyrach y byddant yn crio mewn protest ond os ydych yn siŵr nad ydynt yn sâl neu'n wlyb mae'n well eu gadael ar eu pennau eu hunain. Os yw codi o'r gwely yn y nos, crio, neu aros yn eich gwely chi wedi dod yn arferiad, fe all y plant grio am un neu hyd yn oed ddwy awr ar y noson gyntaf y mynnwch eu bod yn aros yn eu hystafell eu hunain. Fodd bynnag, drwy gyson anwybyddu, bydd yr amser yn lleihau bob nos. Os ydynt yn dod allan o'u hystafelloedd eto, dychwelwch nhw i'r gwely heb ddim trafodaeth.

Sefydlu rhaglen atgyfnerthu: Bydd o gymorth cael rhaglen sy'n gwobrwyo plant gyda sticer bob tro y llwyddant i gysgu drwy'r nos heb ddod i'ch ystafell. Gall y sticeri yma gael eu cyfnewid am rywbeth arbennig oddi ar y fwydlen gwobrau atgyfnerthu ymddygiad. Gellwch ddweud, "Rydym am dy ddysgu i aros yn dy wely drwy gydol y nos. Os byddi'n anghofio ac yn codi, byddwn yn mynd â thi'n ôl i dy ystafell. Ac os byddi'n aros yn dy wely drwy'r nos fe gei di sticer. Pan fydd gen ti ddigon o sticeri fe gei di ddewis rhywbeth yr wyt yn ei hoffi." Os yw eich plant ofn y tywyllwch, gellir sefydlu rhaglen yn gwobrwyo am gysgu drwy'r nos gyda llai a llai o olau'n raddol yn yr ystafell. Drwy osod swîts arbennig gellwch droi'r golau i lawr bob yn dipyn bob nos. Os bydd y plant yn aros yn yr ystafell drwy'r nos gyda'r golau wedi'i wanio fe fyddant yn cael sticer a chanmoliaeth yn y bore.

Helpu'r plentyn i deimlo'i fod yn cael ei garu ac yn saff yn ystod y dydd:
Yn ystod y dydd, rhowch gymeradwyaeth a sicrwydd i'r plant fel eu bod
yn teimlo'n saff ac yn teimlo'u bod yn cael eu caru'n fawr. Peidiwch
byth â bygwth eu gadael am eu bod yn camymddwyn na chwaith
ddweud fod bwgan neu anghenfil yn mynd i'w cipio ymaith os byddant
yn ddrwg. Hwyrach y bydd raid i chi ailadrodd drosodd a throsodd
nad yw breuddwydion yn real a dweud wrthynt beth i'w wneud ar ôl
i freuddwyd gâs eu deffro. Cofiwch fod plant angen sicrwydd cyson y
gallant ymdopi gydag ofnau yn eu bywydau ac mai breuddwydion yw'r
mynegiant cyntaf o'u hofnau.

Dwyn

Un diwrnod cafodd Terri hyd i degan nad oedd yn ei adnabod ym mhoced ei mab. Dyna'r trydydd tro i hynny ddigwydd. Pan ofynnodd iddo o ble y daeth y tegan dywedodd, "Mi wnes i ei fenthyg gan ffrind." Fe ffeindiodd tad fod pres ar goll o'i waled ac fe sylweddolodd mai ei fab chwech oed oedd yr unig un a allai fod wedi ei gymryd. Mewn teulu arall, fe sylwodd mam wedi iddi fynd i siopa bwyd fod gan ei merch dda-da yn ei phoced. Meddyliodd pob un o'r rhieni hyn, "All fy mhlentyn i fod yn dwyn?"

O'r holl broblemau ymddygiad, dwyn sy'n poeni rhieni fwyaf. Mae'n frawychus canfod eich plant eich hun yn dwyn ac rydych yn eu dychmygu'n tyfu'n ddrwgweithredwyr fel oedolion. Mae tueddd naturiol i fod eisiau gwadu fod y fath beth yn bosib. Gan fod dwyn yn digwydd yn anaml ar y cychwyn, bydd rhieni yn anwybyddu eu hamheuon am nad ydynt fel arfer yn gweld y lladrad yn digwydd ac felly ni allant ei brofi. Gall yr agwedd yma ychwanegu at y broblem gan fod y dwyn yn cael ei atgyfnerthu pan fydd plant yn llwyddo i gadw'r gwrthrych a ddygwyd ganddynt.

Pam fod dwyn yn digwydd?
Bydd pob plentyn yn ceisio dwyn rhywbeth rywbryd yn ystod ei fywyd. Mae cymryd rhywbeth oddi ar blentyn arall heb ofyn yn dechrau pan fydd plant yn ddwy neu'n dair oed, ac yn cyrraedd ei benllanw pan fyddant rhwng pump ac wyth oed. Erbyn cyrraedd deg oed bydd y rhan fwyaf o blant normal wedi stopio dwyn. Os nad ydynt, bydd angen ceisio cymorth proffesiynol iddynt. Gall plant oedran cyn-ysgol ddwyn am nad oes ganddynt y cysyniad o berchnogaeth breifat neu am nad ydynt yn gwybod y gwahaniaeth rhwng benthyg a dwyn. Os nad ydynt yn sylweddoli ei bod yn anghywir i gymryd tegan ffrind, mae'n ddisynnwyr i labelu hynny fel dwyn neu geisio'u cael i ddeall y cysyniad. Yr ymateb

gorau gyda phlant ifanc o'r fath yw dweud, "Dyda ni ddim yn mynd a phethau sy'n perthyn i bobl eraill. Mi awn â fo'n ôl i Jimmy."

Bydd plant hŷn yn dwyn am amrywiol resymau. Bydd rhai'n dwyn i weld a allant wneud hynny heb gael eu dal. Bydd eraill yn dwyn am y teimlant eu bod wedi cael eu hamddifadu a'u bod eisiau pethau tebyg i'w cyfoedion. Efallai y teimlant y bydd y pethau yma'n eu gwneud yn fwy poblogaidd. Bydd rhai'n dwyn i dalu pwyth yn ôl i'w rhieni. Ymddengys mai'r neges yw, "Sut ydych chi'n teimlo nawr - yn fy ngorfodi i ddwyn pethau am nad ydych yn fodlon eu prynu imi?" Eto, bydd eraill yn dwyn am eu bod yn isel eu hysbryd, yn anhapus neu'n flin. Byddant eisiau cael sylw gan eu rhieni neu geisio cael rhywbeth sydd ar goll yn eu bywydau, megis cariad ac anwes.

Beth i'w wneud

Peidio cynhyrfu: Ymatebwch yn dawel. Ceisiwch gofio fod pob plentyn yn dwyn rywdro, ac mai eich tasg chi yw dysgu mwy o hunanreolaeth i'ch plant. Gellwch wneud hyn orau drwy aros mewn rheolaeth eich hun. Peidiwch â gorymateb na chymryd y digwyddiad fel ymosodiad ar eich gallu fel rhiant neu fel arwydd y bydd y plant yn tyfu'n ddrwgweithredwyr maes o law. Peidiwch â chreu cywilydd, beirniadu na gorfodi'r plant i gyfaddef. Cofiwch mai'r hyn sydd ar blentyn gyda phroblem o'r fath ei angen yw cariad ac anogaeth i ddysgu delio gyda phroblemau.

Wynebu'r plentyn: Yn yr enghraifft agoriadol, fe ddylai mam y plentyn a ddygodd y da-da fod wedi dweud, "Dwi'n gwybod dy fod wedi cymryd da-da o'r siop. Mae'n rhaid dy fod ti ei wir eisiau a heb wybod ffordd arall o'i gael. Ond, dydi dwyn ddim yn cael ei ganiatáu. Y tro nesaf, os byddi eisiau rhywbeth, gofyn i mi ac fe wnawn ni siarad amdano. Dwi'n meddwl y gelli di wneud hynny oherwydd dwi'n gwybod dy fod eisiau bod yn onest. Beth am i ni weld sut y gallwn ni ddatrys y broblem......" Mae'n wynebu ei merch mewn ffordd syml gan labelu'r digwyddiad fel dwyn ond heb ei bychanu. Mae'n mynegi ei dealltwriaeth o'r cymhelliad am gymryd y da-da ac mae'n diweddu gyda disgwyliadau positif am y dyfodol. Mae o gymorth os ydych yn annog plant i geisio deall teimladau pobl eraill tuag at y rhai sy'n dwyn. Bydd gofyn cwestiynau megis, "Sut fyddet ti'n teimlo pe bai rhywun yn dwyn dy hoff degan?" yn annog plant i edrych ar eu gweithredoedd o safbwynt gwahanol.

Gorfodi canlyniad: Canlyniad mwyaf rhesymol a naturiol dwyn yw cael y plentyn i ddychwelyd yr hyn a ddygwyd. Yn yr enghraifft flaenorol, dylai'r fam fod wedi mynd â'i merch yn ôl i'r siop a gwneud iddi ddychwelyd y da-da gydag ymddiheuriad. Os bydd yr hyn a ddygwyd wedi'i golli, ei ddifrodi neu wedi cael ei fwyta, fe ddylai'r plentyn naill ai ad-dalu o'i arian ei hun neu wneud tasgau. Os dywedodd y plentyn gelwydd, yna fe ddylai fod cosb am hynny yn ogystal ag am ddwyn. Er enghraifft, byddai colli amser teledu'n ogystal â thalu am yr hyn a ddygwyd yn briodol. Rhaid i chi orfodi canlyniadau yn syth hyd yn oed os yw eich plant yn ymddiheuro ac yn addo peidio â gwneud eto. Mae'n hanfodol eu dal yn gyfrifol am ddwyn ar yr adeg y mae'n digwydd. Os llwyddant i ddwyn heb gael eu dal yn gyfrifol bydd hynny'n eu hatgyfnerthu a byddant yn fwy tebygol o geisio eto.

Un broblem gyda dwyn yw y gallwch fod yn eithaf siŵr fod eich plentyn wedi dwyn ond ni allwch brofi hynny. Os yw un o'ch plant yn dwyn yn rheolaidd, rhaid i chi ail-ddiffinio dwyn. Dywedwch wrtho y bydd yn gyfrifol am unrhyw wrthrych newydd a ganfyddir neu unrhyw beth a fydd yn mynd ar goll o'r tŷ neu o'r ysgol. Y disgwyliad yw na fydd gwrthrychau newydd yn ymddangos. Rhaid dangos derbynneb am nwyddau newydd a dweud lle y cafwyd yr arian i'w prynu. Yn y ffordd yma ni fydd raid i chi brofi fod eich plentyn yn dwyn, ei gyfrifoldeb ef neu hi fydd osgoi trafferth.

Cadw golwg: Dangosodd ymchwil fod llawer o blant sy'n dwyn yn cael eu gadael heb oruchwyliaeth am gyfnodau hir. Efallai y byddant yn crwydro ar ôl amser ysgol o siop i siop neu byddant adref ar eu pennau eu hunain am oriau. Tra bydd plant hŷn angen rhyddid i archwilio eu hamgylchedd, fe ddylent gael eu dal yn gyfrifol am ddweud wrth eu rhieni yn union lle y maent, beth maent yn ei wneud a phryd y byddant yn dychwelyd adref. Dylai rhieni plant sydd wedi mynd i'r arferiad o ddwyn gadw golwg manwl arnynt fel bod tebygolrwydd cryf y cânt eu dal os ydynt yn gwneud hynny. Gan fod pobl yn twyllo, dweud celwydd a dwyn yn llai aml os oes perygl iddynt gael eu canfod, mae angen gwagio pocedi a chwilio ystafelloedd plant ifanc sy'n dwyn nes bod y broblem wedi cael ei chywiro. Mewn geiriau eraill, maent wedi aberthu eu hawl i breifatrwydd.

Rhoi sicrwydd a chanmoliaeth: Bydd rhai plant yn dwyn mewn ymateb i ysgariad, babi newydd, diffyg sylw, neu deimlad o gael eu hamddifadu. Mewn achosion o'r fath bydd angen i rieni ddarparu mwy o gariad, canmoliaeth a sicrwydd, yn ogystal â dilyn y drefn weithredu uchod.

Dweud Celwydd

Mae John yn cerdded i'r gegin ac yn gweld plât wedi torri ar y llawr. Mae'n dweud wrth ei ferch,"Wnes di dorri hwnna?" Mae ei ferch yn ysgwyd ei phen, "Na, wnes i ddim, Tommy wnaeth." Y diwrnod wedyn mae Jane, sydd wedi bod yn cael problemau yn yr ysgol, yn dod adref o'r ysgol ac yn dweud wrth ei thad, "Dwi wedi cael wynebau hapus i gyd ar fy adroddiad ysgol, ond dwi wedi colli'r adroddiad ar fy ffordd adref."

Bydd y mwyafrif o rieni'n gofidio pan fydd eu plant yn dweud celwydd wrthynt gan eu bod yn rhoi cymaint o werth ar onestrwydd. Yn ychwanegol, fe allant fod yn ansicr o sut i ddelio gyda dweud celwydd, gan amrywio rhwng pregethu a mynnu cyfaddefiadau ar y naill law ac anwybyddu'n llwyr mewn gobaith na fydd yn digwydd eto ar y llaw arall. Ni fydd unrhyw un o'r ymdriniaethau yma'n datrys y broblem. Yn gyntaf, rydych angen edrych ar y rheswm dros ddweud celwydd. Yna rhaid i chi ddysgu ffyrdd effeithiol o ddelio gyda'r broblem.

Pam fod dweud celwydd yn digwydd?
Mae pob plentyn yn dweud celwydd o dro i dro. Ar y dechrau, fe fyddant yn dweud celwyddau ymchwiliol i brofi'r ffiniau a gweld beth fydd yn digwydd os byddant yn torri rheolau. Mewn ffordd, mae hyn yn un o'r camau cyntaf tuag at annibyniaeth. Math arall o gelwydd yw ymdrech fwriadol i guddio rhywbeth a wnaethant yn anghywir i osgoi cosb. Trydydd math yw gorliwio, megis ymffrostio neu or-ddweud yn eithafol am aelod o'r teulu neu brofiad. Mae celwydd ffantasi, sef y pedwerydd math, yn digwydd pan fydd plant yn defnyddio'u dychymyg ac efallai yn mynnu fod ffrind ffantasi wedi torri rhywbeth neu achosi'r broblem. Gan fod plant cyn oedran ysgol yn cael trafferth gwahaniaethu rhwng ffantasi a realiti, maent yn fwy tebygol o or-ddweud, gwadu neu

arddangos gobeithion ofer. Bydd plant oedran ysgol yn fwy tebygol o ddweud celwydd bwriadol i osgoi trafferthion neu gael mantais dros rywun arall.

Beth i'w wneud

Peidio cynhyrfu: Y cam cyntaf yw ymateb i gelwydd eich plant yn dawel. Fel unrhyw broblem ymddygiad gyffredin arall, mae dweud celwydd yn cynnig cyfle i chi eu helpu i ddysgu. Osgowch geisio'u dychryn neu eu gorfodi i gyfaddef gan y bydd y rhan fwyaf o bobl, hyd yn oed oedolion, yn dweud celwydd pan fydd rhywun yn gofyn iddynt weld bai arnynt eu hunain. Os ydych yn gwybod fod un o'ch plant wedi torri plât, peidiwch â gofyn, "Wnes di ei dorri o?" Mae hyn yn gwahodd y plentyn i ddweud celwydd. Yn hytrach, dywedwch yn bendant, "Dwi'n gweld dy fod wedi torri plât. Beth ddylen ni ei wneud am hynna?" Osgowch bregethu, moesoli a beirniadu gan y bydd y sylw negyddol yma'n debygol o arwain at frwydrau am oruchafiaeth ac fe allai annog ymateb amddiffynnol, gwrthryfela a dweud mwy o gelwydd. Weithiau byddwch yn ei chael yn anodd peidio gwylltio gyda phlant yn eu harddegau a fydd yn dweud celwydd am eu bod yn ddigon hen i wybod y rheolau. Fodd bynnag, mae peidio gwylltio yn bwysig gyda phlant o bob oed sy'n dweud celwydd.

Wynebu eich plentyn mewn ffordd gadarnhaol: Os bydd eich plentyn cyn-oedran ysgol yn dweud stori wrthych am rywbeth nad yw'n wir, ymatebwch yn dawel gan ddweud eich bod yn gwybod mai smalio mae o. Er enghraifft, os yw eich mab yn dweud, "Mae dad yn mynd i gael ci i mi," hwyrach y dywedwch, "Dwi'n gwybod dy fod ti eisiau ci yn ofnadwy, ac y byddet wrth dy fodd yn cael un - ac felly rwyt wedi dychmygu fod gen ti gi." Neu os yw'n dweud, "Mi ddaeth ysbryd i mewn a gwneud llanast yn fy ystafell," fe allech ymateb drwy ddweud, "Dyna stori smalio dda. Rwan dywed wrtha i beth a ddigwyddodd go iawn." Fe ellwch wynebu plentyn hŷn sy'n dweud celwydd er mwyn osgoi cosb neu guddio rhywbeth drwy ddweud, "Dwi'n gwybod nad ydi hynna'n wir. Dydi o ddim yn helpu i ddweud celwydd. Beth am i ni weld sut y gallwn ni ddatrys y broblem?" Y syniad yw dangos y gwir mewn ffordd nad yw'n gwneud i'r plentyn deimlo'n amddiffynnol. Peidiwch byth â galw eich plentyn yn gelwyddog gan fod label o'r fath yn lleihau hunan-barch.

Ceisio deall y rheswm am y celwydd: Mae'n bwysig asesu pam fod plentyn yn teimlo'r angen i ddweud celwydd. Er enghraifft, mae eich merch yn dweud celwydd amlwg megis, "Mi ges i A's i gyd", neu "Fi sy'n taflu'r bêl orau yn y tîm pêl rwyd" tra gwyddoch ei bod yn cael problemau yn yr ysgol ac yn drwsgl wrth chwarae pêl rwyd. Mewn achos o'r fath mae'n bwysig pwyso a mesur a yw hi dan ormod o bwysau gennych chi neu gan ei chyfoedion, a bod dweud celwydd yn ei helpu i wneud iawn am deimladau o annigonolrwydd. Gellwch helpu problem hunanddelwedd o'r fath drwy egluro, "Dwi'n gwybod dy fod yn gweithio'n galed iawn ar dy waith cartref a'i fod o'n anodd i ti. Mi wna i dreulio amser ychwanegol yn dy helpu di heno, os byddet ti'n hoffi hynny." Neu, "Dwi'n gwybod gymaint fyddet ti'n hoffi bod yn dda yn chwarae pêl rwyd. Beth am i ni ymarfer taflu pêl ar ôl cinio?" Ar y llaw arall, os yw celwydd yn cael eu dweud i osgoi cosb, dylech fod yn siŵr nad yw eich cosb mor arswydus a phoenus nes y byddai'n well gan eich plentyn beidio â dweud y gwir na chael ei hun i drafferthion. Er y dylid gorfodi canlyniadau am ddweud celwydd ac am y camymddwyn a arweiniodd at hynny, mae'n bwysig sicrhau fod y canlyniadau wedi cael eu cynllunio i addysgu ac nid i greu poen corfforol ac emosiynol.

Dilyn drwodd gyda disgyblaeth os yw hynny'n briodol: Pan fydd plant oedran ysgol yn dweud celwydd mewn ymgais fwriadol i guddio rhyw broblem fe ddylid eu dal yn atebol am beidio dweud y gwir ac am y cam-weithredu. Fe all cosb ddwbl ddeillio o hyn, neu golli dwy fraint. Er enghraifft, mae Jamila'n dweud wrth ei mab wyth oed:

> *"Tyler, dwi eisiau i ti fod yn onest efo fi. Os bydda i'n canfod dy fod wedi gwneud rhywbeth yn anghywir ac wedi dweud celwydd am hynny, bydd y gosb yn ddwbl yr hyn fyddai wedi bod pe baet wedi dweud y gwir. Os byddi'n dweud y gwir mi fydda i'n falch ohonot ti. Beth am inni ddychmygu dy fod wedi torri ffenest ac wedi cyfaddef hynny? Fe fyddwn i'n falch ohonot ti am ddweud y gwir wrtha i a dwi'n siŵr y gallem ddod i ryw drefniant iti dalu am y ffenest. Ond pe bae ti wedi torri ffenest a dweud celwydd am hynny fe fyddet yn cael dwy gosb. Byddai'n rhaid i ti dalu am ffenest newydd ac fe fyddet yn colli un fraint am ddweud celwydd, megis dim teledu am rai nosweithiau."*

Fe fydd defnyddio'r ymdriniaeth yma'n helpu'r plant i ddeall y cânt lai o gosb wrth ddweud y gwir na dweud celwydd y tro nesaf y gwnânt rywbeth o'i le. Mae'r math yma o eglurhad yn pwysleisio gymaint o werth a roddwch ar onestrwydd. Cofiwch, ni ddylai cosb fod yn rhy galed neu fe fydd y plant yn troi at ddweud celwydd fel ffordd o hunan amddiffyn.

Modelu onestrwydd: Bydd rhieni weithiau'n modelu anonestrwydd drwy ddweud celwydd golau. Fe allai tad ddweud wrth ei blentyn, "Beth am ddweud wrth mam fod hwn wedi costio £10," er ei fod mewn gwirionedd wedi costio £40. Neu efallai bod mam yn dweud wrth ei merch sy'n ateb y ffôn, "Os mai Mary sydd yna i, dywed wrthi nad ydw i adref." Rhaid i chi sefydlu'r un safonau i chi eich hun ag a osodwch i'ch plant.

Onestrwydd amhriodol: Wrth gwrs, y mae'r fath beth ag onestrwydd amhriodol, hynny yw, dweud pethau gwir y byddai'n well peidio â'u dweud. Er enghraifft, plentyn yn dweud wrth blentyn arall, "Rwyt yn chwaraewr pêl droed gwael," neu, "Mae dy nain yn dew a hyll." Dydi siarad o'r fath ddim ond yn brifo teimladau. Fel y bydd eich plant yn tyfu'n ddigon hen i ddeall, dylech egluro ei bod yn well peidio â dweud rhai pethau er eu bod yn wir.

Canmol a gwobrwyo onestrwydd: Lle bo modd, canmolwch eich plant am fod yn onest ynghylch eu camgymeriadau a'u hanawsterau. Dysgwch nhw am onestrwydd a bod anonestrwydd yn ddinistriol i'r plant eu hunain ac i eraill. Atgoffwch nhw am yr hogyn a fu'n "gweiddi blaidd" mor aml fel nad oedd neb yn ei goelio pan ddywedodd y gwir ag yntau mewn trafferth go iawn.

Os yw un o'ch plant yn dweud celwydd yn aml, mae o gymorth i sefydlu rhaglen atgyfnerthu lle caiff sticer neu seren am bob dydd y bydd yn peidio dweud celwydd. Wedyn, gall y sticeri neu'r sêr yma gael eu cyfnewid am freintiau amrywiol megis gemau, eitem bleserus neu amser arbennig gyda chi.

Problemau Amser Bwyd

Mae'n 6.15pm ac mae teulu Mehta'n eistedd i gael swper. Mae'r oedolion yn trafod cynlluniau i ail-fodelu'r gegin pan sylwant fod Jasmine, sy'n bedair oed, yn gwthio'i sbageti o gwmpas y plât. "Paid â chwarae efo dy fwyd, cariad. Bwyta fo," meddai ei mam. Mae Jasmine yn parhau i chwarae efo'i bwyd. "Bwyta fo," medd ei mam yn fwy cadarn. "Mae'n gas gen i sbageti!" ateba Jasmine yn gwynfanus. Gan fod sbageti'n un o'r bwydydd mae'n bwyta'n rheolaidd, mae ei mam yn methu deall. "Ond, Jasmine, rwyt ti'n hoffi sbageti," meddai'r fam yn dyner. "Rwan, cymer bedair cegaid ac yna fe gei di bwdin." Mae Jasmine yn edrych arni ac yn dweud, "Mi gymera i ddwy gegaid." "Jasmine," meddai ei thad yn llym, "os na wnei di fwyta pob dim sydd ar dy blât rŵan mi fyddi'n mynd i'r gwely." "Ond, dydw i ddim yn teimlo'n llwglyd," meddai Jasmine dan grio.

Pam fod hyn yn digwydd? Mae pob plentyn ar ryw adeg neu'i gilydd yn dewis a dethol yr hyn y mae am ei fwyta. Wrth i blant gyrraedd rhai oedrannau, mater syml ydyw o beidio hoffi blas neu ansawdd rhai bwydydd, neu o fod â mwy o ddiddordeb mewn chwarae neu siarad na bwyta. Fodd bynnag, mae rhai plant yn dysgu dewis a dethol eu bwyd ar ôl gwylio aelodau eraill o'r teulu yn bwyta'n gysetlyd. Yn yr un modd ag y mae datblygiad ieithyddol neu fodurol yn digwydd mewn hyrddiau, felly hefyd y ffordd y mae plant yn tyfu, ennill pwysau ac awchu am fwyd. Yn ystod rhai oedrannau mae plant angen llai o galorïau. Rhwng bod yn flwydd a phump oed mae plant yn ennill rhwng pedwar a phum pwys bob blwyddyn ond bydd rhai'n mynd am dri neu bedwar mis heb ennill pwysau o gwbl, gyda'r canlyniad fod dirywiad yn eu harchwaeth bwyd. Ac yn olaf, bydd rhai plant yn gwrthod bwyta er mwyn gwneud datganiad o'u hannibyniaeth gynyddol. Mae'n ffordd o gychwyn gwneud penderfyniadau drostynt eu hunain.

Yn rhy aml, mae diffyg diddordeb plentyn mewn bwyta yn troi'n frwydr am oruchafiaeth beth bynnag fo'r rheswm. Weithiau, mae rhieni'n poeni y bydd yr arferion bwyta'n arwain at salwch, diffyg maeth, colli pwysau, a phroblemau gydol eu hoes. Neu efallai y byddant wedi gweithio'n galed i baratoi pryd maethlon o fwyd ac yna'n cael eu tramgwyddo a theimlo'n flin pan fydd eu plant yn ymddangos yn anniolchgar. Canlyniad y naill neu'r llall o'r sefyllfaoedd yma fydd crefu, dwyn pwysau, beirniadu, bygwth neu gosbi plant am beidio bwyta. Yn anffodus, gall plant ddysgu fod hyn yn ffordd o reoli neu ddod yn gyfartal gyda'u rhieni. A phan fydd bwyta'n mynd yn frwydr ewyllysiau, ni all rhieni ennill drwy orfodi plentyn i fwyta. Bydd gorfodi'n gwaethygu'r broblem a bydd rhai plant hyd yn oed yn dewis peryglu eu hiechyd yn hytrach nag ildio.

Beth i'w wneud

Ymlacio: Cymerwch amser i ryddhau eich hun oddi wrth y frwydr am oruchafiaeth ac ystyriwch pam eich bod yn gofidio gymaint am arferion bwyta eich plentyn. Ydych chi'n poeni am ddiffyg maeth neu iechyd? Ydych chi'n flin am fod digwyddiad syml unwaith eto wedi troi'n frwydr? Ydych chi'n teimlo fod eu hymateb yn enghraifft arall ohonynt yn peidio gwerthfawrogi'r holl waith a gyflawnwch? Ydi'r ymddygiad yn debyg i ymddygiad blaenorol gan aelod arall o'r teulu a dyfodd yn oedolyn ag anhwylder bwyta? Drwy ddeall eich adwaith emosiynol eich hun gallwch reoli eich ymateb a delio â'r broblem yn fwy llwyddiannus.

Ystyried i ba raddau y mae eich plentyn eisiau bwyd: Drwy arfer cymdeithasol daw'r rhan fwyaf o oedolion i gredu fod prydau bwyd i fod i ddigwydd dair gwaith y dydd. Yn aml, fodd bynnag, nid dyma'r drefn sy'n gweddu orau i blant ifanc. Mae'r rhan fwyaf ohonynt angen pedwar i bum pryd bach y dydd: bore, canol bore, amser cinio, canol pnawn, a gyda'r nos. Os yw eich plant yn cael byrbryd am hanner awr wedi tri, hwyrach wedyn na fydd ganddynt wir archwaeth bwyd am chwech o'r gloch. Gall rhai brwydrau amser bwyd gael eu dileu drwy dderbyn nad oes gan eich plant yr un archwaeth â chi. Os ydynt yn bwyta byrbrydau maethlon ganol y bore a chanol y pnawn, does dim rhaid i chi boeni a ydynt yn cael swper mawr neu beidio. Fodd bynnag, os ydych â chonsyrn am eu hiechyd, mynnwch air gyda'ch meddyg plant i sicrhau fod eu pwysau am eu taldra o fewn terfynau normal. Peidiwch â barnu digonolrwydd eu maeth yn ôl faint o fwyd sy'n cael ei fwyta gan fod gwahaniaeth eang rhwng anghenion bwyd gwahanol unigolion.

Rhwystro rhag bwyta byrbrydau a sothach drwy'r amser: Ar y llaw arall, peidiwch â gadael i'ch plant bigo bwyd drwy'r dydd neu fe fyddant yn dysgu arferion bwyta gwael. Os ydynt yn bwyta drwy'r amser, ni fyddant yn cael cyfle i ddeall ac ymateb i'r teimlad o fod eisiau bwyd. Cyfyngwch ar eu mynediad at fwyd i ddim mwy na pum gwaith y dydd ar amseroedd rheolaidd. Bydd hyn yn eu dysgu fod cyfleon bwyta wedi eu cyfyngu. Y canlyniad rhesymegol yw y byddant yn teimlo'n llwglyd os byddant yn methu pryd neu fyrbryd. Yn y pen draw, rydych eisiau iddynt ddysgu bwyta pan fyddant yn llwglyd a pheidio â bwyta ar adegau eraill.

Anogwch eich plant i osgoi bwydydd sothach – creision hallt, diodydd meddal a byrbrydau melys. Nid yn unig y mae'r bwydydd yma'n difetha archwaeth erbyn amser pryd bwyd ond fe all plant fynd bron yn gaeth i'w blasau artiffisial dwys a bod â llai o ddiddordeb mewn bwyd mwy maethlon, ond llai cyffrous, megis ffrwythau a llysiau.

Cyfyngu amser prydau bwyd: Bydd rhai plant yn ymestyn amseroedd bwyd drwy fwyta'n araf, cwyno gyda phob cegaid o fwyd a chwarae gyda'r bwyd. Yn hytrach na gadael i brydau bwyd ymestyn ymlaen ac ymlaen, penderfynwch ar gyfnod o amser rhesymol y disgwyliwch i'r plant ei gymryd i orffen bwyta, er enghraifft 20-30 munud. Eglurwch ymlaen llaw y bydd y platiau'n cael eu tynnu oddi arnynt pan fydd cloch yr amserydd yn canu. Peidiwch â swnian na chrefu os nad ydynt yn bwyta, a gwrthsefwch yr awydd i ddweud, "Dim ond deg munud eto………, dim ond wyth munud eto………" Wrth gwrs, yn achos plant ifanc sy'n methu mesur amser, bydd angen eu hatgoffa unwaith neu ddwy. Pan fydd cloch yr amserydd yn canu, yn dawel cymerwch ymaith eu platiau. Fe allech ddweud, "Dwi'n cymryd nad wyt yn llwglyd heddiw" pan nad yw'r plant wedi bwyta llawer. Y nod yw gwneud y plant yn gyfrifol am eu bwyta eu hunain. Gall hyn olygu gadael iddynt deimlo'n llwglyd ar ôl methu â gorffen nifer o brydau. Unwaith y sylweddolant fod yr amser wedi cael ei gyfyngu a phrofi canlyniadau peidio â bwyta, hwyrach bydd y plant yn dangos mwy o ddiddordeb mewn bwyta ar adegau prydau bwyd yn hytrach na cheisio cael eich sylw drwy beidio bwyta.

Gall y dull o gyfyngu'r amser fod yn ddefnyddiol hefyd os yw eich plant yn ei chael yn anodd aros yn eistedd wrth y bwrdd drwy gydol y pryd bwyd. Nid oes gan blant lawer o oddefgarwch tuag at gysyniad oedolion o brydau bwyd, lle bydd yr oedolion yn eistedd am gyfnodau hir yn bwyta'n araf ac yn sgwrsio. Gallant ddysgu goddef a hyd yn oed fwynhau'r broses, ond yn araf y daw hynny. Ar y cychwyn bydd raid i chi dderbyn na fydd plant yn aros wrth y bwrdd unwaith y byddant yn gorffen bwyta. Penderfynwch am ba hyd y gellwch ddisgwyl iddynt roi sylw i'w bwyd ac aros yn eistedd wrth y bwrdd. I blentyn dwy oed gall hyn fod yn ddim ond 10 munud. Beth bynnag a benderfynwch, gosodwch yr amserydd am yr amser yma. Pan fydd y gloch yn canu symudwch ymaith blatiau'r plant a dywedwch y gallant adael y bwrdd. Bydd hyn yn lleihau llawer iawn ar y gwingo a'r cwyno yn ystod prydau bwyd.

Cynnig dewisiadau cyfyngedig: Os yw eich plant yn rhai sy'n dewis a dethol yr hyn y maent yn ei fwyta ac yn gwrthod bwyta llawer o'r ddarpariaeth deuluol arferol, rhowch ddewis iddynt. Gadewch iddynt fwyta'r hyn sy'n cael ei fwyta gan y teulu, neu un dewis arall o fwyd maethlon y maent yn ei hoffi megis brechdan ham. Dylid rhoi'r dewis iddynt ddigon o amser cyn y pryd bwyd fel nad oes gorfodaeth ar yr un sy'n coginio i baratoi ar y funud olaf. Mae rhoi dewis o'r fath i'r plant yn lleihau'r frwydr am oruchafiaeth sy'n digwydd wrth geisio gorfodi plant i fwyta bwyd neilltuol. Drwy gynnig dewis rydych yn achub eich croen ac yn cael ffordd allan sy'n osgoi gwrthdaro. Nid oes raid i'r plant ennill drwy beidio bwyta dim byd. Mae hyn hefyd yn cyflwyno'r syniad o gyfaddawdu, cysyniad sy'n ddefnyddiol wrth ddatrys pob math o wrthdaro. Mae cynnig dewisiadau yn dangos eich bod yn fodlon rhoi peth lle i drafod. A phan fyddwch yn cynnig dewis arall, gan wybod fod y plant yn ei hoffi ni fydd raid i chi boeni y byddant yn newynu. Efallai nad brechdan ham yw eich syniad chi o bryd perffaith ond mae'n faethlon ac ni fydd y diet yma'n parhau am byth. Gydag amser, pan fydd y plant yn sylweddoli nad meysydd brwydrau i ennill rheolaeth yw prydau bwyd fe ddangosant fwy o ddiddordeb mewn profi bwydydd newydd.

Problemau amser bwyd

Gweini dognau bach: Yn aml, bydd rhieni'n selio maint y dognau bwyd ar yr hyn y tybiant y dylai plant ei fwyta, yn hytrach nag ar eu gwir anghenion neu archwaeth. Efallai nad yw'r plant yn llwglyd a'u bod yn digio wrth i fwyd gael ei orfodi arnynt. Gadewch iddynt weini bwyd iddyn nhw eu hunain lle bo modd. Efallai y bydd cael peth rheolaeth ar y bwyd a roddant ar eu platiau'n lleihau'r frwydr dros y bwyd sy'n mynd i mewn i'w cegau. I blant ifanc iawn, cynigiwch ddognau bach - llai nag a feddyliwch y byddant yn ei fwyta - gan y bydd hyn yn arwain at synnwyr o gyflawniad. Gall brechdanau gael eu torri'n chwarteri a gwydrau diod gael eu llenwi at yr hanner. Mae'n brofiad dymunol pan fydd plant yn gofyn am fwy yn hytrach na chwyno eu bod yn cael gormod.

Anwybyddu bwyta cysetlyd a moesau gwael wrth y bwrdd: Y gwir yw bod dwrdio, swnian a beirniadu yn atgyfnerthu problemau bwyta ac yn cynyddu brwydrau am oruchafiaeth. Mae plant yn dysgu bod chwarae gyda bwyd neu fwyta bwyd na ddylent gyda'u bysedd, neu wrthod profi bwydydd newydd yn ffyrdd pwerus o gael sylw. Yn yr enghraifft ar ddechrau'r bennod, roedd ffwdan Jasmine yn ffordd effeithiol o ganolbwyntio sylw arni hi ei hun. Dylech geisio anwybyddu ymddygiadau bwyta sy'n eich cythruddo. Mae hyn yn golygu, nid yn unig ymatal rhag dwyn pwysau neu fygwth ond hefyd reoli eich mynegiant wyneb a'ch sylwadau negyddol wrth bobl eraill.

Gwobrwyo bwyta da a moesau bwrdd: Os bydd un o'r plant yn camymddwyn wrth y bwrdd, ceisiwch gyfleon i ganmol plentyn arall sy'n ymddwyn yn briodol. Er enghraifft, canmolwch aros yn eistedd, defnyddio cyllell a fforc yn ofalus, profi bwyd newydd neu siarad yn ddistaw. Os bydd un plentyn yn bwyta tatws stwnsh efo'i fysedd, trowch at blentyn sydd ag ymddygiad da a dywedwch, "Rwyt yn gwneud yn dda yn bwyta dy ginio efo fforc." neu, "Mae'n hyfryd gweld dy fod yn gallu bwyta dy fwyd fel mam a dad." Pan fyddwch yn rhoi sylw i foesau da yn hytrach na rhai gwael, fe fydd y plant yn deall nad oes gwobr i'w chael am gamymddwyn. Efallai y dymunwch sefydlu system wobrwyo mewn perthynas â nifer o ymddygiadau amser bwyd megis aros yn eistedd nes bydd cloch yr amserydd yn canu, siarad yn ddistaw a gorffen bwyta cyn cloch yr amserydd. Ar y cychwyn, efallai y canfyddwch mai gwobrwyo ymddygiadau eraill yn hytrach na bwyta sydd fwyaf effeithiol. Mae tynnu'r ffocws oddi ar fwyta yn pwysleisio nad yw bwyta'n sail i wrthdaro rhyngoch chi a'r plant. Mae'r hyn a roddant yn eu ceg bellach yn ddewis iddynt hwy.

Defnyddio canlyniadau naturiol a rhesymegol: Er na ellwch orfodi plant i fwyta ar adeg pryd bwyd, gellwch reoli'r hyn y maent yn ei fwyta rhwng prydau. Mae llwgu yn ganlyniad naturiol i beidio bwyta, felly manteisiwch ar hynny. Eglurwch i'r plant, "Os na fyddwch yn bwyta cinio cyn i gloch yr amserydd ganu, fe fydda i'n cymryd eich plât, a fydd yna ddim byrbryd tan amser swper." Os ydych yn gweini pwdin yn rheolaidd, y canlyniad rhesymegol o beidio bwyta'r prif gwrs fydd mynd heb y pwdin. Peidiwch, fodd bynnag, a gwneud i'r plant eistedd wrth y bwrdd bwyd wedi i bawb arall adael gan y bydd hynny'n arwain at gysylltiadau negyddol gydag amserau bwyd.

Defnyddio Amser Allan am ymddygiadau aflonyddgar: Os yw ymddygiadau eich plant wrth y bwrdd bwyd yn amhriodol iawn, er enghraifft taflu bwyd a phoeri, defnyddiwch Amser Allan fel canlyniad.

Modelu arferion bwyta da; Os yw rhieni yn cael byrbrydau megis sglodion, da-da, bisgedi, a diod feddal drwy'r dydd ac wedyn yn ceisio torri lawr ar y calorïau drwy fwyta ychydig ar amseroedd bwyd, bydd eu plant yn dysgu gwneud yr un fath. Os yw rhieni'n ofalus ynglŷn â'r hyn y maent yn ei fwyta, bydd eu plant yn eu hefelychu hefyd. Un o'r ffyrdd mwyaf pwerus i blant ddysgu beth i'w fwyta a beth i beidio'i fwyta yw eich gwylio chi. Felly, mynegwch eich mwynhad o fwyd a phrydau teuluol gan fwyta prydau a byrbrydau maethlon cytbwys. Osgowch wneud sylwadau beirniadol am fwydydd penodol a mynegwch eich mwynhad o fwydydd a phrydau teuluol.

Gwneud amser bwyd yn adeg hwyliog ac ymlaciol: Yn bwysicaf oll, cofiwch y gall ac y dylai amser pryd bwyd a bwyta fod yn brofiadau cadarnhaol a chymharol ddi-wrthdaro. Mae cael agwedd ymlaciol a chefnogol yn hanfodol. Cynigiwch fwydydd newydd mewn ffordd hamddenol heb ddwyn pwysau ar y plant i'w profi. Peidiwch byth â'u bwydo os ydynt yn gallu bwydo'u hunain - fel arfer ar ôl 14 mis oed. Gwnewch yn siŵr nad ydych yn brysio prydau bwyd, yn arbennig gyda phlant bach sydd angen amser i archwilio'r bwyd. Ni ddylid ystyried platiau glân, lloriau glân a moesau perffaith fel arwyddion o bryd bwyd llwyddiannus.

Dylai plant cyn-ysgol a phlant oedran ysgol gael rhan yn y siopa, dewis bwyd, paratoi bwyd a'i goginio. Mae ffyrdd hwyliog o gyflwyno bwyd, megis tafellu caws i wneud wynebau clown neu anifeiliaid, gwneud peli neu drionglau reis, rhewi lolipops iogwrt, gweini ysgytlaeth ffrwythau a chyflwyno llysiau heb gael eu coginio gyda dipiau. Gall bwydydd newydd neu fwydydd nad yw'r plant yn eu hoffi gael eu cynnig gyda hen ffefrynnau. Gall prydau gael eu gosod ar y plât mewn ffyrdd deniadol a lliwgar. A chofiwch fod prydau bwyd i fod yn adegau ymlaciol a hwyliog i'r teulu. Ni ddylid eu cynnal mewn awyrgylch swnllyd a dryslyd gyda sŵn aflafar teledu neu radio a gweithgareddau eraill yn cystadlu am sylw. Anogwch y plant i siarad am bethau heblaw bwyd wrth fwyta. Fe welwch, wrth adael i'r plant reoli'r hyn y maent yn ei fwyta, y bydd problemau fwy na thebyg yn diflannu mewn tair i bedair wythnos. Gallwch fod yn sicr, erbyn i'r plant gyrraedd eu harddegau, y bydd eu harchwaeth bwyd wedi cyrraedd maintioli anferthol.

Gwlychu'r Gwely

Mae'n arferol i blant bach wlychu'r gwely ond, os nad yw'r cyflwr yn diflannu yn ôl y disgwyliad, mae plentyn yn cael ei labelu fel *enuretic* neu *wlychwr gwely*. Bydd gan rieni ddisgwyliadau amrywiol ynghylch pryd y dylai eu plant fedru mynd i'r toiled ac aros yn sych drwy'r nos. Mae rhai rhieni'n poeni os bydd eu plant yn gwlychu'r gwely yn dair neu bedair oed, ond mae hyn yn rhy fuan i bryderu.

Nid yw gwlychu'r gwely gan blant hŷn na phump oed yn broblem anghyffredin. Mae ystadegau'n dangos fod cymaint ag un o bob pedwar plentyn rhwng 4 ac 16 oed gyda'r broblem yma. Mae 40% o blant tair oed yn wlychwyr gwely, 30% o blant pedair oed, 20% o blant 5 oed, a thua 12% o blant rhwng chwech ac wyth oed, 5% o blant rhwng 10 a 12 oed, a 2% o oedolion ifanc. Mae bechgyn ddwywaith yn fwy tebygol na genethod o wlychu'r gwely.

Pam fod hyn yn digwydd?

Mae llawer o theorïau ynglŷn ag achos gwlychu gwely ond nid oes yr un ohonynt wedi cael ei phrofi'n derfynol. Yn achos y rhan fwyaf o blant nad ydynt erioed wedi bod yn sych drwy'r nos, y rheswm mwyaf tebygol am y gwlychu yw oedi mewn aeddfediad (h.y. aeddfediad ffisiolegol araf ym mecanwaith rheolaeth y bledren). Mae dod yn sych yn broses ddatblygiadol naturiol fel cerdded a siarad. Caiff ei phenderfynu gan gyfuniad o aeddfedrwydd ffisegol a dymuniad gan y plentyn i fod yn sych. Mae hefyd ffactor etifeddol neu enetig ynghlwm: bydd rhieni plant sy'n gwlychu dair gwaith yn fwy tebygol o fod wedi gwneud hynny eu hunain yn ystod eu plentyndod na rhieni plant sydd ddim yn gwlychu'r gwely. Ymhlith teuluoedd lle mae un plentyn yn gwlychu'r gwely mae gan 70% o leiaf un plentyn arall sy'n gwlychu'r gwely.

Os yw plentyn a fu'n sych y nos am gyfnod arwyddocaol o amser - tua chwe mis - yn ailddechrau gwlychu'r gwely, mae'n bosibl mai'r rheswm am hyn yw straen allanol o ryw fath. Gall genedigaeth plentyn newydd, salwch corfforol, ysgariad, symud i dŷ neu ysgol newydd achosi i ymddygiad megis gwlychu gwely lithro'n ôl dros dro. Yn ddatblygiadol, y sgìl y bydd y plentyn wedi'i dysgu ddiweddaraf fydd yr un mwyaf tebygol o lithro'n ôl os oes straen ychwanegol. Bydd hyn fel arfer yn digwydd dros dro ac yn diflannu gyda chysuro ychwanegol. Ni ddylid edrych ar wlychu'r gwely fel arwydd o aflonyddwch emosiynol dwfn iawn nac fel arwydd o amhariad mewn datblygiad deallusol.

Mae rhesymau ffisegol am wlychu'r gwely, megis haint ar y llwybr wrinol, yn brin – sef 1%-2% neu lai. Fodd bynnag, os bydd eich plentyn yn gwlychu yn ystod y dydd neu'r nos ac yntau'n hŷn na phump oed, neu'n cael poenau wrth basio dŵr, yna'r cam cyntaf yw cael archwiliad meddygol.

Beth i'w wneud gyda phlant rhwng pedair a chwech oed

Bod yn amyneddgar a chynhaliol: Beth bynnag yw oedran y plentyn, yr ymdriniaeth bwysicaf i'r broblem yw cael agwedd gadarnhaol, gynhaliol a hyderus am allu'r plentyn i ddysgu rheoli ei bledren ymhen hir a hwyr. Peidiwch â rhoi pwysau, cosbi, dwrdio na chywilyddio plentyn am wlychu'r gwely gan y bydd ymdriniaethau o'r fath yn debygol o wneud iddo deimlo'n analluog, yn bryderus a digalon, a gwaethygu'r broblem gwlychu'r gwely.

Tra byddwch chi efallai'n digalonni oherwydd y golchi dillad diddiwedd, cofiwch nad yw'r plentyn yn ceisio gwneud bywyd yn anodd i chi'n fwriadol. Y nod yw symud y teimlad o euogrwydd a chywilydd a all fod ganddo am wlychu'r gwely ac, yn hytrach, hyrwyddo teimlad o optimistiaeth am ei allu maes o law i reoli'r gwlychu. Gwnewch yn siŵr hefyd nad ydych yn caniatáu i frodyr a chwiorydd dynnu coes y plentyn sy'n gwlychu'r gwely.

Cyflwyno siart: Cyflwynwch siart sticeri i'r plentyn i'w wobrwyo am nosweithiau neu wely sych. Hwyrach y rhowch un sticer (ynghyd â llawer o ganmoliaeth, wrth gwrs) am bob noson sych. Wedi i'r plentyn ennill digon o sticeri, gall eu cyfnewid am rywbeth oddi ar y fwydlen wobrau. Gellwch gadw calendr gyda sticeri neu wynebau hapus arno am nosweithiau sych. Bydd rhaglen wobrwyo o'r fath yn helpu i gymell plant a rhoi nod iddynt weithio tuag ato. Ond cofiwch nad oes dim byd cystal ag anogaeth, canmoliaeth a chefnogaeth.

Hyrwyddo arferion toiled da: Mae'n ddefnyddiol sefydlu trefn reolaidd o ddefnyddio'r toiled i blant. Gall hyn gynnwys mynd i'r toiled yn syth ar ôl deffro, yna wedyn ar ôl bwyta brecwast, cinio a swper. Lawer gwaith bydd plant yn ymgolli mewn chwarae ac yn anghofio mynd i'r toiled – yna byddant yn cynhyrfu ac yn sydyn yn gwlychu eu hunain. Gall atgoffa gofalus am yr angen i fynd i'r toiled helpu i osgoi rhai o'r damweiniau yma. Canmolwch eich plentyn am gofio mynd i'r toiled yn ystod y dydd neu'r nos ar ei ben ei hun.

Lleihau straen: Gyda phlentyn a fu'n sych yn gyson ac wedyn yn sydyn yn ailddechrau gwlychu, ymchwiliwch i weld a fu digwyddiad poenus a sbardunodd y llithro'n ôl. Os bu digwyddiad allanol megis geni babi neu symud i ysgol newydd, yna gwnewch yr hyn a ellwch i leddfu'r straen. Gall hyn olygu rhoi mwy o sylw a chefnogaeth i'r plentyn a rhoi amser chwarae un i un ychwanegol iddo. Unwaith y bydd y plentyn wedi addasu i'r sefyllfa ac yn teimlo'n dawel ei feddwl, bydd y symptomau fel arfer yn diflannu.

I blant chwech i wyth oed:
Yfed llai gyda'r nos: Weithiau mae'n helpu os yw plant yn yfed llai ar ôl swper. Os gallwch gyflawni hyn heb frwydr am oruchafiaeth, mae'n werth rhoi cynnig arno. Ar y llaw arall, os cewch eich hun mewn anghytundeb am yfed gyda'r nos, mae'n well gadael i'r plentyn yfed rhywbeth gan nad yw wedi cael ei brofi'n derfynol mai maint yr hylif ynddo'i hun sy'n achosi i blant wlychu'r gwely. Byddai ffocws sylw rhieni ar yfed hefyd yn gallu gwneud plentyn yn fwy sensitif am y gwlychu gwely.

Defnyddio canlyniadau rhesymegol a hyrwyddo cyfrifoldeb y plentyn: I'r plentyn oedran ysgol gall fod o gymorth rhoi lliain sychu (neu gynfas gwely wedi'i phlygu) ar y gynfas o dan y plentyn. Yna dangos iddo sut i dynnu'r lliain gwlyb os bydd wedi cael damwain, ei newid am un newydd, a dychwelyd i'r gwely heb eich deffro chi. Gwnewch yn siŵr fod ganddo fynediad at ddigon o lieiniau, a'i fod yn gwybod ble i roi ei byjamas a'i lieiniau gwlyb. Bydd yr ymdriniaeth yma, nid yn unig yn rhoi cyfrifoldeb i'r plentyn am ei ymddygiad ond yn lleihau maint y sylw a dderbynia am wlychu.

Ymarferion ymestyn y bledren: Mae rhai ymchwiliadau yn awgrymu na all pledren plant sy'n gwlychu'r gwely gynyddu i ddal yr un maint o ddŵr a phlant nad ydynt yn gwlychu'r gwely. Felly, gall hyfforddi plant i ddal mwy a mwy o hylif gynyddu maint yr hylif y gall y bledren ei ddal. Gellwch wneud hyn trwy gael y plentyn i yfed mwy a mwy o hylif ac yna'i ddal cyhyd ag y bo modd. Yna, gofyn iddo wneud dŵr i jwg fesur a chofnodi faint y mae'n gallu ei ddal. Gall y plentyn geisio torri ei record ei hun o'r diwrnod blaenorol. Os yw'n llwyddiannus dylid ei atgyfnerthu. (Mae gallu dal rhwng pump a saith owns o hylif yn normal i blentyn chwech oed.)

Math arall o ymarfer y bledren yw gofyn i'r plentyn "gychwyn a stopio" llif yr wrin wrth wneud dŵr. Gellwch ddweud wrtho ei fod yn ymarfer ei gyhyrau ac yn cryfhau falf ei bledren i stopio'r gwlychu gwely. Cofiwch, mae'r ddau ymarferiad yma'n gofyn am blentyn awyddus ac am ymrwymiad mawr gan y rhieni am fisoedd lawer.

Deffro'r nos: Bydd o gymorth os gellwch ganfod pa amser o'r nos y mae eich plentyn yn gwlychu. Os bydd fel arfer yn gwlychu ar ôl dwy awr yn y gwely, gellwch ei ddeffro ar yr adeg hynny i fynd i'r toiled. Neu, os yw'n dymuno, gellwch osod cloc larwm yn y llofft i ganu cyn yr amser y mae'n gwlychu. Yn hwyr neu'n hwyrach, bydd yn dysgu adnabod yr arwydd fod y bledren yn llawn ac yna'n codi ar ei ben ei hun.

I blant wyth i ddeuddeg oed

Larwm: Heb amheuaeth, mae larymau newydd (megis *Wetstop*, *Nytone* a *Night Trainer*) wedi bod yn llwyddiannus iawn yn helpu plant hŷn i ddysgu aros yn sych yn ystod y nos. Fodd bynnag , mae angen i'r plentyn fod â diddordeb a chymhelliad os yw'r driniaeth yma i weithio. Bydd y plentyn yn gwisgo larwm bach ysgafn, symudol, yn cael ei weithio gan fatri yn ei byjamas. Bydd y larwm hwn yn seinio gyda'r mymryn cyntaf o wrin. Mae'r plentyn yn deffro, mae'n stopio gwneud dŵr ac mae'n mynd i'r toiled i orffen. Ymhen dau neu dri mis, bydd y plentyn yn dysgu deffro bob tro y caiff y teimlad fod ei bledren yn llawn. Mae llwyddiant cychwynnol o 70% ond mae cyfran reit uchel o blant yn ailgychwyn gwlychu'r gwely ar ôl stopio defnyddio'r teclyn. Gellir osgoi llithro'n ôl, fodd bynnag, drwy gymryd camau ychwanegol wrth dynnu cyfnod y larwm i ben. Yn gyntaf, pan fydd yn ymddangos fod y plentyn yn sych dechreuwch dynnu'r larwm oddi arno bob trydedd noson, ac yna bob yn ail noson, a pharhau gyda threfn o'r fath. Gofynnwch i'r plentyn hefyd yfed llawer cyn mynd i'r gwely fel ei fod yn dysgu aros yn sych hyd yn oed gyda phledren lawn.

Meddyginiaethau: Y feddyginiaeth fwyaf cyffredin a roddir ar bresgripsiwn gan feddygon yn Unol Daleithiau America yw *imipramine*, meddyginiaeth gwrth-iselder sy'n stopio gwlychu'r gwely am resymau aneglur. Bydd rhwng 25% a 40% o blant yn dangos gwelliant gyda'r cyffur yma wedi cyfnod o bythefnos. Fodd bynnag, mae cyfartaledd uchel yn ailgychwyn gwlychu pan fydd y cyffur yn cael ei stopio. Dylid defnyddio'r cyffur hwn gyda phlant dros wyth oed yn unig ac wedi i chi roi cynnig ar bob dim arall yn gyntaf.

Ym Mhrydain y cyffur o ddewis yw *desmopressin*. Defnyddir hwn fel mesur tymor byr os oes angen i'r plentyn fod yn sych am ychydig nosweithiau yn unig, er enghraifft mynd ar wyliau neu fynd i wersylla. Ni ddylid ei ddefnyddio os yw'r plentyn dan 7 oed.

Ni ddylech boeni neu feddwl am wlychu'r gwely fel problem oni bai ei fod wedi cychwyn ymyrryd yn ddifrifol â bywyd cymdeithasol y plentyn. Er enghraifft, os yw gwlychu'r gwely yn achosi i'r plentyn fod ag ofn mynd i wersylla neu fynd i aros i dŷ ffrind dros nos, yna mae'n debyg y bydd y plentyn wedi'i ysgogi i gydweithio efo chi i wneud rhywbeth am y broblem. Ond cofiwch, nid yw gwlychu'r gwely'n afiechyd - mae pob plentyn yn goresgyn y broblem yn hwyr neu'n hwyrach beth bynnag fo'r driniaeth. Byddwch yn amyneddgar, yn galonogol ac yn gadarnhaol ac fe fyddwch yn siŵr o ganlyniad da heb niwed i hunanddelwedd eich plentyn.

Plant Gorfywiog a Byrbwyll, gyda Rhychwant Sylw Byr

Mae Cory'n chwech oed a dywed ei fam yn aml, "Mae o mor wahanol i'w frawd hŷn. Pe bawn wedi ei gael o'n blentyn cyntaf fyddwn i byth wedi cael plentyn arall!" Er bod Cory'n gallu eistedd yn llonydd i wylio'r teledu, fel arall mae'n aflonydd, yn hawdd tynnu ei sylw ac yn symud o'r naill beth i'r llall drwy'r amser. Mae o'n siarad yn uchel, yn cynhyrfu'n hawdd mewn grwpiau ac yn anodd ei gael i'r gwely yn y nos. Mae newidiadau syml o un gweithgaredd i un arall yn arwain at frwydrau. Mae ei rieni'n teimlo'n lluddedig oherwydd yr angen cyson i gadw golwg ar ei ymddygiad a dywedant fod dulliau disgyblu a fu'n llwyddiannus gyda'i frawd yn aflwyddiannus efo fo. Yn yr ysgol, mae'r athrawes yn ei ystyried yn un sy'n codi helynt. Mae'n pendroni sut y gall ddelio efo fo gan ei fod yn aml yn orfywiog ac yn creu ffwdan i blant eraill. Wnaiff o ddim gwrando ar gyfarwyddiadau nac aros ar dasg. Yn ddiweddar, mae ei rieni wedi bod hyd yn oed yn fwy pryderus am ei fod yn dweud, "Dwi'n fachgen drwg," ac mae ei natur siriol wedi troi'n agwedd heriol. Mae pediatrydd a seicolegydd wedi awgrymu'r posibilrwydd o fynychu dosbarthiadau rhiantu a meddyginiaeth ar gyfer anhwylder diffyg canolbwyntio a gorfywiogrwydd. (ADHD).

Pam fod hyn yn digwydd?
Anhwylder Diffyg Canolbwyntio a Gorfywiogwrydd (*ADHD*)

Mae'n rhan gynhenid o natur neu anian plant fod eu lefel gweithgaredd, eu byrbwylledd a'u rhychwant dal sylw yn amrywio o'r naill blentyn i'r llall. Gellir gweld y gwahaniaethau hyn o'r cychwyn cyntaf. Tra bod rhai babis yn oddefol a hawdd eu cysuro, mae eraill yn fywiog ac yn crio ar unwaith. Fel plant bach, mae rhai yn hawdd tynnu eu sylw ac yn llawn egni, tra bod eraill yn canolbwyntio'n well ac yn llai bywiog.

Fodd bynnag, yn gyffredinol mae'r rhan fwyaf o blant dwy a thair oed yn fywiog iawn a byrbwyll. Cânt anhawster i wrando pan fydd rhywun yn siarad neu roi cyfarwyddiadau. Mae'n debygol na fyddant yn aros gydag unrhyw weithgaredd am fwy na 5-10 munud heb arweiniad oedolyn. Dyna pam y cafodd yr ymadroddion "dwy oed dieflig" a "terrible twos" eu bathu. Mae'n amser anodd i rieni. Erbyn cyrraedd pump neu chwech oed, fodd bynnag, bydd y rhan fwyaf o blant wedi aeddfedu ac wedi datblygu'r gallu i reoli eu hymddygiad byrbwyll a lefel eu gweithgaredd. Erbyn hynny, gallant ganolbwyntio am o leiaf 20 i 25 munud ar weithgareddau heblaw gwylio'r teledu.

Os oes gennych blentyn rhwng pump a chwech oed sy'n dangos rhai o'r nodweddion canlynol, hwyrach y byddwch am ystyried trefnu archwiliad am orfywiogrwydd. Y term meddygol am hyn yw Anhwylder Diffyg Canolbwyntio a Gorfywiogrwydd (yn Saesneg, *Attention Deficit/ Hyperactivity Disorder* neu *ADHD*). Mae plentyn sydd ag ADHD yn dangos llawer o'r ymddygiadau a restrir isod mewn mwy nag un lleoliad (e.e. yn y cartref ac yn yr ysgol). (Sylwer: Mae athrawon yn dda iawn am ganfod a yw plentyn yn fwy bywiog yn ddatblygiadol na phlant eraill).

- Nid yw'n rhoi sylw i fanylion ac mae'n gwneud camgymeriadau esgeulus gyda'i waith ysgol neu brosiectau eraill
- Nid yw'n gwrando pan fydd rhywun yn siarad
- Nid yw'n dilyn cyfarwyddiadau nac yn gorffen gwaith ysgol, tasgau neu brosiectau
- Mae'n cael trafferth trefnu tasgau a gweithgareddau
- Gall osgoi neu wrthod tasgau sy'n gofyn am gynnal sylw (gwaith cartref neu waith ysgol)
- Mae'n aml yn colli pethau
- Mae'n symud mwy na'r plentyn arferol, yn fwy aflonydd a gwinglyd
- Ni all eistedd yn llonydd mewn sefyllfaoedd pryd mae disgwyl iddo wneud hynny (ysgol)
- Mae'n rhedeg a dringo'n eithafol mewn sefyllfaoedd lle mae hynny'n amhriodol
- Mae'n cael trafferth i chwarae'n ddistaw
- Mae'n mynd a mynd drwy'r amser fel pe bai'n cael ei "yrru gan beiriant"
- Mae'n siarad yn ddiddiwedd, gan dorri ar draws ac ymyrryd ac eraill
- Mae'n gweiddi atebion allan
- Mae'n cael trafferth aros ei dro

Gwyddom fod ADHD yn un o'r anhwylderau datblygiadol mwyaf cyffredin, yn enwedig mewn bechgyn (mae bechgyn bedair gwaith yn fwy tebygol o gael diagnosis ADHD na genethod). Mae ADHD yn cael ei adnabod mewn 8% - 10% o fechgyn a 3% o enethod. Cred ymchwilwyr fod oediad yn aeddfediad yr ymennydd neu'r system niwrolegol yn achosi hunanreolaeth wael a gorfywiogrwydd. Oherwydd y diffygion hyn mae plentyn o'r fath angen rheolaeth allanol gan rieni ac athrawon am gyfnodau hirach na chyfoedion. Yn aml, mae natur neu anian plentyn a chyfnodau canolbwyntio byr yn etifeddol a genetig. Yn y rhan fwyaf o achosion, nid y dull rhiantu na'r amgylchedd sydd wedi achosi'r problemau. Dim ond cyfartaledd bach iawn o blant gydag ADHD sy'n dangos y nodweddion hynny oherwydd amgylchedd cartref anhrefnus neu ddisgyblaeth gamdriniol.

Y newyddion da, fodd bynnag, yw y gall rhieni ac athrawon wneud newidiadau i amgylchedd y cartref a'r ysgol a fydd yn helpu plant gydag ADHD i allu gweithredu gystal â'u cyfoedion sydd heb ADHD. Gellir disgwyl canlyniadau da i blant gydag ADHD os yw'r rhieni a'r athrawon yn dangos dealltwriaeth a chefnogaeth ac yn defnyddio disgyblaeth yn effeithiol. Rhaid cadw golwg agosach ar blant o'r fath - maent angen dulliau rhiantu arbennig ac ymyrraeth gan yr ysgol. Er y bydd y dasg o ddysgu a rheoli yn heriol ar y cychwyn, bydd y canlyniadau yn y tymor hir yn rhoi boddhad mawr. Mae llawer o'r plant yma sydd ag ynni diddiwedd yn tyfu i fod yn aelodau llwyddiannus a chynhyrchiol iawn o'r gymdeithas. Ar y llaw arall, bydd plentyn gydag ADHD y mae pobl yn swnian arno, yn ei feirniadu ac yn ei gosbi'n llym yn datblygu problemau pellach. Bydd ganddo ddiffyg hunan-barch, sgiliau rhyngbersonol gwael, sgiliau academaidd gwael, ac weithiau ni fydd hyd yn oed yn ceisio cyflawni tasgau'n llwyddiannus oherwydd ei ddiffyg cymhelliad.

Beth i'w wneud

Er na ellwch fod yn siŵr am y diagnosis o ADHD nes bod eich plentyn yn bump neu'n chwech oed, gellwch helpu plentyn sydd â phroblemau rhychwant canolbwyntio byr, nodweddion byrbwyll a lefelau gweithgaredd uchel mor gynnar â 18 mis oed. Dyma rai technegau buddiol:

Atgyfnerthu ymddygiadau priodol: Dangosodd ymchwil fod plant sydd yn "anodd" ac yn "orfywiog" yn cael mwy o adborth beirniadol a gorchmynion negyddol, a llai o ganmoliaeth, na phlant llai bywiog. Yn wir maent yn annog eu rhieni i beidio â'u canmol na'u cynnal oherwydd eu bod yn blant mor flinedig i ddelio â nhw. Fodd bynnag, mae plant o'r fath angen ymateb cadarnhaol hyd yn oed yn fwy na phlant â datblygiad mwy arferol. Yn wir, pan fydd canmol yn digwydd, ni fydd plant sydd ag ADHD yn sylwi ar hynny nac yn ei brosesu. Mae hynny'n golygu y bydd raid i chi weithio'n galed i roi canmoliaeth am bob ymddygiad cadarnhaol y bydd eich plentyn yn ei arddangos. Dylech anelu at roi canmoliaeth a chynhaliaeth o leiaf bum gwaith am bob tro y bydd angen ichi gywiro eich plentyn. Mae'n arbennig o bwysig canmol ymddygiadau sy'n cynnwys cynnydd yn y rhychwant canolbwyntio a dyfalbarhad gyda thasgau megis eistedd yn llonydd yn darllen, lliwio, gwneud posau neu chwarae'n ddistaw. Atgyfnerthwch unrhyw weithgaredd cynhyrchiol, tawel a phwrpasol. Er enghraifft, fe allech ddweud, "Dwi'n hapus dy fod wedi gorffen y llun yna," neu, "Wel wir, rwyt yn eistedd mor dda wrth fwyta cinio rŵan!" neu, "Roedd hynna'n ardderchog. Fe wnes di dawelu dy hun." neu "Roedd hynna'n anhygoel. Fe wnes di ddal i ymdrechu er dy fod yn cael trafferth adeiladu'r castell ac yntau'n mynnu syrthio lawr." Gellwch ddysgu plant hefyd i atgyfnerthu eu hunain. Dysgwch nhw i ddweud gosodiadau hunan-ganmoliaethus yn uchel megis, "Mi wnes i hwnna'n dda" neu "Mi wnes i eistedd yn llonydd yn dda." Mae'n helpu'r plant i ddechrau dysgu techneg hunanwerthuso.

Rhaglenni gwobrwyo a chymell materol: Gellir sefydlu cynllun gwobrwyo i annog ymddygiadau sy'n dangos ymddygiad llai aflonydd a rhychwant dal sylw uwch. Yn gyntaf, penderfynwch pa mor hir y gall eich plentyn chwarae'n ddistaw neu weithio ar brosiect fel arfer. Fe all hyn fod rhwng un a phum munud. Yna, bob dydd trefnwch amser chwarae, gan osod amserydd am y cyfnod amser y teimlwch y gall plentyn ddygymod ag o, megis tri munud. Yn ystod y cyfnod yma rhowch ganmoliaeth yn achlysurol ond byddwch yn ofalus i beidio tynnu sylw. Os bydd y plentyn yn chwarae'n barhaus am y cyfnod a ddewiswyd, rhowch wobr iddo megis sticer neu docyn. Gall yr ymdriniaeth yma gael ei defnyddio mewn sefyllfaoedd eraill megis eistedd wrth y bwrdd cinio am 5 munud, cydymffurfio gyda chais, cwblhau pos, darllen am 5 munud, cyd-chwarae gyda phlentyn arall am 5 munud, aros tro a chwblhau tasg. Gall y sticeri neu'r tocynnau gael eu cyfnewid am degan, breintiau ychwanegol, neu dripiau arbennig oddi ar fwydlen wobrau atgyfnerthu. Yn raddol, ar ôl tri neu bedwar diwrnod, gellwch ymestyn yr amser y disgwyliwch i'r plentyn aros ar dasg. Mae'n ddefnyddiol gosod amser o'r neilltu bob dydd i weithio gyda'r plentyn er mwyn cynyddu'n raddol ei ddyfalbarhad a'i sylw. Gwnewch yn siŵr nad ydych yn ymestyn yr amser nes bod y plentyn yn gyson lwyddiannus gyda'r amser byrrach.

Gosod terfynau clir, strwythur a threfn dda: Gyda phlentyn bywiog sy'n hawdd tynnu ei sylw mae angen i chi fynegi rheolau'r cartref yn glir a bod yn bendant am yr ymddygiadau sy'n briodol. Er enghraifft, fe allech ddweud, "Mae angen i ti eistedd wrth y bwrdd efo ni am bum munud. Pan fydd cloch yr amserydd yn canu fe elli ofyn am gael dy esgusodi." Mae gosod terfynau'n helpu plant i deimlo'n dawelach eu meddwl ac yn saffach. Lle bo modd, ceisiwch gadw eich gorchmynion yn fyr ac i'r pwynt. Lleihewch nifer y pethau a all ddwyn eu sylw pan fyddwch yn gwneud cais o'r fath a byddwch yn siŵr eich bod yn cynnal cyswllt llygaid. Fe all fod angen cyffwrdd y plentyn a mynd ar eich cwrcwd fel bod eich llygaid ar yr un lefel.

Gan fod y plant yma'n cael anhawster gyda newidiadau o'r naill weithgaredd i'r llall, mae paratoi'r plant ymlaen llaw yn helpu i osgoi rhai problemau. Er enghraifft, cyn mynd i'r siop fwyd efallai y dywedwch, "Cofia, chei di ddim cyffwrdd pethau pan fyddwn ni mewn yn y siop, ond fe elli di afael yn y tegan yma." Os yw eich plentyn yn chwarae efallai y dywedwch,"Mewn pum munud byddwn yn cychwyn am yr ysgol." Gall fod o gymorth i gadw plentyn bywiog iawn yn brysur gyda theganau newydd neu lyfr arbennig mewn sefyllfaoedd lle bydd angen iddo eistedd am gyfnod hir o amser, megis yn y feddygfa neu mewn awyren. Yn y cartref, mae'n bwysig fod y teganau yn yr ystafell wely wedi cael eu cadw'n drefnus a'u labelu. Mae gormod o deganau'n gorlethu plant sy'n hawdd tynnu eu sylw ac fe all hynny eu denu o wrthrych i wrthrych. Rhowch y teganau mewn bocsys ac yn achlysurol tynnwch un "newydd" allan i'r plentyn chwarae efo fo.

Anwybyddu ac ailgyfeirio: Mae'n well delio gyda mân gamymddygiadau sy'n eich poeni megis ffidlan, gwingo, eistedd yn flêr a gweiddi allan drwy eu hanwybyddu os nad ydynt yn aflonyddu nac yn gwneud drwg i neb arall, neu i'r plant eu hunain. Yn aml bydd plant sydd ag ADHD yn rhoi eu meddyliau mewn geiriau ac yn cymryd mwy o amser i ddysgu mewnoli hunan-siarad. Strategaeth hunan-reoleiddio yw hyn ac fe ddylid ei anwybyddu. Gellwch gyfuno eich anwybyddu gydag ailgyfeirio. Er enghraifft, os yw eich plentyn yn ffidlan ac yn gwingo wrth y bwrdd cinio, efallai yr anwybyddwch yr ymddygiad ond gofyn iddo basio'r halen neu godi a mynd i nôl llwy neu fforc. Gall hyn dorri'r cylch ffidlan a rhoi cyfle ichi ganmol y plentyn am ddilyn eich cyfarwyddiadau. Gellwch helpu plentyn sy'n ffidlan i ail-ganolbwyntio drwy ddarparu cyfle priodol i symud ymlaen.

Bod yn gadarn: Os defnyddiwch Amser Allan yn dawel ac yn gyson fe all fod yn ffordd effeithiol iawn o ddelio gydag ymddygiadau megis anufudd-dod, malurio a tharo. Mae Amser Allan yn dysgu plant i ymdawelu ac mae'n sicrhau nad ydynt yn cael sylw am gamymddwyn.

Dysgu hunanreolaeth: Bydd plant ifanc iawn fel arfer yn cael yr hyn a geisiant yn aml ac yn syth gan fod rhieni'n ymateb yn sydyn i ffws a ffwdan. Fodd bynnag, fel y mae plant yn mynd yn hŷn, mae'n briodol fod eu gallu i aros yn cael ei ymestyn yn raddol. Gallwch helpu'r plentyn i ddysgu aros drwy beidio ildio i bob cais a wna. Mae canmol y plentyn am aros am gyfnodau ymestynnol yn effeithiol hefyd. Gellwch ei ddysgu i ddefnyddio hunan-osodiadau i aros yn hirach, megis, "Wna i ddim bwyta hwn i gyd rŵan, mi gadwa i beth tan yn nes ymlaen," "Rwy'n cael hwyl dda ar geisio gorffen y pos," "Mi alla i aros fy nhro," "Rydw'i eisiau gorffen hwn rŵan felly 'dw'i am ganolbwyntio, a chwarae'n nes ymlaen."

Dysgu datrys problemau: Gall plant ymateb yn fyrbwyll am nad oes ganddynt strategaethau mwy effeithiol i gael y pethau a geisiant. Mae angen dysgu strategaethau datrys problemau iddynt, a sut i feddwl ymlaen at ganlyniadau'r strategaethau hynny. Y syniad sylfaenol yw dysgu'r plentyn i gynhyrchu nifer o atebion posibl i broblem. Er enghraifft, os yw eich plentyn yn creu problem drwy gipio teganau oddi ar blant eraill, gellwch ddyfeisio math o gêm drwy ddweud, "Beth am inni ddychmygu fod dy ffrind yn reidio beic. Beth allet ti ei wneud i gael tro ar y beic?" Wedi iddo gyflwyno syniad, anogwch y plentyn i feddwl am syniad arall, "Mae hwnna'n syniad da. Beth arall allet ti ei gynnig?" Pan fyddwch yn siŵr fod y plentyn wedi meddwl am ei holl atebion, gallwch helpu drwy gynnig atebion posib eraill. Efallai yr awgrymwch y posibilrwydd o gynnig i'r plentyn chwarae gyda thegan arbennig yn gyfnewid am y cyfle i reidio'r beic. Yna, gellwch actio'r atebion gyda phypedau, doliau, anifeiliaid tegan, neu yn syml actio'r gwahanol bosibiliadau gyda'ch corff eich hunan. Wedyn, meddyliwch efo'ch gilydd am ganlyniadau pob ateb. Er enghraifft, gellwch helpu'r plentyn i ddeall y gallai fod mewn trwbl ac y byddai ei ffrind yn flin iawn pe bai'n dewis ei daro i geisio cael y beic.

Strategaeth arall i ddysgu datrys problemau yw adolygu problem a ddigwyddodd go iawn a thrafod sut y gallai'r plentyn fod wedi delio gyda'r sefyllfa mewn ffordd wahanol. Bydd hon yn drafodaeth werth chweil cyn belled â'ch bod yn peidio gweld bai a beirniadu. Yn hytrach, dylai'r ffocws fod ar helpu'r plentyn i feddwl am ffyrdd effeithiol o ddatrys y broblem pe bai'n digwydd eto.

Derbyn cyfyngiadau eich plentyn: Mae'n bwysig cofio nad yw'r ymddygiadau yma'n rhai bwriadol nac yn ymdrech unswydd i wneud eich gwaith chi fel rhieni'n anodd. Derbyniwch y ffaith fod eich plentyn yn gynhenid yn fywiog ac yn llawn egni a bod ganddo rychwant canolbwyntio byr. Diau mai felly y bydd drwy'r amser. Er y gallwch helpu plentyn sydd â natur anodd neu blentyn gydag ADHD i reoli ei ymddygiad a sianelu ei egni i gyfeiriad cadarnhaol, ni ellwch ddileu'r ymddygiad. Ni all neb helpu i wneud plentyn gorfywiog yn blentyn distaw a goddefol. Nid yn unig y byddai ymdrech o'r fath yn rhwystredig, byddai hefyd yn niweidiol i'r plentyn. Bydd eich goddefgarwch, eich amynedd a'r ffordd y derbyniwch y sefyllfa yn ffactorau hanfodol o fewn addasiad eich plentyn bywiog.

Addysgu pobl eraill am eich plentyn: Weithiau, bydd plant gorfywiog yn dod yn dargedau sylw negyddol neu labelu gan athrawon, ffrindiau a chymdogion. Gall yr oedolion yma, nad ydynt yn ymwybodol o broblemau ADHD, yn ddiarwybod weld bai ar y rhieni am greu plentyn problemus o'r fath. Neu fe allant ddehongli camymddwyn y plentyn fel ymddygiad bwriadol i gael ei ffordd ei hun. Mae'n bwysig eich bod yn addysgu cymdogion, athrawon ac aelodau'r teulu, a'u cael i'ch cynorthwyo gyda'ch plentyn. Os gellwch eu helpu i ddeall fod eich plentyn yn ymdrechu'n galed ond ei fod yn cael anhawster i reoli ei egni ar adegau, mae'n debyg y cewch fwy o gefnogaeth. Bydd y plentyn hefyd yn cael neges fwy cadarnhaol. Er y teimlwch weithiau fel rhoi'r ffidil yn y to gyda phlentyn sy'n eich blino gymaint, mae'n bwysig eich bod drwy'r amser yn rhoi'r neges ei fod yn cael ei garu a'i dderbyn. Cyn belled â bod hunan barch a hyder y plentyn yn uchel fe lwydda i oroesi llawer o'r rhwystrau y bydd raid iddo eu hwynebu'n academaidd a chymdeithasol.

Ailegnïo eich hun: Byddai unrhyw oedolyn yn teimlo'n lluddedig wrth weithio gyda phlentyn sydd ag ADHD am 24 awr. Felly gofalwch eich bod yn cymryd amser i ffwrdd, cymerwch Amser Allan personol i ailegnïo eich hun er mwyn cwrdd ag anghenion ychwanegol eich plentyn yn fwy llwyddiannus. Da o beth fyddai cael trefniant gwarchod rheolaidd am o leiaf un noson yr wythnos. Mae rhieni sydd adref angen gwarchodwyr ar gyfer rhai prynhawniau fel y gallant fynd o'r tŷ a dilyn eu trywydd eu hunain. Nid yn unig y bydd amser i ffwrdd o gymorth i'ch adnewyddu, bydd hefyd yn dangos i'r plentyn eich bod yn gwybod sut i ofalu amdanoch eich hun a modelu sgiliau ymdopi a fydd yn bwysig iddo eu dysgu.

Meddyginiaethau: Mae ymchwil yn dangos fod tua dwy ran o dair o blant sydd ag ADHD yn cael eu helpu gan feddyginiaeth megis Ritalin. Mae'r rhain, fe ymddengys, yn gweithio drwy gynyddu gallu canolbwyntio'r plant a rheoli eu hymatebion byrbwyll. Yn gyffredinol, nid yw meddyginiaethau yn cael eu hargymell nes bod plant wedi cyrraedd oedran ysgol. Cyn defnyddio meddyginiaethau dylid, yn gyntaf, drefnu archwiliadau meddygol ac addysgol trylwyr. Dylai Rhaglenni Addysg Unigol gael eu trefnu yn yr ysgol. Mae ymchwil yn dangos na all y cyffuriau a argymhellwyd fod o fudd tymor hir heb gefnogaeth addysg arbennig a rhaglenni rheoli ymddygiad. Fe fydd y meddyginiaethau a roddir o gymorth ond rhaid i rieni fod yn ofalus iawn ynglŷn â'r negeseuon a roddant yn eu cylch. Weithiau dywedir wrth blant, yn uniongyrchol neu'n anuniongyrchol, eu bod yn ymddwyn yn dda oherwydd y meddyginiaethau. Y neges sylfaenol a roddwch felly yw eu bod nhw'n gyfrifol am eu hymddygiad gwael ond nid am eu hymddygiad da. Fel y gallwch ddychmygu mae hwn yn neges ddigalon iawn. Boed eich plentyn ar feddyginiaethau neu beidio, daliwch ef yn gyfrifol am broblemau ymddygiad a disgwyliwch iddo ddysgu newid. A chofiwch roi clod am lwyddiant i'r plentyn yn hytrach na'r feddyginiaeth.

Rhaglenni addysgol arbennig: Gall darpariaeth cyn-ysgol am ddwy neu dair awr y dydd ddwywaith neu deirgwaith yr wythnos helpu plant ifanc ddysgu sut i ymddwyn mewn sefyllfaoedd grŵp. Yn yr un modd, mae'n bwysig chwilio am leoliad dosbarth fydd yn cefnogi'r plentyn yn hytrach na gwneud iddo deimlo'n rhwystredig. Mae plant sydd ag ADHD yn elwa o fod mewn dosbarthiadau bach o ran nifer, gyda lle tawel i ddysgu, a chael eu tiwtora a'u cynnwys mewn tasgau dosbarth megis glanhau'r bwrdd gwyn a rhannu papurau, er mwyn eu helpu i reoli'r gormodedd o egni sydd ganddynt. Mae'n bwysig fod eu hathrawon yn adnabod eu hangen i symud, a darparu addasiadau a chynhaliaeth ychwanegol. Os teimlwch fod gan eich plentyn ADHD ac nad ydyw wedi cael profion, gofynnwch i'r ysgol drefnu asesiad trylwyr o'r angen am raglen addysg arbennig.

Sgiliau cymdeithasol a hyfforddiant datrys problemau: Mae plant sydd ag ADHD yn aml yn dangos oediad yn eu sgiliau cymdeithasol ac emosiynol, er y gallant fod yn bur ddisglair yn academaidd. Oherwydd eu byrbwylledd nid ydynt mor fedrus wrth ddatrys problemau a delio hefo gwrthdaro gyda chyfoedion. Maent hefyd yn cael trafferth yn gwneud ffrindiau. Dangoswyd fod oediad sylweddol yn eu sgiliau cyd-chwarae o'u cymharu â phlant sydd â datblygiad mwy arferol. Am y rheswm yma, anogir rhieni i chwarae gyda'u plant mewn sefyllfa un i un gan arfer y syniadau ynghylch plant yn arwain y chwarae, hyfforddiant emosiynol a hyfforddiant cyfoedion a amlinellwyd ym Mhennod Un. Mae'n bwysig iawn i rieni osod esiampl ac atgyfnerthu'r plant bob tro y gwelant hwy'n rhannu, aros, cymryd tro, gofyn am rywbeth, dilyn cyfarwyddiadau ac aros yn dawel mewn sefyllfaoedd rhwystredig.

Modelu hunanreolaeth a gweithgareddau tawel: Gellwch helpu eich plentyn hefyd drwy fodelu hunan-siarad cadarnhaol a brawddegau ymdawelu. Er enghraifft, os byddwch yn cael trafferth cyflawni pos, fe allech ddweud yn uchel, "Mae'n well i mi stopio a gwell imi feddwl cyn ceisio gwneud rhagor." Neu os ewch ar goll yn y car fe ellwch ddweud, "Dwi'n meddwl fy mod ar goll. Rhaid i mi stopio a meddwl beth i'w wneud nesaf." Yn yr un modd, os ydych am i'ch plentyn ddarllen mwy neu weithio'n dawel ar brosiectau, mae'n bwysig ei fod yn eich gweld chi'n gwneud yr un fath. Bob amser, mae'n bwysig modelu'r math o ymddygiad y disgwyliwch i'ch plentyn ei arddangos. (Gweler Pennod 11 - defnyddio hunan-siarad cadarnhaol).

Gall magu plentyn sydd ag ADHD fod yn flinedig iawn, ond gall hefyd fod yn hynod werth chweil. Mae'n bwysig cofio mai chi ac athrawon y plentyn fydd yn gwneud y cyfraniad mwyaf tuag at lwyddiant eich plentyn. Gyda dyfalbarhad a gwaith caled bydd yn llwyddiannus adref ac yn yr ysgol. Yng nghanol y gwaith caled o fod yn rhiant, cofiwch gymryd amser i fwynhau egni eich plentyn a'i bersonoliaeth afieithus.

Helpu eich Plentyn gydag Ysgariad

Mae ysgariad yn ddigwyddiad argyfyngus sy'n effeithio ar y teulu cyfan. Er y credir y bydd o leiaf 52% o blant ifanc yn uniongyrchol yn profi chwalfa ysgariad, ychydig o deuluoedd sydd wedi gwir baratoi am y trawma a'r straen y mae'n ei achosi. Gall problemau ymarferol ysgariad achosi straen mawr oherwydd newidiadau megis gorfod symud tŷ, bod â llai o ofod i fyw ynddo a cholled ariannol. Gall colli cyflog orfodi mamau i fynd yn ôl i weithio'n llawn amser, neu eu gorfodi i fynd yn ôl i addysg a dibynnu ar ofal plant. Gall tadau sengl wynebu tasgau anghyfarwydd megis rhoi trefn ar olchi dillad, siopa, paratoi bwyd a glanhau. Yn ystod y flwyddyn gyntaf bydd tadau a mamau yn profi cynnydd mewn pryder, iselder, teimlad o wrthodiad, a math o argyfwng hunaniaeth. Gallant deimlo'n unig ac wedi cael eu dieithrio oddi wrth eu ffrindiau priod a'u bywydau cymdeithasol blaenorol.

Mae plant hefyd yn ymateb yn gryf i ysgariad. Nid yw plant rhwng tair a phump oed yn deall beth sy'n digwydd. Gallant ymateb i golli rhiant drwy ofni mai canlyniad unrhyw wahaniad arferol mewn bywyd bob dydd fydd cael eu gadael yn barhaol. Efallai y pryderant ynglŷn â mynychu gofal dydd neu aros gyda gwarchodwyr. Bydd amryw yn ymateb i wahanu arferol drwy wrthod gollwng gafael, sgrechian, crio a strancio. Gall ofn hunllefau, a phryderon amser gwely eraill, arwain at bledio i gael aros yng ngwely'r rhiant. Ymatebion cyffredin i ysgariad yw i blant lithro'n ôl gyda'u disgyblaeth toiledu, neu fod â mwy o angen am flancedi cysur. Yn gyffredinol, mae plant yn datblygu angen a gwanc am gael eu caru a'u magu gan yr oedolion pwysig yn eu bywydau.

Mae plant cyn-ysgol yn aml yn mynd yn fwy ymosodol ac yn dangos problemau ymddygiadol eraill. Gan fod gwahanu ffantasi oddi wrth realiti yn anodd iddynt, byddant yn aml yn creu storïau i egluro ymadawiad rhiant, yn enwedig os nad yw ysgariad wedi cael ei egluro iddynt yn ddigonol. Bydd rhai plant yn gwadu'r ysgariad yn llwyr ac yn creu ffantasïau manwl fod y ddau riant yn ôl gyda'i gilydd. Bydd llawer yn dod i'r canlyniad fod y rhiant sydd wedi gadael wedi eu gwrthod neu wedi eu newid am deulu gwell yn rhywle arall. Ymateb cyffredin arall gan blant o'r oedran hwn yw teimlo mai nhw sy'n gyfrifol. Gan eu bod yn naturiol yn hunan-ganolog maent yn cael anhawster i sylweddoli mai ymwneud â pherthynas eu rhieni y mae ysgariad yn hytrach na'u hymddygiad hwy. Yn aml, mae ffantasïau o'r fath, sy'n llawn euogrwydd, yn cael eu hatgyfnerthu gan ddadleuon a glywsant amdanynt eu hunain cyn i'r ysgariad ddigwydd.

Mae datblygiad deallusol ac emosiynol aeddfetach plant rhwng chwech ac wyth oed yn eu galluogi i ddeall yn well beth yw ystyr ysgariad a'i oblygiadau iddynt hwy. Maent yn llai tebygol o deimlo'n gyfrifol na phlant cyn-ysgol. Fodd bynnag, fel plant llai, maent yn ofni cael eu gwrthod a'u gadael heb deulu. Maent yn aml yn teimlo'n unig, yn isel ac yn drist iawn. Bydd ffantasïau o gael eu hamddifadu o fwyd, teganau neu elfen arall bwysig yn eu bywydau yn treiddio drwy eu meddyliau. Dangosodd astudiaethau mai yn anaml y mae plant a arhosodd gyda'u mamau yn mynegi dicter tuag at eu tadau. Maent fel petaent yn ofni y byddai dicter o'r fath yn peri i'r tad eu gwrthod. Ar y llaw arall, mynegodd llawer gryn ddicter tuag at eu mam, naill am achosi'r ysgariad neu am yrru eu tad i ffwrdd. Roedd mwyafrif y plant yn dymuno gweld cymodi rhwng eu rhieni ac yn cael ffantasïau rheolaidd y byddai eu rhieni'n ail briodi.

Mae plant rhwng wyth a deuddeg oed yn ymddangos yn fwy hunanfeddiannol a dewr, ac yn gwneud mwy o ymdrech i reoli eu teimladau na phlant iau. Yn annhebyg i blant iau, fodd bynnag, maent yn teimlo cywilydd ac embaras am yr hyn a ddigwyddodd ac fe geisiant guddio hynny oddi wrth ffrindiau ac athrawon. Y nodwedd fwyaf cyffredin, sy'n eu gwneud nhw'n wahanol i blant eraill, yw dicter angerddol. Caiff hwn ei gyfeirio fel arfer at eu mam. Gallant gael problemau sylweddol gyda'u perthynas â'u cyfoedion ynghyd â gostyngiad amlwg yn eu perfformiad addysgol. Ac efallai y byddant yn cael cur pen, poen yn y bol ac anhwylderau corfforol eraill.

Mae ysgariad yn fygythiad o fath gwahanol i blant yn eu harddegau. Y dasg ddatblygiadol arferol yn yr oedran yma yw gwahanu oddi wrth eu rhieni a datblygu hunaniaeth annibynnol. Mae ysgariad yn tarfu ar y broses yma, gan ddanseilio tyb y rhai sydd yn eu harddegau fod y teulu yn uned ragweladwy a saff. Yn wir mae'r byrddau'n cael eu troi yn aml, yn arbennig os bydd y rhieni'n cael perthynas arall. Wrth ymgolli yn eu hanghenion a'u penderfyniadau eu hunain, gall rhieni fethu canolbwyntio ar anghenion eu plant. Bydd y plant yn teimlo'u bod yn cael eu rhuthro i ennill annibyniaeth yn dilyn ysgariad. Gan i'r chwalfa briodasol ddigwydd ar adeg pryd y byddant yn diddori mewn perthnasau heterorywiol a rhyw, gall y materion yma ddod yn destun pryder. Gallant ofni y byddant hwy hefyd yn fethiant mewn perthynas garwriaethol a phriodasol. Fe allant gael ymdeimlad o golled a galar ac efallai y mynegant ddicter angerddol tuag at yr hyn a welant hwy fel brad, hunanoldeb ac ansensitifrwydd ar ran eu rhieni. Felly, nid yw rhieni mwyach yn cael eu gweld fel modelau rôl i'w parchu. Weithiau yn ystod ysgariad fe all un neu ddau o'r rhieni droi at y plentyn yn ei arddegau am gynhaliaeth. Gall hyn gymhlethu'r teimladau o ddicter, euogrwydd ac iselder ymhellach a chreu problem gwrthdaro o ran ffyddlondeb a theyrngarwch. Gall pobl ifanc ymateb drwy ymddangos yn ddi-hid a chadw eu pellter i amddiffyn eu hunain. Nid yn unig y teimlant wedi ymddieithrio oddi wrth eu teuluoedd yn ystod y cyfnod o addasu wedi'r ysgariad, ond byddant hefyd yn cael trafferthion i berthnasu gyda'u cyfoedion. Byddant yn profi teimladau cryf o euogrwydd ac embaras oherwydd methiannau eu rhieni ac efallai na fyddant yn dweud wrth eu ffrindiau agosaf am yr ysgariad. Yn olaf, mae pobl ifanc yn eu harddegau yn poeni am arian. Yn arbennig byddant yn poeni ynghylch gallu eu rhieni i ddarparu ar gyfer eu haddysg.

Effaith ar berthynas rhiant/plentyn

Canlyniad y broses o ysgaru yw bod y rhieni'n teimlo mwy o straen. Wrth lwyr ganolbwyntio ar eu problemau eu hunain, fe allant ddangos llai o anwyldeb tuag at eu plant. Ar y llaw arall, gall plant ymateb drwy fynd yn fwy ymosodol, dibynnol, anufudd, disgwylgar a diserch. Oherwydd eu heuogrwydd, eu hunanddelwedd is a'u hofn o ennyn dicter eu plant, gall rhieni gyfathrebu'n wael a bod yn llai cyson eu disgyblaeth. Bydd rhai mamau yn ceisio cymryd drosodd yr hyn oedd rôl y tad drwy ddisgyblu mwy ar y plant. Mae hyn fel arfer yn golygu bod yn fwy haearnaidd ac yn cynyddu'r defnydd o gosbau. Gall tadau, ar y llaw arall, fynd yn fwy goddefol a hynaws gan osgoi disgyblu rhag ofn iddynt golli cariad eu plant. Y naill ffordd neu'r llall, mae'n tarfu ar y broses riantu arferol a gall hynny ffyrnigo problemau ymddygiad.

Gall problemau plant ddwysau os gorfodir nhw i ochri gydag un rhiant a chondemnio'r llall mewn ymgais i sicrhau anwyldeb. Mae proses aflonyddgar arall yn digwydd os yw'r rhieni'n feddyliol yn cysylltu plentyn gyda chymar blaenorol ac yn defnyddio eu plentyn fel bwch dihangol am yr elyniaeth tuag at y person hwnnw. Gall plant, ar y llaw arall, geisio delio gyda cholli rhiant drwy fabwysiadu rôl real neu ddychmygol. Hyd yn oed yn ifanc iawn mae bechgyn yn gyflym iawn yn medru cymryd arnynt eu hunain rôl dyn y teulu. Ac os byddant yn uniaethu gydag agwedd ymosodol eu tad, maent yn debygol o ddangos gelyniaeth tuag at eu mam. Mae hynny'n gwaethygu'r sefyllfa fwy fyth. Mae trydedd sefyllfa beryglus yn bosib os bydd rhieni'n trin eu plant fel oedolion cyfartal. Mae hyn yn digwydd pan fyddant yn troi at eu plant drosodd a throsodd am gefnogaeth, cyngor a chwmnïaeth. O fewn unrhyw un o'r sefyllfaoedd yma mae plant mewn perygl o ddioddef iselder neu deimlo'n anniddig iawn.

Beth i'w wneud
Tra bod ysgariad yn newid bywydau rhieni a'u plant nid yw'n awtomatig yn golygu creithiau seicolegol nac oedi mewn datblygiad. Yr hyn sy'n bwysig i addasiad cyffredinol y plant yw'r modd y mae'r rhieni'n dygymod â'r ysgariad a'i ganlyniad. Mae gan rieni ran hanfodol yn lleddfu a lleihau effeithiau tymor byr a thymor hir yr ysgariad ar ddatblygiad cymdeithasol ac emosiynol eu plant. Dyma rai ffyrdd y gellwch helpu eich plant i addasu i ysgariad a'r newid dilynol i strwythur y teulu.

Siarad gyda'r plentyn am yr ysgariad: Mae ystadegau'n dangos fod 80% o blant ifanc heb gael eu paratoi naill ai gydag eglurhad am yr ysgariad neu sicrwydd y cânt ofal parhaus gan un o'r rhieni. Adroddodd rhai iddynt ddeffro un bore i ganfod fod un rhiant wedi mynd! Yn wir, roedd yr ysgariad yn sioc i'r rhan fwyaf o blant gan nad oeddynt yn ymwybodol o anhapusrwydd eu rhieni cyn y gwahanu. Mae'r canfyddiadau yma'n dangos mai'r peth pwysicaf y gellwch ei wneud ar y dechrau yw eistedd i lawr a siarad gyda'r plant am y gwahanu neu'r ysgariad arfaethedig. Dylid gwneud hyn wythnos neu ddwy cyn i'r gwahanu ddigwydd. Os rhoir y wybodaeth yn rhy fuan, ni fydd y plant yn coelio fod y gwahanu yn mynd i ddigwydd. Ar y llaw arall, os bydd y wybodaeth ddim ond yn cael ei rhoi ychydig ddyddiau ymlaen llaw, ni fydd gan y plant ddigon o amser i addasu a cheisio sicrwydd drwy ofyn cwestiynau i chi a'ch cymar. Mae'n bwysig bod mor onest ac agored a phosib. Dylid egluro'r cysyniad ar lefel briodol i ddatblygiad deallusol ac emosiynol y plant. Dylai'r eglurhad fod yn ffeithiol ac yn realistig gan gymryd i ystyriaeth y rheswm sylfaenol am yr ysgariad mewn iaith mor wrthrychol emosiynol â phosib. Bydd cuddio gwybodaeth ynglŷn â'r prif faterion a achosodd yr ysgariad yn achosi pryder, ansicrwydd a diffyg ymddiriedaeth. Ond peidiwch â llwytho'r plant gyda'r holl fanylion ffiaidd, priodoli bai na gwneud sylwadau dirmygus. Yn fwy na dim, dylech bwysleisio mai rhyngoch chi a'ch partner y mae'r ysgariad ac na fydd yn effeithio ar y cariad sydd gan unrhyw un ohonoch tuag at y plant.

Cysuro'r plant na fyddant yn cael eu gadael na'u hysgaru: Mae'n bwysig cysuro'r plant y byddant yn parhau i fod â dau riant er bod eu rhieni yn byw ar wahân. Mae hyn yn helpu i wahaniaethu rhwng cariad partneriaid a chariad rhieni. Fe ellwch ddweud, "Nid yw rhieni'n stopio caru eu plant. Fe fydda i yn eich caru chi bob amser am mai chi yw fy mhlant." Fodd bynnag, os oes un rhiant nad yw'n bwriadu parhau i riantu ac yn mynd i fod yn absennol, mae cysuro o'r fath yn afrealistig ac yn mynd i fod yn sail siomedigaeth. Mewn achosion fel hyn, gwell bod yn onest am ymrwymiad pob rhiant yn y dyfodol. Mae plant angen gwybodaeth goncrid ynghylch lle y byddwch chi a'ch cymar yn byw a pha mor aml y byddant yn gweld bob un ohonoch.

Gwneud byd eich plant mor ddibynnol a rhagweladwy â phosib: Dywedwch wrth eich plant ble y byddant yn byw, sut y gofelir amdanynt a pha newidiadau fydd yn digwydd yn eu gofal dyddiol neu ysgol. Mae ysgariad yn gwneud i blant deimlo fod eu byd yn sydyn yn llai dibynadwy a rhagweladwy felly mae'n bwysig eich bod yn darparu cymaint â phosibl o wybodaeth ymarferol i'w helpu i deimlo'n fwy diogel.

Creu awyrgylch lle gall y plant siarad, gofyn cwestiynau a mynegi teimladau: Fe all eich plant ailadrodd yr un cwestiwn drosodd a throsodd. Byddwch yn barod felly i ailadrodd y rhesymau am yr ysgariad drosodd a throsodd gan y bydd hynny'n helpu'r plant i bwyso a mesur yr hyn a ddywedwyd wrthynt. Maent angen cyfleon i fynegi teimladau trist, briwedig a blin. Peidiwch â cheisio eu rhwystro rhag crio neu fynegi eu teimladau drwy ddweud wrthynt am "fod yn ddewr." Bydd angen sgyrsiau parhaus am y misoedd a'r blynyddoedd sy'n dilyn ysgariad. Cofiwch, fodd bynnag, nad yw pob plentyn yn ymateb yn yr un ffordd. Ar y cychwyn, ni fydd rhai plant am drafod y digwyddiadau ac fe fyddant yn ymateb drwy wadu. Efallai y byddant ofn mynegi eu dicter gan ofni cael eu gwrthod. Neu fe allant ddal eu teimladau yn ôl i warchod eu rhieni rhag cael mwy o anghysur. Yn wir, gall gymryd misoedd cyn y bydd rhai plant yn gallu mynegi eu galar a'u dicter. Yn olaf sicrhewch nad yw'r meddyliau yma yn anafu unrhyw un.

Peidio defnyddio eich plant fel ysbiwyr: Peidiwch byth â defnyddio eich plant fel ysbiwyr, cludwyr negeseuon nac offerynnau i frifo eich cyn bartner. Os cânt eu cadw yn y canol, byddant yn teimlo'n euog ac yn anabl i droi at y naill riant na'r llall am gefnogaeth. Gall hyn ddatblygu'n obsesiwn, er drwg i'w datblygiad cymdeithasol, emosiynol ac academaidd.

Osgoi negyddoldeb a dicter tuag at y rhiant sy'n absennol: Nid yn unig y dylai eich plant gael eu cadw o'r canol, dylent hefyd gael eu hannog yn onest i garu a chynnal perthynas iach gyda chi a'ch cyn bartner. Ni ddylid disgwyl i'ch plentyn ddewis ochr. Ni ddylid trafod problemau arian na chystodaeth *(custody)* pan fydd y plant yn bresennol ac ni ddylech drafod eich problemau personol gyda'r plant hyd yn oed os nad oes neb arall i wrando. Mae cronni teimladau blin am eich cyn bartner yn rhwystro cau pen y mwdwl ar yr ysgariad ac yn cadw'r teimladau drwg yn fyw i'r plant. Nid yw datgelu rhestr o gwynion am eu mam neu eu tad yn rhoi cyfle iddynt symud ymlaen a thyfu. A chan fod rhan o'r plant wedi ei greu o bob rhiant, mae dilorni eich cyn bartner mewn gwirionedd yn eu dilorni hwythau hefyd. Cofiwch mai hunanddelwedd fregus sydd gan eich plant, yn arbennig mewn cyfnodau o straen, a'u bod angen cymorth i deimlo'n dda amdanynt eu hunain.

Rhoi amser i chi eich hun a'r plentyn weithio drwy'r broses: Mae'r broses o wella ac ymdopi gyda'r straen sy'n dilyn ysgariad yn cymryd amser ac amynedd. Mae'r rhan fwyaf o rieni a phlant yn adrodd eu bod yn dod yn fwy cyfforddus gyda'u bywydau eto ymhen 12 neu 18 mis wedi'r ysgariad.

Bod yn gyson wrth osod terfynau a rheolau Peidiwch â gorwario na gor-wobrwyo. Mynegwch eich cariad a'ch consyrn drwy dreulio mwy o amser gyda'r plant. Os byddant yn ymateb gydag ymddygiadau negyddol megis bod yn ymosodol, dilynwch drwodd gyda mesurau megis gosod terfynau, trefnu Amser Allan neu ganlyniadau rhesymegol fel sy'n briodol. Ni ddylai eich euogrwydd ynglŷn â'r ysgariad eich rhwystro rhag gorfodi rheolau'r cartref a gosod terfynau addas. Bydd gosod terfynau cyson o gymorth i ddarparu byd trefnus, rhagweladwy a saff i blentyn gofidus.

Trefnu polisi ymweld y byddwch chi a'ch cyn bartner yn ei barchu a'i gefnogi: Dangosodd astudiaethau fod ymweliadau plant yn llawn dicter a chasineb rhieni mewn oddeutu dwy ran o dair o deuluoedd. Ymhellach, mae ymchwil yn dangos fod y rhieni na chawsant gystodaeth y plant (gan amlaf y tadau) yn ei chael yn boenus iawn i ymweld â'u plant. Efallai y teimlant eu bod wedi colli'r plant ac maent yn disgwyl cael eu gwrthod ganddynt. Weithiau mae'n well gan y rhieni yma ymweld yn llai aml yn hytrach na goddef trawma seicolegol wythnosol. Os na fyddant yn ofalus, gallant ymbellhau yn emosiynol er mwyn gwarchod eu hunain rhag y boen o wahanu oddi wrth eu plant. Mae cyfweliadau gyda phlant yn dangos eu bod yn teimlo nad oes ganddynt ddigon o gyswllt gyda'r rhiant na chafodd gystodaeth.

Wrth sefydlu trefniadau ymweld mae nifer o bethau i'w hystyried. Yn gyntaf, mae'n ymddangos bod yn well gan blant hŷn drefniadau hyblyg. Maent hefyd am fod yn rhan o'r broses o drefnu'r ymweliadau. Mae plant iau fel arfer eisiau trefn ymweld sefydlog y gallant ddibynnu arni. Dylid lleihau gwrthdaro ynglŷn ag ymweliadau gan fod hyn yn beichu plant gyda theimlad o gyfrifoldeb am y gwrthdaro. Bydd o gymorth mawr os gellwch chi a'ch cyn bartner gytuno fod y plant yn caru'r ddau ohonoch, a bod cyfleoedd iddynt siarad am yr hwyl a gawsant gyda'r naill neu'r llall ohonoch. Os byddant ofn mynegi eu teimladau am unrhyw un ohonoch, yna fe fyddant yn eich drwgdybio. Dylai ymweliadau gwrdd ag anghenion yr holl deulu ac adlewyrchu parodrwydd rhieni i addasu i newidiadau yn anghenion datblygiadol ac amgylchiadau'r plant. Ni ddylid fyth dorri addewid i ymweld oni bai fod argyfwng. Gall y rhiant nad yw'n byw yn y cartref gadw mewn cysylltiad trwy siarad gyda'r plant ar y ffôn. Mae'n ffordd ychwanegol o gadw mewn cysylltiad, a dylai'r galwadau yma fod yn rhai aml a chyson. Yn fwy na dim, ni ddylai materion yn ymwneud â chynhaliaeth ariannol plant gael eu cymysgu gydag ymweliadau ac ni ddylid eu defnyddio fel ffordd o ennill mantais mewn maes arall.

Ofnau

Mae Julie'n chwech oed ac yn cwyno'n aml am boen yn ei bol a chur yn ei phen. Weithiau bydd yn aros adref o'r ysgol neu o ymarferion pêl rwyd oherwydd y cwynion yma. Mae ei mam wedi mynd â hi at y meddyg nifer o weithiau. Dywedodd y meddyg na all ganfod unrhyw reswm meddygol am ei symptomau. Mae'r fam yn meddwl ei bod yn bryderus oherwydd salwch terfynol ei nain. Mae'n ystyried tybed a ddylai ganiatáu iddi aros adref am ragor o amser.

Mae Alex yn bedair oed ac yn ddiweddar wedi dechrau mynychu'r ysgol feithrin. Mae'r athrawes yn sylwi ei fod fel arfer yn chwarae ar ei ben ei hun ac yn osgoi cyswllt gyda phlant eraill. Mae o'n swil iawn ac yn ymddangos yn encilgar. Pan fydd ei fam yn mynd â fo i'r ysgol mae'n amharod i ollwng gafael ynddi ac mae'n crio ac yn strancio pan fydd hi'n gadael. Dywed ei fam ei fod yn ofni'r tywyllwch ac yn cael hunllefau. Bydd ei fam yn aros efo fo yn y dosbarth weithiau ac mae'n aml yn gadael iddo aros gartref. Mae'n meddwl efallai ei fod yn rhy ifanc i fynychu'r ysgol feithrin.

Pam fod ofnau'n digwydd?

Mae ofnau a phoenau yn rhan normal o'r broses o dyfu ac yn rhan o brofiad pob plentyn bach. Yn wir, mae hunllefau (yn arbennig am angenfilod neu ddynion drwg yn rhedeg ar eu hôl) yn digwydd amlaf yn ystod yr oedran cyn-ysgol. Yn aml, ni all plant ifanc fynegi eu pryderon mewn geiriau a byddant weithiau'n eu mynegi drwy symptomau corfforol megis poen yn y bol neu gur yn y pen. Ar adegau eraill byddant yn ymateb i ofnau drwy strancio, cilio, neu osgoi'r sefyllfa y maent yn ei hofni. Mae llawer damcaniaeth am yr hyn sy'n achosi ofnau. Weithiau bydd rhieni'n ymwybodol o ddigwyddiad a sbardunodd yr ofn, er enghraifft, plentyn yn ofni cŵn wedi i gi ymosod arno, neu blentyn yn ofni dŵr wedi iddo gael trochiad a'i dychrynodd. Yn aml nid yw achos

yr ofn yn amlwg iawn. Er enghraifft, cymrwch blentyn sydd wedi arfer cysgu'n ei lofft ei hun ar ben ei hun. Un noson dywed ei fod yn ofni mynd i'r ystafell wely, ond ni all ddweud pam ei fod ofn wrth ei rieni.

Unwaith y bydd plant yn ofni rhywbeth megis mynd i nofio neu gysgu ar eu pennau eu hunain fe allant brofi cynnwrf ffisiolegol annifyr megis cynnydd yng nghuriad y galon, cyhyrau'n tynhau, neu dyndra yn y stumog wrth wynebu'r sefyllfa a ofnant. Mae osgoi'r sefyllfa sy'n creu'r ofn (nofio neu fynd i gysgu ar eu pennau eu hunain) yn lleihau'r cynnwrf corfforol ac yn rhoi rhyddhad drwy rwystro'r canlyniad brawychus a ddychmygwyd gan y plentyn. Mae'r osgoi yn cael ei wobrwyo ddwywaith, drwy leihau'r cynnwrf a thrwy atal y canlyniad a ofnwyd. O ganlyniad, mae'n debygol y bydd y plentyn yn parhau i geisio osgoi'r sefyllfa y mae'n ei hofni eto yn y dyfodol.

Er nad yw plant yn ymwybodol o hyn, fe all eu symptomau corfforol neu eu hymatebion ymddygiadol arwain at osgoi sefyllfa benodol sy'n creu ofn, a thrwy hynny atgyfnerthu'r symptom. Er enghraifft, mae Julie yn ofni gadael ei nain, y mae'n hoff iawn ohoni. Pan fydd yn cael poen yn ei bol bydd Julie'n cael aros adref efo nain, felly fe all ddechrau cwyno am boen bol yn amlach. Fe ddigwydd hynny am ei bod wedi profi fod cael poen bol yn ffordd lwyddiannus o osgoi ei hofnau o adael ei nain ar ei phen ei hun. Ychydig iawn o brofiadau gyda phlant eraill a gafodd Alex, sy'n unig blentyn, ac mae'n poeni am adael ei fam i fynd i'r ysgol. Weithiau, bydd yn strancio cymaint nes bod ei fam yn caniatáu iddo aros adref o'r ysgol, neu mae'n aros efo fo yn yr ysgol. Yn yr achos yma, mae'r ymddygiadau o wrthod i'w fam adael a'r strancio wedi arwain at beidio cael ei wahanu oddi wrth ei fam: canlyniad sy'n atgyfnerthol iawn iddo. Neu cymrwch y plentyn sy'n ofni cysgu ar ei ben ei hun yn ei ystafell wely ac sydd wedyn yn cael cysgu yng ngwely ei rieni: mae hyn eto yn ganlyniad sy'n atgyfnerthol iawn.

Beth i'w wneud

Ym mhob achos, mae'r strategaethau i helpu'r plentyn ymdopi gydag ofnau yn cynnwys wynebu'r sefyllfa ac nid ei hosgoi. Ni fydd osgoi cŵn a phyllau nofio neu gysgu ar ei ben ei hun, neu gadw'r plentyn adref ddim ond yn gwneud y sefyllfa'n waeth.

Bod yn amyneddgar ac yn gysurlon: Y ffordd bwysicaf o ymdrin â mynegiant eich plentyn o unrhyw fath o ofn, ofnau cymdeithasol neu ofnau ysgol, ofnau gwahanu oddi wrth rieni, neu symptomau ffisegol (poen bol neu gur pen) yw cael agwedd bositif a hyderus tuag at allu'r plentyn i ddelio gyda'r sefyllfa. Peidiwch â dwyn pwysau, cosbi, dwrdio na chodi cywilydd ar y plentyn am yr ofnau, gan y byddai hynny'n debygol o wneud iddo deimlo'n analluog ac yn fwy pryderus.

Yn gyntaf, byddwch eisiau tawelu eich meddwl eich hun a'ch plentyn nad yw'r sefyllfa yn wir yn beryglus. Fe fydd yn werth trefnu i'r plentyn gael archwiliad gan feddyg ynglŷn â'r symptomau corfforol. Yn achos ofnau sy'n gysylltiedig â'r ysgol gellwch gael sgwrs gyda'r athrawon i weld a ydynt yn gefnogol a chynhaliol i'ch plentyn yn yr ysgol, a sicrhau nad yw'n cael ei fwlio na'i frifo gan blant eraill. Wedi i chi fodloni eich hun am hynny, dylech fynegi teimlad optimistaidd i'r plentyn ynglŷn â'i allu i ymdopi gyda'r sefyllfa.

Er enghraifft, gallech ddweud wrtho, "Dwi'n gwybod fod mynd i'r ysgol yn codi ofn arnat ti ar hyn o bryd, ond dwi'n siŵr y gelli fod yn ddewr, ac y bydd mynd yno'n dod yn haws i ti bob dydd. Dwi'n siŵr y byddi'n gwneud ffrindiau newydd yn fuan." neu "Bydd nain yn iawn pan fyddi wedi mynd i'r ysgol. Mae hi eisiau i ti fwynhau'r ysgol. Gelli ddweud wrthi beth wnes di ei ddysgu ar ôl iti ddychwelyd. Mi fydd hi wrth ei bodd yn clywed yr hanes."

Canmol ymddygiad dewr eich plentyn: Pryd bynnag y bydd y plentyn yn gwahanu'n hawdd oddi wrthych yn yr ysgol neu'n wynebu sefyllfa anghyffyrddus, canmolwch ei wroldeb a'i ddewrder. Er enghraifft, "Rwyt yn wir yn tyfu'n hogan fawr. Roeddet ti'n ddewr iawn gyda'r meddyg heddiw. Dwi'n falch ohonot ti." Meddyliwch amdanoch eich hun fel math o anogwr neu hyfforddwr i'ch plentyn a derbyniwch mai eich gwaith fel rhiant yw cefnogi ei ymddygiadau "tyfu'n blentyn mawr". Golyga hyn roi canmoliaeth am fentro, ceisio gwneud rhywbeth newydd, gwneud ffrind newydd neu gyflawni tasg yn annibynnol.

Trefnu siart sticeri: Hwyrach y byddwch am gychwyn siart sticeri gyda'r plentyn ar gyfer ymddygiadau arbennig o ddewr megis mynd i'r ysgol feithrin a gwahanu oddi wrthych yn ddiffwdan. Os yw'r plentyn yn amharod i wneud cysylltiadau cymdeithasol yn y dosbarth gellwch weithio gyda'r athrawes i gychwyn trefn pryd y bydd y plentyn yn cael ei ganmol a'i atgyfnerthu am ryngweithio gyda phlant eraill. Bydd hyn yn annog mwy o ryngweithio cymdeithasol a gwneud ffrindiau. Yn yr un modd, gellwch gychwyn siart sticeri i'r plentyn am aros yn ei wely ei hun drwy'r nos, am fynychu'r gwersi nofio neu am aros dros nos yn nhŷ ffrind.

Anwybyddu strancio a lleihau sylw i fynegiant seicosomatig o ofnau: Weithiau bydd strancio a mynegiant o symptomau corfforol yn cael llawer o sylw gan oedolion. Fe all y sylw yma, yn anfwriadol, atgyfnerthu'r digwyddiad. Felly ceisiwch gydbwysedd rhwng bod yn gefnogol a pheidio rhoi gormod o ffocws i'r mynegiant o ofn. Er enghraifft, fel rydych yn gadael eich plentyn yn yr ysgol, efallai y mynegwch eich hyder drwy ddweud, "Dwi'n gwybod dy fod yn mynd i gael hwyl heddiw gyda dy ffrind (plentyn yn dechrau strancio) Edrych ar Billy yn y fan acw. Mae o'n chwarae efo'r tryc rwyt ti'n ei hoffi (arallgyfeirio ei sylw) Mi fydda i yn ôl am ddeuddeg o'r gloch i dy gasglu a chael clywed hanes y bore." Wedi rhoi sicrwydd i'ch plentyn y byddwch yn dychwelyd, cerddwch i ffwrdd heb roi dim mwy o sylw i'r strancio. Gall fod yn anodd iawn i rieni wneud hyn ond cofiwch, os byddwch yn aros yn yr ysgol ac yn ceisio cysuro'r plentyn drwy'r strancio, fe fydd hynny'n ei ddysgu fod strancio yn ffordd dda o'ch cadw rhag gadael. Mae'r un egwyddor yn berthnasol i'r plentyn sydd â phoen bol bob bore cyn mynd i'r ysgol. Yn yr achos yma, gallai'r rhiant ddweud, "Mae'n ddrwg gen i fod dy fol yn brifo. Beth am i ni wneud yn siŵr fod gen ti rywbeth neis i'w fwyta'n nes ymlaen yn yr ysgol? Mae hynny'n gwneud i fy stumog i deimlo'n well." Wedi hynny, anwybyddwch unrhyw siarad arall am boen bol a helpwch eich plentyn i gael ei hun yn barod i fynd i'r ysgol. Gellir ymdrin ag ofn mynd i'r gwely yn yr un ffordd. Ar ôl dilyn y drefn arferol cyn mynd i'r gwely gyda'r plentyn, gellwch lapio'r dillad gwely'n glyd amdano ac wedyn dweud, "Mi wnâi i adael y golau bach ymlaen a mynd i lawr y grisiau rŵan. Dwi'n gwybod y gelli fod yn ddewr ac aros yn dy wely a mynd i gysgu." Os yw'r plentyn yn swnian neu'n crio, dylech barhau i adael yr ystafell ac anwybyddu'r crio.

Darparu trefn ragweladwy ar gyfer gwahanu ac aduno i blant sy'n pryderu am wahanu:
Mae'n weddol arferol i blant ifanc ddangos gwrthwynebiad drwy wrthod eich gollwng o'u gafael a chrio pan fyddwch yn eu gadael yn yr ysgol, pan fyddwch yn eu gadael adref gyda gwarchodwr neu'n eu lapio'n glyd am y nos yn y gwely. Un ffordd o wneud y gwahanu'n haws yw trwy gael trefn ragweladwy yn cynnwys y camau canlynol:

- mynegi ymddiriedaeth a hapusrwydd am y dosbarth y mae'r plentyn ar fin mynd iddo, neu'r profiad mae'r plentyn ar fin ei gael.
- gadael i'r plentyn wybod yn dawel ac yn glir y byddwch yn gadael. Er enghraifft, "Mewn ychydig o funudau fe fydda i yn gadael i fynd i'r gwaith," neu, "gadael i fynd allan am ginio." (Peidiwch â sleifio ffwrdd heb ffarwelio.)
- os yn bosib, arhoswch rai munudau yn y dosbarth ysgol yn chwarae cyn gadael.
- atgoffwch eich plentyn drwy ddweud yr amser y byddwch yn dychwelyd. Er enghraifft, "Fe fydda i yn ôl amser cinio i dy gasglu di." Neu, "Byddi wedi cysgu cyn imi ddychwelyd ond fe wela' i ti yn y bore."

Yn yr un modd sefydlwch drefn ragweladwy ar gyfer eich aduniad wedi i chi adael eich plentyn am gyfnod. Dylai hynny gynnwys y canlynol:

- dychwelyd ar yr amser a ddywedwyd. Peidiwch â dweud celwydd wrth y plant am y cyfnod o amser y byddwch i ffwrdd.
- dangos pleser wrth weld y plentyn. Hwyrach ichi wynebu problemau yn y gwaith neu straen oherwydd digwyddiadau tra buoch i ffwrdd, ond fe fydd eich plentyn yn chwilio am fynegiant o lawenydd pan ddychwelwch. Ni fydd yn deall os ymddangoswch yn drist neu'n bryderus a gall dybio'n anghywir fod teimladau o'r fath yn ymwneud ag ef.
- lle bo modd, treuliwch rai munudau ar ddiwedd y dydd yn siarad gyda'r athrawes, plant neu rieni eraill (neu warchodwyr) fel bod y plentyn yn gweld eich bod yn gyffyrddus yn y lleoliad hwnnw, a chyda'r bobl y bu'n ymwneud â nhw.

Modelu ymddygiad di-ofn: Ystyriwch a ydych yn modelu ymddygiadau brawychus gan gofio fod plant yn dysgu trwy arsylwi ar eraill. Os byddwch yn mynegi ofn am ddigwyddiadau cymdeithasol, anifeiliaid, pryfetach, sefyllfaoedd arbennig neu eich plant yn mynd i'r ysgol, yna bydd y plant yn amsugno'r ofnau hynny hefyd. Hyd yn oed os ydych yn teimlo'n nerfus, ceisiwch ymddwyn yn hyderus o flaen eich plant.

Cadw golwg ar lefel gwrthdaro, pryder ac iselder rhieni: Mae lefelau uchel o wrthdaro a beirniadaeth rhwng partneriaid priodasol, neu o fewn teulu, yn medru creu ymdeimlad o ansicrwydd yn eich plentyn. Gwyliwch lefel eich gwrthdaro yng ngŵydd plant ifanc a pheidiwch â chael sgyrsiau anodd pan fydd plant yn bresennol. Modelwch ryngweithio cadarnhaol a chytgord teuluol.

Yn yr un modd cadwch olwg ar eich mynegiant eich hun o bryder ac iselder gan y bydd y plant yn modelu eich ymddygiad a'ch dull o feddwl. Os canfyddwch fod eich pryder neu wrthdaro yn ymyrryd â'ch gallu i fod yn rhiant effeithiol ystyriwch y posibilrwydd o ganfod triniaeth i leddfu'r symptomau.

Atgyfnerthu hyder: Os yw eich plentyn yn ofni sefyllfa neu weithgaredd arbennig (cŵn neu nofio) ceisiwch wynebu'r sefyllfaoedd yma bob yn dipyn ac atgyfnerthwch eich plentyn am wneud hynny. Yn gyntaf, gallwch ddarllen llyfr am gŵn gyda'r plentyn. Bydd hyn yn darparu gwybodaeth a hyder cychwynnol wrth ymwneud â chŵn mewn ffordd anfygythiol. Yna, stopiwch gyda'r plentyn i wylio plant eraill yn anwylo ci a gwnewch sylwadau cadarnhaol am yr hwyl y mae'r plant yn ei gael. Peidiwch â disgwyl i'r plentyn gyffwrdd y ci, cychwynnwch drwy wylio modelau cadarnhaol o blant eraill yn mwynhau cŵn. Bydd eich plentyn yn dechrau sylweddoli nad yw'r plant yma'n profi'r un ofn. Yn wir, fe wêl fod plant eraill hyd yn oed yn mwynhau'r profiad a bydd yn cychwyn

"Fe alla i fod yn ddewr. Mi feddylia i am le hapus a syrthio i gysgu."

cyfnewid ei ofnau am deimladau mwy cadarnhaol. Ceisiwch gymorth ffrind sydd â chi tyner ei anian a chynyddwch eich perthynas â'r ci drwy ddynesu ato'n raddol ac yn y pen draw ei anwesu. Canmolwch eich plentyn am ddod yn nes at y ci er gwaethaf ei ofnau.

Dysgu hunan siarad positif: Dysgwch eich plentyn i wneud hunan-osodiadau a fydd o gymorth i wynebu ofnau. Yn gyntaf, modelwch y gosodiadau yma eich hun fel bod y plentyn yn dechrau eu dysgu ac yn raddol eu cofio. Er enghraifft, fe allech ei ddysgu i ddweud, "Rwyf yn ddewr ac rwyf am lwyddo!" Fe allech hyfforddi plentyn sydd ag ofn y tywyllwch i ddweud, "Rwyf yn ddewr, ac fe alla i ofalu amdanaf fy hun yn y tywyllwch. Rwyf yn saff yma yn fy ystafell."

Neu fe ellid hyfforddi plentyn sydd ag ofn cael ei adael yn yr ysgol i ddweud, "Fe alla i fod yn ddewr. Fe wna i chwarae yn y llecyn blociau i ddechrau a bydd mam yn dychwelyd amser cinio." Mae'r pwyslais ar y grym sydd gan blant i wneud iddynt eu hunain deimlo'n well.

Delweddu cadarnhaol ac ymarferion ymlacio: Ffordd arall o helpu plant i ymdopi gydag ofnau yw dysgu iddynt ymarferion ymlacio a delweddu positif. Yn gyntaf, dysgwch eich plentyn i arafu ei anadlu, a thynhau ac yna rhyddhau pob cyhyr yn ei gorff gan ddechrau gyda'r traed a symud i fyny tuag at yr wyneb. Wedyn gellwch ddysgu'r plentyn i ddefnyddio delweddu positif drwy feddwl am sefyllfa ddymunol neu bleserus fel mynd i lan y môr. Gellwch ymarfer y dulliau yma gyda'r plentyn bob dydd. Gall cyflawni ymarferion o'r fath cyn i'r plentyn fynd i'r gwely fod yn ffordd gysurlon o ddwyn y diwrnod i ben a bydd yn gymorth i blentyn sydd ag ofn y tywyllwch neu ofn mynd i gysgu.

Datrys problemau: Fel y gwelsoch yn y bennod ar ddatrys problemau, un o'r camau cyntaf wrth ddatrys problemau yw bod yn ymwybodol o deimladau anghyffyrddus. Unwaith bydd y plant yn gallu adnabod teimladau megis ofn, tristwch neu bryder, byddant yn barod i ddysgu defnyddio rhai o'r datrysiadau. Gellwch eu helpu i gofio'r amrywiol atebion posibl: anadlu'n ddwfn dair gwaith, gwneud ymarferiad tynhau ac ymlacio, meddwl am le hapus, dweud wrthych eich hun am fod yn ddewr, gwobrwyo eich hun am ymdrechu.........(Gweler y bennod Datrys Problemau).

Dysgu sgiliau cymdeithasol: Gwahoddwch blant i'r tŷ i chwarae a dysgwch sgiliau cymdeithasol a rhyngweithio cyfeillgar i'ch plentyn. Gall meddu ar sgiliau cymdeithasol a chyfeillgarwch agos weithredu fel tarian warchodol a mur amddiffynnol rhag ofnau a thristwch.

Cofio eich strategaethau rheoli ymddygiad: Mae'r egwyddorion rheoli a amlinellwyd yn Rhan Un y llyfr yma o gymorth i blant sy'n teimlo ofn neu dristwch. Bydd y syniadau am chwarae gyda 'ch plentyn, a'r plentyn yn arwain, yn helpu iddo deimlo'n hyderus a theimlo'i fod yn cael ei werthfawrogi yn ei berthynas â chi. Bydd creu amgylchedd rhagweladwy gyda disgwyliadau clir, arsylwi parhaus a chanlyniadau cyson yn ei gwneud yn fwy tebygol y bydd eich plentyn yn teimlo'n saff a sicr ei berthynas â chi.

Ni ddylech wir boeni am fynegiant o ofnau gan eich plentyn gan fod hynny'n rhan naturiol o dyfu. Mae ofn wynebu sefyllfaoedd newydd, gwahanu oddi wrth rieni ac ymdopi gyda phwysau digwyddiadau dydd i ddydd yn hollol naturiol. Mae'n bwysig eich bod yn aros yn dawel ac yn hyderus ynglŷn â gallu eich plentyn i ymdopi gyda'r sefyllfaoedd yma ac nad ydych yn hyrwyddo ymdrechion eich plentyn i osgoi'r sefyllfaoedd ofnus hyn. Os yw plant yn llwyddo dro ar ôl tro i osgoi sefyllfaoedd y maent yn eu hofni, fe allant ddatblygu ofnau a fydd yn ymyrryd yn wirioneddol â'u bywyd a'u gwaith. Cofiwch, gyda chynhaliaeth gan eu rhieni, bydd ofnau y rhan fwyaf o blant yn diflannu yn hwyr neu'n hwyrach. Byddwch yn amyneddgar, yn gefnogol ac yn gadarnhaol gan leihau gymaint ag y bo modd ar y sylw a roddwch i ofnau'r plentyn a'r pryder a fynegwch yn eu cylch. Bydd hynny'n gwarantu canlyniad da ac yn rhoi hwb i hunan hyder y plentyn.

Cofiwch......

- Sicrhewch fod gennych drefn ragweladwy ar gyfer danfon y plant i'r ysgol a'u casglu oddi yno ar ddiwedd y dydd.
- Dychwelwch bob amser erbyn yr amser a addawyd gennych.
- Mynegwch hyder yng ngallu eich plentyn i ymdopi gyda sefyllfaoedd y mae'n eu hofni.

- Ceisiwch roi cyn lleied o sylw a phosib i strancio eich plentyn pan fyddwch yn gwahanu ac i symptomau corfforol megis poen bol unwaith bydd y meddyg wedi dweud nad oes anhwylder meddygol.
- Dysgwch hunan-siarad dewr i'r plentyn i'w helpu i wynebu sefyllfaoedd y mae'n eu hofni.
- Dysgwch y plentyn i ddelweddu'n gadarnhaol ac i gael strategaethau ymlacio i'w defnyddio mewn sefyllfaoedd o ofn.
- Peidiwch ag anwybyddu ofnau. Deliwch â nhw fesul cam mewn ffordd gyson.
- Dangoswch blant eraill nad ydynt yn ofni sefyllfa neu wrthrych, fel modelau rôl cadarnhaol.
- Atgyfnerthwch ymddygiad dewr neu wrol gyda chanmoliaeth a chefnogaeth.
- Trefnwch system wobrwyo i gychwyn eich plentyn ar y camau angenrheidiol i wynebu'r sefyllfa y mae'n ei hofni.

Pedwar Cam i hyrwyddo Sgiliau Darllen eich Plentyn

Mae Cory yn chwech oed ac mae ei fam yn poeni am ei fod yn methu darllen,"Dydi o ddim yn darllen unrhyw eiriau ac mae'r rhan fwyaf o blant yn ei ddosbarth yn gallu darllen brawddegau. Mae o'n meddwl ei fod yn dwp am nad yw'n gallu darllen." Mae ei fam yn egluro'i bod yn ceisio darllen gartref gyda'r plentyn ond bod hynny'n diweddu mewn rhwystredigaeth a dagrau.

Mae datblygiad darllen yn amrywio: Fel y mae plant ifanc yn dysgu cerdded a siarad ar wahanol adegau datblygiadol, nid yw pob plentyn yn dysgu darllen yr un pryd. Gall rhai plant ddarllen geiriau unigol a hyd yn oed frawddegau yn bedair oed tra bydd eraill yn methu gwneud hynny nes eu bod yn saith oed. Mae amrywiaeth eang yng ngallu plant i ddysgu darllen ac ysgrifennu, ac mae datblygiad yn chwarae rhan bwysig yn eu gallu i feistroli'r sgìl. Ond, mae llawer o gamau y gall rhieni eu cymryd i arwain eu plant tuag at y parodrwydd i ddarllen, a pharatoi'r ffordd i gynyddu eu medrusrwydd.

Mae'r rhan fwyaf o rieni'n deall y pwysigrwydd o ddarllen i blant ifanc i'w helpu i baratoi tuag at lwyddiant yn yr ysgol. Fodd bynnag, wyddech chi fod sut y darllenwch i'ch plant yr un mor bwysig â pha mor aml y gwnewch hynny? Y ffordd draddodiadol y mae llawer ohonom yn gyfarwydd â hi yw bod y rhiant yn darllen a'r plentyn yn gwrando'n oddefol. Y broblem gyda'r dull yma yw bod y plant yn cael trafferth cynnal eu sylw ac i ddeall iaith eiriol pan nad oes ganddynt ran weithredol yn y broses.

Yn y bennod hon byddwch yn dysgu ffyrdd o ymestyn gallu darllen a hoffter eich plentyn o ddarllen, trwy ddefnyddio dull "darllen rhyngweithiol" sy'n annog y plentyn i fod yn weithredol, i ymarfer, ac i fod yr un sy'n llefaru'r stori. Dangoswyd fod defnyddio'r dull yma, yn enwedig yn y blynyddoedd cyn oedran darllen (3-7 oed), yn gosod sylfeini ar gyfer darllen ffurfiol. Mae darllen rhyngweithiol yn bleserus ac yn bwysig i hyrwyddo sgiliau parodrwydd am ysgol eich plentyn. Bydd hefyd yn meithrin ei sgiliau cymdeithasol, emosiynol ac academaidd. Mae darllen gyda phlant yn helpu i adeiladu mynegiant ieithyddol a sgiliau datrys problemau a fydd yn eu cynorthwyo gydol eu hoes.

Beth i'w wneud
Dyma bedwar cam i helpu eich plentyn i ddysgu darllen:

CAM 1: Edrych ar y lluniau, gwneud sylwadau, gwneud cysylltiadau a disgrifio'r hyn sydd ar y dudalen.
Wrth edrych ar lyfrau lluniau gyda'r plentyn enwch y gwrthrychau a disgrifiwch y stori sy'n cael ei darlunio ar y tudalennau. Gwnewch sylwadau am yr hyn sydd ar y dudalen gan bwyntio at bob llun wrth ei ddisgrifio neu at bob gair wrth ei ddarllen. Er enghraifft, "Dyma do coch y tŷ ac aderyn yn eistedd arno. A dyma geffyl mawr brown yn carlamu yn y cae a bachgen hapus yn eistedd ar ei gefn." Gellwch enwi'r gwrthrychau yn y llun a disgrifio'r hyn sy'n digwydd yno yn ogystal ag enwi lliwiau a maint y gwrthrychau. Mae hwn yn gam cyn-darllen pwysig iawn i blant i gysylltu'r gair ysgrifenedig neu, yn yr achos yma, y gynrychiolaeth ddarluniol gyda'r gair llafar. Mae defnyddio arddodiaid megis *o dan, ar ben, wrth ochr, nesaf at*, a *thu mewn* wrth ddisgrifio lluniau yn helpu'r plentyn hefyd i ddeall ystyr yr arddodiaid hyn. Mae honno'n sgìl bwysig yn natblygiad parodrwydd am ysgol y plentyn.

Ceisiwch hefyd ddisgrifio teimladau'r cymeriadau yn y stori. Er enghraifft, fe allech ddweud, "Mae o'n edrych yn flin am ei fod yn cael trafferth dysgu reidio'r beic," neu, " Mae o'n hapus wrth roi mwythau i'r gath." Drwy labelu emosiynau, gellwch helpu eich plentyn i ddysgu geirfa am deimladau a hefyd i ystyried teimladau a safbwyntiau'r cymeriadau yn y stori. Dyma ddechrau'r broses i'r plentyn o gymryd safbwynt neu ddangos empathi. Mae hyn o gymorth arbennig i blant ifanc heb lawer o sgiliau ieithyddol gan y bydd yn adeiladu eu geirfa yn ogystal â'u sgiliau darllen. I ymarfer hyn, cychwynnwch gyda llyfrau lluniau heb ddim ond ychydig o eiriau neu ddim geiriau o gwbl.

Ffordd arall o wneud sylwadau yw gwneud gosodiad sydd yn cysylltu stori gyda stori arall y mae'r plentyn yn ei gwybod. Er enghraifft, gellwch dynnu sylw at y modd y mae cymeriad mewn stori yn debyg i gymeriad arall yr ydych wedi darllen amdano. "Mae'r plentyn yna'n bryderus ynglŷn â reidio'r beic. Mae hynny'n reit debyg i'r stori ddaru ni ddarllen am y plentyn oedd ofn mynd i'r gwersyll. Wyt ti'n cofio sut ddaru'r bachgen hwnnw ddatrys y broblem?"

CAM 2: *Gofyn cwestiynau penagored a rhagweld yr hyn sy'n dod nesaf*

Gofynnwch i'r plentyn beth mae o'n feddwl sy'n digwydd ar y dudalen o luniau? Bydd hyn yn annog y plentyn i greu stori drosto'i hun gan gynyddu llithrigrwydd ieithyddol. Cyn troi'r dudalen, ceisiwch gael y plentyn i ddyfalu beth fydd y llun nesaf neu beth fydd yn digwydd nesaf yn y stori. Bydd hyn yn ei helpu i ddychmygu, gwneud ei stori ei hun a bod â rhan weithredol yn adrodd y stori. Gellwch gael hwyl yn cymryd tro yn ceisio rhagweld beth fydd yn cael ei ddangos neu beth fydd yn digwydd ar y dudalen nesaf. Neu, fe ellwch ddyfalu sut mae'r cymeriadau'n teimlo, a pham eu bod yn teimlo felly. Mae'r dull yma'n gwneud y darllen stori'n gêm hudolus a fydd yn bleserus i chi ac i'r plentyn.

CAM 3: *Ymateb i atebion eich plentyn gydag anogaeth a chanmoliaeth*

Bydd derbyn canmoliaeth yn cynyddu hunan hyder a chymhelliad eich plentyn i ddarllen. Canmolwch unrhyw ymgais i ddarllen neu enwi'r lluniau. Canmolwch ddiddordeb eich plentyn mewn llyfrau yn ogystal â'i amynedd wrth geisio darllen. Canmolwch gyda brwdfrydedd a llais cadarnhaol gan ddangos diddordeb yn syniadau'r plentyn. Bydd hyn yn cyfrannu tuag at ei gymhelliad i ddal ati i ddarllen a chanolbwyntio.

Anogwch eich plentyn i ddweud wrthych yr hyn y mae'n ei feddwl neu yn ei deimlo am y stori, neu i ofyn cwestiynau i chi. Cofiwch mai un o'ch cyfraniadau mwyaf cynhaliol yw gwrando ar eich plentyn yn darllen. Wrth wrando, cofiwch fod eich ymatebion yn bwysig. Gwrandewch heb ymyrryd a byddwch yn frwdfrydig wrth ymateb. Rhowch amser i'r plentyn adeiladu gair anghyfarwydd.

CAM 4: *Ymestyn ar yr hyn a ddywed eich plentyn*

Gellwch ymestyn ar yr hyn a ddywed eich plentyn drwy ailadrodd ei eiriau neu drwy ychwanegu disgrifiad at ei sylw. Er enghraifft, fe allech ddweud, "Ie, rwyt yn iawn, tractor ydi hwnna....tractor mawr coch." Rydych yn canmol gwybodaeth y plentyn o'r gair neu'r gwrthrych (tractor) ac yna'n ychwanegu at ei wybodaeth drwy ddarparu ansoddeiriau (mawr, coch).

Ffordd arall o ymestyn yw drwy ddilyn arweiniad y plentyn i'w fyd dychmygol. Er enghraifft, efallai bod eich plentyn yn darllen llyfr am ddinosoriaid yn chwarae efo'i gilydd. Gellwch fynd i mewn drwy ddrws dychymyg eich plentyn drwy siarad am yr hwyl y mae'r dinosoriaid yn ei gael yn chwarae pêl droed neu wrth fwyta hufen ia.

Mae hefyd yn ymestyn dealltwriaeth eich plentyn pan fyddwch yn perthnasu ei sylw i ryw ddigwyddiad ystyrlon arall yn ei fywyd. Er enghraifft, fe allech ddweud, "Ie tractor coch ydi hwnna ac mae'n fy atgoffa am y tractor ar fferm dy Yncl Wil. Rwyt yn hoffi cael reid ar y tractor hwnnw yn dwyt?" Bydd y strategaeth ddarllen yma'n cryfhau ymhellach ddiddordeb eich plentyn mewn llyfrau.

Ffordd arall o ymestyn, i'w defnyddio gyda phlentyn hŷn mwy rhugl, fyddai gofyn iddo a yw'n cytuno neu'n anghytuno gyda'r awdur, a pham.

Awgrymiadau eraill

Dewis llyfrau gyda chynnwys sydd o ddiddordeb i'ch plentyn: Ffordd arall o gadw diddordeb plant mewn llyfrau yw gadael iddynt ddewis y llyfrau y maent am eu darllen neu i chi ddewis llyfrau ar eu rhan o'r llyfrgell ar bynciau sydd o ddiddordeb iddynt. Os yw eich plentyn yn hoffi dinosoriaid, gwrthrychau'n ymwneud a'r gofod neu bêl droed, chwiliwch am lyfrau ar y testunau yma. Gofynnwch i'ch plentyn pa fath o lyfrau yr hoffai eu darllen. Ceisiwch ddewis llyfrau sydd heb fod yn rhy anodd. Peidiwch â phoeni os yw'r llyfrau ychydig yn haws na'r rhai a ddaw adref o'r ysgol.

Trefnu amser penodol ar gyfer darllen dyddiol: Ceisiwch sefydlu amser pryd y byddwch yn darllen yn ddyddiol efo'ch plentyn. Efallai y digwydd cyn i'r plentyn fynd i'w wely'r nos neu ar ôl cinio. Gwnewch yr amser yma'n amser tawel ac ymlaciol pryd y byddwch wedi troi'r teledu i ffwrdd a thynnu'r ffôn oddi ar y bachyn. Dewiswch le cyfforddus i eistedd. Darparwch silff neu fasged i gadw llyfrau'r plentyn. Unwaith y byddwch wedi sefydlu'r arferiad, bydd y plant yn parhau gyda'r arfer hwn am flynyddoedd wedyn.

Annog eich plentyn i actio'r storïau: Wrth ofyn i'ch plentyn " feddwl ymlaen" neu ragweld beth sy'n mynd i ddigwydd nesaf, efallai y gofynnwch iddo actio'r hyn y mae'n ei feddwl a fydd yn digwydd nesaf gan ddefnyddio pypedau. Gellwch chi hefyd gymryd rhan yn y stori ac actio'r plot. Bydd hyn yn gwneud i storïau fod yn hwyl a dod yn fyw i'r plant, yn ogystal ag adeiladu iaith a datblygu'r dychymyg.

Neu, wedi gorffen darllen stori, gellwch actio plot y stori efo'ch plentyn. Bydd hyn yn eich helpu i ganfod faint o'r stori y mae wedi'i ddeall a bydd yn ei annog i ymarfer yr eirfa a ddysgodd wrth ddarllen y stori.

Gwneud darllen yn hwyl: Hwyrach mai'r peth pwysicaf wrth ddatblygu darllen fesul cam yw cyfathrebu â'ch plentyn trwy gael hwyl. Gellwch wneud hyn drwy fod yn chwareus, defnyddio llais brwdfrydig, dilyn arweiniad a diddordeb y plentyn, aros i drafod lluniau cyn rhuthro i ddarllen, cymryd eich tro i ddarllen a chysylltu storïau a lluniau gyda phrofiadau bywyd real. Anogwch eich plentyn i ymuno gyda chi i adrodd hwiangerddi a chanu caneuon megis caneuon dysgu'r wyddor. Darllenwch yn ddramatig ac yn llawn cyffro. Defnyddiwch lais gwahanol i wahanol gymeriadau'r stori. Os ydych yn gwneud y darllen yn hwyl, bydd y plant yn cael eu hysgogi ac fe ddangosant ddiddordeb mewn darllen am weddill eu hoes.

Bod yn amyneddgar: Cofiwch nad yw dysgu darllen yn digwydd yn syth. Wrth ddysgu cerdded mae'r baban yn gyntaf yn dysgu cropian. Yna'n raddol mae'n codi ar ei draed a chymryd ei gamau cyntaf. Yn yr un modd, mae darllen yn broses raddol. Bydd yn cynnwys cyfres o gamau a fydd yn arwain at ddarllen yn annibynnol a rhugl. Rhowch amser i'ch plentyn.

Modelu darllen: Cofiwch fodelu darllen. Gellwch sbarduno eich plentyn i ddarllen drwy ddarllen llyfrau eich hun. Os bydd eich plentyn yn eich gweld chi'n darllen y papur newydd ac yn mwynhau cylchgronau a llyfrau bydd yntau eisiau modelu'r un ymddygiad.

Dweud storïau teuluol: Dywedwch storïau am eich teulu wrth eich plant a siaradwch am y profiadau a gawsoch chi yn blentyn. Dywedwch wrthynt am neiniau a theidiau, perthnasau a thraddodiadau teuluol. Anogwch eich plant i ddweud storïau wrthych chithau hefyd.

Darllen pob dim: Darllenwch bob math o brint, bocsys grawnfwydydd, arwyddion ffyrdd, penillion, comics, erthyglau papur newydd, mapiau, cardiau cyfarch a negeseuon e-bost. Tanysgrifiwch i gylchgrawn plant ac anogwch ffrindiau i roi llyfrau'n anrhegion. Parhewch i ddarllen i'ch plentyn hyd yn oed pan fydd wedi dysgu darllen. Bydd hyn yn parhau hudoliaeth darllen ar y cyd.

Siarad gydag athrawon eich plentyn: Defnyddiwch athrawon eich plentyn fel adnodd i ganfod ei lefel darllen. Ceisiwch wybodaeth ganddynt am lyfrau ac awduron y maent yn eu hargymell. Gofynnwch hefyd pa strategaethau darllen a ddefnyddiant.

Deunydd Darllen Pellach

Datblygwyd cynnwys y llyfr hwn o waith grŵp o ymchwilwyr rhagorol a fu'n dadansoddi a disgrifio'n ofalus y modd y mae teuluoedd, rhieni a phlant yn ymwneud â'i gilydd, a phrosesau newid ymddygiad dros y 30 mlynedd diwethaf. Eu gwaith a'u theorïau hwy yw sylfaen yr hyn a ysgrifennwyd yn y llyfr hwn. Mae'n amhosibl enwi'r holl ymchwilwyr a gyfrannodd at ein dealltwriaeth o riantu cymwys. Efallai y bydd y rhestr a ganlyn o ddiddordeb i'r rhai sydd eisiau darllen ymhellach.

Y theorïau a'r adolygiadau ymchwil a fu'n sylfaen i raglen Y Blynyddoedd Rhyfeddol

Bandura, A. (1986). *Social foundations of thought and action*. Englewood Cliffs, NJ, Prentice-Hall.

Baumrind, D. (1978). Parental disciplinary patterns and social competence in children. *Youth and Society*, 9, 239-276.

Bernhardt, A. J., & Forehand, R. L. (1975). The effects of labeled and unlabeled praise upon lower and middle class children. *Journal of Experimental Child Psychology*, 19, 536-543.

Brestan, E. V. and S. M. Eyberg (1998). "Effective psychosocial treatments of conduct-disordered children and adolescents: 29 years, 82 studies, and 5,272 kids." *Journal of Clinical Child Psychology* 27: 180-189.

Brunner, J. S., Jolly, A. L. & Sylvia, K. (Eds.). (1976). *Play: Its role in development and evolution*. New York: Penguin.

Camp, B. W., Bloom, G., Herbert, F., & Van Doorninck, W. (1977). Think aloud: A program for developing self-control in your aggressive boys. *Journal of Abnormal Child Psychology*. 157-168.

Farmer, E. M. Z., S. N. Compton, et al. (2002). "Review of the evidence base for treatment for childhood psychopathology: Externalizing disorders." *Journal of Consulting and Clinical Psychology* 70(6): 1267-1302.

Gardner, H. L., Forehand, R., & Roberts, M. (1976). Time-out with children: Effects of an explanation and brief parent training on child and parent behaviors. *Journal of Abnormal Child Psychology*, 4, 277-288.

Jones Harden, B., M. B. Winslow, et al. (2000). "Externalizing problems in Head Start children: An ecological exploration." *Early Education and Development* 11(3): 357-385.

Henderson, A. and N. Berla (1994). *A new generation of evidence: The family is critical to student achievement*. Columbia, MD, National Committee for Citizens in Education.

Jouriles, E. N., W. D. Norwood, et al. (1996). "Physical violence and other forms of marital aggression: Links with children's behavior problems." *Journal of Family Psychology* 10(2): 223-234.

Kazdin, A. E. and J. R. Weisz (2003). *Evidence-Based Psychotherapies for Children and Adolescents*. NY, Guilford Press.

Kazdin, A. E. (2002). Psychosocial treatments for conduct disorder in children and adolescents. *A guide to treatments that work.* P. E. Nathan and J. M. Gorman. New York, Oxford University Press: 57-85.

Kendall, P. C., & Braswell, L. (1985). *Cognitive-behavioral therapy for impulsive children.* New York: Guilford Press.

McEvoy, A. and R. Welker (2000). "Antisocial behavior, academic failure and school climate: A critical review." *Journal of Emotional and Behavioral Disorders* 8: 130-140.

Meichenbaum, D. (1979). Teaching children self-control. In B. B. Lahey & A. E. Kazdin, (Eds.), *Advances in clinical child psychology,* (Volume 2). New York: Plenum.

Novaco, R. W. (1978). Anger and coping with stress: Cognitive behavioral intervention. In J. P. Foreyt & D. P. Rathsen (Eds.), *Cognitive behavioral therapy: Research and applications.* New York: Plenum.

Patterson, G. R. (1982). Coercive family process. In *A social learning approach.* 3. Eugene, OR: Castalia.

Raver, C. C. and J. Knitzer (2002). *Ready to enter: What research tells policy makers about strategies to promote social and emotional school readiness among three and four year old children.* Mailman School of Public Health, Columbia University, National Center for Children in Poverty.

Rimm-Kaufman, S. E., R. C. Pianta, et al. (2000). "Teachers' judgements of problems in the transition to kindergarten." *Early Childhood Research Quarterly* 15: 147-166.

Roberts, M. W. McMahon, R. J., Forehand, R., & Humphreys, L. (1978). The effect of parental instruction giving on child compliance. *Behavior Therapy,* 9, 793-798.

Rubin, K. H. (1980). Fantasy play: Its role in the development of social skills and social cognition. In K.H. Rubin (Ed.), *Children and play.* San Francisco: Jossey-Bass.

Schneider, R., & Robin, A. (1976). The turtle technique: A method for the self-control of compulsive behavior. In J. Krumboltz & C. Thoresen (Eds.), *Counseling methods.* New York: Holt, Rhinehart and Winston.

Shure, M. (1994). *I Can Problem Solve (ICPS): An interpersonal cognitive problem-solving program for children.* Champaign, IL, Research Press.

Shure, M. B. (1997). Interpersonal cognitive problem solving: Primary prevention of early high-risk behaviors in the preschool and primary years. *Primary Prevention Works.* G. W. Albee and T. P. Gullotta. Thounsand Oaks, CA, Sage: 167-188.

Ymchwil gan Dr. Webster-Stratton gan ddefnyddio rhaglen riantu Y Blynyddoedd Rhyfeddol

Webster-Stratton, C. (1988). Self administered videotape therapy for families with conduct-problem children: Comparison with two cost-effective treatments and control group. *Journal of Consulting and Clinical Psychology, 56* (4), 558-566.

Webster-Stratton, C. (1989). The long-term effectiveness and clinical significance of three cost-effective training programs for families with conduct-problem children. *Journal of Consulting and Clinical Psychology, 57* (4), 550-553.

Webster-Stratton, C. (1990). Stress: A potential disruptor of parent perceptions and family interactions. *Journal of Clinical Child Psychology, 19* (4), 302-312.

Webster-Stratton, C. (1990). Long-term follow-up of families with young conduct problem children: From preschool to grade school. *Journal of Clinical Child Psychology* 19(2): 144-149.

Webster-Stratton, C. and M. Herbert (1994). *Troubled families -- problem children: Working with parents: A collaborative process.* Chichester, Wiley & Sons.

Webster-Stratton, C. and M. Hammond (1997). "Treating children with early-onset conduct problems: A comparison of child and parent training interventions." *Journal of Consulting and Clinical Psychology* 65(1): 93-109.

Webster-Stratton, C. (1998). "Preventing conduct problems in Head Start children: Strengthening parenting competencies." *Journal of Consulting and Clinical Psychology* 66(5): 715-730.

Webster-Stratton, C. (2000). *How to promote social and academic competence in young children.* London, England, Sage Publications.

Webster-Stratton, C. (1991). Coping with conduct-problem children: Parents gaining knowledge and control. *Journal of Clinical Child Psychology,* 20 (4), 413-427.

Webster-Stratton, C., M. J. Reid, et al. (2001). Preventing conduct problems, promoting social competence: A parent and teacher training partnership in Head Start. *Journal of Clinical Child Psychology* 30(3): 283-302.

Webster-Stratton, C., M. J. Reid, et al. (2001). Social skills and problem solving training for children with early-onset conduct problems: Who benefits? *Journal of Child Psychology and Psychiatry* 42(7): 943-952.

Reid, M. J., C. Webster-Stratton, et al. (2001). "Parent training in Head Start: A comparison of program response among African American, Asian American, Caucasian, and Hispanic mothers." *Prevention Science* 2(4): 209-227.

Webster-Stratton, C. and M. J. Reid (2002). An integrated approach to prevention and management of aggressive behavior problems in preschool and elementary students: School-Parent Collaboration. *Interventions for students with emotional and behavioral disorders.* K. Lane, F. Gresham and T. O'Shaughnessy. Needham Heights, MA, Allyn &Bacon: 261-272.

Webster-Stratton, C. and M. J. Reid (2003). "Treating conduct problems and strengthening social emotional competence in young children (ages 4-8 years): The Dina Dinosaur treatment program." *Journal of Emotional and Behavioral Disorders* 11(3): 130-143.

Hartman, R. R., S. Stage, & Webster-Stratton, C. (2003). "A growth curve analysis of parent training outcomes: Examining the influence of child factors (inattention, impulsivity, and hyperactivity problems), parental and family risk factors." *The Child Psychology and Psychiatry Journal* 44(3): 388-398.

Webster-Stratton, C., M. J. Reid, et al. (2004). "Treating children with early-onset conduct problems: Intervention outcomes for parent, child, and teacher training." *Journal of Clinical Child and Adolescent Psychology* 33(1): 105-124.

Webster-Stratton, C. and M. J. Reid (2004). "Strengthening social and emotional competence in young children—The foundation for early school readiness and success: Incredible Years Classroom Social Skills and Problem-Solving Curriculum." *Journal of Infants and Young Children* 17(2).

Webster-Stratton, C. and M. J. Reid (2005). Treatment and Prevention of Conduct Problems: Parent Training Interventions for Young Children (2-7 Years Old). *Blackwell Handbook on Early Childhood Development.* K. McCartney and D. A. Phillips. Malden, MA, Blackwell.

Beauchaine, T. P., C. Webster-Stratton, & Reid, M. J. (2005). "Mediators, moderators, and predictors of one-year outcomes among children treated for early-onset conduct problems: A latent growth curve analysis." *Journal of Consulting and Clinical Psychology.* 73 (3) 371-388.

Llyfrau eraill i rieni

Barkley, R. A. (2000) *Taking Charge of ADHD – A Complete, Authoritative Guide for Parents.*

Dunn, J. (1984). *Sisters and brothers*, London: Fontana.

Elkind, D. (1987). *Miseducation.* New York: Alfred A. Knopf.

Ferber, R. (1985). *Solve your child's sleep problems.* New York: Simon & Schuster, Inc.

Forehand, R. L., & McMahon, R. J. (1981). *Helping the* non-compliant *child.* New York: Guilford Press.

Lewinsohn, P. S., & Munuz, R. F., Yongren, M. A., & Zeiss, A. M. (1986). *Control your depression.* Englewood Cliffs, NJ: Prentice-Hall.

Mayle, P. (1979). *Divorce: What shall we tell the children?* London: W.H. Allen.

Patterson, G. R., & Forgatch, M. S., (1987). *Parents and adolescents living together, Part 1: The basics.* Eugene, OR: Castalia Publishing Company.

Patterson, G. R., & Forgatch, M. S. (1989). *Parent and adolescents living together, Part 2: Family problem solving.* Eugene, OR: Castalia Publishing Company.

Satter, E. (1987). *How to get your child to eat...but not too much.* Palo Alto, CA: Bull Publishing Company.

Sutton-Smith, B., & Sutton-Smith, S. (1974). *How to play with your children.* New York: Hawthorn Books, Inc.

Webster-Stratton, C. (1986). Playing with your child. In Fischoff, A. (Ed.), *Birth to three: A self-help program for new parents.* Eugene, OR: Castalia Publishing Company.

Webster-Stratton, C. (1990). *Wally's Detective Book for Solving Problems at School.* Incredible Years, Seattle. (book to be read to children to promote problem solving)

Webster-Stratton, C. (1990). *Wally's Detective Book for Solving Problem at Home.* Incredible Years, Seattle. (book to be read to children to promote problem solving)

Geirfa

adlewyrchu - reflect
Amser Allan – Time Out
Anhwylder Diffyg Canolbwyntio a
    Gorfywiogrwydd – Attention Deficit/
    Hyperactivity Disorder (*ADHD*)
anian - temperament
anogwr dysgu – learning coach
anufudd-dod - disobedience
aralleirio – paraphrasing
arsylwi – observe
atgyfnerthu – reinforce
Blynyddoedd Rhyfeddol – Incredible
    Years
canlyniad naturiol – natural
    consequence
canlyniad rhesymegol – logical
    consequence
crynhoi – summarise
crynodeb - summary
Cychwyn Cadarn – Sure Start
cyfathrebu - communicate
cymhelliad - motivation
cymhellion – incentives
cyn-ysgol - pre school
cysyniad – concept
dadlwytho – unload
darllen rhyngweithiol – interactive
    reading
datblygiadol - developmental
datrysiad – solution
Dechrau'n Deg – Flying Start
dilyn drwodd – follow through
dilysu - validate
dull crwban – turtle technique
goddefedd - passivity
gofalwyr maeth – foster carers

gorchymyn – command
gweithredol - active
gwerthuso – evaluate
gwobrau materol – tangible rewards
gwrando gweithredol – active listening
gwrthrychu – objectify
gwybyddol – cognitive
hunan fynegiant – self expression
hunan ganolog – egocentric
hunanddelwedd – self esteem
hunan-osodiad - self-statement
hunanreolaeth – self control
hunan-siarad - self-talk
hunan-wireddol – self-fulfilling
iselder - depression
labelu – to label
medrau – skills
mewnwelediad - insight
oediad - delay
rhiantu – parenting
rhyngweithiol - interactive
siarad teimladau – feeling talk
smalio – pretend
sylw disgrifiadol – descriptive comment
sylwebaeth ddisgrifiadol – descriptive
    commenting
sylwi a disgrifio – descriptive
    commenting
tindroi – dawdling
ymatebol – responsive
ymddygiadol – behavioural
ymdopi – cope / coping
ymgiprys - rivalry
ymlyniad - attachment
ymyrraeth gynnar – early intervention